# जैनेन्द्र और नैतिकता

# जैनेन्द्र और नैतिकता

ज्योतिष जोशी

वाणी प्रकाशन

वाणी प्रकाशन
*4695, 21-ए, दरियागंज, नयी दिल्ली 110 002*

शाखा
*अशोक राजपथ, पटना 800 004*

फ़ोन: +91 11 23273167 फ़ैक्स: +91 11 23275710

www.vaniprakashan.in
vaniprakashan@gmail.com

JAINENDRA AUR NAITIKATA
*by* Jyotish Joshi

ISBN : 978-93-5072-148-3
Criticism



प्रथम संस्करण, 1998
प्रथम (वाणी) संस्करण, 2012
मूल्य : ₹ 495



*ओम ऑफ़सेट, दिल्ली-110093 में मुद्रित*

*वाणी प्रकाशन का लोगो मक़बूल फ़िदा हुसेन की कूची से*

बाबूजी के लिए

# प्रथम संस्करण की भूमिका

जैनेन्द्र की रचनाओं के प्रति मेरे मन में किशोर जीवन से ही आकर्षण रहा है। बहुत पहले अपने हिन्दी के पाठ्यक्रम में उनकी कहानी 'खेल' पढ़ी थी, तबसे जब-जब मौका मिला, उनकी कहानियाँ और उपन्यास पढ़ता रहा। जैसे जैसे जैनेन्द्र के प्रति-परिचय प्रगाढ़ होता गया, वैसे-वैसे उन पर एक व्यवस्थित योजना के साथ काम करने की इच्छा बलवती होती गयी। और एक ऐसा समय भी आया, जब हम अपनी पुरानी कल्पना को साकार रूप देने की कोशिश में लगे। इस काम के पीछे यह भाव भी तीव्रता से लगा रहा कि हिन्दी में जैनेन्द्र को बहुत कम समझा गया है। जो बड़बोले आलोचक हैं, वे भी जैनेन्द्र को या तो कम समझते हैं या फिर उन्हें किनारे लगाने की कोशिश करते हैं। हमने अपने इस काम में न तो किसी का खंडन करना चाहा है और न मंडन। विषय के अनुसार जो जरूरी लगा है, उसका प्रयोग किया है।

जैनेन्द्र का समग्र लेखन और चिन्तन नैतिकता को आधार बनाकर हुआ है; क्योंकि यही वह पक्ष है जिस पर सदियों से समाज-व्यवस्था की रूढ़ियाँ पनपती रही हैं। जैनेन्द्र ने नैतिकता को नये सन्दर्भों में विश्लेषित कर जो निष्कर्ष दिया है, उससे न केवल समाज को नये सिरे से समझने में मदद मिलती है, बल्कि उसे बनाने में भी। वस्तुतः नैतिकता ही वह धुरी है जिस पर जैनेन्द्र ने अपनी सारी रचनाशीलता केन्द्रित की है और उसको बहस का क्षेत्र बनाया है। यह उनकी रचनाओं में सबसे बड़ा प्रश्न भी है और समूची बहस का मुद्दा भी।

देखने से भले ही नैतिकता जैनेन्द्र की रचनाओं का एक पक्ष लगती हो, पर वैसा है नहीं। जैनेन्द्र के पाठक इस पुस्तक से गुजरने के बाद स्वयं ही यह अनुमान लगा सकेंगे कि यह नैतिकता न केवल जैनेन्द्र; बल्कि समूची भारतीय विशेषकर, हिन्दी कथा साहित्य पर किस तरह प्रभावी रही है। बीसवीं शताब्दी के इस महान भारतीय लेखक को नये सिरे से देखने की कोशिश में अगर तनिक भी सफलता मिली हो तो इसका श्रेय हम अपने आदरणीय गुरु प्रो. मैनेजर पाण्डेय को देना चाहेंगे; क्योंकि उन्होंने यदि हमें समुचित मार्गदर्शन और प्रेरणा न दी होती तो शायद यह काम इस रूप में सम्भव नहीं होता; असफलताएँ तो मेरी हैं ही। इस कार्य में परोक्ष रूप से ही सही, मान्य प्रो. नामवर सिंह से जैनेन्द्र को समझने में बहुत मदद मिली है, इसके

लिए मै उनका कृतज्ञ हूँ।

पितातुल्य श्री नेमिचन्द्र जैन से निरंतर संवाद स्थापित कर हमें बहुत लाभ मिला है और हमने 'नटरंग प्रतिष्ठान' से भी आवश्यक सामग्री का उपयोग किया है। जैनेन्द्र जी के परिवार का स्नेह और संबल तो मिला ही है, वहाँ से कई अप्रकाशित दस्तावेज भी प्राप्त हुए जिनसे इस काम को प्रामाणिक बनाने में मदद मिली। इसके लिए श्री प्रदीप कुमार और श्रीमती विनीता जैन के प्रति हार्दिक आभार। इस अनुष्ठान में प्रत्यक्ष या परोक्ष जिन मित्रों का स्नेह मिला है, उन सबके प्रति आभार व्यक्त करते हुए यह पुस्तक हम पाठकों को सौंप रहे हैं, जो इसके असली अधिकारी हैं।

अस्तु,

गांधी जयंती, 1997 **ज्योतिष जोशी**

एफ-17/84, सेक्टर-15
रोहिणी, दिल्ली-110085

# दूसरे संस्करण की भूमिका

'जैनेन्द्र और नैतिकता' 1998 में प्रकाशित हुई थी, ठीक तेरह वर्ष पहले। इसके प्रकाशन के बाद पाठकों और साहित्यिकों का भरपूर प्यार हमें मिला तथा इस दीर्घ अवधि में इस पुस्तक ने अपनी जगह भी बनाई। अब यह वाणी प्रकाशन से अपने नये रूप में सामने आ रही है जिसका हमें गहरा सन्तोष है। पुस्तक में हमने किसी तरह का संशोधन नहीं किया है; क्योंकि अपने प्रतिपाद्य में यह आज भी उसी तरह प्रासंगिक है, जैसे तेरह वर्ष पहले थी। नैतिकता से सम्बन्धित वे प्रश्न आज भी यथावत् हैं तो स्वयं जैनेन्द्र भी, जिन्हें देखने और समझने की अब अधिक जरूरत है।

अन्त में वाणी प्रकाशन के स्वामी अरुण माहेश्वरी के प्रति आभार, जिन्होंने आत्मीयता से इस पुस्तक को नये रूप में प्रकाशित किया है।

अस्तु,

**ज्योतिष जोशी**

11 नवम्बर, 2011
डी-4/37, एम.आई.जी. फ्लैट
सेक्टर-15, रोहिणी, दिल्ली-110089

# अनुक्रम

# हिन्दी उपन्यास और नैतिक मूल्य

हिन्दी में उन्नीसवीं शती के उत्तरार्द्ध में उपन्यास विधा का जन्म माना जाता है और यह रेखांकित किया जाता है कि यह समय केवल हिन्दी के लिए ही नहीं, वरन् पूरे भारतीय परिवेश के लिए अत्यन्त कठिन था। सत्रहवीं शती के मध्य में अंग्रेजी में जब उपन्यास का जन्म हुआ था तो यही स्थितियाँ वहाँ भी थीं, पर उसके स्तर और स्वरूप में अन्तर अवश्य था। यूरोप के उथल-पुथल में वहाँ के नये-पुराने मूल्यों का संघर्ष चल रहा था। यूरोप में औद्योगिकीकरण के परिणामस्वरूप साहित्य की ऐसी कोई विधा शेष नहीं रह गयी थी जो मनुष्य के सामाजिक जीवन की जटिलता को उसकी सम्पूर्णता में व्यक्त कर सके। इस नयी व्यवस्था के फलस्वरूप वहाँ बहुत तेजी से मध्यवर्ग उदित हुआ जिसकी जरूरतें न तो उच्च वर्ग की तरह अधिक थीं और न निम्न वर्ग की तरह कम। यह वर्ग अपनी नयी जीवन-शैली लेकर प्रकट हुआ था जिसमें जितनी प्रदर्शन की भावना थी उतनी कर्मठता की नहीं। भारत में ऐसा पहला मध्यवर्ग उन्नीसवीं शती में बना, जब पश्चिम का सीधा सम्बन्ध भारतीय परिवेश से हुआ। ऐसा पहला मध्यवर्गीय समाज बंगाल में बना जो अपने आचरण और जीवन-व्यवहार में न तो शुद्ध भारतीय था और न यूरोपीय। उसके जीवन की यही विडम्बना औपनिवेशिक भारत की गुलाम मानसिकता में बदली जो आजादी के बाद भी क्रमशः बढ़ती गयी है।

डॉ. मैनेजर पाण्डेय ने ठीक ही लिखा है–

"भारत में जिस मध्यवर्ग का विकास हुआ था उसकी मूल्य चेतना दुविधाग्रस्त थी। उसमें एक ओर परम्परा बनाम आधुनिकता का द्वन्द्व था तो दूसरी ओर आधुनिकता के नाम पर भ्रामक आधुनिकता की ओर झुकाव भी था।"[1]

उस दौर में पूरा भारतीय समाज एक अजीब स्थिति से गुजर रहा था। एक तरफ देश के अधिकतर लोग स्वाधीनता संघर्ष में भाग ले रहे थे तो दूसरी ओर पश्चिम की नकल पर भारतीय संस्कारों की और उसकी जड़ों की लगातार उपेक्षा हो रही थी। ऐसे लोगों में स्वतन्त्रता की चाह तो थी पर प्रजातान्त्रिक अधिकारों के प्रति कोई इच्छा शेष नहीं रह गयी थी। ऐसे ही माहौल में भारत में उपन्यास विधा का जन्म हुआ जिसमें सबसे पहले मनोरंजन और सस्ते रहस्यपूर्ण घटनाओं का बाहुल्य रहा।

पश्चिमी उपन्यासों की पद्धति की नकल पर भारतीय उपन्यास आधुनिकता के उन मूल्यों को हवा देते गये जो भारतीय जीवन-पद्धति के अनुकूल नहीं थे। कदाचित् यही कारण है कि उपन्यास पढ़ना उन दिनों खराब और सस्ता आचरण माना जाता रहा। उस दौर में भारत में जिन अंग्रेजी उपन्यासों की धूम थी, उनमें जी. डब्ल्यू. रोनाल्ड के *लंदन रहस्य* का नाम प्रमुख है। इसके अलावा अनेक सस्ते जासूसी उपन्यासों का बोलबाला बहुत था। उपनिवेश होने के कारण भारत में अंग्रेजी में लिखे उपन्यास ही अधिकतर मिलते थे और उन्हीं तक भारतीय लोगों की पहुँच थी। गुलाम मानसिकता के कारण वे घटिया उपन्यास भी अपनी पद्धति और विषय-वस्तु में हमारे आदर्श दिखाई देते थे जिनका धड़ल्ले से भारतीय भाषाओं में अनुवाद होने लगा और लोग रुचि के साथ उन्हें पढ़ने में जुटते गये। इन भाषाओं में हिन्दी सहित बांग्ला, मराठी आदि भाषाएँ भी प्रमुख थीं, जिनका विशाल पाठक वर्ग उन दिनों भी बहुत रुचि के साथ ऐसे साहित्य की प्रतीक्षा करता था।

यह दिलचस्प है कि पश्चिम की जिस आधुनिक चेतना ने भारतीयों को स्वतन्त्रता की सीख दी, उसी ने भारतीय शिक्षा के जरिये लोगों की मानसिकता को गुलाम बनाने की भूमिका अदा की। लोग भारतीय संस्कारों, भाषाओं और संस्कृतियों को भूलने लगे और इसी में अपनी शान समझने लगे। पत्र-पत्रिकाओं का प्रकाशन शुरू हो चुका था और कई भारतीय भाषाओं में इसका प्रसार तेजी से हो रहा था। बांग्ला में इसका सबसे पहले विकास हुआ जहाँ भारत का सबसे पहला उपन्यास *अलालेर घरे दुलाल* आया जिसके लेखक प्यारेचन्द मित्र थे—"यह 1854 से प्रकाशित होने वाले *मासिक पत्र* में पहले धारावाहिक छपा था जो 1858 में पुस्तकाकार प्रकाशित हुआ था।" (*साहित्य के समाजशास्त्र की भूमिका*—डॉ. मैनेजर पाण्डेय, पृ. 278)

ऐसी ही स्थितियों में हिन्दी में भी उपन्यास का जन्म हुआ जिसका पहला श्रेय *परीक्षा गुरु* को जाता है। इस उपन्यास के लेखक थे—लाला श्रीनिवास दास और यह 1882 में प्रकाशित हुआ था। हिन्दी के इस पहले उपन्यास और इसके साथ-साथ लिखे जाने वाले लगभग अधिकतर उपन्यासों में पश्चिम से आये विचारों के बरक्स एक नैतिक वातावरण बनाने की कोशिश देखी जा सकती है जिसमें भारतीय संस्कृति और उसकी जातीय सभ्यता के क्षरित होने की मर्म कथा व्यक्त होती है। ये उपन्यास अपनी पद्धति में अंग्रेजी उपन्यासों की नकल हैं, इनमें पाठकों को चौकानेवाली घटनाएँ हैं, पर इनकी चेतना नैतिक वातावरण बनाने की ओर ही अग्रसर है।

यह भी गौरतलब है कि अन्य भारतीय भाषाओं की तरह हिन्दी में उपन्यास का उदय नैतिकता के प्रश्नों के साथ होता है, जिसमें समाज में व्याप्त कुसंस्कार, रूढ़ियाँ,

पाखंड, द्वेष, कटुता आदि कुरीतियों का विरोध दर्ज है। इसलिए यह कहना अनावश्यक न होगा कि हिन्दी उपन्यासों का उदय ही नैतिक मूल्यों की स्थापना के उद्देश्य से होता है और इस युग का हर उपन्यासकार अपने उपन्यास सोद्देश्य ही लिखता है। इसमें पश्चिम की नैतिकता से सीधी टकराहट भी देखी जा सकती है तो भारतीय समाज में व्याप्त रूढ़ियों पर आक्रामक प्रहार भी। हिन्दी के इन आरम्भिक उपन्यासों पर कई तरह के प्रभाव भी पड़े थे जो तत्कालीन आंदोलनों के कारण प्रभावी हुए। इन उपन्यासों की संरचना नैतिक आधारों को इसलिए भी लेकर चलती है कि तत्कालीन हिन्दी समाज विभिन्न प्रकार की अनिश्चितताओं के बीच उन मूल्यों की लगातार उपेक्षा कर रहा था जो इस समाज-व्यवस्था के आधार थे। हिन्दी के पहले उपन्यास माने जानेवाले *परीक्षा गुरु* पर लिखते हुए रामस्वरूप चतुर्वेदी ने हिन्दी उपन्यास के उदय के सन्दर्भ में तत्कालीन स्थितियों का इस तरह उल्लेख किया है—"लाला श्रीनिवास दास का *परीक्षा गुरु* हिन्दी का पहला मौलिक उपन्यास माना गया है। और यह संयोग से कुछ अधिक है कि पश्चिम से लिए गये इस नये कथा रूप की मुख्य रचना-समस्या है भारतीय संस्कृति के आक्रामक प्रभाव की। एक ओर पुनर्जागरण की प्रक्रिया चल रही है तो दूसरी ओर उस प्रक्रिया के परिणामों का परीक्षण भी चल रहा है। *परीक्षा गुरु* का स्वर सात्त्विक और वातावरण नैतिक रखने का प्रयास लेखक ने किया है।"[2]

यह उद्धरण इस स्थिति को द्योतित करता है कि तत्कालीन वातावरण पुनर्जागरण की पक्रिया से सम्बद्ध था। स्वाधीनता-संघर्ष की गति तीव्र हो रही थी और 1857 की सिपाही क्रान्ति व्यापक जन-चेतना के रूप में प्रसारित हो चुकी थी। इसके बरक्स भारतीय समाज में पैदा हुआ नव-मध्यवर्ग पश्चिमी संस्कृति की चकाचौंध में अपनी जड़ें भूलता जा रहा था। ऐसे समय में नैतिक रूप से जनता को जगाने और अपनी जातीय अस्मिता को बचाने का कार्य हिन्दी के आरम्भिक उपन्यासों ने अपने ढंग से किया। हिन्दी में नैतिकता का सम्बन्ध इसी परिप्रेक्ष्य में उपन्यास से जुड़ा।

## प्रेमचन्द पूर्व की नैतिकता

प्रेमचन्द से पूर्व भारतेन्दु युग में ही हिन्दी में उपन्यास विधा का जन्म हुआ, इसलिए इस दौर की नैतिक स्थितियों को देखना आवश्यक है। जैसाकि पीछे संकेत किया गया है, इस युग में पश्चिमी संस्कृति से भारतीय संस्कृति की टकराहट के परिणामस्वरूप भारतीय समाज में जो विकृतियाँ आ गयी थीं, नये उपन्यासों ने उन्हीं विकृतियों को समाप्त करने का संकल्प लिया और लेखकों ने इस दिशा में रचनाएँ कीं। इस दौर में भी कोई एक प्रवृत्ति ऐसी नहीं थी, जो उपन्यास-रचना का आधार बनती, फिर भी उपन्यासों में नैतिक मूल्यों को प्रतिष्ठित करने की प्रवृत्ति उस दौर

के उपन्यासों में अधिक दिखाई देती है। इस प्रवृत्ति के तहत उपन्यासकारों ने परम्परागत भारतीय नैतिकता को पश्चिमी नैतिकता से टकराहट के समानान्तर प्रतिष्ठित करने का प्रयास किया। परम्परागत भारतीय नैतिकता के प्रश्नों को इस युग के उपन्यासकारों ने सांस्कृतिक मूल्यों के समक्ष रखकर देखा और समाज में व्याप्त कुरीतियों पर भी प्रहार किया। इस युग में न केवल उपन्यास बल्कि अन्य विधाओं, जैसे—नाटक, निबन्ध और कहानी आदि में भी रचनाकारों ने नैतिक वातावरण बनाने पर अधिक बल दिया।

भारत की पराधीनता और जीवन के विविध क्षेत्रों में अत्यन्त हीन होने के कारण जो प्रतिक्रिया यहाँ की जनता में हुई वह 1857 की क्रान्ति का परिणाम तो थी ही, जनता की जागृति के कारण भी हुई। उन्नीसवीं शती के अन्तिम चरण में पूरे देश में जो सांस्कृतिक लहर फैली उसने नये सिरे से समाज-व्यवस्था को प्रभावित किया। अंग्रेजी शासन की मजबूत स्थिति ने सामन्ती सामाजिक ढाँचे को नष्ट कर दिया। अंग्रेजी शिक्षा के प्रसार से जनता में आधुनिकता और स्वतन्त्रता की चेतना जागी। यही वह काल था जब भारतेन्दु युग के रचनाकारों ने सामाजिक, राजनीतिक, आर्थिक और धार्मिक व्यवस्था को एक नीति-सम्मत आधार देने की बात सोची और अपनी रचनाओं में इसे ही अभिव्यक्त भी किया। उस दौर में जो यह सांस्कृतिक जागरण पैदा हुआ, वस्तुतः वही भारतेन्दुयुगीन नैतिकता का स्वरूप स्पष्ट करता है। यह काल चूँकि उपन्यास का आरम्भिक काल था, इसलिए अधिक संख्या में न तो उपन्यास लिखे गये और न ही इनकी मात्रा बढ़ाने पर किसी का ध्यान था। सबका ध्यान तो बस देश की नाजुक स्थिति पर था। पराधीनता के कारण जनता तबाह थी, शासन की ओर से लगातार अत्याचार हो रहे थे, अंग्रेजी संस्कृति के फैलाव से भारत की सांस्कृतिक छवि बिगड़ रही थी। इस समय निबन्धों, नाटकों और पत्र-पत्रिकाओं के माध्यम से रचनाकारों ने इन्हीं को तोड़ने की कोशिश की।

इस युग में जो उपन्यास लिखे गये उनमें परम्परागत भारतीय नैतिकता की प्रतिष्ठा आसानी से देखी जा सकती है। 1879 में लिखित श्रद्धाराम फुल्लौरी के उपन्यास *भाग्यवती* को ही लें तो पायेंगे कि यह उपन्यास भारत की स्त्रियों को गृहस्थ धर्म की शिक्षा देने के उद्देश्य से लिखा गया। 1882 में प्रकाशित हिन्दी का पहला उपन्यास कहा जानेवाला *परीक्षा गुरु* भी उपदेश प्रधान उपन्यास है जिसमें जीवन में घटनेवाली घटनाओं को परीक्षा मानकर जीने की सलाह लाला श्रीनिवास दास ने लोगों को दी है और कहा है कि 'परीक्षा' गुरु की तरह है।

इसी दौर में बालकृष्ण भट्ट के दोनों उपन्यासों—*नूतन ब्रह्मचारी, सौ अजान एक सुजान* की रचना हुई जिसमें क्रमशः विद्यार्थियों को नैतिक शिक्षा देने तथा युवकों में बुद्धि-विवेक जागृति के विचार देखे जा सकते हैं। गौ-वध निवारण के विचार से

प्रेरित होकर राधाकृष्ण दास ने *निस्सहाय हिन्दू* (1890) इसी युग में लिखा था। इस युग के एक महत्त्वपूर्ण उपन्यासकार लज्जाराम मेहता ने अपने कई उपन्यासों के माध्यम से हिन्दू समाज में व्याप्त अराजकता को आधार बनाकर उसे नैतिक वातावरण देने की कोशिश की। उनके उपन्यासों में *धूर्त्त रसिककाल* (1899), *स्वतन्त्र रमा और परतन्त्र लक्ष्मी* (1899), *आदर्श दम्पति* (1804) *तथा आदर्श हिन्दू* (1914) मुख्य हैं।

किशोरी लाल गोस्वामी प्रेमचन्द पूर्व युग के सर्वाधिक चर्चित उपन्यासकार रहे हैं जिनके लिखे 65 उपन्यास आज हिन्दी में उपलब्ध हैं। इन्होंने अपने अधिकतर उपन्यासों में सनातन हिन्दू धर्म की नैतिक मान्यताओं को प्रतिष्ठित करने का प्रयास किया है और यह लगभग दिखाने की चेष्टा भी की है कि इससे विमुख होने में हिन्दू समाज का हित नहीं है। आचार्य शुक्ल की इनके बारे में राय है—"गोस्वामी जी संस्कृत के अच्छे जानकार, साहित्य के मर्मज्ञ तथा हिन्दी के पुराने कवि और लेखक थे। संवत् 1955 में इन्होंने *उपन्यास* नामक पत्र भी निकाला और द्वितीय उत्थान काल के भीतर 65 छोटे बड़े उपन्यास लिखकर प्रकाशित किये। अतः साहित्य की दृष्टि से उन्हें हिन्दी का पहला उपन्यासकार कहना चाहिए।"[3]

किशोरी लाल गोस्वामी के उपन्यासों में *त्रिवेणी या सौभाग्य श्रेणी* (1890), *लीलावती* या *आदर्श सती* (1901), *राजकुमारी* (1902), *चपला* या *नव्य समाज* (1903-4) आदि प्रमुख हैं जिनमें गोस्वामी ने हिन्दू धर्म की विशेषताओं के साथ-साथ नैतिक जीवन स्थितियों की प्रतिष्ठा की है। डॉ. रामचन्द्र तिवारी ने लिखा है—"गोस्वामी जी के प्रायः सभी उपन्यास स्त्री-प्रधान हैं और उनमें प्रेम के विविध रूपों का चित्रण मिलता है। इन्होंने यदि एक ओर सती-साध्वी देवियों के आदर्श प्रेम का चित्रण किया है तो दूसरी ओर साली-बहनोई के अवैध प्रेम, विधवाओं के व्यभिचार, वेश्याओं के कुत्सित जीवन आदि का भी सजीव चित्रांकन किया है। ऐसा दिखाने में इनका उद्देश्य यह रहा है कि पाठक नाटकीय और आदर्श जीवन-चित्रों को एक साथ देखकर अपने आचरण को उज्जवल बनाने की चेष्टा करेंगे।"[4] इसी दौर में अयोध्या सिंह उपाध्याय 'हरिऔध' ने *ठेठ हिन्दी का ठाट* (1899), *अधखिला फूल* (1904) लिखा जिसमें क्रमशः अनमेल विवाह का दुष्परिणाम तथा हिन्दू धर्म की महत्ता प्रतिपादित की गयी है। इसके अतिरिक्त अन्य अनेक उपन्यासों का लेखन हुआ जिरामें हिन्दी नव जागरण को अभिव्यक्ति मिली और हिन्दी-समाज में नैतिकता के उभार पर बल दिया गया। ऐसे उपन्यासों में ब्रजनंदन सहाय के *सौन्दर्योपासक* और *राधाकान्त,* मन्नन द्विवेदी के *रामलाल* और *कल्याणी,* देवी प्रसाद शर्मा का *सुन्दर सरोजिनी,* मुरलीधर शर्मा का *सत्कुलाचरण,* कमला प्रसाद का *कुल कलंकिनी,* बलदेव प्रसाद मिश्र का *संसार,* लोचन प्रसाद पाण्डेय का *दो मित्र,*

रामजीदास वैश्य का *सती,* ईश्वरी प्रसाद शर्मा का *हिरण्यमयी,* हरस्वरूप पाठक का *भारतमाता,* श्री कृष्णलाल वर्मा का *चम्पा,* श्याम किशोर वर्मा का *काशी यात्रा,* गंगाप्रसाद गुप्त का *लक्ष्मीदेवी* तथा रूद्रदत्त शर्मा का *स्वर्ग में महासभा* प्रमुख हैं।

इन उपन्यासों में देखा जा सकता है कि यहाँ आदर्श आचरण पर बल दिया गया है। डॉ. रामचन्द्र तिवारी ने लिखा है—"इन उपन्यासों में भी तद्‌युगीन सामाजिक प्रवृत्तियाँ धर्म की जय, आदर्श आचरण का महत्त्व, नवीनता का समर्थन और विरोध, अंधविश्वासों के परित्याग, सतीत्व की महिमा, ईश्वरीय न्याय में विश्वास, राष्ट्रप्रेम आदि का चित्रण किया गया है।"[5]

इन आरम्भिक उपन्यासों में यह भी लक्ष्य किया जा सकता है कि यहाँ पश्चिमी सांस्कृतिक मान्यताओं और उसकी नैतिकता से भारतीय संस्कृति की टकराहट चित्रित है। पश्चिम का रहन-सहन, वेशभूषा, गृहस्थी का परित्याग, मुक्त यौनाचार, परपुरुष प्रेम, धर्म के प्रति कुत्सित विचार आदि के प्रति इन उपन्यासों में एक अजीब तरह की वितृष्णा देखी जा सकती है जहाँ इनके चरित नायक या तो इसके विरोध में खड़े होते हैं या उसके शिकार होकर बर्बाद होते हैं और तब उनकी आँखें खुलती हैं, जब वे यह सोचते हैं कि उन्होंने गलत राह चुन ली थी।

प्रेमचन्द पूर्व हिन्दी उपन्यास की यह एक मुख्य प्रवृत्ति थी—परम्परागत भारतीय नैतिकता की प्रतिष्ठा की। इसके साथ-साथ इस युग में एक और प्रवृत्ति चल रही थी जिसे देखना यहाँ प्रासंगिक है।

परम्परागत भारतीय नैतिकता की प्रतिष्ठा के समानान्तर हिन्दी उपन्यास में जो एक और प्रवृत्ति चल रही थी, वह थी—इतिहास और फैंटेसी के माध्यम से एक नैतिक चेतना के विकास के प्रयास की। इस प्रवृत्ति के उपन्यासकारों में देवकीनन्दन खत्री का महत्त्वपूर्ण स्थान है।

इनके अतिरिक्त हरेकृष्ण जौहर, गोपालराम गहमरी तथा ठाकुर जगन्मोहन सिंह ने भी फैंटेसी के माध्यम से तिलिस्मी उपन्यासों की रचना की। देवकीनन्दन खत्री के उपन्यासों—*चन्द्रकान्ता* (1882), *चन्द्रकान्ता सन्तति।* (1896), *नरेन्द्र मोहिनी* (1893), *वीरेन्द्र वीर* (1895) और *कुसुम कुमारी* (1899) ने उस दौर में अपनी लोकप्रियता की धूम मचा दी थी। इस क्रम में गोपालराम गहमरी के *अद्‌भुत लाश* (1896) और *गुप्तचर* (1899), हरेकृष्ण जौर का कुसुमलता (1899) तथा ठाकुर जगन्मोहन सिंह का *श्यामास्वप्न* (1888) भी उल्लेखनीय उपन्यास हैं।

इस तरह के उपन्यासों का प्रवृत्यात्मक विवेचन करते हुए डॉ. मैनेजर पाण्डेय ने लिखा है—

"इन उपन्यासों में पराधीनता के यथार्थ और स्वाधीनता की आकांक्षा का रचनात्मक संगम है। ये दोनों प्रवृत्तियाँ कहीं अतीत के संघर्षों की स्मृति के माध्यम

से व्यक्त हुई हैं तो कहीं देश-काल निरपेक्ष फैन्टेसी लोक में। यथार्थवाद वर्तमान से जुड़ा होता है, लेकिन स्वच्छन्दतावाद की गति अतीत और भविष्य दोनों में होती है। भारतीय उपन्यासकार राष्ट्रीय स्वत्व की खोज, पहचान और विकास के लिए अतीत, वर्तमान और भविष्य में से किसी को भी वर्जित प्रदेश नहीं मानते।"[6]

इस तरह प्रेमचन्द पूर्व हिन्दी उपन्यास अपनी पूरी संरचना में नैतिक मानदंडों की ही प्रतिष्ठा करता है—चाहे वह भारतीय सांस्कृतिक मान्यताओं की प्रतिष्ठा करे, चाहे हिन्दू समाज की रूढ़ियों और कुरीतियों पर प्रहार करे या चाहे वह राष्ट्रीय स्वाधीनता आन्दोलन में जनता की सक्रिय भागीदारी का आह्वान करे।

सामाजिक ढाँचे में स्त्री-पुरुष सम्बन्ध, उनके तनाव तथा पारम्परिक मूल्यों से अलग उनकी भूमिका को इस दौर के उपन्यासों ने नहीं उठाया है। केवल ठाकुर जगन्मोहन सिंह के उपन्यास *श्यामा स्वप्न* (1888) में ब्राह्मण और राजपूत कुमार-कुमारियों (श्यामा और श्यामसुन्दर) की प्रेम कथा वर्णित है। प्रेमचन्द पूर्व के उपन्यासों में सम्भवतः यह पहला उपन्यास है जिसमें अन्तर्जातीय सम्बन्धों की बात उठाई गयी है। अन्यथा अधिकतर हिन्दी उपन्यास समाज सुधार के बाहरी विधानों पर ही बल देते रहे हैं। इस काल की इन स्थितियों के पीछे पश्चिमी सांस्कृतिक दबावों का प्रभाव तो था ही, राष्ट्रीय स्तर पर घटनेवाली घटनाओं और व्यापक रूप से शुरू हुए आन्दोलनों की प्रेरणा भी थी। यह दौर चूँकि भारतेन्दु और द्विवेदी दो युगों का प्रतिनिधित्व करता है, इसलिए इसकी ऐतिहासिक पृष्ठभूमि को देख लेना आवश्यक है।

## प्रेमचन्द पूर्व युग की ऐतिहासिक पृष्ठभूमि

हिन्दी के आधुनिक काल की शुरुआत 1857 से मानी जाती है पर भारत के आधुनिक बनने की प्रक्रिया एक शताब्दी पहले (1757) ही शुरू हो चुकी थी। इस अरसे से भारतीय जनता को कई युद्धों की विभीषिका से गुजरना पड़ा। आरम्भ में ईस्ट इंडिया कम्पनी ने पलासी के युद्ध में बंगाल के नवाब सिराजुद्दौला को शिकस्त दी जिसके बाद पूरे बंगाल पर अंग्रेजों का कब्जा हो गया। 1764 में मुगल सम्राट शाह आलम को भी हार का सामना करना पड़ा और 1765 में रही सही कसर भी पूरी हो गयी। इस कारण उसने डर कर बंगाल, बिहार और उड़ीसा की दीवानी अंग्रेजों को दे दी। अब अंग्रेजों के निशाने पर सिर्फ दो ताकतें रह गयी थीं, जिन पर जीत के बाद भारत को उनके हाथ आ जाना था। ये थे—मराठे और सिक्ख। आपसी फूट के कारण ये दोनों शक्तियाँ भी एक-एक कर घुटने टेक दीं। 1803 में असी और लासवारी के युद्ध में मराठे हारे थे और 1849 में सिक्खों को शिकस्त झेलनी पड़ी। 1856 में अवध भी अंग्रेजी शासन में मिला लिया गया और तब पूरा भारत अंग्रेजों के झंडे के नीचे आ गया।

इसकी भीषण प्रतिक्रिया और अंग्रेजी शासन के अत्याचारों के विरोध में असन्तुष्ट भारतीय राजाओं ने 1857 में व्यापक विद्रोह किया। इसी विद्रोह का नतीजा हुआ कि ईस्ट इंडिया कम्पनी समाप्त कर अंग्रेजों ने पूरे भारत को ब्रिटिश साम्राज्य का उपनिवेश बना दिया। इसके बाद अंग्रेजों ने नीतिगत फैसले लेते हुए आर्थिक, शैक्षणिक, सांस्कृतिक तथा प्रशासनिक क्षेत्रों में आमूलचूल परिवर्तन किये। लोगों पर कहर बरपाये गये, राजस्व का दबाव बढ़ा, भेदभाव का खुला खेल शुरू हुआ जिसके कारण पराधीन भारतीयों में पराधीनता के प्रति विद्रोही चेतना घर करती गयी।

अंग्रेजी सरकार ने भारत की पारम्परिक ग्रामीण व्यवस्था को तहस-नहस किया और स्थानीय स्तर पर चलाए जानेवाले उद्योग धन्धों को नष्ट कर दिया। इसी क्रम में अंग्रेजी शासन ने भारतीय शिक्षा का पश्चिमीकरण किया। पर इस शिक्षा का लाभ यह हुआ कि भारतीय जनता में राष्ट्रीय चेतना की भावना बल पाती गयी। इसके पूर्व भारतीय ज्ञान-विज्ञान का लक्ष्य आध्यात्मिक तथा पारलौकिक था जबकि पाश्चात्य ज्ञान-विज्ञान का लक्ष्य भौतिक तथा इहलौकिक। भारतीय शिक्षा कुछ विशेष वर्ग के लोगों तक सीमित थी जबकि पश्चिम की शिक्षा में सर्व सुलभता थी। इस शिक्षा में भारतीय रूढ़ियों के लिये कोई जगह नहीं थी। यहाँ का वर्णाश्रम, लौकिकता के प्रति अनासक्ति, वेद-वेदान्त की आप्तता आदि की अवधारणाओं ने लोगों को जड़ बना रखा था। पश्चिम की निकटता और उसकी शिक्षा का ही यह प्रभाव पड़ा कि लोगों में समता, समानता का भाव आया जो उसी पश्चिमी तन्त्र के विरुद्ध खड़े होने का सम्बल बना। यह रेखांकित करने की बात है कि पश्चिमी शिक्षा के लिए जिन ईसाई मिशनरियों की स्थापना भारत में हुई उसने दो स्तरों पर भारतीय जनता में चेतना पैदा करने में सहायता की—स्वतन्त्र व्यक्तित्त्व निर्माण तथा विवेक सम्मत दृष्टिकोण के निर्माण के स्तर पर। ज्ञातव्य है कि इसके पूर्व जिन पद्धतियों से भारत में शिक्षा दी जा रही थी उनमें (हिन्दू-मुस्लिम दोनों में) धार्मिकता अधिक थी और उनमें किसी भी प्रकार के लौकिक परिवर्तन, व्यवस्था संशोधन या धार्मिक रूढ़ियों में संशोधन का विरोध हुआ था।

ईसाई मिशनरियों का उद्देश्य तो यही था कि उनकी ओर से भारतीय जनता में ईसाई धर्म की श्रेष्ठता बतायी जाए और भारत को ईसाई धर्म में दीक्षित किया जाय। पर यह काम केवल अपने धर्म की वकालत करके ही वे नहीं कर सकती थीं, इसके लिए उन्हें भारतीय धर्म का प्रसार करना भी आवश्यक था, जिस पर वे अपनी श्रेष्ठता दिखा सकें। इसके लिए इन मिशनरियों ने जहाँ बाइबिल का अनुवाद बांग्ला, हिन्दी, मराठी, गुजराती आदि में कराया, वहीं भारतीय धर्म, पुराणों आदि का सरल भाषा में अनुवाद भी प्रकाशित कराया। इसका लाभ यह हुआ कि सामान्य जनता ने अपने धर्म और शास्त्रों की बातें अधिक विस्तार से जानीं, जिन्हें वे ज्यादातर

सुनती आ रही थी। अपने धर्म के प्रति श्रद्धा और निष्ठा के कारण लोग भटके नहीं, पर उसकी रूढ़ियों और आप्ताओं के प्रति उनमें अरुचि बलवती हुई। स्त्री शिक्षा, समानता, जाति सद्भाव, राष्ट्र, प्रेम संस्कृति आदि क्षेत्रों में इस शिक्षा ने आन्तरिक क्रान्ति की स्थिति पैदा की जिसकी स्पष्ट तस्वीर भारतेन्दुकालीन साहित्य में देखी जा सकती है।

इस युग में यातायात के साधनों के विकास ने भी लोगों के बीच़ की दूरी को पाट दिया और सबमें आपसी सहभाव की भावना विकसित की। इसके पूर्व प्रान्तीय दूरियों ने सबको एक दूसरे से काट रखा था जिससे वे अपनी राष्ट्रीय संस्कृति और एकात्मकता से सर्वथा दूर थे। रेल, बस, स्टीमशिप आदि के विकास से भारत में एक जगह से दूसरी जगह जाना आसान हुआ और बाहरी दुनिया से भी भारत का सीधा सम्बन्ध स्थापित हुआ। ब्रिटिश काल के पूर्व भारत में बैलगाड़ी और इक्के के अतिरिक्त निश्चय ही सवारी के कोई और साधन विकसित नहीं थे जिससे स्थानों की दूरी असीम मालूम होती थी।

अंग्रेजों की नई अर्थ-व्यवस्था और नयी शिक्षा व्यवस्था ने भारतीयों में नई चेतना पैदा करने में तो अहम भूमिका निभाई ही, 1674 में ईस्ट इण्डिया कम्पनी ने मुम्बई में जो मुद्रण कार्य आरम्भ किया उसके कारण भारत के मद्रास, कलकत्ता आदि से मिशनरियों ने अखबार भी निकाले। राममोहन राय ने इस पत्र में सती प्रथा के विरुद्ध लगातार लेख लिखे जिससे परम्परागत हिन्दुओं में आक्रोश पैदा हुआ। इसके अतरिक्त एक साथ कई भाषाओं में अखबारों का प्रकाशन शुरू हुआ जिसमें 1822 में *बाम्बे समाचार* 1830 में *बंगदूत* शामिल हैं। 1826 में हिन्दी का पहला अखबार *उदन्त मार्तण्ड* कलकत्ता से पण्डित जुगुल किशोर सुकुल के सम्पादन में शुरू हुआ।

इस अखबार ने हिन्दी जनता को पहली बार भारतीय स्वतन्त्रता का पाठ पढ़ाया। इसके बाद देश भर में प्रेस का प्रसार हुआ जिसमें अंग्रेजी शासन और भारतीय पत्रकारों की मुठभेड़ लगातार चलती रही। इस दौर ने भारतीय जनता, विशेषकर हिन्दी समाज को बहुत प्रभावित किया और इसमें साहित्य की रचना महत्वपूर्ण हो उठी।

इसके साथ-साथ यह भी ध्यातव्य है कि ब्रिटिश शासन की स्थापना के कारण भारत की आर्थिक, शैक्षिक, संचार आदि के क्षेत्रों में जो बुनियादी परिवर्तन हुए उसके फलस्वरूप भारतीय समाज में आधुनिकीकरण की प्रक्रिया आरम्भ हुई। इसके नतीजे में पुराने धार्मिक संस्कारों, रीति-रिवाजों, जीवन-व्यवहार आदि के क्षेत्र में भूचाल-सा आ गया। इससे लोगों में नये-पुराने मूल्यों के बीच सहकार की जरूरत महसूस होने लगी। इसी जरूरत के तहत भारत में नये समाज के निर्माण की प्रक्रिया शुरू हुई। इस प्रक्रिया में व्यक्ति-स्वातन्त्र्य की अनिवार्यता सामने आयी क्योंकि सामन्तवादी

समाज में दाखिल होने के साथ-साथ परिवार, समाज और संस्कृति से विच्छिन्नता को स्वीकार नहीं किया गया जिसके कारण भारतीय नवजागरण की पृष्ठभूमि तैयार हुई। इसी नवजागरण के लिए विभिन्न संस्थाओं की स्थापना हुई जिसके प्रभाव से प्रेमचद पूर्व का काल जागरण का काल बना।

इस दौर में ब्राह्म समाज, प्रार्थना समाज तथा आर्य समाज ने पुरातन हिन्दू धर्म को नये समाज के अनुकूल बनाने पर जोर दिया। आर्य समाज के अतिरिक्त अन्य सभाओं में नये परिवर्तनों के प्रति उदारता थी पर आर्य समाज वैदिक धर्म के मूल स्वरूप से अलगाव पसन्द नहीं करता था। पर यह भी नहीं था कि आर्य समाज केवल रूढ़िवादी ही था। उस युग के राजनैतिक, सामाजिक या सांस्कृतिक परिवेश पर आर्य समाज का प्रभाव सबसे अधिक पड़ा। लेकिन आधुनिक भारत के सुधार का कार्य सर्वप्रथम राजा राममोहन राय ने शुरू किया, जिनकी संस्था ब्राह्म समाज की स्थापना 1828 में हुई। इस संस्था ने कर्मकांड और अंधविश्वास का विरोध किया। राममोहन राय ऐसे पहले भारतीय सुधारक थे जिन्होंने अंधश्रद्धा और रूढ़ियों के खिलाफ लड़ाई लड़ी। बाद में इस संस्था में फूट पड़ी और धीरे-धीरे इसका झुकाव ईसाई धर्म की ओर हो गया।

1884 में केशवचन्द्र सेन ने प्रार्थना सभा की स्थापना की। इस सभा के प्रमुख उन्नायक गोविन्द महादेव रानाडे थे जो अपने समय के प्रखर विद्वान और मेधावी विचारक थे। इस संस्था ने भी रूढ़ियों के प्रति विद्रोह किया। जाति और गोत्रों के बन्धन से मुक्त होकर इस संस्था ने अन्तर्जातीय सम्बन्धों की जरूरत पर जोर दिया। पर भागवत धर्म की उदारता इसके मूल में रही जहाँ संकीर्णता के लिए कोई स्थान न था।

रामकृष्ण परमहंस के रामकृष्ण मिशन की भूमिका उस युग के लिए असामान्य थी। इस मिशन ने भारतीयों के मन में स्वाभिमान और जागरण की जो भावना पैदा की; उसकी मिसाल दुनिया में बहुत कम मिलती है। परमहंस के शिष्य स्वामी विवेकानन्द ने शिकागों के विश्व धर्म संसद में 1893 में जो ऐतिहासिक व्याख्यान दिया था, उससे दुनिया भर में भारतीयों का मस्तक ऊँचा उठा और जन-जन में जागृति की लहर फैली। भारत के सांस्कृतिक जागरण में इस संस्था का महत्व इसलिए भी प्रतिपादित हुआ कि इसने हिन्दू मानस में फैले संकुचित विचारों का खण्डन किया और एक सर्व धर्म समभाव की पीठिका निर्मित की।

थियोसोफिकल सोसायटी की स्थापना वैसे तो 1875 में न्यूयार्क में हुई पर भारत में इसकी शाखा 1882 में खुली। इस संस्था ने हिन्दू धर्म की आध्यात्मिकता का प्रचार किया। श्रीमती एनी बेसेन्ट ने इसके प्रचार-प्रसार में बड़ा श्रम किया और अपनी वक्तृता से उन्होंने शिक्षित भारतीयों के मन में आध्यात्मिक संस्कार डाले।

यह विचित्र लग सकता है पर वास्तविकता है कि उत्तर भारत सहित बंगाल, महाराष्ट्र आदि कई राज्यों में सुधारवादी आन्दोलन की लहर अधिक दिनों तक नहीं चल सकी। 1830 में ही राजा राममोहन राय की ब्राह्म समाज की प्रतिक्रिया में राधाकान्त देव ने 1830 में धर्म सभा की स्थापना कर दी। इस संस्था के आसपास पुरातनपंथियों की कई ऐसी संस्थाएँ बन गयीं जिसने सुधार और जागरण के विरूद्ध लोगों में तीखी प्रतिक्रिया की भावना पैदा की। यह प्रक्रिया अभी चल ही रही थी कि 1857 में विद्रोह का व्यापक दौर आया। इसके परिणामस्वरूप सुधारवादी आन्दोलन की गति धीमी पड़ गयी। इसके बाद बंगाल में राष्ट्रवादी और स्वच्छंदतावादी दो मनोवृत्तियों ने जन्म लिया। दोनों ने अतीत प्रेम, अंग्रेजी सत्ता के प्रति आक्रोश और स्वतन्त्रता के प्रति आकांक्षा का भाव पैदा किया। इन्हीं स्थितियों के बीच नव हिन्दूवाद भी सामने आया जिसकी दो धाराएँ देखी गयी। एक धारा सुधार का समर्थन करती थी पर उसमें किसी मौलिक परिवर्तन का विरोधी थी। दूसरी धारा सुधार के किसी भी प्रयत्न का विरोध करती थी। बंकिमचन्द्र चटर्जी पहली धारा के हिमायती थे जो सुधार तो चाहते थे पर हिन्दू धर्म में किसी मौलिक संशोधन या परिवर्तन के विरुद्ध थे। उनका मत था कि धर्म और नैतिकता के समग्र पुनर्जागरण में ही समाज-सुधार समाविष्ट हो जाता है। देश के प्रति प्रेम उनकी पहली प्राथमिकता थी जो उनके उपन्यासों में देखी जा सकती है।

पर निर्विवाद रूप से इस पूरे युग को आर्य समाज ने सर्वाधिक प्रभावित किया। इस संस्था की स्थापना 1867 में दयानन्द सरस्वती ने की थी। उन्होंने इसके लिए वेदों को आधार बनाया। उन्होंने घोषित किया कि वेद अपौरुषेय हैं और वैदिक धर्म ही सत्य और सार्वभौम है तथा अन्य धर्म अधूरे हैं। सामाजिक और नैतिक मूल्यों की व्यवस्था के लिए इसी समाज ने एक आचार-संहिता भी बनाई थी। इस समाज की आधुनिकता इस बात में थी कि इसने जातिभेद तथा स्त्री-पुरुष असमानता को अस्वीकार कर दिया। अपनी सारी पारम्परिकता के बावजूद दयानन्द सरस्वती ने पश्चिमी ज्ञान-विज्ञान को कभी भी हेय दृष्टि से नहीं देखा और भारतीयों की उत्तरोत्तर उन्नति के लिए बहुत बार उसकी आवश्यकता भी बताई। अपनी पद्धति में हिन्दूवादी होने के बावजूद इस संस्था ने भारतीयों में जागरण का सन्देश देने तथा राष्ट्रीय चेतना जगाने का अभियान छेड़ा। इसी कारण अंग्रेजी सरकार ने इसे दबाने का भरपूर प्रयत्न किया, पर धीरे-धीरे इस समाज का प्रभाव भारतीयों के रहन-सहन, आचार-विचार तथा साहित्य-संस्कृति पर पड़ता गया। इस समाज का चूँकि सबसे क्रान्तिकारी काम अस्पृश्यता निवारण था, इसलिए मध्यवर्ग, जो अभी उदित ही हुआ था और धीरे-धीरे वृहद रूप ले रहा था—इससे सर्वाधिक प्रभावित हुआ। जीवन में नैतिक आचरण, पारिवारिक मर्यादा, धार्मिक वातावरण तथा वेदों के प्रति आदर भाव

जैसी प्रवृत्तियों ने तत्कालीन साहित्य-सृजन को गहराई से प्रभावित किया। यह अकारण नहीं है कि हिन्दी में लिखे गए आरम्भिक उपन्यास *परीक्षा गुरु* तथा *भाग्यवती* जैसे उपन्यास भी उपदेशात्मक ही हैं। उस दौर में स्वामी दयानन्द सरस्वती के व्याख्यान की ख्याति तथा *सत्यार्थ प्रकाश* की लोकप्रियता पर लिखते हुए आचार्य रामचन्द्र शुक्ल ने लिखा है–

"शिक्षा के आन्दोलन के साथ ही साथ ईसाई मत का प्रचार रोकने के लिए मतमतान्तर सम्बन्धी आन्दोलन देश के पश्चिमी भागों में भी चल पड़े। पैगम्बरी एकेश्वरवाद की ओर नव शिक्षित लोगों को खिंचते देख स्वामी दयानन्द सरस्वती वैदिक एकेश्वरवाद लेकर खड़े हुए और संवत् 1920 से उन्होंने अनेक नगरों में घूम-घूमकर व्याख्यान देना आरम्भ किया। कहने की आवश्यकता नहीं कि ये व्याख्यान देश में बहुत दूर-दूर तक प्रचलित साधु हिन्दी भाषा में ही होते थे। स्वामी जी ने अपना *सत्यार्थ प्रकाश* हिन्दी या आर्यभाषा में प्रकाशित किया ही, वेदों के भाष्य भी संस्कृत और हिन्दी दोनों में किये। स्वामी जी के अनुयायी हिन्दी को 'आर्यभाषा' कहते थे।"[7]

इन सारी स्थितियों का प्रभाव प्रेमचन्द-पूर्व के उपन्यासों पर पड़ा और उनमें तद्युगीन प्रवृत्तियों का समावेश हुआ। हिन्दू समाज में व्याप्त रूढ़ियों का विरोध, कदाचार और भेदभाव सहित गृहस्थ-धर्म के आचार-व्यवहार को भी हिन्दी के आरम्भिक उपन्यासों ने उठाया और उसे एक व्यवस्था देने की कोशिश की। यह अलग बात है कि इन उपन्यासों ने जितनी उपदेशात्मकता दिखाई उतनी स्थितियों की तात्विक विवेचना, विश्लेषण तथा समयानुरूप उसे ढालने की तत्परता नहीं दिखाई, फिर भी उनके आरम्भिक प्रयासों में आगे आने वाली चिन्ताओं के बीज परोक्ष रूप से ही सही, दिखाई देते हैं।

## प्रेमचन्द युग की ऐतिहासिक पृष्ठभूमि

भारतेन्दु युग के बाद द्विवेदी युग तक प्रेमचन्द पूर्व का समय माना जाता है। भारतेन्दु युग के राजनीतिक, सांस्कृतिक, सामाजिक तथा आर्थिक पहलुओं पर पीछे दृष्टिपात किया जा चुका है। उसमें से अधिकतर स्थितियों का प्रभाव द्विवेदी युग में देखा जा सकता है। इसके अतिरिक्त इस युग पर जो नये प्रभाव पड़े उन्हें एक नज़र देख सकते हैं।

इस युग में समाज सुधार के कार्य तेजी से हुए और इनके समानान्तर बड़े पैमानों पर सुधार के आन्दोलन भी हुए। आर्य समाज सहित कई अन्य सुधारवादी संस्थाओं ने हिन्दू समाज की रूढ़ियों और खामियों को दूर करने के साथ-साथ उनमें परिष्कार करने तथा लोगों में भारतीय पराधीनता के विरुद्ध राष्ट्रीय चेतना जगाने का महत्त्वपूर्ण काम किया। इस काल की एक रेखांकित करने वाली बात ये है कि इसमें न केवल

तत्कालीन स्थितियों के प्रति आक्रोश था बल्कि स्वाधीनता पाने के प्रति आत्मोत्सर्ग की भावना भी बलवती हो उठी थी। अंग्रेजी शासन ने जो आर्थिक नीतियाँ बनाई थीं उसके फलस्वरूप भारत का कच्चा माल बाहर जाता था तथा वहाँ से जो वस्तुएँ बनकर यहाँ आती थीं, उनकी खपत होती थी। इसके कारण भारत दिन-ब-दिन और निर्धन होता चला गया। यहाँ के सारे देशी उद्योग नष्ट होते गये। इसके अतिरिक्त भारत को प्राकृतिक आपदाओं ने भी तोड़ा जिसके कारण यहाँ की जनता को काफी कष्ट उठाने पड़े। इस संकट की घड़ी में लोकमान्य बाल गंगाधर तिलक का नेतृत्व देश को मिला जिन्होंने 'स्वराज हमारा जन्मसिद्ध अधिकार है' का नारा दिया और जनता में अभूतपूर्व जागृति पैदा की। गोपालकृष्ण गोखले जैसे नेताओं के उदय और उनके क्रिया-कलापों का व्यापक प्रभाव भी लोगों पर पड़ा तथा उससे वे राष्ट्रीय संघर्ष में कूद पड़ने को प्रेरित हुए।

इस युग में अंग्रेजी शिक्षा-नीति की भी भारतीयों में राष्ट्रीय चेतना जगाने में महत्वपूर्ण भूमिका रही। यह तो विदित ही है कि अंग्रेजों ने अंग्रेजी पद्धति से शिक्षा देने का कार्य भारत में किसी शुभ इच्छा से प्रेरित होकर नहीं किया था, वरन् इस घृणित इच्छा से किया था कि उनमें हीन-ग्रंथि पैदा हो और वे भारतीय संस्कृति और अपनी देसी पहचान से अलग हो जाएँ। एक सीमा तक अंग्रेजों की यह नीति सफल भी रही, जिसके प्रभाव में नया बना मध्यवर्ग भारतीय पहचान से अपने को अलग करने लगा, पर एक स्तर पर यह शिक्षा-नीति भारतीयों के मन में स्वाधीनता की चेतना पैदा करने के भी काम आयी। बर्क, मिल, स्पेंसर, रूसो आदि विचारकों को पढ़कर लोगों में अपने देश तथा अपनी धरती के प्रति प्रेम उमड़ा जिससे वे अपनी हीन-ग्रन्थियों से मुक्त होने लगे। इस अवधि में लाला लाजपत राय, मदन मोहन मालवीय तथा स्वामी श्रद्धानन्द जैसे राजनीतिकों, विचारकों के परिदृश्य में आने पर जनता में सांस्कृतिक पुनरुत्थान की भावना भी पैदा हुई। इन सबकी उपस्थिति और कर्मठता ने भी तद्‌युगीन साहित्य को गहरे प्रभावित किया जिसके उदाहरण उस समय की रचनाओं में बखूबी देखे जा सकते हैं।

द्विवेदी युग के अन्तिम चरण में महात्मा गांधी के उदय ने प्रेमचन्द पूर्व के युग को तो प्रभावित किया ही, बाद के समूचे दौर को आधारभूत प्रेरणा दी। इस क्रम में उस घटना का उल्लेख आवश्यक है जिसके तहत 1918 में महात्मा गांधी ने एक अछूत कन्या को अपने संरक्षण में रखा तथा उसके अंतर्जातीय विवाह की व्यवस्था की। इसका भी उस दौर पर सीधा असर देखा जा सकता है।

प्रेमचन्द पूर्व का यह युग आर्य समाज तथा सनातन धर्म के द्वन्द्व का भी काल है, जिसमें दोनों ने अपनी-अपनी महत्ता तथा प्रासंगिकता स्थापित करने की कोशिश की।

इस प्रकार प्रेमचन्द पूर्व के युग को देखने पर यह स्पष्ट होता है कि आरम्भिक समय के उपन्यासों ने मुख्यतया समाज में व्याप्त मर्यादाहीनता का विरोध कर उसमें नैतिकता को स्थान देने की कोशिश की। यह नैतिकता रचनाकारों के उपदेशात्मक उपन्यासों के माध्यम से सामने आयी। इसके दूसरे चरण में भी समाज-सुधार की ही प्रवृत्ति दिखाई पड़ती है जिसमें कहीं-कहीं भारतीय स्वाधीनता संघर्ष की स्थितियों के वर्णन होते हैं या फिर जनता में राष्ट्रीय भावना के प्रचार का सन्देश। आर्य समाज के प्रभाव से भारतीय जनता ने जिस प्रकार ईसाई मिशनरियों से मुकाबला किया, उसी तरह इन दोनों चरणों के उपन्यासकारों में जागरण और सुधार की यही मनोवृत्तियाँ प्रभावी रहीं जिसमें परोक्ष या प्रत्यक्ष या तो सामाजिक नैतिकता की व्यवस्था पर बल दिया गया या फिर राष्ट्रीय आन्दोलन के प्रभावस्वरूप स्वाधीनता के प्रति नागरिकों में राष्ट्रभक्ति की नैतिकता की। इससे अतिरिक्त इस युग में नैतिकता का कोई दूसरा स्वरूप उभरकर सामने नहीं आया। प्रेमचन्द के आगमन के बाद जहाँ व्यापक सामाजिक-जीवन की पड़ताल आरम्भ हुई, वहीं राष्ट्रीय स्वाधीनता-संग्राम में व्यापक हिस्सेदारी की अनुगूँज भी सुनाई दी।

## प्रेमचन्द और नैतिक सरोकार

प्रेमचन्द के आगमन से हिन्दी उपन्यास साहित्य को नई गति तथा नई शक्ति मिली। आचार्य शुक्ल ने लिखा है–"नूतन विकास लेकर आनेवाले प्रेमचन्द जो कर गये वह तो हमारे साहित्य की एक निधि ही है।"[8] प्रेमचन्द ने अपने पूर्व युग की विरासत को न केवल सहेज कर रखा वरन् उसकी समृद्धि का भी कार्य किया। उनके उपन्यास-लेखन में जो पहला चरण आया वह वस्तुतः पूर्व परम्परा का ही तार्किक विस्तार था जिसके उदाहरण के रूप में प्रेमा (1907), *रूठी रानी* (1907) तथा *सेवा सदन* (1918) को देखा जा सकता है। पर यह ध्यान देने की बात है कि इन आरम्भिक उपन्यासों में भी प्रेमचन्द ने उपदेशात्मक पद्धति नहीं अपनाई है, वरन् उसके चित्रण, द्वन्द्व तथा पूरी संरचना में तार्किकता का सहारा लिया है। हिन्दी में ये पहले उपन्यास हैं जिसमें स्त्रियों की स्थितियों, उसकी मानसिकताओं तथा सामाजिक जीवन में उसकी अहमियत को जाँचा-परखा गया है। यह अलग बात है कि इनमें आदर्श का ही पुट अधिक दिखाई देता है। प्रेमचन्द्र के इन तीनों ही आरम्भिक उपन्यासों में समाज-सुधार की प्रवृत्ति मुख्य है। इसमें प्रेमचन्द की महत्ता इस स्तर पर रेखांकित की जा सकती है कि यहाँ उन्होंने प्रेम-चुहल, विलास, रहस्य, प्रणय के स्थान पर सुरुचिपूर्ण चित्रों को प्रस्तुत करने का प्रयत्न किया है। इस पर विचार करते हुए डॉ. उमाकान्त ने ठीक ही लिखा है–"प्रेमचन्द ने घटना के स्थान पर चरित्र को उभारने की चेष्टा की, जीवन की वास्तविक समस्याओं को केन्द्र में रखा और क्रमशः कथा प्रसंगों को मध्यवर्ग के तत्कालीन जीवन प्रवाह के साथ जोड़

दिया। प्रेमचन्द अंग्रेजी उपन्यासकारों की रचना दृष्टि से परिचित थे और उन्होंने ठीक समय पर हिन्दी उपन्यास को एक नया मोड़ दिया।"[9]

इस दौर में प्रेमचन्द के उदय ने हिन्दी उपन्यास की पारम्परिक पद्धति को लगभग बदल दिया और उसकी उपयोगिता पर भी प्रश्न चिह्न छोड़े। वैसे तो अपने लेखन के आरम्भ में प्रेमचन्द ने भी ऐसे उपन्यास लिखे थे जिनमें हिन्दी के आरम्भिक उपन्यासों और उर्दू की अय्यारी रचनाओं का प्रभाव स्पष्ट था। इसमें *असरारे मआविद, जलवये ईसार, किसना* आदि का नाम लिया जा सकता है। पर *सेवा सदन* के बाद उन्होंने अपने अनिश्चय की स्थिति पर काबू पाया और उपन्यास को ठोस शक्ल में बाँधने की सफल कोशिश की। प्रेमचन्द के इस अनिश्चय का एक कारण यह भी था कि तब तक उपन्यास का ढाँचा, उसके चरित्र तथा उसके द्वन्द्व स्पष्ट नहीं थे। यही वजह है कि उन्हें अपने को स्थिर करने में समय लगा और *सेवा सदन* के उपरान्त उन्होंने उपन्यास की अपनी नई और व्यवस्थित जमीन पर ली।

प्रेमचन्द के उपन्यासों पर राष्ट्रीय स्वाधीनता आन्दोलन और हिन्दू समाज में चल रहे सुधार कार्य का सीधा प्रभाव दिखाई देता है। इसी प्रभाव का परिणाम है कि उनके प्रारम्भिक काल के उपन्यासों में आदर्श जीवन और परिवार की कथाएँ मिलती हैं जहाँ जीवन की जटिलता तथा घात-संघात के लिए जैसे कोई जगह ही न हो। हालाँकि इस प्रक्रिया में भी प्रेमचन्द ने अपने ढंग से स्थितियों को रखा है तथा तद्‌युगीन मानसिकता के अनुसार उसे ढाला है जिसमें अन्तर्जातीय विवाह, उच्च तथा मध्य वर्ग में नारी की स्थिति, मध्यवर्गीय कुंठा आदि का चित्रण किया है। इस क्रम में यहाँ स्त्री-जीवन के नैतिक प्रश्नों पर भी उनकी दृष्टि गयी है, पर प्रेमचन्द के यहाँ प्रत्यक्षतः समाज-व्यवस्था को नये सिरे से परिवर्तित करने तथा उसे पूर्णतः रूढ़िमुक्त बनाने की दिशा में या तो हल्का संकेत है या फिर सुगबुगाहट। सीधे और स्पष्ट रूप से प्रेमचन्द के यहाँ कम से कम नारी विषयक कठिन प्रश्नों के सामना से बचने की कोशिश लक्षित की जा सकती है। उनके यहाँ नारी-जीवन की परम्परागत नैतिकता को लेकर जितनी बातें हैं उतनी आधुनिक नारी के मूल्यों को लेकर नहीं।

इस स्थिति का खास कारण यही है कि आर्य समाज के प्रभाव के कारण धार्मिक और सामाजिक मर्यादाओं का उल्लंघन उस युग में कठिन हो गया था। जब स्वाधीनता आन्दोलन और पाश्चात्य सांस्कृतिक हमलों के कारण पारिवारिक तथा सामाजिक हलक़ों में कथित मर्यादाहीनता का वातावरण बन गया था। प्रेमचन्द से अलग कई लेखकों ने ऐसे प्रश्नों पर अलग ढंग से विचार किया है। प्रेमचन्द का यह समय गांधीवाद के उत्कर्ष का समय है, इसलिए भी उनके अधिकतर उपन्यासों में गांधीवाद की आधारभूत मान्यताओं पर बहस तथा फिर उससे उनकी सहमति दिखाई देती है। गांधीवादी आदर्शों—जिसमें सत्याग्रह, अहिंसात्मक आन्दोलन, अस्पृश्यता निवारण, यान्त्रिकता का विरोध, पूँजी संचय का विरोध, आभूषण और कीमती जेवरातों के

प्रति वितृष्णा तथा जीवन में सादगी के प्रति आकर्षण जैसी प्रवृत्तियाँ बहुत आसानी से प्रेमचन्द के उपन्यासों में दिखाई देती हैं। इसके साथ-साथ गांधी जी के नेतृत्व में चलाए जा रहे अनेक आन्दोलनों की अनुगूँज भी सुनाई देती है। इतना ही नहीं, बहुत से स्थलों पर प्रेमचन्द ने गांधी जी की परिवार, विवाह, स्त्री-पुरुष सम्बन्ध आदि पर आधारित मान्यताओं को अपने उपन्यासों में उठाया है और उसकी प्रासंगिकता सिद्ध करने की चेष्टा की है। प्रेमचन्द ने स्वाधीनता आन्दोलन में चलाए जा रहे गांधी जी के अहिंसात्मक आन्दोलन का समर्थन कर हिंसक संघर्ष को भी लताड़ा है। इस सबके उदाहरण उनके यहाँ देखे जा सकते हैं। गांधी और नेहरू के प्रभाव में तो प्रेमचन्द ने अपने एक ही उपन्यास में दोनों चरित्रों की प्रतिछवि ही खड़ी कर दी है। *रंगभूमि* में सूर गांधी की तथा विनय नेहरू की स्पष्ट प्रतिछवि प्रस्तुत करते हैं। *रंगभूमि* पर विचार करते हुए नन्ददुलारे वाजपेयी ने लिखा है–

"*रंगभूमि* गांधीवादी उपन्यास इसलिए कहा जाता है कि यह गांधी जी की राजनीतिक चेतना से अनुप्राणित है। *रंगभूमि* प्रेमचन्द जी की उपन्यास कला का एक विकसित सोपान है। गांधीवाद का प्रभाव साहित्य व जीवन पर जैसा भी कुछ पड़ा वह *रंगभूमि* में दिखाई पड़ता है।"[10]

प्रेमचन्द के उपन्यासों में ही नहीं, वरन् उनके समग्र कथा-साहित्य में स्वाधीनता संग्राम के युग की लगभग बहुत-सी स्थितियाँ चित्रित हैं जिसे अनेक आलोचकों-साहित्यिकों ने रेखांकित करने का प्रयत्न किया है। प्रेमचन्द के उपन्यास साहित्य में सर्वप्रथम *सेवा सदन* के माध्यम से नारी का प्रवेश होता है जिसमें वे उसके चरित्र को सुधारकर एक आश्रम में प्रवेश कराते हैं। अनमेल विवाह से पैदा हुई विसंगति सुमन को कुमार्ग पर ले जाती है और उसके जीवन को नष्ट कर डालती है। *सेवा सदन* पर ही लिखते हुए रामविलास शर्मा का कथन है–

"*सेवा सदन* की मुख्य समस्या नारी पराधीनता की है। प्रेमचन्द ने किसी तरह तमाम पुरानी सांस्कृतिक परम्पराओं को तोड़ते हुए वर्तमान समाज में नारी की पराधीनता को अपने निठुर और वीभत्स रूप में चित्रित किया है, इस पर सहसा विश्वास नहीं होता। हमारे साहित्य में कितने नाटक, कितने उपन्यास नारी के आत्म बलिदान, उसके सतीत्व, उसकी पति-सेवा पर नहीं लिखे गये। लेकिन कितने लेखकों ने उसकी निस्सहायता, पराधीनता, उसके साथ पशुओं और दासों जैसे व्यवहार पर नजर डाली है।"[11] निश्चय ही हिन्दी उपन्यास-साहित्य में पहली बार प्रेमचन्द ने नारी की पराधीनता को हमारी समाज व्यवस्था की एक भयानक समस्या के रूप में देखा और उसने टकराने का उद्यम किया। पर यह उद्यम एक वेश्या को सन्मार्ग पर लाने का उपक्रम नहीं कहा जा सकता क्योंकि प्रेमचन्द ने नारी-जीवन की पराधीनता की मुक्ति की कामना से इसे लिखा जरूर, पर उसे अन्त में एक आदर्शवादी समाधान दे दिया। इसीलिए यह समाधान समस्या की गम्भीरता को तर्क

संगत परिणति नहीं देता, फिर भी इससे तद्‌युगीन आदर्शवाद को बल मिलता है।

*सेवा सदन* के पश्चात् *प्रेमाश्रम* में प्रेमचन्द ने एक ऐसे आदर्श गाँव की कल्पना की है जिसमें सच्चरित्र और ईमानदार लोगों का निवास हो तथा वहाँ प्रेम ही जीवन का आधार हो। *सेवा सदन* से अलग निर्मित यह उपन्यास शुद्ध आदर्शवादी भावना से उद्‌भूत है जिसमें कोई ठोस विचार उभरकर सामने नहीं आता। इस उपन्यास पर नन्ददुलारे वाजपेयी ने ठीक ही लिखा है–"आदर्श प्रधान पात्रों और परिस्थितियों का निर्माण और चित्रण तो कला के लिए वर्जित नहीं हैं, परन्तु उद्देश्य की अत्यधिक प्रमुखता प्रेमचन्द जी को उपदेशात्मक लेखक की श्रेणी में पहुँचा देती है।"[12]

निश्चय ही प्रेमचन्द का यह उपन्यास एक काल्पनिक आशा की छवि प्रस्तुत करता है जिसमें उन्होंने स्वाधीनता प्राप्ति के बाद ऐसे भारतीय गाँवों की ही तस्वीर देखी होगी। *गबन* मध्यवर्गीय जीवन की विडम्बनाओं को उद्‌घाटित करता हुआ उपन्यास है जिसमें मध्यवर्ग की मुख्य समस्या झूठ पर आधारित जीवन जीने की है। इस उपन्यास में जालपा और रमानाथ के दाम्पत्य में झूठ के प्रवेश और इसके पश्चात् आयी भयावह त्रासदी का चित्रण है। क्लर्क, पुलिस तथा पराधीन भारतीयों के मन की विविध मनोदशाएँ भी इस उपन्यास में चित्रित हैं। पर आभूषणों के प्रति नारी प्रेम की समस्या इसकी पीठिका है, इसलिए उपन्यास किसी महत्वपूर्ण नैतिक सरोकार से नहीं जुड़ता। हाँ, इसकी सफलता इस बात में निहित है कि इसमें जालपा को उनकी सेवा करने में सुख मिलता है जिनके बेटों तथा पतियों को अंग्रेजी राज ने फाँसी देने की मंशा बना रखी है। यह घटना राष्ट्रीय स्वाधीनता आन्दोलन से प्रेरित-प्रभावित है जो उपन्यास के अन्त में एक सन्देश बनकर आती है। नन्ददुलारे वाजपेयी ने *गबन* की मुख्य समस्या नारी के आभूषण-प्रेम पर लिखा है–

"गबन में एक छोटे से मनोवैज्ञानिक प्रश्न को लेकर ही सम्पूर्ण जीवन-झाँकी दिखाई गयी है। आभूषणों के प्रति नारी का प्रेम कितना प्रबल होता है, इस आधार पर *गबन* उपन्यास का निर्माण होता है। सारा कथानक इसी प्रश्न से सम्बन्धित है।"[13]

इस उपन्यास के बाद प्रेमचन्द ने *निर्मला* और प्रतिज्ञा नामक उपन्यास भी लिखे जो विषय-वस्तु की दृष्टि से बहुत महत्त्वपूर्ण नहीं हैं फिर भी नारी विषयक कुछ अनिवार्य प्रश्न यहाँ अवश्य उठे हैं।

*निर्मला* की निर्मला घुलती रहनेवाली भारतीय नारी है जो कहीं भी आक्रोश और विरोध के तेवर नहीं दिखा पाती। धन के अभाव में वह अपनी विधवा माँ कल्याणी के निर्णय पर स्वीकृति देती है और अधेड़ तोताराम से उसकी शादी हो जाती है। इस उपन्यास में प्रेमचन्द ने अनमेल विवाह से पैदा हुई त्रासदी को एक भारतीय औरत की करुण कथा के रूप में दिखाया है जहाँ अभाव, दीनता या बदहाली के साथ-साथ यह समस्या मुख्य है कि एक किशोरी, अपने पिता की उम्र के पति के

साहचर्य में कैसे अभ्यस्त हो और कैसे उसमें अपना प्रेम पाए।

*कर्मभूमि* में प्रेमचन्द ने सामाजिक तथा राजनीतिक पृष्ठभूमि को लिया है जिसमें भारतीय स्वाधीनता की चेतना के व्यापक प्रसार को देखा जा सकता है। अमरकान्त जैसे सम्पन्न युवक के संघर्ष की यह कृति आजादी की लड़ाई का दस्तावेज भी है। रामविलास शर्मा ने इस पर टिप्पणी करते हुए लिखा है—

"*कर्मभूमि* हिन्दुस्तान के स्वाधीनता आन्दोलन की गहराई और प्रसार का उपन्यास है। यह आन्दोलन एक जबर्दस्त सैलाब की तरह तमाम जनता को अपने अन्दर समेट लेता है। विद्यार्थी किसान, अछूत, स्त्रियाँ, शिक्षक, व्यापारी, मजदूर—सभी इसके प्रवाह में आगे बढ़ते चलते हैं।"[14]

*रंगभूमि* प्रेमचन्द की ऐसी कृति है जो वस्तुतः पहली बार गाँव और शहर के वास्तविक संघर्ष को सामने लाती है। इसका नायक सूरदास अहिंसात्मक संघर्ष करता है और जीत-हार की चिन्ता किये बगैर मरते दम तक नहीं झुकता। उसके संघर्ष से जॉन सेवक की उसकी जमीन पर कारखाना लगाने की उम्मीद धरी रह जाती है। एक विशेष अर्थ में यह उपन्यास भारतीय जनता तथा अंग्रेजी प्रभुसत्ता की टकराहट को भी सामने लाता है जिसमें एक तरफ देसी संस्कृति की धरोहर की सुरक्षा का संघर्ष है तो दूसरी तरफ विदेशी यान्त्रिकता के प्रसार का प्रयत्न। इस उपन्यास में प्रेमचन्द ने सोफिया और विनय के माध्यम से स्त्री-पुरुष सम्बन्ध, विधर्मी रिश्ते तथा मानवीय प्रेम की बहुस्तरीयता को भी चित्रित करने का प्रयत्न किया है, पर आदर्शवादिता तथा सनातनी हिन्दुवादिता के कारण इस प्रसंग में उपन्यास कम सफल हुआ है। वैसे रामविलास शर्मा की दृष्टि में—

"*रंगभूमि* शायद हिन्दी का पहला उपन्यास है जिसमें एक ईसाई लड़की तथा एक हिन्दू लड़के का प्रेम दिखाया गया है। प्रेमचन्द प्रेम-सम्बन्धों को धार्मिक पाबन्दियों से ऊँची चीज समझते थे, इसलिए उन्हें कोई तोड़े तो इसे अच्छा मानते थे।"[15]

लेकिन इस प्रेम की विडम्बना यह है कि यहाँ दोनों में प्रेम तो है, पर सीमाएँ स्पष्ट हैं, क्योंकि कोई भी अपनी परिधि से बाहर आने की हिम्मत नहीं जुटा पाता। *कर्मभूमि* में भी कुछ ऐसा ही हुआ है जिसमें अमरकान्त सकीना नामक मुस्लिम लड़की से प्रेम करता है पर प्रेम से आगे सम्बन्ध बन नहीं पाता। इस सन्दर्भ में जहाँ *रंगभूमि* और *कर्मभूमि* में विनय-सोफिया तथा अमर-सकीना के विधर्मी सम्बन्ध को प्रशंसनीय और ऐतिहासिक मानकर उनकी प्रशंसा की जा सकती है, वहीं प्रेमचन्द के इस प्रयास को तात्कालिक स्थितियों की परिणति भी कह सकते हैं क्योंकि राष्ट्रीय आन्दोलन के उस दौर में लोगों के बीच तालमेल और परस्पर सहकार की पर्याप्त सम्भावनाएँ थीं। लेकिन इसमें भी जब हम एक स्पष्ट निर्णय खोजते हैं कि वे सम्बन्ध स्थायी आधार ग्रहण कर सके कि नहीं, तब निराशा हाथ लगती है। इस

निराशा का स्पष्ट कारण यही लगता है कि प्रेमचन्द का आदर्शवादी संस्कार इस समाज व्यवस्था के आन्तरिक पेंचों को छेड़ने की हिमाकत नहीं करता। प्रेमचन्द के विचारों और लेखन पर नन्ददुलारे वाजपेयी का कथन समीचीन जान पड़ता है, जहाँ प्रश्न तो हैं पर उनका उत्तर या तो नहीं हैं या फिर आदर्श में है–

"वास्तव में प्रेमचन्द जी अपने विचारों व लेखन में आदर्शवादी हैं। आपका चरित्र निर्माण और मनोवैज्ञानिक चित्रण आदर्शवादी है। आदर्शवादी-चित्रण से तात्पर्य है–मानव की सद्वृत्तियों पर विश्वास रखकर साहित्य निर्माण करना। उनकी समस्त साहित्यिक कृतियों को देखकर ही हम ऐसा कहते हैं। इस प्रकार प्रेमचन्द के साहित्य का सांगोपाँग अध्ययन करने पर उन्हें आदर्शवादी लेखक ही कहना उचित होगा।"[16]

प्रेमचन्द की दृष्टि और विषय-विवेचन को लेकर परस्पर विरोधी विचार दिखाई देते हैं। रामविलास शर्मा की दृष्टि में प्रेमचन्द का आदर्शवाद भी 'क्रान्तिकारी कदम' हो जाता है जबकि नन्ददुलारे वाजपेयी को उनका आदर्शवाद 'मनुष्य की सद्वृत्तियों पर विश्वास' करना लगता है। प्रेमचन्द ने *गोदान* से पूर्व अपने अधिकतर महत्वपूर्ण उपन्यासों में समस्याएँ तो गम्भीर उठाई हैं, पर उसका समाधान उन्होंने आदर्शवादिता में खोजा है। इस प्रवृत्ति के कारण समस्या की भयंकरता पर परदा पड़ जाता है तथा उसकी दुःखद परिणातियाँ कोई समाधान देती प्रतीत नहीं होतीं। अज्ञेय ने प्रेमचन्द के विवेचन में लिखा है–

"कह सकते हैं कि प्रेमचन्द आदर्शवादी थे। आज के युग में किसी को आदर्शवादी कहना उसे गाली देना ही है। *प्रेमाश्रम* के आदर्श समाज का और *'प्रेमाश्रम'* ही क्यों, *सेवा सदन* के सेवा सदन पर ही क्या आज के विदग्ध पाठक को प्रत्यय हो सकेगा? हवाला देकर प्रेमचन्द के आदर्शवाद को काल्पनिक और असार बताया ही जा सकता है। पर उपन्यासकार की समाज-परिकल्पना अपर्याप्त मान भी ली जाए तो उतने भर से यह सिद्ध नहीं किया जा सकता है कि उसके आदर्श में प्राण शक्ति नहीं है, या कि उसके आदर्श में रचनात्मक सम्भावनाएँ बिल्कुल नहीं हैं।"[17]

अज्ञेय के इस उद्धरण से जो बात सामने आती है, वह प्रेमचन्द को यथार्थवादी मानने की बात नहीं है, वरन् उन्हें आदर्शवादी मानते हुए यह दिखाने की है कि उनके आदर्शवाद में कोरी कल्पनाशीलता ही है कि रचनात्मक सम्भावनाएँ भी हैं। इस स्तर पर देखने से यह सहज ही लक्षित किया जा सकता है कि यहाँ रचनात्मक सम्भावनाएँ हैं और हिन्दी उपन्यासों की पृष्ठभूमि के निर्माता के रूप में प्रेमचन्द का यह काम ऐतिहासिक महत्त्व का है।

प्रेमचन्द को हिन्दी उपन्यास की जो विरासत मिली थी, वह स्वयं बहुत अस्पष्ट तथा धुँधली थी। उसमें कोई साफ और सुचिन्तित दृष्टि का अभाव था, जिसका सीधा प्रभाव प्रेमचन्द के आरम्भिक उपन्यासों में देखा जा सकता है, जहाँ नये-पुराने का

असमंजस तथा लगभग भारतेन्दुकालीन आदर्शवादिता और उपदेशात्मकता दिखाई देती है। फिर भी यह प्रेमचन्द के ही वश की बात थी कि वे उससे तत्काल मुक्त हो सके और आदर्शवादी ही सही *सेवा सदन* से अपनी कारगर मुहिम शुरू कर सके। इस प्रसंग में अज्ञेय ने लिखा है–

"प्रेमचन्द के पहले का हिन्दी आख्यान-साहित्य आख्यान तो है पर जिसे आज अंग्रेजी में फिक्शन कहते हैं वह नहीं है। प्रेमचन्द हिन्दी के पहले आधुनिक आख्यान लेखक हैं।"[18]

इसके आगे अज्ञेय ने प्रेमचन्द की आधुनिकता की व्याख्या करते हुए कहा है–

"आधुनिक इस अर्थ में कि उन्हें आधुनिकता का, समकालीनता का, अपने समवर्ती समाज-जीवन की अंतः शक्तियों का जीवित बोध है। निस्सन्देह राष्ट्रीयता की चेतना हिन्दी में उनसे पहले भी थी, और बंगला में तो थी ही, लेकिन राष्ट्रीय भावना सामाजिक चेतना का केवल एक अंग है। प्रेमचन्द के उपन्यासों में राष्ट्रीय चेतना है, लेकिन यहाँ जिस बात की चर्चा की जा रही है वह उससे कहीं बड़ी चीज़ है। अय्यारी, तिलिस्मी और मालिनों, भटियारिनों के किस्सों से, या पुराने आख्यानों के पुनः संस्करणों से, *सेवा सदन* तक कितनी बड़ी मंजिल है, इस पर थोड़ी देर विचार करने से प्रेमचन्द की देन पर चकित रह जाना पड़ता है।"[19]

निसंदेह प्रेमचन्द का महत्व इस बात में अधिक है कि उन्होंने हिन्दी उपन्यास के स्वरूप को स्थिर किया और पहली बार उसे आधुनिक जीवन-संदर्भों से जोड़ा। प्रेमचन्द को चूँकि जीवन और तत्कालीन समाज की आन्तरिक प्रक्रियाओं का गहरा अनुभव था, इसलिए उनके यहाँ 'समाज-जीवन की अन्तःशक्तियों का जीवित बोध' दिखाई देता है। उनके यहाँ नैतिक सरोकारों का दायरा अधिकतर उन प्रतिमानों से बना है जो विरासत में उन्हें मिले या फिर तत्कालीन आधारभूत आदर्शों से, जिनसे उस समय का समाज संचालित होता था। प्रेमचन्द ने अधिकतर उपन्यासों में जो समस्याएँ उठाई हैं उन्हें आदर्शवादी समाधान में देखा है। उसका खास कारण यह ही कि वे हिन्दू समाज में सुधार की वह प्रक्रिया चलाए रखना चाहते हैं जो परंपरा में उन्हें मिली या फिर सांस्कृतिक आंदोलनों के प्रभाव से उन तक आयी। इस कारण भी जब-जब बाहरी जगत से उनका सामना हुआ तब-तब उनके निजी अंतर्विरोध खुलकर प्रकट होते हैं। इन अंतर्विरोधी स्थितियों को उनके उपन्यासों सहित उनकी कहानियों में बखूबी देखा जा सकता है। *गबन* उपन्यास की जालपा के आभूषणों के प्रति उत्कट मोह के कारण ही उसका परिवार तबाह होता है तथा रमानाथ की सारी दुर्गति हो जाती है। अपनी दुर्गति का जिम्मेवाद रमानाथ भी कम नहीं है, क्योंकि उसे दिखावा करने की आदत है कि वह बहुत धन-संपदा वाला व्यक्ति है। यह उपन्यास मध्यवर्गीय दोहरे चरित्र को तो उजागर कर यह सीख देता है कि जीवन में झूठ या दिखावे से बचने की कोशिश करनी चाहिए, पर उपन्यास की केन्द्रीय

चरित्र जालपा के लिए जब प्रेमचन्द के सन्देश पर विचार करें तो पायेंगे कि उसके लिए यही संदेश है कि नारी को घर की सीमा का भान होना चाहिए और फिजूल के जेवरात या वस्त्रों के प्रति अधिक लालच नहीं करना चाहिए।

यह प्रेमचन्द की नारी-दृष्टि का एक स्तर है। दूसरा स्तर *सेवा सदन, निर्मला* आदि में मिलता है जहाँ नारी-चरित्र समाज तथा परिवार की रूढ़िगत मान्यताओं की खिलाफत तो करती हैं, पर वहीं जाती हैं जहाँ प्रेमचन्द का आदर्शवादी संस्कार उन्हें लें जाता है। मसलन—आश्रम या किसी अन्य तनावमुक्त स्थान पर।

कई कहानियों में भी प्रेमचन्द की ऐसी ही राय देखी जा सकती है जिसमें वे यथास्थितिवादी परंपरा के पालक के रूप में सामने आते हैं। *बड़े घर की बेटी* सरीखी कहानियाँ इसके उदाहरण के रूप में रखी जा सकती हैं। *बड़े घर की बेटी* में तो प्रेमचन्द ने साफ तौर पर बड़े घराने की लड़की के लक्षण गिनाए हैं और यह संदेश दिया है कि कुलीन महिलाएँ घर की देहरी के भीतर रहकर सहिष्णुता और सद्भाव की मूर्ति बनी रहती हैं जो हर सूरत में परिवार की शान्ति भंग नहीं होने देतीं। पर वह रहती हैं घर के भीतर ही। घर के बाहर आने की न तो उन्हें कोई जरूरत है और न स्वंतत्रता ही। यहाँ तक कि प्रेमचन्द की बहुचर्चित कहानी *कफन* तक की बुधिया निकम्में पति घीसू और बेगार श्वसुर माधव का दोजख रात-दिन जान धुन कर भरती है, पर कहीं भी उसमें यह स्त्रीत्व नहीं जागता कि उनको उन्हीं के हाल पर मरने को विवश कर दे जिससे उनकी अक्ल ठिकाने आ सके। और इसी तरह बेचारी मर-मर कर जीती हुई अभाव और बदहाली में मारी जाती है। प्रेमचन्द के यहाँ जो यह अन्तर्विरोध हैं, वह समकालीन समाज की स्थितियों के कारण हैं। उनमें सारी यथार्थवादिता के बावजूद कहीं गहरे यह बोध है कि पुरुष और नारी की दूरी समाज के लिए हितकर है तथा एक सीमा के बाद उसकी स्वतन्त्रता का औचित्य ही नहीं रह जाता। इसीलिए जब प्रेमचन्द की नारी अपनी खोल से बाहर निकलती है तब अत्यधिक स्वतन्त्रता प्रिय और आधुनिक होने के बावजूद वह जितनी हास्यास्पद होती है उतनी भाव प्रेरक नहीं। *सेवा सदन* की सुमन को उदाहरण के रूप में देख सकते हैं जिसका वेश्या होना भी हास्यास्पद है और आश्रम में प्रवेश करना भी। प्रेमचन्द के साहित्य में आदर्श का आलम यह है कि उनके बहुचर्चित उपन्यास *गोदान* में भी सारी यथार्थवादिता के बावजूद आदर्श की यह मान्यता उसकी बुनियादी चिन्ताओं से जुड़ी रहती है। नन्ददुलारे वाजपेयी की दृष्टि में—

"प्रेमचन्द के अन्तिम उपन्यास *गोदान* के सम्बन्ध में यह प्रश्न अवश्य उपस्थित होता है कि उसे आदर्शवादी किस आधार पर कहा जाए। *गोदान* में प्रेमचन्द जी ने ग्रामीण जीवन का सर्वतोमुखी चित्रण किया है और किसान की विवशतापूर्ण स्थिति को दिखाकर उपन्यास की समाप्ति की गयी है। *गोदान* में समस्या के निर्णय का कोई प्रयत्न नहीं है। दूसरे शब्दों में उससे प्रेमचन्द जी की ध्येयवादिता प्रत्यक्ष होकर

नहीं आयी है। परन्तु चरित्र-निर्माण और कथानक के विकास क्रम में प्रेमचन्द जी भारतीय किसान के आदर्श-स्वरूप को भूले नहीं हैं। उपन्यास का नायक होरी सारी बाधाओं और संकटों के रहते हुए भी अपने मूल आदर्श का विस्मरण नहीं कर सका है। वह अन्ततः आदर्शवादी है।"[20]

आदर्श की वह डोर *गोदान* से भी जुड़ी है जिसमें एक भवितव्यता है और एक उम्मीद की लौ, जिसके होने या जलने की आशा प्रेमचन्द को है। यहाँ बहस का विषय यह नहीं है कि प्रेमचन्द *गोदान* में आदर्श की अपनी पूर्व मान्यता से उबरे या नहीं, या यह कि वह यथार्थवादी उपन्यास है। यहाँ बहस का विषय यह है कि जिस *गोदान* की रचना के साथ यह धारणा लगभग सर्वमान्य सी हो गयी कि प्रेमचन्द ने इसमें आदर्शवादी मूल्यों को तिलांजलि दे दी है समग्र भारतीय किसान समाज को उसके यथार्थ सहित चित्रित किया है, और उसमें परंपरागत मूल्यों और पुरूषवादिता के समर्थन में वे क्यों खड़े हो गये है? रामविलास शर्मा सहित कई आलोचकों ने *गोदान* के प्रो. मेहता को प्रेमचन्द के विचारों का वाहक माना है तथा उन्हें बहुत प्रगतिशील और आधुनिक भी कहा है। मसलन, रामविलास शर्मा के अनुसार—"मेहता के चरित्र मे प्रेमचन्द दिखाना चाहते थे कि उनकी निगाह में किस तरह के लोगों को जनता की सेवा के क्षेत्र में आगे बढ़ना चाहिए और कौन दरअसल उसकी सेवा कर सकते हैं।"[21]

यानी मेहता जनता के सच्चे सेवक, देशभक्त तथा सज्जन आदमी हैं जिसमें प्रेमचन्द के व्यक्तित्व की छवि पाई जाती है। रामविलास शर्मा की राय में—"मेहता बहुत अध्ययनशील व्यक्ति हैं। उनकी दर्शनशास्त्र पर लिखी हुई पुस्तक का वर्णन पढ़कर यह याद हो आता है कि प्रेमचन्द को स्वयं दर्शनशास्त्र से प्रेम था और बी. ए. की परीक्षा के लिए वह उनका एक विषय भी था।"[22] इतने से भी नहीं, आगे रामविलास शर्मा पूरी तरह यह स्थापित करते हैं कि प्रेमचन्द 'होरी' और 'मेहता' दोनों की छवियों में है जिसमें एक का संघर्ष है तो दूसरे का विचार। रामविलास जी ने लिखा है—"*गोदान* के किसी एक पात्र को प्रेमचन्द का प्रतिनिधि नहीं कहा जा सकता। लेकिन अगर मेहता को होरी से जोड़ा जा सके तो जो व्यक्ति बनेगा, वह बहुत कुछ प्रेमचन्द से मिलता-जुलता होगा। मेहता को यदि उन्होंने विचार दिए हैं तो होरी के बराबर परिश्रम करते रहने की दृढ़-इच्छाशक्ति।"[23]

प्रो. मेहता को अब यदि प्रेमचन्द का प्रवक्ता स्वीकार कर लिया जाए तो जो स्थापनाएँ होती दिखेंगी वे प्रेमचन्द को पुरुषवादी, पारंपरिक, आधुनिकता विरोधी बनाएँगी और सारी यथार्थवादी चिन्ताओं के बावजूद प्रेमचन्द यथास्थितिवादी ही ठहरेंगे। प्रो. मेहता नारी शिक्षा का निषेध तो नहीं करते पर वे जिस विद्या की बात करते हैं, वह और वह अधिकार 'सृष्टि और पालन' अर्थात् बच्चे जनना और उनका लालन-पालन करना ही है, कुछ और नहीं। स्वयं मेहता के शब्दों में—

"मैं नहीं कहता, देवियों को विद्या की जरूरत नहीं है। है और पुरुषों से अधिक। मैं नहीं कहता, देवियों को शक्ति की जरूरत नहीं है। है और पुरुषों से अधिक, लेकिन वह विद्या और वह शक्ति नहीं, जिससे पुरुष ने संसार को हिंसाक्षेत्र बना डाला है। अगर वही विद्या और शक्ति आप भी ले लेंगी, तो संसार मरुस्थल हो जाएगा। आपकी विद्या और आपका अधिकार हिंसा और विध्वंस में नहीं, सृष्टि और पालन में है।"[24]

यह उन प्रो. मेहता की वाणी है जो प्रेमचन्द के आधुनिक विचारों के वाहक हैं। उन्हें नारियों की शिक्षा सन्तति जनने और उसके पालन-पोषण में ही दिखाई देती है। पुरुष ने जिस विद्या और शक्ति के बल पर समूचे जगत को हिंसाक्षेत्र बना रखा है, वही विद्या और शक्ति लेकर वह क्या करेंगी। इसलिए नारियों के लिए उनका आदर्श यही सुनिश्चित करता है कि वे एक पत्नी और माता का धर्म निभाएँ, पुरुषों को अपनी विद्या और अधिकार दिखाने के लिए खुली छूट दें, उसमें बाधा बनने की भूल न करें। प्रो. मेहता इतना ही कहकर सन्तुष्ट नहीं हो जाते, वे नारियों के लिए दफ्तर, अदालत और चुनाव तक से दूर रहने की नेक सलाह देते हैं और मानते हैं कि इसमें पड़ने से नारियाँ अपने प्राकृतिक धर्म को भूल जाएँगी, जिन्हें प्रकृति ने उन्हें सौंपा हैं। वे कहते हैं—"क्या आप समझती हैं, वोटों से मानव-जाति का उद्धार होगा, या दफ्तर में या अदालतों में जबान और कलम चलाने से। इन नकली, अप्राकृतिक, विनाशकारी अधिकारों के लिए आप वह अधिकार छोड़ देना चाहती हैं, जो आपको प्रकृति ने दिए हैं।"[25]

प्रो. मेहता के इस कथन से अब यह स्पष्ट करना शेष नहीं रह जाता है कि नारियों के प्रति *गोदान* तक में भी प्रेमचन्द के वही विचार हैं जो उन्नीसवीं शती के उत्तरार्द्ध में आरम्भिक हिन्दी उपन्यासों में नारियों के प्रति व्यक्त किये गये हैं। *भाग्यवती* या फिर *परीक्षा गुरु* के अन्तर्गत नारियों के प्रति ऐसे ही सनातनी विचार दर्ज हैं। बल्कि बहुत बार तो यह आश्चर्य होता है कि प्रेमचन्द की पहले की कृतियों में थोड़ी-बहुत नारियों की स्वतन्त्रता और उनके अधिकारों की रक्षा की तत्परता दिखाई दे जाती है। प्रो. मेहता का मन अभी इतने से भरता नहीं है। उनका अन्तर्द्वन्द्व तब देखते बनता है जब अचानक उनके ध्यान में यह आता है कि पश्चिम के प्रभाव से भारत में भी स्त्री-जागरण का सन्देश सुनाई पड़ने लगा है, वह भी स्वाधीनता आन्दोलन में स्वेच्छया भाग लेने लगी हैं। अब उनका आदर्श सनातनी भारतीय नारी नहीं है। यह सोचकर उनकी चिन्ताएँ बाहर आती हैं वे कह पड़ते हैं—

"संसार में सबसे अधिकार सेवा और त्याग से मिलते हैं और वह आपको मिले हुए हैं। उन अधिकारों के सामने वोट कोई चीज़ नहीं। मुझे खेद है, हमारी बहनें पश्चिम का आदर्श ले रही हैं। वहाँ नारी ने अपना पद खो दिया है और स्वामिनी से गिरकर विलास की वस्तु बन गयी है। पश्चिम की स्त्री स्वच्छन्द होना चाहती है,

इसलिए कि वह अधिक से अधिक विलास कर सके। हमारी माताओं का आदर्श कभी विलास नहीं रहा। उन्होंने केवल सेवा के अधिकार से सदैव गृहस्थी का संचालन किया है। पश्चिम में जो चीज़ें अच्छी हैं, वह उनसे लीजिये। संस्कृति में सदैव आदान-प्रदान होता आया है। लेकिन अंधी नकल तो मानसिक दुर्बलता का लक्षण है। पश्चिम की स्त्री आज गृह-स्वामिनी नहीं रहना चाहती।"[26]

प्रो. मेहता का यह भाषण उपन्यास में रंग दिखाता है। तालियाँ बजती हैं और वाहवाही मिलती है। इसका मतलब साफ है कि इस तरह के विचार पूरी तैयारी के साथ उपन्यास में आये हैं, अवान्तर दृष्टान्त के रूप में नहीं। दिलचस्प स्थिति यह है कि जो मालती *गोदान* में अपनी आधुनिकता के लिए बार-बार याद की जाती है, वह इन्हीं प्रो. मेहता के विचारों से प्रभावित और लगभग श्रद्धावनत है। प्रो. मेहता का उपर्युक्त व्याख्यान मालती की इस टिप्पणी पर दिया गया है जिसमें वह कहती है कि "नारियाँ इसलिए अधिकार चाहती हैं कि उनका सदुपयोग करें और पुरुषों को उनका दुरुपयोग करने से रोकें।"[27]

ऐसे अनेक स्थल हैं जहाँ प्रो. मेहता के ऐसे ही विचार सामने आते हैं और वे प्रशंसा पाते हैं। दिलचस्प तो यह है कि मालती सरीखी नारी भी ऐसे विचारों का विरोध तो दूर समर्थन करती प्रतीत होती है। प्रेम, विवाह, विवाह-विच्छेद जैसे प्रश्नों पर भी प्रो. मेहता के विचार *गोदान* में यथाप्रसंग आये हैं, पर वे संस्थागत नैतिकता और पारम्परिक रूढ़ियों को ही बल प्रदान करते हैं, अलग से कोई नवीन जीवन-दृष्टि नहीं देते। प्रेमचन्द के साहित्य में यह जबर्दस्त अन्तर्विरोध दिखाई देता है कि वे एक ही साथ आधुनिक चेतना की वकालत करते प्रतीत होंगे तो दूसरी तरफ पारम्परिकता को और सख्त बनाने का उद्यम करेंगे। यह अन्तर्द्वन्द्व केवल उनके सृजन में ही नहीं, वरन् उनके यत्र-तत्र प्रकाशित विचारों में भी दिखाई देता है। प्रेमचन्द ने फरवरी 1931 में देखिए, नारी जाति के अधिकार पर कितनी महत्त्वपूर्ण बातें लिखी हैं—

"भारत के पतन काल में जब पुरुषों को अपने ही ऊपर विश्वास न था, स्त्रियों पर क्या विश्वास करते। पर इस एक वर्ष के सत्याग्रह-संग्राम ने यह सिद्ध कर दिया कि भारत की देवियाँ अब भी धर्म और कर्तव्य की वेदी पर अपने को होम कर सकती हैं। यदि पुरुषों को अब भी उन पर शासन करने का उन्माद हो तो उसे शीघ्र से शीघ्र दूर कर देना चाहिए, क्योंकि वह चाहें दें या न दें, देवियाँ अपने स्वत्वों को लेकर ही रहेंगी। उन्हें हर एक विषय में पुरुषों के समान अधिकार होना चाहिए।"[28]

रचना में प्रेमचन्द नारी की सीमा परिवार के भीतर ही निर्धारित करते हैं और यह मानते हैं कि परिवार के बाहर जाना उसके और समाज के हित में नहीं है। पर व्याख्यानों और विचारों में उसे वे पुरुषों के समान अधिकार की जरूरत पर न केवल बल देते हैं वरन् यह भी घोषित करते हैं कि नारियाँ अपने अधिकार, पुरुष न भी दे तो भी दे तो भी लेकर रहेंगी। यह प्रेमचन्द का जबर्दस्त अन्तर्विरोध है जो स्पष्ट

रूप से सामने आता है। वस्तुतः उनके सामने जो स्थितियाँ थीं, उसमें वे या तो यह तय नहीं कर पा रहे थे कि उनकी दिशा क्या हो, या यह सोचकर ही उन्होंने इन दोनों रास्तों को चुना हो कि एक में समयानुरूप कहने की बात हो तो दूसरे में यही हो जो उनकी पारम्परिकता चाहती है। प्रेमचन्द की यह स्थिति वास्तव में तत्कालीन संक्रमण के दौर के कारण अधिक थी जिसमें यह निर्णय कर पाना कठिन हो रहा था कि परम्परा से अनुस्यूयन ठीक है या उसका विच्छेद। यह तो स्पष्ट ही है कि प्रेमचन्द के नारी सम्बन्धी विचार आर्य समाजी वर्णवाद के अनुरूप थे और उसमें किसी भी तरह की तब्दीली उन्हें पसन्द न थी। शायद यही कारण रहा हो कि नंददुलारे वाजपेयी को प्रेमचन्द 'परम्परागत नैतिकता के उपन्यासकार' लगते रहे हों। उन्होंने लिखा है–

"व्यक्तिगत चरित्र-चित्रण न होने के कारण प्रेमचन्द जी के उपन्यासों में सामाजिक और वैयक्तिक आचरण का अंतर स्पष्ट नहीं हुआ है। नैतिकता पर स्वतंत्र रूप से विचार भी प्रेमचन्द के उपन्यासों में नहीं है, वे परम्परागत नैतिकता के ही उपन्यासकार हैं।"[29]

प्रेमचन्द के समग्र साहित्य में वैयक्तिक तनाव या एक व्यक्ति की सामाजिक मनोदशाओं का लगभग वर्जन है, इसलिए उसके व्यवहार, नैतिक संघर्ष या फिर उससे उपजी स्थितियों का लगभग अभाव ही है और यही कारण है कि उनके यहाँ चारित्रिक विश्लेषण की वह प्रवृत्ति ही नहीं मिलती जो प्रेमचन्द के बाद की कथा-परंपरा में दिखाई देती है। प्रेमचन्द की विचार-प्रक्रिया वस्तुतः उन प्रभावों से संचालित हो रही थी जो हिन्दू समाज-व्यवस्था में सुधार कार्यक्रमों से बने थे। इसके कारण ही उनकी दृष्टि उसको चित्रित करने पर गयी। नयी धारणाओं और आधुनिक चिन्ताओं की बजाय प्रेमचन्द में समाज सुधार की ही प्रवृत्ति बलवती होती गयी जिससे एक नूतन भाव-उत्थान की सम्भावना क्षीण हुई। आचार्य रामचन्द्र शुक्ल ने प्रेमचन्द की इस स्थिति पर बड़ी सटीक टिप्पणी की है–"सामाजिक और राजनीतिक सुधारों के जो आंदोलन चल रहे हैं उनका आभास भी बहुत से उपन्यासों में मिलता है। प्रवीण उपन्यासकार उनका समावेश और बहुत-सी बातों के बीच कौशल के साथ करते हैं। प्रेमचन्द जी के उपन्यासों और कहानियों में भी ऐसे आभास प्रायः मिलते हैं पर उनमें भी जहाँ राजनीतिक उद्धार या समाज-सुधार का लक्ष्य बहुत स्पष्ट हो गया है वहाँ उपन्यासकार का रुख छिप गया है और प्रचारक (प्रोपैगेंडिस्ट) का रूप ऊपर आ गया है।"[30]

आचार्य शुक्ल की इस राय से भी स्पष्ट है कि प्रेमचन्द के यहाँ सुधारवादी आंदोलन का प्रभाव है और बहुत बार अधिक मुखरता के कारण उनका प्रचारवादी रुख ही सामने आता है। दिलचस्प यह है कि इस समाज-सुधार में प्रेमचन्द सामाजिक ढाँचे की रूढ़ियों को तोड़ने की बजाय उस पर पड़ने वाली आधुनिकता

की छाया का ही विरोध करते हैं—समाज में व्याप्त कदाचार, परिवार में फैले तनाव या धर्म विरोधी वातावरण से विकृतियाँ दूर होना ही समाज-सुधार है। वहाँ नारी की जगह घर है। घर छोड़कर वह वेश्या ही हो सकती है जिसकी शुद्धि के लिए एक आश्रम की स्थापना आवश्यक होगी जहाँ वह पवित्रता पाएगी। ऐसे अनेक सन्दर्भों में प्रेमचन्द का दृष्टिकोण पारम्परिक नैतिकता के पक्ष में सामने आता है जो आधुनिक जीवन मूल्यों की माँग से उठते हैं। प्रेमचन्द को 'मर्यादावादी' मानते हुए रामस्वरूप चतुर्वेदी ने लिखा है—

"परिवार की जिस इकाई को तुलसीदास ने विविध पक्षों में अंकित किया, उसी की अनेक तरह की स्थितियाँ और परिणतियाँ द्विवेदी-युग के दो लेखकों ने चित्रित कीं—काव्य के रूप में मैथिलीशरण गुप्त ने और कथा-कृतियों में प्रेमचन्द ने—मैथिलीशरण गुप्त यदि मर्यादावादी कवि हैं—उनके राम साकेत के आठवें सर्ग में घोषित करते हैं—"मैं आया, जिसमें बनी रहे मर्यादा"—तो प्रेमचन्द अपने होरी के माध्यम से 'मरजाद' वाले कथाकार हैं। *गोदान* में होरी अपने विद्रोही होते पुत्र को समझाता है—"फिर मरजाद भी तो पालना ही पड़ता है। खेती में जो मरजाद है, वह नौकरी में तो नहीं है।" मर्यादा पुरुषोत्तम राम और मरजाद के लिए अपने को होम देने वाले होरी इसी एक बिन्दु पर संवेदनात्मक रूप से एक-दूसरे के निकट आते हैं। अन्यथा दो ध्रुवों पर स्थित इन भारतीय चरित्रों के बीच क्या तुलना हो सकती है।"[31]

यह प्रेमचन्द का पारम्परिक मूल्यवाद है—मर्यादा का। किसी को भी अपनी मर्यादा से बाहर जाने की जरूरत पर निषेध की मर्यादा-दृष्टि। इसका विरोध अनैतिक और गलत है क्योंकि वह सामाजिक मान्यताओं का उल्लंघन हैं। प्रेमचन्द-युग में चलाए जा रहे सुधार के आदोलनों की यह लक्ष्यधारणा है, इसलिए यह सन्देह नहीं होना चाहिए कि तद्‌युगीन सुधार किसी सामाजिक परिवर्तन के कारण चल रहा था। पर इस प्रसंग में यह बात पर्याप्त बल देकर कही जा सकती है कि प्रेमचन्द ने कुप्रथाओं और अन्धविश्वासों पर रचना और विचार दोनों में करारा प्रहार किया है और उससे निजात पाने का आह्वान भी किया है। मन्दिरों में होते जा रहे घिनौने कारनामें, लोगों में फैलते जाते निरर्थक लोकोपवाद तथा समाज में व्याप्त छुआछूत आदि पर प्रेमचन्द के विचार बड़े सुलझे हुए तथा प्रेरक हैं। इसका कारण यही है कि जो बातें उनके चिन्तन में स्पष्ट रही हैं, उन पर उन्होंने कोई असमंजस की स्थिति पैदा नहीं की है। पर जहाँ भी वे यह मानकर चलते हैं कि नयी चीज़ों के आने से उनके समाज को झटका लग सकता है, वहाँ वे उसके विरोध में खड़े हो जाते हैं। 'अंध विश्वास' पर प्रेमचन्द की राय है—

"हिन्दू समाज में पूजने के लिए केवल एक लंगोटी बाँध लेने और देह में राख मल लेने की जरूरत है। अगर गाँजा चरस उड़ाने का अभ्यास भी हो जाए तो और भी उत्तम। यह स्वांग भर लेने के बाद फिर बाबा जी देवता बन जाते हैं। बाबा ने

संसार को त्याग दिया, माया पर लात मार दी और क्या चाहिए।"[32] कहने की जरूरत नहीं है कि यहाँ प्रेमचन्द ने हिन्दू समाज में पूजे जा रहे ढोंगी साधुओं की जमकर खबर ली है और समाज की पतनशीलता पर अपना रोष जाहिर किया है।

प्रेमचन्द के उपन्यासों पर यह आरोप लगाया जाता रहा है कि उनमें व्यक्ति जीवन की पेचीदगियों और उसकी जटिलताओं की विवेचना नहीं मिलती। इसी आधार पर आलोचकों की सामान्य मान्यता है कि उनके पात्र व्यक्तित्वहीन होते हैं और इसीलिए वे प्रायः विश्वसनीय नहीं बन पाते। समाजशास्त्री पूरनचन्द जोशी ने भी लिखा है–

"प्रेमचन्द ने वास्तव में ऐसे बहुत कम चरित्रों की रचना की है जो स्मरणीय और विश्वसनीय हों। उनके अधिकतर पात्र व्यक्तित्व हीन 'टाइप' हैं। वे अपनी स्वाधीनता लिए हुए व्यक्ति के रूप में नहीं उभरते।"[33]

इसका भी एक खास कारण यही है कि प्रेमचन्द के यहाँ नैतिक और वैयक्तिक जीवन की विकसनशीलता का संघर्ष ही नहीं है। अगर यह संघर्ष होता तो स्वाभाविक रूप से उनकी रचनाओं से ऐसे ठोस चरित्र उभरते जो समाज तथा उसकी व्यवस्था को चुनौती दे सकते। *रंगभूमि* का सूरदास तथा *गोदान* के होरी के ही चरित्र लें तो पाएँगे कि उनमें सर्वत्र भीरुता और कापुरुषता है। वे कहीं भी तन कर अपनी जगह से विचलित होते नहीं देखे जा सकते। वे अगर याद रह जाते हैं तो सिर्फ अपनी दीनता के कारण, जिस पर परिस्थिति और व्यवस्था की मार पड़ती रहती है और वे मूक प्राणी की तरह उसमें जीने को अभिशप्त होते रहते हैं।

'होरी' की ऐसी ही स्थिति पर निर्मल वर्मा की राय है–

"जब हम पहली बार होरी को देखते हैं तो उपन्यास में हमें एक झलक में उसकी अन्तिम नियति का आभास मिल जाता है। एक एपिक पात्र की तरह उसकी नियति एक वाक्य, एक संकेत, एक उड़ती हुई प्रतिक्रिया में अन्तर्निहित है।"[34]

यानी होरी को आरम्भ में ही देखने से लग जाता है कि उसकी नियति क्या है और उसे क्या पाना है। एक भीरु, कायर, करबद्ध और लचर व्यक्ति वही बनता है जैसे परिस्थितियाँ उसे बनाती हैं। कह सकते हैं कि एक भारतीय किसान का व्यक्तित्व इससे अलग नहीं हो सकता था जो कर्ज में डूबा हुआ मामूली रैय्यत है। जिस पर तरह-तरह के दबाव हैं और वह स्वयं भी इतना कर्मठ नहीं है कि सारी स्थितियों को अपने अनुकूल कर सके। *गोदान* और प्रेमचन्द की स्थिति यही है कि वे कुछ तोड़ना नहीं चाहते। टूटेगा तो खतरे कौन उठायेगा। जो सहज रूप से छँट जाए, श्रेयष्कर वही है। फिर अनथक जीवन-संघर्ष और बड़े मूल्यों के लिये 'शहीद' होते पात्र 'होरी' से बड़े क्यों न माने जा सकते हैं। यहाँ 'होरी' के संघर्ष की सफलता और प्रेमचन्द की कुशलता इसी में निहित है कि चालीस के दशक का एक उत्तर भारतीय किसान अपनी समस्त भीरूताओं, विरूपताओं तथा लाचारियों के साथ

उपस्थित है जिसके निर्माण में भविष्य की दृष्टि उतनी नहीं है जितनी वर्तमान को उठाकर रख देने की। अब वह इस बात में तो सफल है ही कि उसमें तत्कालीन भारतीय किसान समाज का सर्वांग चित्रण है और वह समय हमारे आधुनिक भारतीय इतिहास का सर्वाधिक कठिन समय है।

पीछे हम दिखा चुके हैं कि प्रेमचन्द का जो आदर्श है वह सुधारवादी है, इसलिए वहाँ नैतिक प्रश्नों की बाधा आड़े नहीं आती। जहाँ टूटना होता है नैतिकता के औचित्य की समस्या वहाँ होती है। प्रेमचन्द-साहित्य में नारियों के प्रति जो विचार व्यक्त किया गया है या जिस तरह से नारियाँ वहाँ चित्रित हैं, उससे यह बात तो स्पष्ट हो जाती है कि उन्हें भारतीय समाज व्यवस्था में उसी तरह से रखने की बात सही है जैसे वह सदियों से रहती आयी हैं। यही कारण है कि प्रेमचन्द समूची सहानुभूति के बावजूद अपनी रचनाओं में किसी विधवा की शादी कराने की हिम्मत न जुटा सके। अधिक से अधिक वे उसके वैधव्य का करुण-चित्रण कर सकते हैं, पाठकों को संवेदित कर देंगे, पर उसे वे यह आजादी नहीं दे सकते कि वह विवाह कर ले, प्रेम ही करके जिये या फिर समाज से अपनी दीनता के विरूद्ध संघर्ष करे।

प्रेमचन्द की सफ़लता का रहस्य यही है कि वे स्थितियो को उसकी सम्पूर्णता में उतार देते हैं—द्विवेदी युगीन साहित्य धर्म भी यही था—'साहित्य समाज का दर्पण है', अब यदि चित्र प्रत्यक्ष यथार्थ का होगा तो वह संवेद्य करेगा ही। प्रेमचन्द के यहाँ सुधारवादी प्रभाव और पारंपरिकता के दबाब का आलम यह है कि अनेकों कहानियों तथा उपन्यासों में विधवाओं की स्थिति पर लिखने और उन्हें मुख्य चरित्र बनाने के बावजूद उन्होंने उसे विवाह करने की स्वतन्त्रता नहीं दी है। ऐसी अनेक कहानियों मसलन—*प्रेम की होली, आधार, धिक्कार, नैराश्य लीला, स्वामिनी* आदि में ऐसी ही स्थितियाँ हैं। एक-दो कहानियों में उन्होंने जैसे-तैसे बन्धन बाँधा भी है तो यही लगता है कि यहाँ वैधव्य का उपहास किया जा रहा है। उनके यहाँ इन विधवाओं को भी सुधार की जरूरत बताई गयी है और बराबर हिदायत दी गयी है कि उन्हें कैसे रहना चाहिए। इस प्रसंग में कुछ कहानियों पर विचार किया जा सकता है।

*स्वामिनी* की राम प्यारी कम उम्र में विधवा हो जाती है। पर उसके दिल में प्रेम की उत्कट लालसा है जिसके कारण वह अपने हलवाहे के प्रेम में फँसती है। *त्यागी का प्रेम* में आनंदी बाई विधवा होते हुए लाला गोपीनाथ से प्रेम करती है। *धिक्कार* की विधवा मानी का पुनर्विवाह तो होता है पर सामाजिक भर्त्सना के कारण वह आत्महत्या कर लेती है। यहाँ भी यही स्पष्ट होता है कि उसके विवाह को कहानी में निन्दनीय माना गया है जिसमें उसके विवाह को सामाजिक स्वीकृति नहीं मिलती। इसके अतिरिक्त *ज्योति* की बूटी भी कम उम्र की विधवा है जो यौनतृप्ति के लिए सारे बंधन तोड़ती है और त्याज्य मानी जाती है। *विश्वास* में मिस जोशी का प्रेम मि. जौहरी से दिखाकर प्रेमचन्द ने यह सिद्ध करने का प्रयत्न किया है कि पाश्चात्य

सभ्यता में पली-बढ़ी नारियाँ अपने वैधव्य को भी पवित्र नहीं रहने देतीं तथा तितलियों-सा जीवन व्यतीत करती हैं। प्रेमचन्द की केवल एक कहानी *नागपूजा* में बाल विधवा तिलोत्तमा का पुनर्विवाह ठीक-ठाक माहौल में होता है जिसकी सभी प्रशंसा करते हैं। पर यह कहानी अपवाद ही लगती है।

प्रेमचन्द की कहानियों में विधवाओं पर जो बहस है, वह उनकी समस्याओं के निदान का या उनकी वेदना का जायज़ा लेने का उद्यम नहीं करतीं, वरन् उनकी अपवित्र यौनइच्छा पर अंकुश लगाने और प्रेम आदि से बचने की सलाह के निमित्त हैं। उन्हें यह अघोषित संदेश दिया जाता है कि अपने आचरण में पवित्र बने रहना चाहिए तथा अपनी लालसा पर नियंत्रण रखना चाहिए। इसलिए विधवा-जीवन पर लिखी गयी अनेक कहानियाँ केवल प्रेमचन्द के सुधारवाद को ही सामने लाती हैं जिसमें उनका पारंपरिक हिन्दू मन किसी भी सूरत में किसी भी विधवा को स्वाभाविक जीवन जीने की छूट देना नहीं चाहता। एक विधवा प्रेम करके, प्रेम की लालसा रखकर, विवाह की कामना करके जैसे पाप ही कर रही है क्योंकि यह उसके अधिकार क्षेत्र में नहीं आता—वह विधवा है, इसकी उसे खबर होनी चाहिए।

*प्रतिज्ञा* उपन्यास में विधवा जीवन की करुण कथा प्रभावित करने वाली है, पर उसकी विधवा नायिका प्रेमा को प्रेमचन्द विवाह की छूट नहीं देते और *सेवा सदन* के आश्रम की तरह यहाँ भी उसे 'वनिताश्रम' में ला बिठाते हैं। किसी के वैधव्य का यह भ्रामक समाधान प्रेमचन्द ही दे सकते थे क्योंकि वह समझते थे कि एक विधवा को जीने के लिए अन्न के कुछ दाने और दो-चार गज कपड़े पर्याप्त होते हैं जो आश्रम की कृपा से उसे मिलते रहें। उनके जीवन में जैसे और कोई कामना नहीं हो सकती—न प्रेम की, न परिवार की, न अधिकार की और न अपनी इच्छा से जीने की।

इस प्रकार विधवाओं के जीवन का यह पक्ष भी प्रेमचंद के यहाँ एक घोषित सुधारवादी कार्यक्रम की तरह आता है जिससे यही ध्वनित होता है कि जो नियति है, उसे स्वीकार कर लिया जाए और जैसे भी समाज रखता है उसमें शरीर और मन की पवित्रता बनी रहे। प्रेमचन्द के मत में नारी के वैधव्य का यही समाधान है।

वेश्याओं के जीवन पर लिखते हुए प्रेमचन्द की दृष्टि थोड़ी बेहतर है जहाँ वे यह सच्चाई से स्पष्ट कर पाते हैं कि प्रेम के अभाव ने उन्हें इस गलीज में ला पटका है। पर मुश्किल यही है कि यथातथ्य चित्र के अलावा प्रेमचन्द की ओर से कोई सुस्पष्ट निर्णय नहीं आता। *वेश्या, आगा-पीछा* तथा *स्वर्ग की देवी* कहानियाँ इसके उदाहरण के रूप में देखी जा सकती हैं।

'विवाह' के प्रश्न पर प्रेमचन्द ने अपनी अनेक कहानियों तथा उपन्यासों में विचार किया है पर यहाँ भी मुश्किल यह है कि वे अनमेल विवाह तथा वैवाहिक

विसंगतियों को लेकर जितने चिन्तित हैं उतना विवाह के संस्थागत ढाँचे में किसी परिवर्तन को लेकर नहीं। *विस्मृति, उद्धार, तथ्य, कायर, नरक का मार्ग, सौत* आदि कहानियों में सांस्थानिक वैवाहिकता के आन्तरिक पहलुओं पर दृष्टिपात देखा जा सकता है पर यहाँ की कठिनाई यह है कि केवल वे यही दिखा पाए हैं कि किसी न किसी स्वार्थ या पाश्चात्य सांस्कृतिक प्रभाव के कारण विवाह कैसे सफल नहीं होते। प्रेमचन्द यह देखते हैं कि कैसे वह आधुनिक ढंग से बने सम्बन्धों के छिद्र खोज सकें, उनकी विकृतियों को पकड़ सकें जिससे वह यह प्रमाणित कर सकें कि भारतीय रीति से होनेवाले 'ब्रह्म विवाह' ही श्रेष्ठ हैं, आनन्ददायी हैं तथा जीवन के सदाचार के लिए आवश्यक हैं। उदाहरण के लिए *मिस पदमा* कहानी देखें तो उसमें यही प्रमाणित होता मिलेगा कि पाश्चात्य सभ्यता के प्रभाव के कारण शिक्षित समाज में मुक्तभोग का प्रसार बढ़ रहा है और इसी कारण जीवन के आनंद का नाश हो रहा है। मिस पदमा और प्रो. प्रसाद के प्रेम-व्यापार से यही लगता है।

पर यह रेखांकित करनेवाली बात है कि प्रेमचन्द ने दहेज आदि सामाजिक विकृतियों पर प्रकाश डाला है तथा उन पर रोक का समर्थन किया है। *विद्रोही* तथा *एक आँच का असर* ऐसी ही कहानियाँ हैं। उनके कई उपन्यास तो अनमेल विवाह की विकृतियाँ दिखाते ही हैं।

*निर्मला, सेवा सदन* आदि की बुनियादी समस्या तो अनमेल विवाह ही है। पर विवाह की जड़ता पर प्रेमचंद ने कोई क्रान्तिकारी विचार दिया हो या अपनी रचनाओं में उसे तोड़ने का कोई सूत्र, ऐसा देखने में नहीं आता। उनके यहाँ अन्तर्जातीय विवाह भी हुए हैं, विधर्मी सम्बन्ध भी बने हैं पर वे अपवाद हैं और तात्कालिक घटनाओं की उपज मात्र लगते हैं। हालाँकि इसमें विरोध की गुंजाइश है कि प्रेमचन्द ने अन्तर्जातीय विवाह भी ऐसे पात्रों को रखकर कराया है जो या तो हास्यास्पद हैं या समाज के कुटिल चरित्र। सिलिया से मातादीन का सम्बन्ध तथा विवाह (*गोदान में*) तथा *कायर* (कहानी) में प्रेमा और केशव का प्रेम तथा विवाह ऐसे निबद्ध हैं कि सहसा विश्वास नहीं होता कि यह कोई नयी शुरुआत है या किसी जाति-विशेष पर व्यंग्य। दिलचस्प यह है कि *गोदान* का मातादीन और *कायर* का केशव दोनों ब्राह्मण तथा चरित्र में मूर्ख और कर्म में कुटिल हैं। इसके समानान्तर सिलिया और प्रेमा क्रमशः हरिजन तथा वणिक हैं और अपने व्यवहार के कारण उन्हें पहले से ही घर निकाला मिला हुआ है। इसलिए अन्तर्जातीय विवाह के ये उदाहरण प्रेमचन्द को उसका समर्थक बनाते प्रतीत नहीं हो पाते।

प्रेमचन्द के यहाँ प्रेम के लिए कोई अलग और विशिष्ट राय नहीं दिखाई देती। बिना ब्याह के प्रेम का यहाँ कोई औचित्य नहीं है। प्रेम का स्थान भी नारी के लिए पत्नी होकर और घर के अन्दर रहने में ही है। *गोदान* के प्रो. मेहता के विचार हैं—

"जिसे तुम प्रेम कहती हो, वह धोखा है, उद्दीप्त लालसा का रूप, उसी तरह जैसे संन्यास केवल भीख माँगने का संस्कृत रूप है। वह प्रेम अगर वैवाहिक जीवन में कम है, तो मुक्त विलास में बिल्कुल नहीं है।"[35]

यहाँ यह गौरतलब है कि प्रेमचन्द सामाजिक-व्यवस्था की मजबूती के लिए विवाह को अनिवार्य मानते हैं तथा उसके लिए व्यक्तिगत निर्णय की बजाय सामाजिक स्वीकृति को वैध ठहराते हैं। वहाँ निश्शंक कुछ भी नहीं है—प्रेम में प्रेमी-प्रेमिका का एकान्त भी नहीं। *रंगभूमि* में विनय और सोफिया एक-दूसरे से प्रेम करते हैं, पर एकान्तवास करते हुए भी एक-दूसरे से दूरी बनाए रखते हैं। यहाँ प्रेमचन्द का नैतिक बँधन ही है जो इस नैकट्य को उचित नहीं मानता क्योंकि इस सम्बन्ध को सामाजिक स्वीकृति प्राप्त नहीं है। इस तरह अनेक उदाहरण— *गोदान, कर्मभूमि, गबन* आदि से जुटाए जा सकते हैं। इस प्रसंग पर बात करते हुए विजय मोहन सिंह स्पष्ट लिखते हैं—

"इससे दो बातें स्पष्ट होती हैं। एक तो यह कि प्रेमचन्द की दृष्टि में भीतरी बाधा ही नैतिक बँधनों की दृढ़ता है, दूसरे वे अच्छी तरह जानते हैं कि शरीर संपर्क की मुहर के बिना प्रेमियों के सम्बन्ध पक्के नहीं होते। लेकिन इस शरीर संपर्क के लिए प्रेमचन्द की दृष्टि में विवाह आवश्यक है। और चूँकि विवाह को प्रेमचन्द एक सामाजिक समझौता मानते हैं, इसलिए सामाजिक स्वीकृति के बिना विवाह को सम्भव ही नहीं मानते।"[36]

इसी तरह उनके यहाँ स्त्री-पुरुष सम्बन्ध की सीमा रेखा भी यह है जो सामान्य मेल मुलाकात से आगे नहीं जा सकती है। जाती है तो उसका हश्र भयानक होता है जिससे उनकी रचनाओं के विवेचन में दिखाया जा चुका है। प्रेमचन्दोत्तर लेखकों ने प्रेमचन्द की बद्धमूल्य परम्परा को आगे जाकर तोड़ा और नये बन रहे समाज के अनुकूल परंपरा को आधुनिक सन्दर्भ दिया तथा आधुनिकता को एक नयी भारतीय दृष्टि। निर्मल वर्मा ने ठीक ही लिखा है—

"किन्तु किसी परम्परा को तोड़ना उसकी अवज्ञा नहीं है; रेणु, अज्ञेय या जैनेन्द्र यदि बिल्कुल अलग किस्म के उपन्यास लिख पाए तो इसलिए क्योंकि उनके पास पहले से ही प्रेमचन्द मौजूद थे।"[37]

## स्त्री जीवन और नैतिक सवाल

प्रेमचन्द की रचनाओं में जिस स्त्री-जीवन का वर्णन है या उसके जिन पक्षों पर उनकी सम्मतियाँ सामने आती हैं, उनके समानान्तर अनेक रचनाकारों ने उनसे अधिक तर्क-संगत विचार दिए हैं और बहुत बार सुधारवादी प्रवृत्ति से अलग हटकर नये रास्ते बनाए हैं। यह स्थिति तब और विचारणीय बन जाती है, जब प्रेमचन्द के ही

समकालीन रचनाकार उनसे भिन्न अपनी मान्यताएँ स्थापित करते हैं और उसे एक तार्किक वैज्ञानिक परिणति देते हैं। जागरण और सुधार के उस दौर में प्रभाव के स्तर पर उनमें भी प्रेमचन्द से समानता लक्षित होती है, लेकिन अपनी मान्यताओं में वे उतने असमंजस में नहीं हैं, जितने कि प्रेमचन्द। इस तरह के रचनाकारों में सर्वप्रथम नाम जयशंकर प्रसाद का आता है जिन्होंने अपनी छायावादी भावुकता और वायवीयता को कथा-साहित्य, विशेषकर अपने उपन्यासों में नहीं आने दिया है। यह देखकर चकित रह जाना पड़ता है कि जिस प्रसाद को आदर्श और सनातनी परम्परा का वाहक बताते हुए थका नहीं जाता, उसी प्रसाद ने अपने उपन्यासों के माध्यम से पारिवारिक सामाजिक जीवन के कटु यथार्थ को बहुत बारीकी से चित्रित किया है और नारी-जीवन के कुछ अत्यन्त जटिल प्रश्नों से जूझने की कोशिश की है। अपने उपन्यासों में प्रसाद की यह छवि सचमुच चौंकाती है, पर खेदजनक यह है कि आलोचकों ने इसके बावजूद प्रसाद पर ठीक से विचार नहीं किया है। प्रसाद के यहाँ नारी-जीवन के वे सवाल हमें प्रेमचन्द से भिन्न तरह से हल होते दिखाई देते हैं जैसे कि वे स्वयं यह चाहते हों, कि इसका समाधान पारम्परिकता में नहीं, आधुनिकता के तकाज़ों में ही है।

जयशंकर प्रसाद ने वैसे दो ही पूर्ण उपन्यास लिखे हैं— *कंकाल* (1929) और *तितली* (1934)। एक उपन्यास *इरावती* भी शुरू किया था पर पूर्ण नहीं हो सका। पर इन सबमें यह रोचक तथ्य सामने आता है कि प्रसाद ने अपनी आदर्शवादिता के बावजूद पात्रों की जटिल जीवन-संरचना को उद्घाटित किया है और उसमें आदर्शवादी समाधान देने से परहेज किया है। समाज के तिरस्कृत लोगों की कथा उठाकर प्रसाद ने जैसे उन्हें न्याय देने की कोशिश की है और समाज को उनकी चिन्ता करने के लिए प्रेरित किया है। यहाँ प्रसाद का यह पक्ष विचारोत्तेजक तो है ही, भावप्रवण भी है। यहाँ की नारी उनकी कविताओं की तरह आदर्श की देवी नहीं है। वह यथार्थ की ऐसी तस्वीर है जिससे सामना किए बग़ैर सामाजिक जीवन की पूर्णता को समझना कठिन है। यहाँ सुधार और जागरण का सन्देश भी ध्वनित होता है तो गृहस्थ जीवन की समृद्धि का मन्त्र भी। प्रसाद के उपन्यासों में मुख्य चरित्र पुरुषों के ही हैं, जो अपने-अपने ढंग से सामाजिक कुरीतियों का विरोध करते हैं और समाज को स्वच्छ बनाना चाहते हैं।

*कंकाल* के गोस्वामी *कृष्णशरण तितली* में बाबा रामनाथ तथा *इरावती* के ब्रह्मचारी सामाजिक विकृतियों के खिलाफ खुलकर सामने आते हैं। यहाँ गृहस्थ जीवन की समस्याओं और उसकी जटिलताओं का बड़ा तीखा तथा मार्मिक चित्रण देखा जा सकता है। प्रसाद परम्परावादी और हिन्दू समाज-व्यवस्था के विख्यात समर्थक लेखक हैं पर यहाँ हैरान करनेवली यह बात सामने आती है कि अपने पहले

उपन्यास *कंकाल* में उन्होंने 'विवाह' नामक संस्था की निरर्थकता सिद्ध करके दिखाई है। 'विवाह' की निरर्थकता में तुच्छ स्वार्थों और आर्थिक जरूरतों की सीधी दखल है। स्त्री-पुरुष सम्बन्ध और दाम्पत्य जीवन के इस कटु यथार्थ को दिखाकर प्रसाद ने प्रेमचन्द की आदर्शवादिता के समानांतर एक ऐसे तीखे सच को सामने रखा है जिसकी किसी भी सूरत में उपेक्षा नहीं की जा सकती।

इस उपन्यास में यह मान्यता लगभग स्थापित होकर हमारे सामने आती है कि हिन्दू समाज में केवल सुधारों से कुछ नहीं हो सकता, उसके लिए स्त्री-पुरुष सम्बन्धों में तथा जीवन के अन्य क्षेत्रों में क्रान्तिकारी परिवर्तन की जरूरत है। 'प्रसाद रचना संचयन' मे विष्णु प्रभाकर तथा रमेशचन्द्र शाह की राय है–

"*कंकाल* में चित्रित समाज आधुनिक युग का अन्धा लोभप्रेरित समाज है जिसे एक पाखंडपूर्ण धर्म का सहारा भी मिला हुआ है। एक ओर तो गृहस्थ, संन्यासी और पंडे हैं तो दूसरी ओर बदमाश, डाकू और वेश्याएँ।"[38]

*कंकाल* में हालत यह है कि जिसे भी मौका मिलता है, वह नारियों पर कहर ढाता है, पर यहाँ की नारियाँ मूक सब कुछ सहना नहीं जानतीं। उपन्यास की एक पात्र घंटी कहती है–

"हिन्दू स्त्रियों का समाज ही कैसा है, इसमें उनके लिए कोई अधिकार हो, तब तो सोचना-विचारना चाहिए।"[39]

इस उपन्यास की एक और प्रमुख पात्र जमुना कहती है–"कोई समाज स्त्रियों का नहीं बहन! सब पुरुषों के हैं। स्त्रियों का एक धर्म है–आघात सहने की क्षमता।"[40] प्रसाद के इस उपन्यास की नारियाँ अपनी स्थिति से सन्तुष्ट नहीं हैं, उन्हें नये समाज के निर्माण की बेचैनी है क्योंकि यहाँ का धर्म, परिवार तथा समाज का सब कुछ सड़ चुका है। प्रसाद यद्यपि इन नारियों से कोई क्रांतिकारी निर्णय नहीं करा पाते पर एक जलते हुए सत्य को सामने लाते हैं जिससे पाठक का मन अपने समाज के प्रति वितृष्णा से भर जाता है। डॉ. रामदरश मिश्र ने लिखा है–

"*कंकाल* में समाज तथा धर्म के कंकाल को बहुत निर्ममता से उद्‌घाटित किया गया है किन्तु प्रसाद मूल्यवादी लेखक हैं। उन्हें अपने समाज की गिरावट की पीड़ा है और उसके भावी विकास की चिन्ता है।"[41]

इसी तरह प्रसाद ने *तितली* और *इरावती* में क्रमशः भारतीय दाम्पत्य जीवन की विरूपताओं तथा तत्कालीन भारतीय समाज की सांस्कृतिक, आर्थिक तथा राजनैतिक परिदृश्य का जीवन्त चित्रण किया है। इस तरह प्रसाद को नारी-जीवन के विविध-स्तरों का जो गहरा ज्ञान था और उनके प्रति जो उनके मन में गहरी पीड़ा थी, उन्होंने उसे बखूबी उद्‌घाटित कर हमारी समाज-व्यवस्था में परिवार, विवाह तथा स्त्री-पुरुष सम्बन्धों के विविध स्तरों को जाँचा है। दिलचस्प स्थिति यह है कि पारम्परिक सांस्कृतिकता के पक्षधर प्रसाद ने अपने उपन्यासों में परम्परागत नैतिकता

को भी पूरे मन से स्वीकार नहीं किया है और यत्र-तत्र उन्होंने उसमें संशोधन की आवश्यकता पर बल दिया है।

प्रसाद जैसे भारतीय पारम्परिकता के पक्षधर लेखक ने निश्चय ही संस्थागत नैतिकता को उसकी भयावहता के साथ दिखाने की चेष्टा की है, यद्यपि यह चेष्टा बहुत सफल नहीं हो सकी है। *कंकाल* में तारा और मंगल एक-दूसरे को चाहते हैं और अधिकतर साथ ही रहते हैं पर दोनों का अभी विवाह नहीं हुआ है। इस प्रसंग पर उपन्यास का एक संदर्भ यहाँ देखना न केवल पारंपरिक 'विवाह' की निरर्थकता मानना है, वरन् सामाजिक भय के कारण उसकी आवश्यकता भी समझना है–

"एक दिन सुभद्रा बैठी थी, तारा ने उससे कुछ जलपान करने का अनुरोध किया। सुभद्रा ने कहा–तुम्हारा ब्याह जिस दिन होगा, उसी दिन जलपान करूँगी।

और जब तक न होगा, तुम यहाँ जल न पीओगी?

जब तक क्यों? तुम विलम्ब क्यों करती हो?

मैं ब्याह करने की आवश्यकता न समझूँ तो?

यह तो असम्भव है, बहन, आवश्यकता तो होती ही है।"[42]

यहाँ एक नारी में विवाह जैसी कोई जरूरत प्रतीत नहीं होती पर दूसरी में उसकी आवश्यकता है। यह आवश्यकता भी सामाजिक सुरक्षा के कारण ही है, दैवी योग या धार्मिक सिद्धि के कारण नहीं।

इस प्रसंग को थोड़ा और देखें–

"सुभद्रा रुक गयी। तारा के कपोल लाल हो गये। उसकी ओर कनखियों से देख रही थी। वह बोली–क्या मंगल देव ब्याह करने को प्रस्तुत नहीं होते?

मैंने कभी प्रस्ताव तो किया नहीं।

मैं करूँगी बहन। संसार बड़ा खराब है। तुम्हारा उद्धार इसलिए नहीं हुआ कि तुम यों ही पड़ी रहो। मंगल में यदि साहस नहीं है तो, पात्र ढूँढ़ा जाएगा। परन्तु सावधान; तुम दोनों का इस तरह रहना, कोई भी समाज हो, अच्छी आँखों से नहीं देखेगा। चाहे तुम दोनों कितने ही पवित्र हो।

तारा को किसी ने जैसे चुटकी काट ली। उसने कहा–न देखे समाज, भले ही, मैं किसी से कुछ चाहती तो नहीं, पर मैं अपने से ब्याह का प्रस्ताव किसी से नहीं कर सकती।

भूल है प्यारी बहन। हमारी स्त्रियों की जाति इसी में मारी जाती है। वे मुँह खोलकर सीधा-सादा प्रस्ताव नहीं कर सकतीं। परन्तु संकेतों से, अपनी कुटिल अंग-भंगिमाओं के द्वारा प्रस्ताव से अधिक पुरुषों को उत्साहित किया करती हैं। और बुरा न मानना, तब वे अपना सर्वस्व अनायास ही नष्ट कर देती हैं।"[43]

इस उद्धरण से एक ही साथ नारी जीवन के कई पहलुओं पर प्रकाश पड़ता है। यहाँ तारा में ब्याह करने की आवश्यकता इसलिए नहीं है कि उसे वह मंजूर नहीं

है, वरन् इसलिए है कि मंगल से विवाह का प्रस्ताव करने में उसे संकोच है। इस संकोच का खुलासा करते हुए सुभद्रा बिल्कुल ठीक कहती है कि स्त्री चाहे जो कर ले, बोलने से उसे परहेज है, और यही उसकी सारी दुर्दशा की जड़ है। वह तारा को साफ शब्दों में कहती है कि वह प्रस्ताव करे और यदि मंगल विवाह करने की हिम्मत नहीं करता तो किसी और योग्य वर को खोजा जाएगा।

विवाह की आवश्यकता इसलिए है कि उससे एक सामाजिक सुरक्षा तथा एक सामाजिक प्रतिष्ठा मिलती है। पर इसके लिए स्त्री को स्वयं आगे आना है और निर्णय लेना है। प्रसाद को बिना ब्याह के स्त्री-पुरुष सम्बन्धों से परहेज है क्योंकि इससे कदाचार को बढ़ावा मिलता है तथा समाज में अव्यवस्था फैलती है। प्रसाद के यहाँ नारी जागरण का यह सन्देश सर्वत्र देखा जा सकता है। यहाँ संस्थागत नैतिकता पर समर्थन के साथ-साथ वैयक्तिक स्वतन्त्रता तथा व्यक्ति के हित-अहित की चिन्ता देखी जा सकती है। लेकिन विवाह जब बोझ बन जाए और स्त्री जब उसमें अपनी सारी स्वतन्त्रता खो बैठे तो उस स्थिति में प्रसाद विवाह की बाध्यता को निभाते जाने की वकालत करते प्रतीत नहीं होते।

उपन्यासों की ही तरह प्रसाद ने अपनी कुछ कहानियों में स्त्रियों के जीवन के विविध पक्षों को उठाया है और उनकी समस्याओं का निरूपण किया है। प्रसाद के यहाँ प्रेम अपने व्यापक रूप में प्रतिष्ठित है। यहाँ बहुत बार यह भी घोषित होता है कि प्रेम जीवन को उसकी पूरी प्रक्रिया के साथ बदल भी देता है।

प्रसाद की कहानियाँ नारियों के प्रेम, उनके अधिकार तथा उनके स्वत्व की कहानियाँ हैं जिसमें भारतीय नारी अपने आदर्श के साथ उपस्थित होती है। उसका पुरुषों के साथ सम्बन्ध भी उदात्त मानवीय-भूमि पर स्थापित है जिसमें आँसू उतने नहीं हैं जितनी करुणा है, तार्किकता उतनी नहीं है जितना अन्तर्द्वन्द्व है। ये नारियाँ प्रेमचन्द की नारियों से इस स्तर पर भिन्न हैं कि प्रेमचन्द जहाँ उनके ही दायरे में रखकर देखते है, वहीं प्रसाद की नारियाँ अपनी पारम्परिक सीमाओं से बाहर आती हैं। वे अपना निर्णय स्वयं ले सकती हैं तथा उन्हें यह शक्ति हासिल है कि वे पुरुषों के मुकाबले खड़ी हो सकें। लेकिन प्रसाद का संसार इतना गरिमामय है कि उन नारियों को सांसारिकता भाती नहीं है, वे टूट भले ही जाएँ—अपने पथ से विचलित नहीं होतीं। प्रसाद की कहानियों में नारी जीवन की इसे विडम्बना भी कह सकते हैं, पर यह स्वीकार करना पड़ेगा कि उसे अन्तिम-निर्णय का अधिकार है जो प्रेमचन्द-साहित्य में उसे उसी अनुपात में हासिल नहीं है।

प्रसाद की अनेक श्रेष्ठ कहानियों की नायिकाएँ चाहे वह *आकाशदीप* की चंपा हो, चाहे *ममता* की ममता हो, चाहे *चंदा* की चंदा हो—लिजलिजी भावुकता से परे हैं और उनमें अपनी समाज-व्यवस्था से लड़ने की क्षमता-तत्परता भी है। *पुरस्कार* कहानी की मधूलिका तो मगध के राजकुमार के प्रणय निवेदन पर उबल ही पड़ती

है, और कह उठती है–

"राजकुमार! मैं कृषक बालिका हूँ। आप नंदन विहारी, और मैं पृथ्वी पर परिश्रम करके जीनेवाली। आज मेरी स्नेह की भूमि पर से मेरा अधिकार छीन लिया गया है। मैं दुःख से विकल हूँ। मेरा उपहास न करो।"[44]

यहाँ एक कृषक बालिका का तेज देखते बनता है जिससे स्पष्ट होता है कि उसमें अपनी शक्ति का अहसास है, वह झुक नहीं सकती तथा उसे यह भी मालूम है कि उसकी जगह कहाँ है। उसके लिए यह कठिन समस्या तो है कि 'कोशल नरेश' ने उसकी भूमि हड़प ली है, पर राजकुमार की सहायता का प्रस्ताव उसे कहीं से भी पंसद नहीं है। वह अपने में कठोर, संयत और अविचल है जिसमें हल्का अंतर्द्वन्द्व भी है पर अपने को खोकर उसे कुछ भी पाना स्वीकार नहीं। इस पर विजय मोहन सिंह की टिप्पणी गौरतलब है–

"प्रसाद यहाँ मानवीय सम्बन्धों को भले ही 'रोमैंटिसाइज' करते प्रतीत होते हों, लेकिन ऐसे सम्बन्धों में जो 'द्वैत' और 'द्वन्द्व' बना रहता है, उसके रहस्य को उनसे अधिक शायद ही कोई जानता हो।" *पुरस्कार* इसी 'द्वैत' और 'द्वन्द्व' की कहानी है–

"चोट खाकर राजकुमार लौट पड़ा और मधूलिका निष्ठुर प्रहार करके क्या स्वयं आहत न हुई।"[45]

प्रसाद के यहाँ नारियों की स्वाधीनता और उनकी मुक्ति चेतना के भी बहुत-से उदाहरण देखे जा सकते हैं। अपनी सारी भावुकता के बावजूद यहाँ की नारियाँ 'घर की सीमाओं' की नारियाँ नहीं हैं, इसीलिए उनमें एक बल का वेग बराबर लक्षित किया जा सकता है। *आकाशदीप* की चंपा अपने पिता के हत्यारे से ही प्रेम करने लगती है और जब उसे वास्तविकता का पता चलता है तो भी उसका प्रेम कम नहीं होता। वह कहती है– "मैं तुमसे घृणा करती हूँ, फिर भी तुम्हारे लिए मर सकती हूँ। अँधेर है जलदस्यु! मैं तुम्हें प्यार करती हूँ!"[46]

विजय मोहन सिंह का कहना है–"यह 'दस्यु' और 'प्रेम' दोनों को पुनः परिभाषित करने की ही प्रक्रिया है।"[47] यह कथन प्रसाद की इस व्यापकता को रेखांकित करता है कि प्रेम और घृणा के बीच झूलती चंपा अपने स्वत्व से पूर्ण है। उसे इसके लिए किसी की दया और कृपा की आवश्यकता नहीं है। वह अपने जीवन की नियन्ता है, इसीलिए उसमें अपने स्वाभिमान की गरिमा भी है। निश्चय ही भवितव्यता और व्यवस्था से एक ही साथ लड़तीं ऐसी नारियाँ कहीं और नहीं मिलतीं।

इसी तरह प्रसाद के नाटकों में भारतीय संस्कृति की उदात्तता के गायन तथा राष्ट्रप्रेम के साथ-साथ नारियों के जीवन पर भी दृष्टि पड़ी है और उन्हें तेजमयी नारी के रूप में चित्रित किया गया है। प्रसाद के नाटकों की नारियाँ समाज के विविध

वर्गों से आती हैं। उनमें कुछ दुर्बल भी हैं, कुछ राजनीतिक पटु तथा कुछ प्रेम मे सर्वस्व होम करनेवालीं भी। प्रसाद के यहाँ परिवार, समाज तथा भारतीय संस्कृति की सुरक्षा तथा उनके उत्थान की चिन्ता यद्यपि है और नारियाँ उनके इस अनुष्ठान में शामिल भी हैं फिर भी ये नारियाँ प्रेम करने तथा जीवन के महत्वूपर्ण निर्णयों में किसी की बाट नहीं खोजतीं। उनमें आदर्श के साथ-साथ एक यथार्थवादी ओज भी है जो उस युग के लिए महत्त्वपूर्ण है, जिस युग में नारियों को घर से बाहर आने की स्वतन्त्रता तक नहीं है। कहा जा सकता है कि ये नारियाँ ऐतिहासिक चरित्र हैं, फिर प्रसाद का उसमें योगदान क्या है? पर ध्यान देने पर मालूम होगा कि प्रसाद ने चरित्रों और उनके मनोभावों को युगानुरूप बनाने की चेष्टा की है और यह निर्मिति इतिहास सापेक्ष न होकर वर्तमान सापेक्ष है। वासुदेव ने ठीक ही लिखा है–

"प्रसाद के नाटकों का शरीर तो पुराना है, पर भाव आज के हैं; अनुभूति तो पुरानी है, पर विचार आज के हैं।"[48]

प्रसाद की ध्रुवस्वामिनी, देवसेना, कल्याणी, राज्यश्री जैसी नारियाँ प्रेम और बलिदान की साक्षात् देवियाँ हैं जो किसी भी पुरुष के मुकाबले अधिक उग्र, उदार, सहिष्णु और समर्थ हैं। उन्हें अपना परिवार भी प्रिय है, समाज भी, संस्कृति भी तथा राष्ट्र भी–इसके लिए वे अपना सर्वस्व दाँव पर लगा सकती हैं। पर प्रेम ओर मानवीय राग भी उनमें बहुत है जिसके लिए वे किसी की प्रतीक्षा नहीं करतीं। खुद निर्णय लेती हैं, आगे बढ़ती हैं तथा हार भले ही जायें अपने प्रेम की जीत तो पा ही जाती हैं। उनमें प्रेम की गरिमा का ऐश्वर्य भी है और नारी की महत्ता का उत्कट भाव भी। इसीलिए देवसेना स्कन्दगुप्त को वरण करने से इंकार करती है कि सम्राट में वह जो चाहती है, वह देख नहीं पाती।

प्रसाद के यहाँ भी आदर्श और सुधार का प्रबल भाव है, पर वह नारी चरित्रों के चित्रण में तथा उनके वैयक्तिक निर्णय के आड़े नहीं आता।

प्रसाद के बाद (और जैनेन्द्र के अतिरिक्त) वैसे तो अनेक कथाकार हैं जो उस समय रचनारत थे, पर दुर्भाग्य से उनमें से अधिकतर लोगों ने या तो प्रेमचन्द को अपना आदर्श मान रखा था या उनसे अलग हटकर एक और सुधारवादी आन्दोलन चला रखा था। विश्वम्भरनाथ शर्मा 'कौशिक' के *माँ* और *भिखारिणी* शुद्ध रूप से प्रेमचन्द के अनुकरण पर लिखे गये उपन्यास है जिनमें भारतीय नारी के पुरातन आदर्श को प्रतिष्ठित किया गया है। चतुरसेन शास्त्री ने इसी काल में *हृदय की प्यास* (1918), *अमर अभिलाषा* (1932) तथा *आत्मदाह* (1937) आदि उपन्यासों की रचना की। इन्होंने रचना-शैली के स्तर पर तो प्रेमचन्द का अनुकरण किया पर विषय की दृष्टि में उनसे भिन्नता दिखाई। पर भारतीय परम्परागत नैतिकता को छोड़ने की जरूरत इन्होंने भी महसूस न की। इस काल में ही लिखित प्रताप नारायण श्रीवास्तव

की कृतियाँ– *विदा* (1929), *विजय* (1937) इसलिए महत्त्वपूर्ण थीं कि इसमें आदर्शवादी होने के बावजूद लेखक ने क्रमशः उच्चवर्गीय जीवन तथा विधवा-जीवन की समस्याओं को गम्भीरता से रखने का प्रयास किया।

इसके अतिरिक्त शिवपूजन सहाय ने *देहाती दुनिया* (1926) के माध्यम से तत्कालीन समाज-व्यवस्था की विद्रूपताओं को खोलने की सफल चेष्टा की। इसी क्रम में पाण्डेय बेचन शर्मा 'उग्र' का उल्लेख आवश्यक है जिन्होंने *चन्द हसीनों के खुतूत* (1927), *दिल्ली का दलाल* (1927), *बुधुआ की बेटी* (1928) तथा *शराबी* (1930) लिखकर समाज की बुराइयों का पर्दाफाश किया तथा उसकी नंगी तस्वीर प्रस्तुत की। पर यहाँ सुधार की दृष्टि से लिखे गये उपन्यासों में किसी नयी जमीन को पाने की आकुलता उतनी नहीं जितनी कि सस्ती फिकरेबाजी करने की। डॉ. गोपाल राय ने 'उग्र' पर अपनी टिप्पणी में लिखा है–

"उन्होंने समाज के उस वर्ग को अपने उपन्यासों का विषय बनाया जिसे 'दलित' या 'पतित' वर्ग कहते हैं और उसके चित्रण में उन्होंने किसी प्रकार के 'शील' या 'अभिजात शिष्टता' का परिचय नहीं दिया। इस कारण उनके उपन्यासों में एक ओर सच्चाई अपने नग्न रूप में आयी है, तो दूसरी ओर वह 'परचेबाजी' के निकट पहुँच जाती है जो किसी कृति को कला-रूप में परिणत नहीं होने देती।"[49]

'उग्र' के अनुकरण पर ऋषभचरण जैन ने *दिल्ली के कलंक, दिल्ली का व्यभिचार, वेश्यापुत्र* आदि उपन्यास लिखे जिसमें समाज में व्याप्त भ्रष्टाचार और अनैतिक कुकृत्यों का चित्रण है। इसी काल में भगवतीचरण वर्मा ने *चित्रलेखा* (1934) लिखकर लोकप्रियता अर्जित की जिसमें 'नियति' को व्यक्ति-संघर्षों से जोड़कर दिखाया गया है। राजा राधिकारमण प्रसाद सिंह ने *राम रहीम,* सियाराम शरण गुप्त ने *गोद* (1932), *अन्तिम आकांक्षा* (1934) और *नारी* (1937), भगवती प्रसाद वाजपेयी ने *प्रेमपथ, अनाथ पत्नी,* वृन्दावन लाल वर्मा ने *गढ़कुंडार* (1929), *विराटा की पद्मिनी* (1936), राहुल सांकृत्यायन ने *शैतान की आँख* (1923), *सोने की ढाल* (1923), *विस्मृति के गर्भ में* (1923) तथा निराला ने *अप्सरा* (1931), *अलका* (1933), *प्रभावती* (1936) तथा *निरूपमा* (1936) लिखे जिसमें भारतीय नारी-जीवन के कुछ पक्ष उद्‌घाटित हुए।

उस युग में कहानियाँ भी पर्याप्त लिखी गयीं जिनमें चतुरसेन शास्त्री की *दुखवा मैं कासे कहूँ मोरी सजनी,* 'उग्र' की *शैतान मंडली, चिंगारियाँ,* अज्ञेय *की रेल की सीटी, अमर वल्लरी, रोज,* राहुल सांकृत्यायन की *सतमी के बच्चे* आदि उल्लेखनीय हैं। पर इनमें नारी-जीवन के प्रश्नों से टकराने और उसकी स्थितियों के मद्देनज़र संघर्ष के रास्ते खोलने के उद्यम प्रायः नहीं मिलते। इनके विषय अधिकतर समाज के अन्य क्षेत्रों से लिए गए हैं, इसलिए नारियाँ यहाँ पूरक चरित्र बनकर ही आयी हैं। सोच

और चिन्ताओं में नारी का प्रवेश तो हो ही चुका था, अब जरूरत उसे एक नये परिवेश में लाने की थी।

प्रसाद के अतिरिक्त प्रेमचन्द का यह युग नाटकों की समृद्धि का भी युग है, पर उस समय के अधिकतर नाटक स्वाधीनता संघर्ष से प्रेरित थे जिनमें भारतीय अतीत का गुणगान होता था या ऐतिहासिक चरित्रों का गौरवपूर्ण आख्यान। पर कुछ नाटकों में निश्चय ही हिन्दू नारी की दारुण स्थितियों का चित्रण मिलता है और व्यवस्था की वीभत्सता का मार्मिक प्रस्तुतीकरण। इनमें विश्वम्भरनाथ शर्मा 'कौशिक' का नाटक *हिन्दू विधवा* (1945), केदारनाथ बजाज का *बिलखती विधवा* (1930), *जमुनादास मेहरा का हिन्दू कन्या* (1932) तथा चन्द्रिका प्रसाद सिंह का *कन्या विक्रय या लोभी पिता* (1937) उल्लेखनीय हैं।

यहाँ भी भारतीय समाज की कुरीतियों पर ही प्रहार किया गया है तथा नारियों की व्यथा का वर्णन, पर नारी-जीवन की आवश्यकताओं, जटिलताओं तथा स्त्री-पुरुष सम्बन्ध क़ी स्थितियों का विश्लेषण प्रायः नहीं है। परम्परागत नैतिकता को आधार बनाकर इन नाटककारों ने अधिक से अधिक समाज में व्याप्त कदाचार को दूर करने तथा पारम्परिक आदर्श बनाए रखने की ही वकालत की है। स्त्री जीवन के नैतिक सवालों से टकराने और समाज के संस्थागत मूल्यों की प्रासंगिकता के प्रश्न यहाँ अछूते ही रहे हैं।

इस प्रकार प्रेमचन्द के समानान्तर हिन्दी लेखकों ने अपने-अपने ढंग से स्त्री जीवन को अपनी रचनाओं में लिया तथा उससे जुड़े नैतिक सवालों पर दृष्टिपात किया। पर स्पष्ट रूप से दिखाई देता है कि प्रेमचन्द के अतिरिक्त वैसे तो अधिकतर लेखकों ने स्त्री-जीवन से जुड़े प्रश्न उठाये, लेकिन उनमें संस्थागत आदर्श का ही प्राधान्य रहा। अलग से इन लेखकों ने भारतीय नारी-जीवन के जटिल और बुनियादी प्रश्नों से टकराने का प्रयत्न नहीं किया। उनमें विवाह की वही संस्थागत नैतिकता सुरक्षित है जैसे परंपरा से चली आ रही थी। स्त्री-पुरुष सम्बन्धों को लेकर भी अलग से कोई दृष्टि सामने आती नहीं दिखाई देती। अधिकतर लेखकों ने इस क्रम मे समाज व्यवस्था की मजबूती के लिए परिवार तथा पारिवारिक सद्भाव पर बल दिया है। स्त्री-जीवन की स्वाधीनता, उनके प्रेम तथा सम्पूर्णता में उनके वैयक्तिक जीवन-पक्षों का चित्रण तो यहाँ यत्र-तत्र दिखाई देता है, पर उसमें कोई नयी राह निकालने तथा नारियों की जीवन-स्थितियों से किसी नूतन मान्यता की स्थापना नहीं मिलती।

जयशंकर प्रसाद इस युग के ऐसे पहले कथाकार हैं जिन्होंने प्रेम, विवाह, परिवार तथा समाज में नारी-जीवन के विविध पक्षों को उठाया और अपने स्तर पर उससे टकराने का उद्यम किया। प्रसाद के यहाँ नारियाँ स्वतन्त्र व्यक्तित्व रखती हैं, वे पुरुषों

से सम्बन्ध बना सकने की अधिकारी भी हैं, उनमें प्रेम की विराटता भी है तथा ये नारियाँ अपने जीवन के ध्येय को बखूबी जानती हैं। यहाँ प्रेम अपने उत्कर्ष पर प्रकट हुआ जिसमें जीवन की सारी कलुषता धुल जाए। इस स्तर पर नैतिकता का पुराना लबादा यहाँ उतरता दिखाई देता है।

इसी युग में जैनेन्द्र कुमार का प्रवेश हिन्दी कथा साहित्य और चिन्तन के क्षेत्र में एक क्रान्तिकारी घटना के रुप में याद किया जाता है जिन्होंने न केवल पारंपरिक मूल्यों को उसकी रूढ़ियों सहित बदलने पर बल दिया बल्कि सांस्थानिक नैतिकता को नये सन्दर्भों में देखने की कोशिश की। वस्तुतः जैनेन्द्र कुमार ऐसे पहले संपूर्ण कथाकार हैं जिन्होंने हिन्दी कथा साहित्य में नारियों को पुरुषों के मुकाबले अधिक अर्थपूर्ण बनाया और भारतीय समाज-व्यवस्था में स्त्री विरोधी प्रवृत्तियों का गहन विश्लेषण भी किया।

हिन्दू नारी सर्वप्रथम जैनेन्द्र के यहाँ ही अपनी सम्पूर्णता प्राप्त करती है। यहाँ उसके जीवन, उसके आचार-विचार, उसकी आशाएँ-आकांक्षाएँ तथा उसके द्वारा बनाए गये सम्बन्धों की स्वीकृति भी है तथा उस स्वीकृति की पृष्ठभूमि की विवेचना भी। यहाँ उस नारी के चित्र हैं जो भारतीय आदर्श को महत्व भी देती है पर अपने को नये सामाजिक जीवन से जोड़ना भी चाहती है। वह सहज है तो जटिल भी है। प्रेम भी कर सकती है तो घृणा भी। उसमें जीवन की उत्कटता भी है तो उसकी निस्सारता भी।

जैनेन्द्र के समग्र सृजनात्मक साहित्य में संस्थागत नैतिकता पर गहरा विचार-विमर्श है। उसमें चाहे परिवार हो या विवाह, पत्नी-पति का सम्बन्ध हो या पर स्त्री-पुरुष सम्बन्ध, चाहे विधवा-जीवन हो चाहे सधवा जीवन। नारी जीवन का कोना-कोना यहाँ प्रकाशित है जिसमें प्रेम, त्याग, समर्पण तथा संघर्ष की भी विविध स्थितियाँ पूरी तीव्रता के साथ चित्रित हैं।

यहाँ अनेक स्थलों पर गांधीवादी आदर्शों की पुष्टि है तो उसका खंडन भी है। समाज-व्यवस्था की स्थिरता के लिए प्रयत्न है तो उसकी रूढ़ियों सहित उसका तिरस्कार भी। जैनेन्द्र ने अपनी कहानियों, उपन्यासों तथा अपने विपुल विचार-साहित्य में हिन्दू नारी के सर्वांग जीवन का चित्र प्रस्तुत किया और उसे आजादी के साथ साँस लेने की मोहलत दी।

## सन्दर्भ

1. 'साहित्य के समाजशास्त्र की भूमिका'—डॉ. मैनेजर पाण्डेय, हरियाणा साहित्य अकादमी प्रकाशन, चंडीगढ़, पृ. 279.
2. 'हिन्दी साहित्य और संवेदना का विकास'—रामस्वरूप चतुर्वेदी, लोकभारती प्रकाशन, इलाहाबाद, पृ. 104.

3. 'हिन्दी साहित्य का इतिहास-आचार्य रामचन्द्र शुक्ल, नागरी प्रचारिणी सभा, वाराणसी, पृ. 273.
4. 'हिन्दी उपन्यास'—सं. सुषमा प्रियदर्शिनी, राधाकृष्ण प्रकाशन, नयी दिल्ली, पृ. 139.
5. वही, पृ. 139.
6. 'साहित्य के समाजशास्त्र की भूमिका', पृ. 286.
7. 'हिन्दी साहित्य का इतिहास'—आचार्य रामचन्द्र शुक्ल, पृ. 243.
8. वही, पृ. 292.
9. 'हिन्दी साहित्य का इतिहास' सं. डॉ. नगेन्द्र, नेशनल पब्लिशिंग हाउस, नयी दिल्ली, पृ. 522.
10. 'आधुनिक साहित्य'—नंददुलारे वाजपेयी, भारती-भंडार, इलाहाबाद, पृ. 142.
11. 'प्रेमचन्द और उनका युग'—रामविलास शर्मा, राजकमल प्रकाशन, नयी दिल्ली, पृ. 31.
12. 'आधुनिक साहित्य'—नंददुलारे वाजपेयी, पृ. 141.
13. वही, 143.
14. 'प्रेमचंद और उनका युग'—रामविलास शर्मा, पृ. 81.
15. वही, पृ. 77.
16. 'आधुनिक साहित्य', पृ. 145.
17. 'हिन्दी साहित्य एक आधुनिक परिदृश्य'—सच्चिदानन्द हीरानन्द वात्स्यायन 'अज्ञेय', राधाकृष्ण प्रकाशन, दिल्ली, पृ. 90.
18. वही, पृ. 88.
19. वही, पृ. 88.
20. 'आधुनिक साहित्य', पृ. 146.
21. 'प्रेमचन्द और उनका युग', पृ. 105.
22. वही, पृ. 105.
23. वही, पृ. 106.
24. 'गोदान'—प्रेमचन्द, हंस प्रकाशन, इलाहाबाद, पृ. 149.
25. वही, पृ. 149.
26. वही, पृ. 149.
27. वही, पृ. 149.
28. 'विविध प्रसंग'—प्रेमचन्द, संकलन-अमृतराय, हंस प्रकाशन, इलाहाबाद, पृ. 249, 250.
29. 'युग चेतना', सं. देवराज, लखनऊ, मार्च 1955, पृ. 16.
30. 'हिन्दी साहित्य का इतिहास'—आचार्य रामचन्द्र शुक्ल, पृ. 296.
31. 'हिन्दी साहित्य और संवेदना का विकास', पृ. 165.
32. 'विविध प्रसंग'—प्रेमचन्द, पृ. 157.
33. 'परिवर्तन और विकास के आयाम'—पूरनचन्द्र जोशी, राजकमल प्रकाशन, नयी दिल्ली, पृ. 181.

34. 'शताब्दी के ढलते वर्षों में'—निर्मल वर्मा, राजकमल प्रकाशन, नयी दिल्ली, पृ. 83.
35. 'गोदान'—प्रेमचन्द, पृ. 150.
36. 'कथा समय'—विजय मोहन सिंह, राधाकृष्ण प्रकाशन, नयी दिल्ली, पृ. 81.
37. 'शताब्दी के ढलते वर्षों में'—निर्मल वर्मा, पृ. 213.
38. 'प्रसाद रचना संचयन'—सं.-विष्णु प्रभाकर, रमेशचन्द्र शाह, साहित्य अकादेमी, नयी दिल्ली, पृ. 25.
39. 'कंकाल'—जयशंकर प्रसाद, विक्रम प्रकाशन, नई दिल्ली, पृ. 73.
40. वही, पृ. 77.
41. 'जयशंकर प्रसाद : सृजन के विविध आयाम', सं. जगदीश चतुर्वेदी, केन्द्रीय हिन्दी निदेशालय, नयी दिल्ली, पृ. 265.
42. 'प्रसाद रचन संचयन', पृ. 45.
43. वही, पृ. 45.
44. 'प्रतिनिधि कहानियाँ'—जयशंकर प्रसाद, राजकमल पेपर बैक, पृ. 103.
45. 'कथा समय'—विजय मोहन सिंह, पृ. 15.
46. 'प्रतिनिधि कहानियाँ'—प्रसाद, राजकमल पेपर—बैक्स, पृ. 29.
47. 'कथा समय', पृ. 17.
48. 'विचार और निष्कर्ष'—वासुदेव, भारतीय साहित्य मन्दिर प्रकाशन, नयी दिल्ली, पृ. 581.
49. 'हिन्दी साहित्य का इतिहास'—सं. डॉ. नगेन्द्र, पृ. 586.

# जैनेन्द्र की कृतियों में नैतिक चिन्ता

जैनेन्द्र हिन्दी ही नहीं, भारतीय कथा-साहित्य और विचार-जगत में सर्व स्वीकृत साहित्यकार रहे हैं। उनका पदार्पण साहित्य और चिन्तन के क्षेत्र में कई कारणों से महत्वपूर्ण रहा है। इन कारणों को अपने-अपने ढंग से लोगों ने देखने-दिखाने की कोशिशें की हैं जिसके विस्तार में जाने की जरूरत न होते हुए भी इस बात को रेखांकित करना आपश्यक लगता है कि जैनेन्द्र के उन प्रश्नों का जिक्र किया जाय जिनके कारण उनकी चिर सामाजिक उपादेयता है।

कथा-साहित्य में जैनेन्द्र ने व्यापक प्रयोग किया। उपन्यास हो या कहानी उसे उन्होंने नये धरातल पर प्रतिष्ठित किया। भाषा, भाव, विन्यास और चारित्रिक संघर्ष के नये क्षितिज जैनेन्द्र ने ही खोले और हिन्दी कथा-साहित्य को पारंपरिक ढाँचे से बाहर निकाला। यह अकारण नहीं है कि अपनी इन्हीं विशेषताओं के कारण जैनेन्द्र ने प्रेमचन्द जैसे दिग्गज कथाकार के समानांतर कथा-साहित्य की एक नई परंपरा ही शुरू कर डाली। पर दुर्भाग्यपूर्ण स्थिति यह है कि इतने बड़े कथाकार को ठीक-ठाक ढंग से देखने की भी कोशिश नहीं हो सकी है जबकि तथ्य यह है कि किसी भी बड़े भारतीय लेखक की तरह जैनेन्द्र की रचनाएँ व्यापक मानवीय सरोकारों को लेकर चलती हैं जिसमें हमारे सामाजिक जीवन के बहुत-से प्रश्न एक साथ मिलते हैं। इन प्रश्नों में नारी स्वाधीनता, पुरुष के उत्तरदायित्व, स्त्री-पुरुष सहकार और परिवार, विवाह, प्रेम, त्याग, राजनीति जैसे अनगिनत प्रश्न शामिल हैं जिन पर जैनेन्द्र ने न केवल लिखा है बल्कि चरित्रों के संघर्ष से एक सुगठित जनमत भी बनाया है।

जैनेन्द्र हिन्दी में सर्वथा पहले ऐसे लेखक हैं जिन्होंने कहानी और उपन्यास को नई भावभूमि दी, भाषा दी, नये शिल्प तथा नयी तकनीक में उसे ढाला। जैनेन्द्र के पहले तक बिना कथा के उपन्यास या कहानी बना लेने की कल्पना भी किसी ने न की होगी। जैनेन्द्र ने इस ढाँचे को तोड़ा। जैनेन्द्र के यहाँ घटनाएँ महत्वहीन हुईं, चरित्रों के द्वन्द्व और संघर्ष जुड़े और इस तरह उपन्यास तथा कहानी के एक नये युग में हिन्दी पाठकों का प्रवेश हुआ। जैनेन्द्र की कथा-यात्रा में कथानक की न्यूनता और चरित्रों के अंतः संघर्ष में उनकी जादुई भाषा का कम योगदान नहीं है। कम

से कम शब्दों में गहरे अर्थ की व्यंजना वाली यह हिन्दी भी इतनी अर्थ-सामर्थ्य वाली हो जाएगी, यह कौन जानता था। लक्षणा और व्यंजना की यह हिन्दी जैनेन्द्र के यहाँ विलक्षण नाटकीयता पा जाती है जिसे बोलते हुए चरित्र बहुत बार अभिनय का-सा आस्वाद देने लगते हैं। जैनेन्द्र ने हिन्दी कथा साहित्य में पहली ही बार मौन और भंगिमा जैसे आंगिक-मानसिक संवेगों को भाषा का जामा पहनाया तथा उससे नयी अर्थ सम्भावनाएँ पैदा कीं।

जैनेन्द्र को याद करते हुए जहाँ आज यह जरूरत है कि उनकी देन को नये सिरे से मूल्यांकित किया जाए, वहीं इस बात की भी आवश्यकता है कि उनकी प्रासंगिकता के पक्षों से खुद को जोड़ा जाए। कथा-साहित्य की समकालीन स्थिति में भी जैनेन्द्र भाषा, तकनीक और कौशल में अभी बहुत कुछ दे सकते हैं और लगातार उनकी रचनाओं से संवाद करके कथा साहित्य की इति-वृत्तात्मकता तोड़ी जा सकती है। जैनेन्द्र को याद करके हिन्दी भूली राह ही पाएगी।

जैनेन्द्र कृतिकार के साथ-साथ चिन्तक भी रहे हैं जिन्होंने समय-समय पर नाना विषयों और प्रश्नों पर अपने विचार दिए हैं। आज की आपाधापी से भरी हमारी जिन्दगी जैसे-जैसे उपभोक्ता संस्कृति में दाखिल होती जा रही है, वैसे-वैसे तमाम बुनियादी मानवीय चिन्ताओं की ओर लौटने की जरूरत बनती जा रही है। जैनेन्द्र इस जड़ संस्कृति और सोच को चुनौती देते ऐसे हिन्दी लेखक हैं जिनका एक-एक शब्द पाठक को इसके प्रतिपक्ष में खड़ा करता है। उनके यहाँ चरित्रों के जो भारतीय भाव हैं या उनके चिन्तन में बुनियादी देसी विचार हैं, वे न तो परम्परा में गड़े रहने के लिए कहते हैं और न आधुनिकता के नाम पर स्वत्व को होम कर देने की हिमायत करते हैं। एक सुचिन्तित भारतीय विचारक होने के नाते आज के बहुत सारे प्रश्नों का जवाब जैनेन्द्र के यहाँ मौजूद है और इसलिए भी उनकी प्रासंगिकता पर किसी को सन्देह नहीं होना चाहिए।

जैनेन्द्र के साहित्य में नारियों का केन्द्रीय स्थान है। ये नारियाँ जैनेन्द्र की ऐसी निर्मिति हैं जो आनेवाले भारतीय समाज में अपने किरदार को निभा सकें। यह नारी वही नहीं है जो भारतीय परम्परा में पाई जाती है। यह नारी भारतीय भी है और अपने समय की जरूरतों के अनुसार सामाजिक, आधुनिक और प्रखर पौरुष से भरपूर भी। वह नियतिवादी है, आत्मपीड़ित है, साध्वी है, पतिव्रता भी है पर ऐसी क्रान्तिकारी भी है जो तूफान ला सकती है। उसमें ऐसा वेग भी है जिससे सनातनी ढाँचे खंड-खंड होकर ढह भी सकते हैं। वह अत्याधुनिक भी इतनी है कि उसके लिए निर्धारित श्लीलता-अश्लीलता के सारे प्रतिमान ध्वस्त हो सकते हैं। इन नारियों के अपने प्रश्न हैं, अपनी नैतिकता है और दुनिया-जहान को देखने की अपनी दृष्टि भी है। दिलचस्प स्थिति यह है कि आज नारियों पर जो कुछ भी लिखा जा रहा है, उसके बहुत सारे सूत्र जैनेन्द्र के साठ वर्ष पहले के लेखन में मिल जाते हैं।

जैनेन्द्र-साहित्य में नैतिकता के प्रश्नों पर व्यापक विमर्श दिखाई देता है। यह विमर्श तब एक व्यापक बहस का रूप ले लेता है जब जैनेन्द्र संस्थागत और व्यक्तिगत नैतिकता के बीच मानवीय सम्बन्धों की छानबीन करते हैं। अपने कुछ पूर्वग्रहों के बावजूद इस पूरी बहस में जैनेन्द्र की चिन्ताएँ व्यापक मानवीय प्रश्नों को साथ लेकर उस पर सर्वानुमति बनाने की होती है जिसमें प्रायः वे सफल होते हैं। उनकी साहित्यिक-सांस्कृतिक बहस के केन्द्र में चूँकि नारी होती है, इसलिए अधिकतर बहस स्त्री की सामाजिक स्थिति, उसकी स्वतंत्रता, उसके स्वत्व तथा उसके बुनियादी अधिकारों पर केन्द्रित होती जाती है। जैनेन्द्र की नैतिक चिन्ताओं का परिप्रेक्ष्य विस्तृत है इसलिए उसमें नारी-जीवन की विडंबनाओं और नियति के बीच झूलती उसकी व्यक्तिता को भी देखने परखने की कोशिश मिलती है। सामाजिक रूढ़ियों को चुनौती देते जैनेन्द्र नैतिक प्रश्नों से जूझते हुए आधुनिक जीवन बोध के तहत नारी के व्यक्तित्व-निर्माण की प्रस्तावना भी करते हैं।

जैनेन्द्र के उपन्यास सिर्फ इसलिए महत्वपूर्ण नहीं हैं कि उनमें हिन्दी की औपन्यासिक परंपरा से अलग प्रयोग दिखाई देता है वरन् उनकी महत्ता का विशेष कारण यह है कि इनमें व्यक्ति, परिवार, समाज और व्यापक राष्ट्रीय प्रश्नों को नैतिक स्तर पर उठाने और उस पर बहस करने की प्रवृत्ति मिलती है। जैनेन्द्र ने हिन्दी कथा जगत को उसके रूढ़ ढाँचे से अलग कर उसे समाज की सामयिक समस्याओं से जोड़ा तथा समाज की विभिन्न स्थितियों की नैतिक आधार पर पड़ताल की। उदाहरण के लिये जैनेन्द्र के पहले उपन्यास *परख* को देखा जाय तो यह स्पष्ट होगा कि यहाँ जैनेन्द्र ने कट्टो नामक बाल विधवा के माध्यम से इस प्रश्न से जूझने की कोशिश की है कि उसे प्रेम करने का या विवाह करने का अधिकार क्यों नहीं है? यह कौन सी नैतिकता है जिसमें पति की मृत्यु के बाद विधवा समाज की तिरस्कृता हो जाती है? उसमें भी यदि कट्टो जैसी बालिका हो, जिसे शादी या पति की ठीक-ठाक स्मृति भी नहीं, उसके प्रति समाज की दकियानूस और प्राणघातक नैतिकता का क्या औचित्य है? जैनेन्द्र की कट्टो सोचती है—

"लोग कहते हैं—वह विधवा है, कम नसीब। लड़की जान गयी है, वह विधवा है, कम नसीब भी होगी। लेकिन फिर हँसने-खेलने, भागने-कूदने का अधिकार वह क्यों नहीं रखती, यह वह नहीं समझ पाती।"[1]

इसी तरह *सुनीता* में एक अलग तरह की नैतिकता का प्रश्न है। यह उपन्यास अन्य कई नैतिक प्रश्नों के अतिरिक्त इस प्रश्न पर बहस करता है कि क्या प्रेम विवाह में निहित होता है या कि विवाह वस्तुतः प्रेम के आधार की ही शर्त हो? नीरस दाम्पत्य मे पारंपरिक सतीत्व की अवधारणा से संत्रस्त सुनीता एक साथ कई स्तरों पर जूझती है—श्रीकांत के आदेश, हरिप्रसन्न के द्वन्द्व और अपने को सही जगह पर

स्थिर करने की आकुलता से। हर तरफ उसे लड़ना पड़ता है जिसकी परिणति पुनः विगत दाम्पत्य-जीवन में होती है उसी तरह नीरस, जड़ और दमघोंटू दिनचर्या में। पति और पत्नी के बीच सम्बन्ध और एक स्वस्थ पारिवारिकता में नैतिकता की नयी प्रस्तावना लेकर जैनेन्द्र ने *सुनीता* लिखी। जैनेन्द्र परिवार में दाम्पत्य की जड़ता के विरुद्ध हैं क्योंकि इससे सृजन की नहीं टूटन की सम्भावना बनती है। *सुनीता* में जैनेन्द्र का कथन है–

"जहाँ जीवन इतना ह्रस्व और शून्य है कि कोई उलझन, कोई आपसी खटपट ही सम्भव नहीं, वहाँ यह सम्भव है कि कुछ हो जो रगड़ देकर चमकावे, चाहे अनबन ही पैदा करे।"[2]

*त्यागपत्र* मृणाल के अनमेल विवाह की व्यथा से उपजा ऐसा उपन्यास है जो एक नारी की दीनता को तो प्रत्यक्ष करता ही है; पूरे हिन्दू समाज को उसकी ढोंगी नैतिकता के साथ कटघरे में ला खड़ा करता है। समाज अगर मृणाल की जिन्दगी से सहानुभूति नहीं रखता तो वह क्यों समाज की पाखंडी नैतिकता की परवाह करे। पर इसमें विद्रोह भी आत्मव्यथा में ही है और समाज की मान्यताओं की अस्वीकृति भी मृणाल के टूटने में ही दिखाई देती है। इस तरह जैनेन्द्र ने यहाँ नैतिकता की नयी व्याख्या की है। *त्यागपत्र* में मृणाल कहती है–

"तुम समाज की परवाह न करो, भाई तो चल सकता है, लेकिन मैं तो ऐसा नहीं कर सकती कि परवाह न करूँ। मैं समाज को तोड़ना-फोड़ना नहीं चाहती हूँ। समाज टूटा तो हम किसके भीतर बनेंगे? इसलिए मैं इतना ही कर सकती हूँ कि समाज से अलग होकर उसकी मंगलाकांक्षा में टूटती रहूँ?"[3]

यह कहकर मृणाल समाज के प्रति अपनी घृणा व्यक्त करती है। जैनेन्द्र की चिन्ताएँ यहाँ पूरी तीव्रता से उभरती हैं जिसके माध्यम से एक ही साथ जैनेन्द्र यहाँ विवाह, प्रेम, पत्नीत्व और देहदान जैसे विकट प्रश्नों पर बहस करते हैं।

*कल्याणी* में जैनेन्द्र की नैतिक चिन्ताओं का परिप्रेक्ष्य पूर्व और पश्चिम की टकराहट से उत्पन्न पारिवारिक विघटन है। *कल्याणी* की विडम्बना यह है कि वह विदेश में पढ़ी है और भारतीय आदर्श से भी अज्ञान नहीं है पर भारतीय वैवाहिक जीवन में बँधने के बाद वह उसमें पश्चिम का सामंजस्य खोजने लग जाती है फलतः पति की शकी निगाहों से घिरती जाती है और विश्वसनीयता के लिए अपनी निजता मिटा देने के बावजूद वह टूट जाती है। यहाँ जैनेन्द्र की चिन्ता यह है कि पति-पत्नी के बीच सहकार और सद्भाव में परस्पर-विश्वसनीयता की प्रतिष्ठा कैसे हो? कल्याणी स्वयं अपनी गलती का अहसास करती हुई कहती है–

"प्रेम और नहीं, वह विश्वास है। प्रेम में कामना नहीं हो सकती। उसमें इतनी अपूर्णता भी नहीं हो सकती। सच्चे प्रेम का दूसरा नाम है, विश्वास। कोई है, जिसका

अब भी मुझ पर विश्वास है? विश्वास। मेरे देवत्व में विश्वास। जो मुझसे स्फूर्ति ले, जिसकी मैं स्वप्न हूँ। क्या कोई ऐसा है? नहीं, तो जीवन मेरा क्यों वृथा नहीं है?"[4]

जैनेन्द्र का अगला उपन्यास *सुखदा* भी पारिवारिक समस्याओं पर ही लिखा गया है, पर इसमें *कल्याणी* से अलग चिन्ताएँ सामने आती हैं। समाज में नारी स्वतंत्रता के लिए संघर्ष करना अनुचित नहीं है पर उसमें यदि पति के अधिकारों का अतिक्रमण भी शामिल हो जाए तो पारिवारिक विघटन को रोकना कठिन हो जाता है। सुखदा ऐसी ही नारी है जो स्वतन्त्रता की चाह में इतनी दूर निकल जाती है कि उसे पत्नीत्व की मर्यादा का बोध ही नहीं होता और जब बोध होता है तो उसे न घर मिल पाता है और न स्वातन्त्र्य। नैतिकता की व्यावहारिक व्याख्या करती यह कृति जैनेन्द्र की दाम्पत्य-जीवन की नैतिकता से सम्बन्धित चिन्ताओं को प्रस्तुत करती है। सुखदा एक स्थल पर कहती है–

"अस्पताल में हूँ, अकेली हूँ। बस नौकर एक साथ है। बच्चे हैं, स्वामी हैं, पर वे सब दूर हैं। उनकी याद करते डर होता है। किस मुँह से याद करूँ उन्हें अपने ही हाथों मैंने हटाकर दूर कर दिया है। अपने ही हाथों मैंने अपना अभाग्य बनाया है। कभी मेरी सोने-सी गृहस्थी थी, अब ठौर का ठिकाना नहीं है। सब उजड़ चुका है। और अपने ही कर्मों से मैंने उजाड़ा है। आज यद्यपि मैं जानती हूँ कि मुझे छोड़ और कुछ भी नहीं बिगड़ा है वही गृहस्थी लहलहाती हुई आज भी जुड़ सकती है, पर हाय मैं उसी के योग्य होती तो–"[5]

*विवर्त* में जैनेन्द्र की नैतिक चिन्ता प्रेम को लेकर है। जितेन मोहिनी को जी-जान से चाहता है पर चूँकि वह गरीब है इसलिए वह उसे पा नहीं पाता और अमीरी के प्रति घृणाभाव रखते हुए क्रान्तिकारी बन जाता है। प्रेम की रिक्तता व्यक्ति को कहाँ ला पटकती है और उससे किस-किस तरह की विसंगतियों का जन्म होता है, यहाँ उसका गम्भीर विवेचन दिखाई देता है। मोहिनी की स्थिति तो यह है कि वह विवाहिता होते हुए भी जितेन से खुद को अलगा नहीं पाती और उससे उपेक्षा पाकर भी जुड़ी रहती है। यहाँ जैनेन्द्र जितेन की व्यथा और कुंठा का विश्लेषण तो करते ही हैं, मोहिनी के द्वैत को भी सामने लाते हैं। पर एक विवाहिता के लिए यह कौन सी नैतिकता है जो उसे पूर्व प्रेमी से जोड़े रखती है? जैनेन्द्र की नैतिकता सम्बन्धी द्वन्द्व भी यहाँ खुलकर सामने आये हैं।

तिन्नी मोहिनी से कहती है–"देख लो बहन? हम लोगों के पति भी होते हैं, परमेश्वर भी होते हैं। पति को परमेश्वर भी मानने को कहा गया है। क्या यह सब इसीलिए नहीं कहा गया है कि प्रेम का अस्वीकार हमारा धर्म नहीं है। तुम क्यों उनके प्रेम को सीधे स्वीकार नहीं कर सकीं? विवाहिता थीं तो–"[6]

*व्यतीत* मे जैनेन्द्र की नैतिक चिन्ता का पहलू व्यक्ति का अधैर्य और उसकी

मानसिक विकृति है। इसका कारण यही है कि इस उपन्यास का नायक जयंत विभिन्न लड़कियों से सम्बन्ध बनाता है, पर अपने में किसी को नहीं पाता। यहाँ नैतिक पतन की विडम्बना यह है कि विवाहिता होकर भी अनिता जयंत से जुड़ी रहती है और उसे निभाती है। अपनी ब्याहता चंद्रकला को जयंत केवल त्रास ही देता है जो विवश होकर कुमार से शादी करती है। अब यहाँ प्रश्न यह है कि अनिता का जयंत से जुड़े रहना कौन सी नैतिकता है या चन्द्रकला के प्रति जयंत की उपेक्षा किस नैतिकता को स्थापित करती है? हमारी सामाजिक संरचना में व्याप्त अराजक जीवन स्थितियों की यहाँ चरम परिणति देखी जा सकती है जहाँ जैनेन्द्र नैतिकता की इस अवस्था पर क्षुब्ध भी देखे जा सकते हैं और कहीं-कहीं सहमत भी। इस कृति की समस्या पुरुषत्व से भागने की भी है जो जयंत की कुंठा के कारण होता है। अनिता जयंत से जो कह रही है उसमें नैतिक आदर्श को तो खोजा जा सकता है पर व्यवहार की नैतिकता को वह स्वीकार नहीं होगा–

"अनिता मुस्कुराई। कैसा विषाद उसकी मुस्कान में था। बोली–रात की बात भूल जाना। मैं सुध में न थी। अब सुध में हूँ। मैं सामने हूँ, मुझको तुम ले सकते हो। समूची को जिस विधि चाहो ले सकते हो। स्त्री सदा यह नहीं कहती। बेहयाई की हद पर भी नहीं कहती। लेकिन मैं सुध रखकर कहती हूँ। तुम किसी के सुभीते के लिए रहना चाहते। शायद अपने लिए रहना चाहते हो। वह रहना कैसा होता है, मैं नहीं जानती। तुमको इतने दिनों से रहते देख रही हूँ। यही क्या अपने लिए रहना है? लेकिन यह तो कुछ भी नहीं है। इसी से कहती हूँ, लो यह मैं हूँ। पूरी तरह तुम्हारे सुभीते के लिए हूँ। तुम न रहो लेकिन मैं सदा-सदा तुम्हारे सुभीते के लिए रहने को तैयार हूँ। जयंत क्यों डरते हो? कौन कितने दिन रहता है। सब एक दूसरे के सुभीते के लिए हैं। क्या अपने में रहना कहीं है? वह सच नहीं असच है। होगा तो वही पाप होगा, दूसरा पाप मैंने बहुत ढूँढ़ा, मुझे नहीं मिला। तुम स्त्री नहीं हो इसीलिए न तुम्हें पुरुषत्व का मान है, पर अपने स्त्रीत्व-पुरुषत्व को अखंड करने के लिए हम नहीं सिरजे गये हैं। हमें एक-दूसरे में अपना विलय खोजना होगा।"[7]

यहाँ एक औरत में पत्नी और प्रेमिका के दोहरेभाव का यह कारुणिक दास्तान भी है। जैनेन्द्र की ये चिन्ताएँ *जयवर्द्धन* में आकर कुछ विस्तार पाती हैं। प्रेम और विवाह का परस्पर विरोध तो दिखता ही है राजसत्ता की वास्तविकता और जनता के साथ उसके सम्बन्ध की पड़ताल भी देखी जा सकती है। एक राजा की नैतिकता क्या इसमें है कि वह बिना व्याह किये किसी कुमारी कन्या को पत्नी की तरह रखे जबकि कन्या का पिता ऐसे सम्बन्ध को अस्वीकार करे? नैतिकता के गांधीवादी रूप भी यहाँ दिखाई देते हैं जिसे जैनेन्द्र ने लगातार उठाया है। अपने स्मबन्ध को लेकर जयवर्द्धन के प्रति इला कहती है–

"हर दिन अगले इन्तजार में बीतता गया। पर कुछ नहीं हुआ, पच्चीस वर्ष बीत गये हैं। पर आशा नहीं टूटती और मैं कहीं नहीं जा सकती—जानती हूँ कि नहीं ..., नहीं..., फिर भी कहती हूँ कि शायद हो कि बज्र पिघले—जिन्दगी इस व्यर्थ की सार्थकता में बीत रही है...छोटी नहीं, बहुत बड़ी सार्थकता है, पर व्यर्थ भी है, और मेरा-सा भाग्य किसी का न होगा।"[8]

*जयवर्द्धन* में ध्यातव्य स्थिति यह है कि इला और जय के बीच पच्चीस वर्ष बीतने के बाद भी दैहिक सम्बन्ध नहीं बना है। इला की यही आकांक्षा भी है कि जय नामक बज्र का पिघलना हो सके तो वही उसकी सार्थकता होगी। बाद में जब दोनों की इस स्थिति की विश्वसनीयता इला के पिता को ज्ञात होती है तो वे दोनों को विवाह की स्वीकृति देते हैं। यहाँ भी जैनेन्द्र की नैतिकता के प्रश्न बिखरे पड़े हैं जो नये ढंग से मानवीय जीवन-व्यवहार को नियन्त्रित करते हैं।

*मुक्तिबोध* में जैनेन्द्र ने मनुष्य की मुक्ति के बोध की स्थिति को विश्लेषित किया है। सारी सुविधाओं और पारिवारिक सम्पन्नता के बावजूद सहाय अंदर से बहुत रिक्त रहता है और उसे कहीं भी शान्ति नहीं मिलती। नीला परायी स्त्री होकर भी सहाय के चित्त को शांति देती है और सहाय को जीवन-क्षेत्र के संघर्ष में पुनः लाती है। पर रोचक बात यह है कि नीला से सहाय के सम्बन्ध में सहाय की पत्नी राजश्री की भूमिका महत्त्वपूर्ण है। वह अपने पति की स्थिति समझती है तथा नीला को अपनी ओर से निर्द्वन्द्व करती है। पति-पत्नी के जीवन में इस गैर नारी का प्रवेश नैतिक नहीं लगता, पर जैनेन्द्र ने नीरस जीवन-स्थितियों में एक नारी के प्रवेश से नयी जीवन ऊर्जा प्रवाहित की है और इस प्रश्न से अपने ढंग से जूझने की भी। सहाय नीलिमा से कितनी शान्ति पाता है, उसका एक उदाहरण—

"ऐसे हम देर तक बैठे रहे। नीलिमा की हथेली मेरे हाथों को हौले-हौले सहलाती रही और मैं सोचता रहा कि नीलिमा कोई नहीं है, मैं उसका कोई नहीं हूँ। लेकिन यह हाथ का स्पर्श जाने एक-दूसरे को कितनी सान्त्वना, कितना आश्वासन पहुँचा रहा है! बाहर का होता जाता हुआ तथ्यात्मक या घटनात्मक सब कुछ अन्त में जैसे सब कुछ अलग ही छूट जाता है, सार रूप में छोड़ा जाता है कुछ वह जो मनोवेदना को घुलाता और स्वयं उसमें घुलता रहता है।"[9]

*अनन्तर* भी इसी तरह की समस्याओं पर बुना गया है जिसमें स्त्री-पुरुष सम्बन्ध की नये सिरे से व्याख्या की कोशिश दिखाई देती है। नायक प्रसाद चिन्तक है जो पुत्र और पुत्रवधू को काश्मीर की यात्रा पर भेजने के बाद कई तरह के प्रश्नों से घिर जाता है। यह प्रवृत्ति उसे विचलित करती है। इसी दौरान गुरु आनन्द माधव उसे माउन्ट आबू ले जाते हैं जहाँ अपरा नामक लड़की के स्वेच्छाचारी आतंक से प्रसाद सिहर जाता है। पहले तो उसे नारी संसर्ग की कामना होती है, पर जब अपरा आगे

बढ़ती है और चुनौती देती हुई हर दीवार को तोड़ देना चाहती है तब प्रसाद को अपनी गलती का अहसास होता है। यहाँ प्रश्न यह है कि नारी और पुरुष के जीवन में वह कौन सी स्थितियाँ आती हैं जो नैतिकता की दीवारें तोड़ देती हैं। यहाँ विचारणीय प्रश्न यह भी है कि जब एक पुरुष में अपनी रिक्तता और टूटन से निजात पाने के लिए नारी-संसर्ग की जरूरत होती है तो नारी क्या उसकी इच्छापूर्ति के लिए प्रस्तुत हो? और अगर वह मानवीय उदात्तता का परिचय देती हुई आगे आती है तो उसे अनैतिक माना जाय या नैतिक। अपरा का अकथन है : "बुरा न मानियेगा, आपके लिए मुझमें भूख नहीं हो सकती। आप वृद्ध हैं नहीं, जितने बनने लगे हैं। ऐसी हालत में यदि मैं आपकी सुविधा बन सकूँ तो इसमें हममें से क्या, किसी को घबराना नहीं चाहिए? प्रौढ़ या वृद्ध होने से ही क्या पुरुष के प्रति स्त्री का कर्त्तव्य समाप्त हो जाता है? या युवती होने से स्त्री बरी हो जाती है? मैं उन युवतियों-सी नहीं हूँ जो पुरुष को उसके यौवन के लिए चाहती हैं। मैं—"[10]

वह फिर कहती है—

"आदमी-आदमी के बीच जिसने शक पैदा कर दी है, उसे नैतिकता कहते हैं। उसके ही आप बन्दी क्यों बने बैठे हैं।"[11]

यहाँ अपरा के मुँह से जैनेन्द्र ने नैतिकता की परिभाषा को बदलने की भी जरूरत जतला दी है। तो क्या शक बना रहे और व्यक्ति अपने में बन्द रहे; यही नैतिकता है? *अनन्तर* में नैतिक चिन्ताओं को जैनेन्द्र ने बहुत स्पष्टता से व्यक्त किया है जिसकी समकालीन सामाजिक जीवन में अनिवार्यता सिद्ध हो रही है।

*अनाम स्वामी त्यागपत्र* की उत्तरार्द्ध रचना है जिसमें जजी से त्यागपत्र देने के बाद प्रमोद विधवा पुत्री और पौत्री उदिता के साथ रहता है तथा आजाद ख्याल उदिता की स्वतन्त्रता का हिमायती है। वह अपने एक अध्यापक के साथ विदेश जाकर मुक्त यौनाचार में जीने लगती है और बाद में विवाह करती है। इधर जज अपने पूर्व मित्र प्रबोध, जो बाद में अनाम स्वामी बन जाता है, के यहाँ आश्रम में रहता है जिसका लक्ष्य धर्म, कुल, जाति से अलग एक सर्वधर्म सद्भाव के समाज का निर्माण है। इस उपन्यास में भी उदिता के कारण एक विकट नैतिक प्रश्न खड़ा होता है कि क्या किसी भी नारी के लिए मुक्त यौनाचार उचित है या कि स्त्री-स्वतन्त्रता के लिए यह कोई प्रामाणिक लक्ष्य है?

उदिता ने अपने नाना दयाल को विदेश से लिखा—"शंका में न पड़ें। बँधी लकीर पर चलने में एक सुरक्षा अवश्य रहती है। उस आश्वासन से आपको वंचित रहना होगा और माँ को इससे कष्ट होगा। इसीलिए प्रेम से डर रहा करता है और विवाह में समाधान खोजा जाता है। प्रेम में स्थिरता नहीं होती, पर जो होता है वह कहीं मूल्यवान है। प्रेम, सोच रही हूँ, प्रेम वह नहीं है जो बाँधता है, वह है जो मुक्त करता है।"[12]

विवाह और पारिवारिक मर्यादा के विरुद्ध एक युवती की यह अवधारणा अपनी परिणति में कुछ और प्रश्नों को जन्म देती है। जैनेन्द्र ने परिशिष्ट में लिखा है—"एम. ए. होने से पूर्व ही उदिता कठिनाई में पड़ी। सावधान रहते भी गर्भ ठहरा जिससे छुटना उसे जरूरी न लगा। हिम्मत उसने नहीं हारी। बच्चा हुआ, एम.ए. हुई। बच्चा शिशु निकेतन में रखा गया जहाँ प्रयत्न करके वह भी शिक्षिका की जगह पा गयी। प्रेम हुआ, छूटा। फिर हुआ, फिर छूटा। तीसरे प्रेम पर दोनों ने विवाह स्वीकार किया।"[13]

जिस तरह यहाँ उदिता विवाह की कथित सुरक्षा को चुनौती देती है और मुक्त जीवन में विश्वास करके जीवन जीती है उससे विवाह की धारणा पर प्रश्न उठते हैं और परिवार की कथित नैतिकता खंडित होती है। इस तरह नैतिकता की माँग और बच्चा होने पर उसे शिशु निकेतन संस्कृति से जुड़ने के कारण भारतीय परिवारों पर उसके प्रभाव को रखकर जैनेन्द्र ने यहाँ बहुत-सी बुनियादी धारणाओं पर बहस की है जिसे उनकी नैतिक चिन्ताओं के तहत ही देखा जा सकता है।

*दशार्क* अन्तिम और जैनेन्द्र का चुनौती भरा उपन्यास है जो हमारी समाज-व्यवस्था में व्याप्त धन की सत्ता और उनके द्वारा प्रेम के विनाश की स्थितियों का विश्लेषण करता है। विवाहिता सरस्वती ही पति से अलग होकर रंजना बनती है और पैसे की जगह प्यार के द्वन्द्व को जीती है। उपन्यास में उसका पति पैसे को ही अहमियत देता है और उसे, उसके प्रेम को तनिक भी महत्व नहीं देता।

जैनेन्द्र ने इस उपन्यास पर अपनी राय में लिखा है—"अगर कोई है जिसके सारे रिश्ते-नाते टूट गये हैं तो *दशार्क* की नायिका वही है। पति के ही कारण से वह विवाह में निभ नहीं पाती। वह सम्बन्ध टूटता है तो शेष सम्बन्ध भी टूट जाते हैं। फिर उसके लिए अपनी राह खोजने का और पाने का सवाल रह जाता है। यानी कि वह अपनी मर्यादा का स्वयं निर्माण करे।

× ×

पैसा हर किसी के लिए व्यवस्था की ओर से जरूरी बन गया है। प्रेम फिर प्रकृति की ओर से अनिवार्य है। तो योग दोनों का कैसे बैठेगा? पैसा यदि ऊपर होगा तो प्रेम नीचे आएगा। शरीर तब क्या बिकने से बचेगा? पैसे के हाथ में सब निर्णय आ जाता है तो स्त्री निरा माल बन जाती है।

× ×

मूल्यों की दुनिया एक है, व्यापार की दुनिया अलग है। अगर यह स्थिति आज बनी है तो बताइए कि नैतिकता का प्रश्न संगत ही कैसे रह जाएगा?"[14]

*दशार्क* की रंजना कहती है—"तुम सोचती हो, विवाह टिकेगा? विवाह रेखा बनाता है कि जिससे व्यभिचार की सृष्टि और पहचान होती है। लेकिन खुद सोचकर देखो कि स्त्री-पुरुष के मिलने में क्या कोई दोष है? लेकिन विवाह उसी में दोष

दिखाने लगता है! जिसमें एक किसी दूसरे का स्वत्व बन जाए, सम्पत्ति बन जाए, वो तो संस्कार है, बाकी व्यभिचार है। तो बुद्धि इस मिथ्याचार को कैसे सहेगी? कैसे न कहेगी कि विवाह बुर्जुआ ढकोसला है, वो एक इज़ारेदारी है। वो स्थापित स्वार्थ है, वो पट्टा है व्यभिचार को वैध बनाने का..."[15]

इस तरह रंजना अपने को भारतीय समाज-व्यवस्था के समक्ष एक चुनौती की तरह प्रस्तुत करती है जिसका जवाब किसी के पास नहीं है। लेकिन दिलचस्प यह है कि जैनेन्द्र एक तरफ तो भारतीय पारिवारिकता के पक्ष में खड़े दिखाई देते हैं तो दूसरी ओर वे ही उसके अस्तित्व को चुनौती देते हैं। वस्तुतः यही जैनेन्द्र की नैतिक चिन्ताओं का द्वैत भी है जो उनकी लगभग हर रचना में दिखाई देता है।

जैनेन्द्र ने निसन्देह नैतिकता की नयी अवधारणा प्रस्तुत की और उसे नयी व्याख्या भी दी। पर इसमें कुछ बुनियादी संस्कार छूट गये और कुछ को उन्होंने आक्रामक होकर ख़ारिज भी किया। जैनेन्द्र की नारी आधुनिका नारी है जिसे जड़ सामाजिक ढाँचे मे बन्द रखना कठिन है—उसे स्वत्व, स्वतन्त्रता और अधिकार चाहिए जिसके लिए वह संघर्ष करने को सदा प्रस्तुत है।

नारी से संबंधित जैनेन्द्र ने परिवार, प्रेम, काम, विवाह सहित जिन नैतिक प्रश्नों से जूझने की कोशिश अपनी विचार कृतियों में किया है उसका परीक्षण भी आगे किया जाएगा और देखा जाएगा कि रचनाओं में उनका निर्वाह कहाँ तक हो सका है! नैतिकता के इस प्रश्नों से जूझने से पूर्व नैतिकता के स्वरूप को देखना प्रासंगिक होगा जिसके तहत यह स्पष्ट करने का प्रयास होगा कि सामाजिक जीवन में नैतिक-अनैतिक मूल्यों का वास्तविक मानदंड क्या है और उसमें परिवर्तन की सम्भावनाएँ कैसे बनती हैं।

## नैतिकता का स्वरूप

नैतिकता का सामान्य आशय यही है कि उससे कर्ता व्यक्ति के साथ-साथ अधिकतर मनुष्यों का हित हो सके। वह नीति-सम्मत आचरण का नाम है जिससे किसी भी समाज-व्यवस्था को व्यवस्थित और उपयोगी बनाया जाता है। जॉन स्टुअर्ट मिल ने लिखा है—"श्रेष्ठ कर्म अर्थात् नैतिक दृष्टि से शुभ कर्म वह होता है, जिसका परिणाम स्वयं कर्ता के लिए अथवा अधिकतम मनुष्यों के लिए सुखप्रद हो"[16]

वैसे यह प्रश्न इतना जटिल है कि सर्वमान्य उत्तर खोजना सहज नहीं है, पर प्रायः यह मान लिया जाता है कि नीति-सम्मत आचरण (जो किसी भी समाज या धर्म-व्यवस्था में हो) ही श्रेष्ठ नैतिक कर्म है जो मनुष्य को उसके आदर्श से जोड़ता है तथा उसे सत्कार्य में प्रवृत्त करता है। लेकिन जैसे समय की परिवर्तनीयता के साथ युग-जीवन के कार्य-व्यवहार बदलते जाते हैं, उसी तरह एक समय की नैतिकता

दूसरे समय में अनैतिक हो जाया करती है। फिर भी नैतिक-अनैतिक के इस द्वैत में ही वास्तविक और प्रासंगिक धारणाएँ उभरती हैं जो जीवन तथा समाज को गहरे प्रभावित करती हैं।

नैतिकता की भारतीय परम्परा बहुत पुरानी है। वैदिक काल से लेकर अब तक नैतिक आचरणों पर असंख्य बहसें देखी जा सकती हैं। हर ग्रंथ व्यक्ति के आचरण की पवित्रता पर बल देता है और सीख देता है कि वह ऐसा कुछ भी न करे जो दूसरों को कष्ट दे।

*महाभारत* में कहा गया है—

"धारणाद् धर्ममित्याहुधर्मो धारयते प्रजाः।"[17]

अर्थात् 'धर्म धारण करो क्योकि वह प्रजा को संगठित करता है।' यह धर्म वस्तुतः *महाभारत* में एक प्रकार की नैतिक सीख का ही पर्याय है।

वास्तव में यथार्थ में जो शील एवं आचार सम्बन्धी कर्त्तव्य-धर्म हैं, वे वर्ण, धर्मों से ऊपर एवं उत्कृष्ट हैं और इसका प्रतिपादन *महाभारत* में है—

"सत्य, आत्मसंयम, त्याग, उदारता, अहिंसा, धार्मिक कार्यों मे निरन्तर तत्परता—ये सफलता के साधन हैं न कि वर्ण या परिवार।"[18]

*मनुस्मृति* में मनु ने लिखा—

**वेदः स्मृतिः सदाचारः स्वस्य च प्रियमात्मनः।**
**एतच्चतुर्विधं प्राहु साक्षाद् धर्मस्य लक्षणम् ॥**

*(मनुस्मृति 2/12)*

अर्थात् "वेद (ऋषियों का ज्ञान), स्मृति (धर्मशास्त्र) सदाचार और आत्मतुष्टि—ये चार, धर्म या नीति को जानने के उपाय हैं।"[19]

इस प्रकार गीता, उपनिषद् सहित भारतीय धर्मशास्त्र अपने-अपने ढंग से नैतिक आचरण की परिभाषा करते हैं तथा उसके प्रतिमान निर्धारित करते हैं। पर सर्वत्र उस आचरण को ही नैतिक माना गया है जिसमें सत्य, अहिंसा, त्याग, आत्म संयम तथा पर दुःख कातरता हो। जाहिर है कि ये ऐसे मूल्य हैं जो किसी भी युग या समाज-व्यवस्था में कतिपय संशोधनों के साथ जीवित बने रहेंगे क्योंकि मानव-समाज की आदर्श व्यवस्था में ये मूल्य नियामक तत्वों का काम करते हैं।

पश्चिम के विचारकों ने इससे कई स्तरों पर जुड़ने की कोशिश की है और अपने-अपने नजरिए से जाँचने की भी। कांट की अवधारणाओं का मूल मनुष्य की बुद्धि और उसके चिन्तन शक्ति में है। अपने विश्लेषण में वह स्पष्ट लिखते हैं—"नैतिक नियमों और आदर्शों का स्रोत हमारी कार्य या व्यवहार बुद्धि है।"[20]

उनके इस कथन का सीधा आशय यही है कि अपनी सुगठित व्यवस्था के लिये मानव समाज ऐसे प्रत्ययों, अवधारणाओं तथा आदर्शों का निर्माण करता है जो व्यक्ति के बौद्धिक तथा नैतिक गठन का हिस्सा जान पड़ता है। पर किसी भी व्यक्ति को

इन मूल्यों से नियन्त्रित करके चलाना सम्भव नहीं हैं, क्योंकि व्यक्ति का विवेक ही तय करता है कि उसे क्या करना है।

हेगेल ने कहा—"शुद्ध नैतिकता की विषयनिष्ठता और शुद्ध कानून की विषय निष्ठता, दोनों ही सापेक्ष हैं और उनकी वास्तविकता संस्थागत शील में ही उपलब्ध होती है।"[21]

संस्थागत शील पर बल देते हुए नैतिकता और कानून की विषयनिष्ठता को सापेक्ष मानते हुए हेगेल पारम्परिक भारतीय अवधारणाओं की ही पुष्टि करते हैं। पर पश्चिम के भी विचारक इस बात पर बल देते हुए मानते हैं कि "वैयक्तिक संहिता (जो सामाजिक संरचना की नैतिकता की वाहिका है) की यह प्रत्यक्ष वास्तविकता है कि वह सामाजिक संरचना के नियामकों और अन्य समर्पित तत्त्वों पर आधारित होती है और वह भ्रम से भी संचालित होती है।"[22]

इसी के समानान्तर पश्चिम में नैतिक विवेक तथा नैतिक व्यवहार की धारणाएँ भी प्रकाश में आयी हैं जिनका सीधा सम्बन्ध मनुष्य के जीवन में नैतिक मूल्यों की प्रतिष्ठा से है। "फ्रांसिस हडसन ने पश्चिम में नैतिक विवेक की पद्धति विकसित की जिससे यह व्याख्या हो सके कि क्या गलत और क्या सही है और जो मनुष्य की अनुभूतियों से उसके आनन्द और दुःख से मनुष्य को जोड़ सके। यह नैतिक विवेक, नैतिक व्यवहार और नैतिक ज्ञान के बीच भी सामंजस्य बनाने का कार्य करता है।"[23]

इस प्रकार यह दिखाई देता है कि मनुष्य जीवन में नैतिकता के प्रश्न पर गहरा विमर्श सदियों से चल रहा है और यह लगातार प्रयत्न किया भी गया है कि मनुष्य अपने जीवन में आचरण और सत्कार्य की पवित्रता बनाए रखे। पर इस पूरी बहस का आशय यही है कि मनुष्य का विवेक ही वह साधन है जिसके कारण उसे अपने व्यवहार में नैतिक-अनैतिक होना पड़ता है। नैतिकता की उदात्त भारतीय अवधारणा 'आत्मनः प्रति कूलानि परेषां न समाचरेत्' की है जिसका आशय यही है कि हम दूसरों के साथ वही व्यवहार करें जो अपने लिए औरों से चाहते हैं। भारतीय संस्कृति की उदात्त नैतिकता की एक धारणा 'आत्मवत् सर्वभूतेषु' की भी है जिसमें अपने ही समान सम्पूर्ण जगत को देखने की बात कही गयी है।

स्वार्थ से परे मानवीय व्यवहार की उच्च शिष्टता ही वस्तुतः नैतिकता की चरम सिद्धि है। डॉ. देवराज ने ठीक ही लिखा है—"समस्त सापेक्षताओं से परे कुछ ऐसे व्यवहार नियम हैं जिन्हें सार्वभौम नैतिकता कहा जा सकता है।"[24]

भारतीय और पाश्चात्य दृष्टि में नैतिकता का जो आधार है, वह इस स्तर पर समान है कि दोनों में व्यक्ति की सत्यता, आस्था और उच्च मानवीय मूल्यों की प्रतिष्ठा दिखाई देती है। दार्शनिक स्तर पर थोड़ी-सी जो भिन्नता दिखाई देती है, वह भारतीय और पाश्चात्य दर्शन की धारणाओं में भिन्नता के कारण है।

जैनेन्द्र के उपन्यासों के प्रसंग में नैतिकता का जो रूप दिखाई देता है उसका आधार भारतीय हिन्दू समाज-व्यवस्था है। हिन्दू समाज-व्यवस्था में व्यक्ति, परिवार, समाज आदि की जो आदर्श स्थिति हमारी परम्परा में उपलब्ध है, जैनेन्द्र ने अपने उपन्यासों में उसका उपयोग किया है। इस कार्य मे जैनेन्द्र ने दो स्तरों पर नैतिकता को सामने रखा है–

संस्थागत नैतिकता और व्यक्तिगत नैतिकता।

संस्थागत नैतिकता के तहत जैनेन्द्र ने अपने उपन्यासों में सांस्थानिक मूल्यों पर मनुष्य के जीवन को देखा है जबकि व्यक्तिगत नैतिकता के स्तर पर मनुष्य के जीवन में वैयक्तिक स्तर पर बने सम्बन्धों की नये सिरे से व्याख्या की है और बदलते जा रहे समय में मूल्यों की परिवर्तनीयता को परखा है। इस पैमाने पर जैनेन्द्र ने नारी-पुरुष के सम्बन्धों, नारी जीवन की जटिलताओं आदि को विश्लेषित किया है।

जैनेन्द्र के यहाँ मनोविश्लेषण की जो प्रक्रिया दिखाई देती है और उसमें जो व्यक्तिमन की कुंठाओं, ग्रन्थियों तथा आन्तरिक द्वन्द्व की स्थितियाँ सामने आती हैं उसके लिए भी उन्हें अलग-अलग विशेषणों से अभिहित किया गया है। कुछ उन्हें व्यक्तिवादी,[25] तथा कुछ मनोविश्लेषणवादी तथा विद्रोही[26] कहते हैं। जैनेन्द्र के उपन्यासों में निसंदेह ऐसी प्रवृत्तियाँ तो मिलती ही हैं जो व्यक्ति की आत्म-चेतना को विश्लेषित करती हैं और उसकी आन्तरिक आकांक्षाओं को विवेचित करती हैं। जैनेन्द्र के औपन्यासिक गठन का यह पक्ष भी महत्त्वपूर्ण है इसी कारण यशपाल ने उन्हें 'वैयक्तिक अध्ययन का अग्रदूत'[27] कहा है।

प्रायः यह माना जाता है कि जैनेन्द्र की रचनाओं में गांधीवादी जीवन-दर्शन की अभिव्यक्ति मिलती है। पर इस अभिव्यक्ति में जैनेन्द्र ने मनुष्य की सम्पूर्ण मानवीय पहलुओं पर दृष्टिपात किया है और उसे एक नया शिखर दिया है। विजय कुलश्रेष्ठ ने उनके जीवन दर्शन को दो वर्गों मे रखा है–'व्यावहारिक दर्शन तथा वैचारिक दर्शन' और कहा है–"जैनेन्द्र ने जीवन को उसकी समग्रता में और मानव जीवन के शाश्वत सत्यों को व्यावहारिक धरातल पर समझने का प्रयास किया है। जीवन और जगत की चिन्ता से उन्हें मौलिक दृष्टि मिली है जिसे हम उनका 'निजी दर्शन' कह सकते हैं।"[28]

जैनेन्द्र के वैचारिक दर्शन पर लिखते हुए विजय कुलश्रेष्ठ ने लिखा–"वैचारिक स्तर पर व्यक्त जैनेन्द्रीय विचार नीरस, जटिल, एवं बोझिल हो गये हैं। कारण यह है कि उन्होंने विज्ञान और अध्यात्म में सामंजस्य स्थापित कर जीवन के प्रति आस्था उत्पन्न की है और अद्वैत चिंतन की वैचारिकता प्रदान की है।"[29] जैनेन्द्र से साथ कठिनाई यह है कि उन्होंने अपने विचारों को बहुत से स्थलों पर चारित्रिक संघर्ष या संघात में नहीं पिरोया। यही कारण है कि लम्बे-लम्बे स्वगत कथन में बहुत से

स्थलों पर उनके विचार चरित्र पर आरोपित लगते हैं। ऐसे स्थलों पर उनका दर्शन विचार प्रधान हो जाता है। भाव प्रधान नहीं। कहा भी गया है—"जैनेन्द्र के दर्शन में वैचारिक पक्ष अधिकांशतः प्रधान रहता है।"[30]

पर यह स्पष्ट दिखाई देता है कि वैचारिक तत्व-चिन्तन के स्तर पर ही सही, जैनेन्द्र ने 'स्व' और 'पर' की संवेदना को अपने स्तर पर ग्रहण कर उसे व्यक्त किया है। इस कार्य में जैनेन्द्र की यह चेष्टा रही है कि वे मनुष्य के उस मूलकर्म को पकड़ सकें जो उसे जीवन प्रक्रिया में प्रवृत्त अथवा निवृत्त करता है। जैनेन्द्र की अपनी दृष्टि में यह दिखाई देता है कि वे 'स्व' 'पर' के द्वन्द्व का मूल कारण मनुष्य के 'अहं' को स्वीकार करते हैं और इसके शमन के लिए वे 'आत्मोत्सर्ग' पर बल देते हैं। यही कारण है कि वे हमेशा अपनी व्यक्तिता को विस्तृत कर उसे 'सार्वजनीन' बनाने का यत्न करते हैं। वे कहते भी हैं—"यह अहं ग्रन्थि नहीं है, वरन् वह मनुष्य की मूल प्रवृत्तियों का पुंज है।"[31] यही कारण है कि वे किसी भी व्यक्ति के अवचेतन में पाप नहीं मानते। उनका कहना है—"व्यक्ति के अचेतन मन में पाप नहीं होता वरन् वह अचेतन भागवत निहित होता है।"[32]

जैनेन्द्र का जो वैयक्तिक दर्शन है, वह भारतीय चिन्तन पद्धति से आया है। इस पद्धति में उनका जैन दर्शन भी समाहित है जिसमें 'अहिंसा' और 'प्रेम' तथा 'करुणा' की आधारभूत भूमिका है। जैनेन्द्र के यहाँ जो उत्सर्ग की प्रतिष्ठा है उसमें व्यक्ति के 'अहं' की दो स्थितियाँ दिखाई देती हैं—एक तो ये कि वह उसका स्वार्थ साधने का साधन है जिससे आत्मदमन तथा त्याग की भावना विकसित होती है। यही जो 'अहं' का दूसरे में विसर्जन है, वह भारतीय जैन दर्शन तथा चिन्तन पद्धति का सार है। स्वयं जैनेन्द्र ने लिखा—"आत्मा के तल पर प्रेम की अवस्था में दोनों (स्त्री-पुरुष) एक-दूसरे की अधीनता स्वीकार करते हैं, वहाँ परस्पर पृथकता नहीं, अपितु मुक्तता होती है।"[33]

जैनेन्द्र की दृष्टि में 'प्रेम' का जो रूप है, वह अनासक्त उत्सर्ग का रूप है जिसे भारतीय दर्शन ने विस्तार से प्रतिपादित किया है। उनके चरित्रों में जो उत्सर्ग दिखाई देता है, उसका आधार 'अहिंसा' और यह 'अनासक्त प्रेम' ही है क्योंकि इसी को सामने रखकर वे स्त्री-पुरुष में द्वैत की सृष्टि करते हैं और उनमें 'मुक्तता' तथा 'अद्वैतता' की स्थिति ले आते हैं। बहुत बार दर्शन की इस बुनियादी धारणा से परिचित न होने के कारण पाठक उनके चरित्रों में यथार्थवादी जीवन-व्यवहार की उपेक्षा पाकर खीझ उठता है। इस दृष्टि को ध्यान में रखने पर लग सकता है कि जैनेन्द्र का दर्शन चरित्र के व्यावहारिक धरातल पर हर जगह सफल नहीं हुआ है, हो भी नहीं सकता। पर यह रेखांकित करने की बात है कि जैनेन्द्र का जीवन-दर्शन एक मानवीय दर्शन है जहाँ प्रेम को उसकी सम्पूर्णता में अभिव्यक्ति मिली है। जैनेन्द्र

के विचार में स्त्री-पुरुष दोनों शारीरिक तथा भावात्मक दृष्टि से अपूर्ण हैं। स्त्रीत्व में मातृत्व पाने के पूर्व जिस काम और योग की भूमिका है उसमें जैनेन्द्र ने योग की प्रतिष्ठा निरूपित की है। संयोग को वे पुरुष की अहंता की हार कहते हैं और सम्पूर्ण समर्पण को भागवत कहते हैं। यह सारे धर्मों के चिन्तनों की अवधारणा है कि सम्पूर्ण समर्पण सिर्फ ईश्वर के प्रति ही हो सकता है और स्त्री-पुरुष का संयोग अद्वैत और अखंड होकर काम से मोक्ष और भोग से योग रूप में परिवर्तित हो जाता है। यह अकारण नहीं है कि जैनेन्द्र विवाह और प्रेम पर चिन्तन करते हुए बार-बार विवाह को सामाजिक व्यवस्था के लिए अनिवार्य बताते हैं। पर प्रेम पर बात करते ही वे उसे जाति और समाज की सीमा से अलग महत्व देते हैं क्योंकि वह 'मुक्त भाव' है और इसलिए उस पर समाज की कोई मर्यादा नहीं चल सकती।

पर यह विरोधाभास ही है कि जैनेन्द्र के वैयक्तिक-दर्शन में इतनी क्रांतिकारिता के बावजूद गांधी जी का पवित्रतावादी दर्शन प्रभावी है। चंडीप्रसाद जोशी ने गांधी दर्शन को स्पष्ट करते हुए लिखा है—"गांधी दर्शन मूलतः आदर्शवादी, पवित्रतावादी तथा नैतिकतावादी जीवन-दृष्टिकोण का प्रबल आग्रह, सापेक्षता के सिद्धान्त तथा अन्तर्विरोधी जीवन मूल्यों की ही प्रतिक्रिया है।"[34]

इसका सीधा आशय यही हुआ कि गांधी में जो अंतर्विरोधी जीवन मूल्यों की प्रतिक्रिया है, वही जैनेन्द्र को प्रभावित करती है जिससे वे एक नयी नैतिकतावादी दृष्टि की खोज करते हैं।

जैनेन्द्र के उपन्यासों में क्रान्तिकारियों की बड़ी भूमिका है जो हिंसा द्वारा क्रांति करने के पक्षधर हैं पर यह आश्चर्यजनक है कि लेखक ने नारियों के प्रेम, त्याग और करुणा के द्वारा उन्हें जीता है और वे घुटने टेकते पाए गये हैं। समाज-व्यवस्था की रूढ़ियों के प्रति अवज्ञा भी गांधी दर्शन से जुड़ती है। इस अवज्ञा को जैनेन्द्र ने अपने उपन्यासों में चरित्रों के 'आत्मदमन' में दिखाया है। *त्यागपत्र* की मृणाल समाज को तोड़ना, फोड़ना न चाहकर उसकी मंगलाकांक्षा में टूट जाना चाहती है। ऐसा करके वह समाज की वंदना नहीं करती वरन् वह उसकी स्थिति पर 'आत्मदमन' के सहारे ही चोट करती है।

डॉ. नगेन्द्र की राय में जैनेन्द्र गांधी दर्शन के अन्यतम व्याख्याकार हैं। उन्होंने लिखा है—"गांधी दर्शन पर देश विदेश के अनेक विचारकों ने सूक्ष्म गहन चिंतन एवं अनुसन्धान किया है, किन्तु उनका विवेचन बौद्धिक ही रहा है जबकि जैनेन्द्र जी का चिन्तन सर्जनात्मक है।"[35]

जैनेन्द्र साहित्य में नैतिकता की जो स्थितियाँ दिखाई देती हैं और जिन पर उन्होंने गहन-चिन्तन कर नयी दृष्टि विकसित की, उसके निर्माण में इन दार्शनिक धारणाओं का महत्त्वपूर्ण स्थान है। इन दार्शनिक धारणाओं ने जैनेन्द्र की सांस्कृतिक और सामाजिक दृष्टि को नयी धार देने का कार्य किया है। प्रेम, विवाह, परिवार, काम

आदि प्रश्नों पर जैनेन्द्र की धारणाएँ जिन नैतिक सवालों से जूझते हुए आती हैं उनका सामयिक और दूरगामी महत्त्व भी है क्योंकि यहाँ व्यवहार और विश्लेषण की प्रक्रिया निरन्तर चलती है।

## नैतिकता का आधार

जैनेन्द्र साहित्य मे नैतिकता का आधार संस्थागत भी है और व्यक्तिगत भी। जैनेन्द्र की दृष्टि की कतिपय स्थितियों की चर्चा हमने पहले की है जो यह स्पष्ट करने के लिए काफी है कि उनमें संस्था और व्यक्ति के बीच द्वैत है और वे वही राह चुनते हैं जो सामयिक आवश्यकताओं के अनुरुप हो। जैनेन्द्र की नैतिक चिन्ताएँ सामाजिक संस्थाओं से सम्बद्ध होती है, इसलिए उनका महत्व सामाजिक जीवन-व्यवहार में बहुत बढ़ जाता है। यहाँ हम जैनेन्द्र की उन नैतिक स्थापनाओं को देखेंगे जो उनकी नैतिक चिन्ताओं का आधार रही हैं।

## नारी

"आदर्श के लिए स्त्री की पहली आवश्यकता है कि वह ईश्वर से अपनी सन्धि स्थापित करे। यानी वह स्त्री बनी है तो स्त्रीत्व से बाहर अपनी सार्थकता देखने की हठ न करे। पुरुष के पौरुष की स्पर्धा में न पड़े। बल्कि उसे उसी रूप से अपने में धारण कर कृतार्थता का अनुभव करे। सतीत्व का यही मतलब है।"[36]

जैनेन्द्र की यह मान्यता परंपरागत भारतीय चिन्तन पर आधारित है जिसमें 'सतीत्व' को स्त्री-जीवन की सिद्धि कहा जाता रहा है। पर यहाँ उसे एक पारम्परिक जीवन-पद्धति में रखकर जैनेन्द्र ने नारी का जो आदर्श प्रस्तुत किया है, वह उन्हीं की रचनाओं के विरोध में जाता है। *परख* की कट्टो से लेकर *सुनीता* की सुनीता तथा *त्यागपत्र* की मृणाल तक में सतीत्व का यह आदर्श दिखाई नहीं देता वरन् वह बार-बार खंडित होता है। जैनेन्द्र के यहाँ नैतिक मूल्यों के द्वन्द्व का यह स्वरूप बार-बार दिखाई देता है। पर अजीब स्थिति यह है कि जैनेन्द्र के यहाँ 'सतीत्व' सीता का भी है, जिनके बारे में वे कहते हैं—"हमारे यहाँ सीता माता की आदर्श रूप में पूजा होती है। राम मर्यादा पुरुषोत्तम हैं तो सीता भी आदर्श नारी की मर्यादा हैं। राम के धर्म में सीता का अपना विसर्जन समा गया है।"[37]

पर जब *त्यागपत्र* की मृणाल पति से अलग होकर पर पुरुष के साथ भाग जाती है और वहाँ रहने लगती है, तब अपने 'कर्म के औचित्य' और अपने 'स्वधर्म' पर दिया गया उसका व्याख्यान जैनेन्द्र के सतीत्व की अवधारणा का खंडन ही लगता है—

"जिसको तन दिया, उससे पैसा कैसे लिया जा सकता है, यह मेरी समझ में नहीं आता। तन देने की जरूरत मैं समझ सकती हूँ। तन दे सकूँगी, शायद वह

अनिवार्य हो। पर लेना कैसे? दान स्त्री का धर्म है। नहीं तो उसका और क्या धर्म है? मन माँगा जाएगा, तन भी माँगा जाएगा। सती का आदर्श और क्या है? पर उसकी बिक्री—न, न, यह न होगा।"[38]

जैनेन्द्र के 'सतीत्व' की यह दूसरी छवि है जिसमें 'दान' को स्त्री का धर्म बतलाकर 'सतीत्व' की नयी अवधारणा दी गयी है। लेकिन मुश्किल यह है कि सिर्फ पेट की पूर्ति के निमित्त एक स्त्री के देहदान के धर्म को नैतिकता की किस कोटि में रखा जा सकता है, जबकि यह ज्ञात है कि यह पुरुष मृणाल की पसन्द कतई नहीं है? स्त्री की आदर्श स्थिति को लेकर जैनेन्द्र की जो मान्यताएँ रही हैं उसे वे कुछ रचनाओं में स्पष्ट नहीं कर पाए हैं। सम्भव है—यह तत्कालीन समय की स्थितियों के कारण हुआ हो, पर बहुत जगह उनका पुरुषवादी रूप भी उनके इस निर्णय मे बाधा बनता है। अब यदि 'सामाजिक विकार' के कारण ऐसा होता हो तो बात दूसरी है। उन्होंने लिखा है—

"नारी के लिए मेरे ध्यान में परम आदर्श सतीत्व ही है। उसमें स्त्री के लिये अपने स्वरूप की संपूर्ण स्वीकृति है। यह गलत है कि स्त्री मातृत्व से विमुख कुछ चाहती है। दूसरी चाह 'विकार' है, वह स्त्री का स्वरूप नहीं, विरूप है। उस स्वरूप साधना का नाम सतीत्व है।"[39]

जैनेन्द्र की दृष्टि में नारी के लिए आर्थिक स्वतंत्रता उसकी सार्थकता को सिद्ध नहीं कर सकती और न ही गृहिणी धर्म से उसकी विरक्ति परितृप्ति दे सकती है। उन्होंने लिखा है—"दूसरी कोई स्वतन्त्रता स्त्री के लिए भ्रम है। आर्थिक जैसी किसी स्वतन्त्रता में से वह अपने को सार्थक नहीं पा सकती। गृहिणी धर्म में ही उसकी सचमुच परितृप्ति है।"[40]

नारी-जीवन के प्रति जैनेन्द्र की यह दृष्टि उनके कई उपन्यासों में दिखाई देती है। *सुखदा* आदि उपन्यास यह दिखाने में सफल हुए हैं कि स्त्री जीवन की तृप्ति और सिद्धि भी परिवार को व्यवस्था देने तथा उसे दाम्पत्य वैभव से परिपुष्ट करने में है क्योंकि सुखदा तथा कल्याणी दोनों ने ही स्वतन्त्रता के नाम पर अपने को छला और परिवार तोड़कर बदले मे केवल घृणा पाया। पर *त्यागपत्र* जैसी कृतियों मे जैनेन्द्र की आदर्शवादिता स्वरूप नहीं पा सकी है। नंददुलारे वाजपेयी का कथन इस पर सटीक जान पड़ता है—

"मेरी यह शिकायत नहीं है कि जैनेन्द्र कुमार आध्यात्मवादी तथा पवित्रतावादी अव्यावहारिक दृष्टि रखते हैं : मेरी शिकायत तो यह है कि यह आध्यात्मवादी तथा पवित्रतावादी दृष्टि जैनेन्द्र में पर्याप्त परिपुष्ट नहीं हो पाई। उनके उपन्यासों को पढ़ने पर एक आनाकांक्षित शृंगारिकता की अन्तर्धारा हमें दिखाई देती है। कठिनाई यह है कि यह कृत्रिम भावात्मकता का लबादा ओढ़कर आती है और ऊपर से विशुद्ध-सी जान पड़ती है। पर वास्तव में विशुद्ध है नहीं।"[41]

जैनेन्द्र की नारी सम्बन्धी स्त्रीत्व-सतीत्व की मान्यता के बाद वे संस्थाएँ आती हैं जिन पर सामाजिक संरचना की प्रक्रिया जुड़ी हुई है। इस क्रम मे पहली संस्था है—विवाह।

## विवाह

विवाह भारतीय सामाजिक जीवन की महत्वपूर्ण संस्था है जिसे जैनेन्द्र ने सामाजिक-व्यवस्था के लिए बहुत महत्त्वपूर्ण माना है। उनकी मान्यता है—"मैं तो देखता हूँ कि वह विवाह ही है, जो हमें संसार में पहुँचने का रास्ता देता है। अगर हम उसमें प्रवेश करने से पूर्व यह श्रद्धा मन में भर सकें कि इस मार्ग का संसार पर अन्त नहीं है, तो उसमें भय के समर्थन का कोई कारण शेष नहीं रहता।"[42]

विवाह को जीवन का मार्ग मानते हुए जैनेन्द्र उसके पूर्व मनुष्य में उसके प्रति मन में श्रद्धा भरने की बात कहते हैं जिससे कि दाम्पत्य में किसी तरह के भय की सम्भावना ही न रहे। इसी क्रम में जैनेन्द्र ने आगे लिखा है—

"यह बाल-हठ है कि कोई कहे कि बीस से अगले इक्कीसवें वर्ष में प्रवेश करूँगी या करुँगा ही नहीं। यह सिर्फ अहंकार है। क्योंकि बीस की पूर्णता होते ही इक्कीसवाँ वर्ष अपने-आप उस पर आ जाएगा। फूल कैसे जिद करेगा कि मैं फल नहीं बनूँगा? अपने रूप-गन्ध का मोह या अपनी निजता की समाप्ति का भय उसे यह अधिकार दे सकता है?"[43]

विवाह को जैनेन्द्र मनुष्य जीवन की स्वाभाविक प्रक्रिया मानते हैं जिसमें सृष्टि चक्र की प्रक्रिया चलती है। विवाह से अलग होना या उसे अस्वीकार करना उनकी दृष्टि में अहंकार है और इसके लिए किसी भी तरह से समर्थन जुटाना सम्भव नहीं है। इसका सीधा तर्क यही है कि जैनेन्द्र की दृष्टि में विवाह एक सामाजिक-दायित्व है जिससे भागा नहीं जा सकता। पर विवाह ऐसी बाध्यता नहीं है कि उसे ढोते रहा जाए। वह आपसी सहकार और समर्पण की संस्था है, अगर पति-पत्नी में विश्वास की डोर ढीली पड़ी तो फिर दाम्पत्य तो जाएगा ही, परिवार भी नष्ट होगा और व्यक्ति का निस्तार सम्भव नहीं होगा। *सुखदा* में कान्त और सुखदा में पहले बड़ा सहकार दिखाई देता है पर जैसे ही *सुखदा* को यह अहसास हो जाता है कि कांत उसे पाकर अपने को सौभाग्यशाली मानने लगा है, वह अपने को स्वतंत्र करती जाती है, पत्नीत्व भूलती है और देखते-देखते सन्देह गहराता है और एक दिन सब कुछ स्वाहा हो जाता है। जैनेन्द्र का यह उपन्यास स्वाधीनता संघर्ष के दौर में लिखा गया था, जब पश्चिम के सीधे प्रभाव में जाकर हमारी परिवार-व्यवस्था बिखर रही थी। जैनेन्द्र की स्पष्ट मान्यता है कि समर्पण के बिना विवाह की सफलता सम्भव नहीं है।

सुखदा के साथ हरीश के जुड़ते जाने और सुखदा के लगातार उच्छृंखल होते जाने पर कांत का यह कथन जहाँ विवाह की शर्त या सफलता का सूत्र देता है तो वहीं

पति-पत्नी के बीच पैदा हुए सन्देह पर प्रश्न उठाता है–

"विवाह क्या चीज़ है, मैं अक्सर सोचता हूँ। क्या वह स्वत्व बन्धक रख देना है, स्वत्व का अपहरण कर लेना है? समर्पण में तो सार्थकता है। लेकिन समर्पण का तो व्यक्ति को पता ही नहीं रहता।"[44]

वास्तविकता यही है कि विवाह में सहकार का समर्पण भाव दिखाई नहीं देता, वह घुल जाता है–उसमें विश्वसनीयता पग जाती है, पर उसमें अहं के लिए कोई जगह नहीं है। अहं होगा तो व्यक्तिता बल मारेगी और तब विवाह का निर्वाह कठिन होगा। महात्मा गांधी भी विवाह को महत्वपूर्ण मानते रहे हैं जिनकी दृष्टि में विवाह 'धर्म की ाड़' है। उनका कहना है–

"मेरी अल्पमति के अनुसार तो विवाह धर्म की बाड़ है और यदि उसे उठा दिया जाएगा तो संसार में धर्म जैसी कोई चीज़ नहीं रह जाएगी।"[45]

यहाँ यह रोचक तथ्य सामने आता है कि जिस विवाह को गांधी जी धर्म की बाड़ कहते है, जैनेन्द्र उसे ही सामाजिक दायित्व मानते है। वह गांधी जी के लिए 'धर्म की बाड़' है तो जैनेन्द्र के लिए 'जीवन का मार्ग'। इसी तरह यह दिखाई देता है कि विवाह के प्रसंग में गांधी का 'धर्म' ही जैनेन्द्र की 'नैतिकता' है क्योंकि वह दायित्व है और वह व्यक्ति के औचित्य का प्रश्न भी है।

जैनेन्द्र ने नाना प्रकार के तर्कों से विवाह की श्रेष्ठता को पुष्ट किया है और उसकी प्रामाणिकता को सिद्ध किया है। पर सिर्फ प्रेम के आगे वे विवाह के औचित्य को सिद्ध नहीं कर पाते। लेकिन उसे हम आगे देखेंगे, पहले तो विवाह पर ही उनकी और बातों से अवगत हो लें। *जयवर्द्धन* की लिजा नाथ की पत्नी है, पर वह जयवर्द्धन के प्रति प्रेम को अधिक महत्व देती है और विवाह को महत्वपूर्ण नहीं मानती। जैनेन्द्र यहाँ उसके विरोध में खड़े दिखते हैं क्योंकि उपन्यास में वह शंकालु चरित्र है जिस पर विश्वसनीयता नहीं रह गयी है। एक स्थिति यहाँ यह भी है कि लिजा योरोपीय है जिसे बँधना स्वीकार्य नहीं है। चिदानंद के यह पूछने पर कि क्या वह नाथ से हुए अपने विवाह को तोड़ देगी? वह कहती है–

"विवाह यों वह प्रतिज्ञा है, पर सच कहिए सामाजिक सुविधा से वह अधिक है? प्रेम तो उसमें साथ देता नहीं। प्रेम मुक्त है। विवाह आबद्ध। अंत में बस विवाह निर्वाह हो रहता है। ईर्ष्या से, अधिकार से बाँधें रखें तो बँधा रहता है। अर्थात् द्वार पर पहरे के लिए बिठाकर ही विवाह की सुरक्षा में रहा जा सकता है। यह सब बेकार है...अड़चन भी है। व्यवहार में अड़चन है और स्वतन्त्रता में पूर्णता में...बच्चे हों तो घर चाहिए, तब बच्चों का एक बाप भी चाहिए। पर बच्चे क्यों हों? आबादी अब ही कम नहीं है। माना जाता था सन्तति के लिए प्रेम सिरजा गया है। स्त्री है, इससे माँ भी होना होगा। पर मालूम हो गया, यह गलत था। प्रेम रह सकता है। बच्चे बच सकते हैं। माँ की बजाय बहुत कुछ और बना जा सकता है। पुरुष के लिए भी, स्त्री

के लिए भी वे बहुत-सी राहें खुली हैं ओर मदद के लिए विज्ञान है। तो फिर विवाह क्यों रहे और यह कि जिसमें मैं हूँ...."[46]

यहाँ एक ही साथ विवाह से सम्बद्ध कई प्रश्न सामने आते हैं। नाथ से लिजा की यह वितृष्णा यह बताती है कि दोनों में 'सामयिक सुविधा' से अधिक विवाह को महत्त्व हासिल नहीं है। वहाँ ईर्ष्या और अधिकार ही है, प्रेम नहीं है इसलिए भी लिजा की उग्रता समझ में आती है और विवाह के प्रति जैनेन्द्र की समर्पण-भावना की अहमियत सामने आती है।

भारतीय परम्परा में विवाह को अनिवार्य बनाकर प्रस्तुत किया गया और उसके बिना मनुष्य योनि को ही निकृष्ट माना गया है। *मनुस्मृति* में तो स्पष्ट लिखा है–

"माता बनने के लिए स्त्रियों की सृष्टि की गयी और पिता बनने के लिए पुरुषों की।"[47]

हिन्दू मान्यता मे मूल में भी इस प्रथा की अनिवार्यता धर्म के आधार पर सिद्ध की गयी है। विवाह की महत्ता को लेकर *महाभारत* में एक रोचक कथा ही मिलती है–"एक संन्यासी, जिसने बिना विवाह किए ही संसार का त्याग कर दिया था, अपनी परिव्राजक अवस्था में चलते-चलते एक ऐसे भयानक स्थान पर पहुँचता है जो नरक का गढ़ा था। वहाँ उस गढ़े के खुले मुँह के अंदर उसने पिता, बाबा एवं अन्य पूर्वजों को एक-दूसरे पर आश्रित ऊपर और नीचे लटका हुआ पया और जिस रस्सी के सहारे वे लटके हुए थे और जो उन्हें गढ़े में गिरने से रोक रही थी उसे भी एक चूहा कुतर रहा था जो काल (समय) का प्रतीक था। उसके कान में ऐसे अनेक शब्द पड़े जो उसके तब के पूर्व परिचित थे जब वह केवल एक बच्चा था–"हमें बचाओ! हमें बचाओ!" इस प्रकार समस्त पूर्वजों की लंबी पंक्ति के लिए एक मात्र आशा थी–सन्तानोत्पत्ति। उस वैरागी को शिक्षा मिल गयी, वह घर वापस हो गया और उसने विवाह कर लिया।"[48]

इस प्रकार भारतीय परंपरा में भी यह दिखाई देता है कि विवाह और सन्तानोत्पति को धर्म से जोड़कर देखा गया है और उसे मनुष्य की मुक्ति का मार्ग बताया गया है। जैनेन्द्र ने इस पारम्परिक स्थापना को नये संदर्भ में देखने की कोशिश की और उसे व्यावहारिक रूप दिया। जैनेन्द्र के यहाँ विवाह मनुष्य की सार्थकता के लिए आवश्यक बना जहाँ सहकार, समर्पण और स्वीकार की जरूरत सामने आयी। भारतीय समाज-व्यवस्था में परिवार की अहमियत को देखते हुए भी विवाह नागरिक जीवन की नैतिकता का प्रश्न बन गया जिसे जैनेन्द्र ने अपनी रचनाओं में आधुनिक सन्दर्भ दिया।

## प्रेम

जैनेन्द्र की रचनाओं में प्रेम का महत्त्वपूर्ण स्थान है। वस्तुतः प्रेम ही वह धुरी है जो

उनके चरित्रों को प्रतिपाद्य तक ले जाता है। जयशंकर प्रसाद के यहाँ प्रेम का जो उदात्त रूप मिलता है वह जैनेन्द्र से इस स्तर पर तुलनीय है कि उसमें भी प्राप्ति की नहीं बलिदान की ही प्रतिष्ठा है। प्रसाद की रचनाओं में प्रेम की यह छवि उनकी कहानियों, नाटकों तथा कविताओं में सर्वत्र देखी जा सकती है। यहाँ प्रेम उत्सर्ग का प्रतिरूप है जिसमें लालसा का लेश भी नहीं है। उत्सर्ग ही उनके चरित्रों को बड़ा बनाता है। चाहे वह *स्कन्दगुप्त* की देवसेना हो या *ध्रुवस्वामिनी* की ध्रुवस्वामिनी या *आकाशदीप* की चंपा। प्रसाद के यहाँ मानो ये चरित्र प्रेम के सिवा किसी और चीज़ को जानते ही नहीं और अगर जानते भी हैं तो उनके लिए उसका कोई महत्त्व ही नहीं है। वहाँ अधैर्य नहीं है, व्यग्र आकांक्षा नहीं है, है तो सिर्फ करुणा और अनुभूति के सहारे जीते जाने का एक उच्चतर मानवीय भाव। यही भाव उनके चरित्रों में ऐसी शक्ति बनकर उभरता है कि वे प्रेम और घृणा भी एक साथ करने में समर्थ होते हैं, पर उसकी परिणति में वे 'आत्मदान' का ही सहारा लेते हैं, विक्षोभ मे क्रूरता का नहीं। *आकाशदीप* की चंपा अपने पिता के हत्यारे बुद्ध गुप्त से घृणा करती है, पर प्रेम भी और ऐसा प्रेम कि वह उसके लिए मर भी सकती है–

"मैं तुम्हें घृणा करती हूँ, फिर भी तुम्हारे लिए मर सकती हूँ। अँधेर है जलदस्यु! तुम्हें प्यार करती हूँ।" (प्रतिनिधि कहानियाँ : प्रसाद, राजकमल पेपरबैक, 1992, पृ. 29) प्रसाद में प्रेम की उदात्तता ने बाद के साहित्य को बखूबी प्रभावित किया।

जैनेन्द्र का 'प्रेम' प्रसाद की ही तरह त्याग और बलिदान का प्रतिरूप है। वह भी जितना धैर्य में हैं उतना आकुलता में नहीं है। यह प्रेम उनके यहाँ सहने का नाम है, साधने का नाम है क्योंकि वही मनुष्य को मानवोत्तम बनाता है–

"सुनिए, प्रेम अधिक भाग सहना है। सह नहीं पाते तो स्खलन होता है। इसमें प्रेम का दोष नहीं है...किन्तु मनुष्य सह भी सकता है। और इसी में, सच पूछिए तो, प्रेम महिमान्वित होता है। प्रेम जो अंत तक सह लिया जाता है, साध लिया जाता है, स्खलित हो नहीं पाता, मानव को मानवोत्तम बना देता है, सहना माने समा लेना, धारण कर लेना।"[49]

जैनेन्द्र की प्रेम सम्बन्धी यह धारणा नैतिकता का आधार है क्योंकि वह मनुष्य की सिद्धि में अहम योग देती है और उसे जीवन की सार्थकता का बोध भी। स्वयं गांधी जी ने भी उसी प्रेम को शुद्ध प्रेम कहा है जिसमें अधीरता की गुंजाइश नहीं होती–

"जहाँ शुद्ध प्रेम होता है, वहाँ अधीरता की गुंजाइश नहीं होती। शुद्ध प्रेम दैहिक नहीं, बल्कि आत्मा का ही सम्भव है। दैहिक प्रेम तो विषय भोग ही है।"[50]

जैनेन्द्र के यहाँ प्रेम अपने साथ युद्ध का भी एक रूप है–

"नहीं जानता प्रेम क्या वस्तु है। पर मालूम होता है, वह अपने साथ एक युद्ध है। अपने ही किलों को एक-एक उसमें तोड़ना होता है। जिन्हें स्वयं बड़े प्रयत्न से

बाँधा था, निर्मम होकर उन्हीं को गिराते जाना पड़ता है। इस तरह वह एक निरन्तर आहुति है जिसमें पल-पल जलना पड़ता है।"[51]

जैनेन्द्र के यहाँ प्रेम का जो यह रूप मिलता है, वह जीवन की साधना का भी पर्याय लगता है। नीति-अनीति से सर्वथा परे यह 'प्रेम' जीवन की उपलब्धि है जिसका आधार है—विश्वास।

कल्याणी का कथन है—

"प्रेम और नहीं वह विश्वास है। प्रेम में कामना नहीं हो सकती। सच्चे प्रेम का दूसरा नाम विश्वास है।"[52]

यह विश्वास ही प्रेम को टिकाए रखता है। अगर वह डिगा तो फिर प्रेम का आसन खिसक जाएगा। विश्वास के डिगने के कारण ही जैनेन्द्र के उपन्यासों में प्रेम का समापन होता है जिसकी परिणति परिवारों के विघटन तथा व्यक्तियों के टूटन में दिखाई देती है। प्रेम का संकल्प ही यहाँ एक धर्म बनकर आता है। इस धर्म में जब पत्नी और प्रेयसी को रखकर देखा जाता है तो यह दिलचस्प स्थिति सामने आती है कि प्रेयसी पत्नी की तुलना में अधिक सम्मानित बन जाती है। उसे यह सम्मान जैनेन्द्र तो अपने विचारों में देते ही रहते है; उनके उपन्यासों में पत्नियाँ भी ऐसा करती हैं। *मुक्तिबोध* के नायक सहाय की पत्नी की भी यही राय है—

"हाँ, आदमी में देवता होता है। और पत्नी नहीं, प्रेयसी उसे जगती है।"[53]

पत्नी पर प्रेयसी की यह प्रतिष्ठा प्रेम के कारण सम्भव हुई है क्योंकि प्रेम में आकांक्षा नहीं होती और प्रेयसी जब विवाहित पुरुष का वरण करती है तो जाहिर है कि वह उसे चाहती तो है पर बदले में उसको अपना लेने की आकुलता से अलग होती है।

जैनेन्द्र की दृष्टि मे प्रेम का यह रूप वस्तुतः जैन धर्म से आया है, जहाँ एकत्व भावना की प्रधानता है। जैनेन्द्र के प्रेम सम्बन्धी मत को जैन धर्म से प्रभावित दिखाते हुए राजेन्द्र मोहन भटनागर यह स्पष्ट करने की कोशिश करते हैं कि उनके प्रेम का आधार जैन दर्शन है। वे कहते हैं—"सत्य का दर्शन, चाहे वह दर्शन हो, धर्म हो या कुछ और हो, बिना एकत्व भावना के सम्भव नहीं है। वह एकत्व भावना पर-पीड़ा को स्व-पीड़ा जैसा अनुभव करने में है। इसलिए मेरी मान्यता तो यह है कि जैनेन्द्र ने प्रेम को जो विस्तार और प्रसार दिया है, वह सर्वोत्तम दर्शन है। सब दर्शनों का सार है। उनका दर्शन अनुमानवाद का अधिक सहारा लिए हुए है, जबकि जैन दर्शन तर्काधृत है या कहें कि वह तर्क प्रधान है। फिर भी यह मानना ही होगा कि जैनेन्द्र ने जैन दर्शन को विस्तार के साथ अपनाया है और उनका 'स्वधर्म' जैन धर्म से प्रभावित है।"[54]

जैनेन्द्र के यहाँ जो प्रेम है वह स्थिर या जड़ प्रेम नहीं है। वह चल तथा गतिमान है, वह पूर्णता की ओर बढ़ाया गया कदम है। *अनाम स्वामी* की उदिता कहती है—

"प्रेम मे स्थिरता नहीं होती, पर जो होता है वह कहीं अधिक मूल्यवान है। मैं सोच रही हूँ कि प्रेम वह नहीं है जो बाँधता है, वह है जो मुक्त करता है।"[55]

जैनेन्द्र की प्रेम सम्बन्धी यह परिवर्तित धारणा प्रेम को उसकी जटिलता के साथ विश्लेषित करने की उनकी आकुलता का उदाहरण है। रिल्के की दृष्टि में भी प्रेम का अर्थ सम्पूर्णता की ओर प्रस्थान ही है। उसने लिखा है—"प्यार का अर्थ घुल जाना, समर्पण कर देना या बँध जाना नहीं है, बल्कि परिपक्व होने की ओर प्रस्थान है, अपने स्वत्व में कुछ होने का, एक संसार बन जाने का, दूसरे के निमित्त अपने भीतर एक पूरा संसार समेट लेने का।"[56]

यह सच है कि जैनेन्द्र ने उच्छृंखल प्रेम को स्वीकार नहीं किया है, जहाँ सब कुछ तोड़-फोड़ देने की बेचैनी हो और समाज-व्यवस्था के टूटने का खतरा बनता हो; पर यह भी उतना ही सच है कि व्यवस्था के नाम पर जड़ होते गये सम्बन्धों को नयी उष्मा देने का कार्य भी प्रेम के माध्यम से जैनेन्द्र ने किया। यह करते हुए जैनेन्द्र ने नारी-पुरुष के नैसर्गिक-स्वाभाविक आकर्षण के सूखते जाने का विरोध किया और समाज-व्यवस्था की मनमानी को पसन्द नहीं किया। इस स्तर पर प्रेम और उसकी नैतिकता भी जैनेन्द्र के यहाँ बदलते गये हैं तब और भी जब नारी-पुरुष के स्वाभाविक धर्म को नष्ट करने की कोशिशें की जाने लगी हैं। शशिभूषण सिंहल का कहना है—

"विवाह विधि विधानों के कारण धीरे-धीरे इतना कठोर और संकीर्ण होता गया कि स्त्री के लिए पति के अतिरिक्त पर-पुरुष के दर्शन, मनन, संस्पर्श आदि की निर्विकार भाव तक से, अनुमति नहीं रही। यह विधान स्त्री के लिए जड़ धर्म बन गया और नारी तथा पुरुष के लिए परस्पर मुक्त, सहज आकर्षण की नैसर्गिक उष्मा मानों सूख गयी। अब नारी और पुरुष के लिए एक-दूसरे का स्वाभाविक रूप असत्य एवं निरर्थक हो गया, केवल सामाजिक विधि-निषेधों के द्वारा स्वीकृत नाते उनके बीच आ गये। जैनेन्द्र को सामाजिक विधान की यह मनमानी असह्य है।"[57]

जैनेन्द्र के यहाँ चूँकि जीवन की सतत प्रक्रिया का समर्थन है, इसलिए गृहस्थी से विरक्त जनों की खबर भी ली गयी है। जैनेन्द्र की दृष्टि में यह स्पष्ट है कि प्रेम के अभाव में ही व्यक्ति समाज और दायित्व से विमुख होता है। संयम जैसी शुद्ध धार्मिक पद्धति भी उनके यहाँ प्रशंसा की दृष्टि से नहीं देखी जाती क्योंकि वह व्यक्ति को जड़ बनाती है। जैनेन्द्र ने लिखा है—"संयम ही आदमियों के बीच बड़ी बाधा है। प्रेम से संयम हारता है, इसी से प्रेम बड़ा है। प्रेम में संयम टूटता है, नियत वहाँ सब सहज हो जाता है।"[58]

जैनेन्द्र की प्रेम सम्बन्धी इन मान्यताओं में पुरातन नैतिकता का लगातार खंडन देखा जा सकता है क्योंकि वे पाते हैं कि इनके संस्कार व्यक्ति को कर्त्तव्यच्युत्त करने वाले हैं। जीवन को संघर्ष और मानवता को पुरुषार्थ की सिद्धि माननेवाले लेखक के लिए "ब्रह्मचर्य भी प्रेम की अपूर्णता का परिणाम है।"[59]

इस तरह संक्षेप में ही सही, पर यहाँ जैनेन्द्र की प्रेम सम्बन्धी मान्यताओं के सामने आने पर स्पष्ट होता है कि वे प्रेम को परिवर्तनीय समाज की नयी नैतिकता से जोड़कर देखते हैं तथा उसका विस्तार करते हैं।

## काम

जैनेन्द्र के उपन्यासों में काम की भी अपनी महता है क्योंकि वह जीवन-चक्र का कारक है। पर काम की जो भूमिका यहाँ है, वह चाहत या आकांक्षा के अर्थ में नहीं-संयोग के ही अर्थ में है। काम को कहीं जैनेन्द्र पुरुष की हार स्वीकार करते हैं तो कहीं उसे मनुष्य की आतुरता के प्रश्न के रूप में देखते हैं। प्रेम और विवाह की अपनी भूमिकाएँ तो वहाँ आदर्श हैं ही, क्योंकि वहाँ काम का स्वरूप गौण है—इसलिए कि वहाँ वह साधन है। जैनेन्द्र बार-बार काम के संयम पर बल देते हैं जिससे अराजक जीवन-स्थिति की सम्भावनाएँ न बनें—

"विवाह की संस्था सामाजिक हेतु से जन्मी है। मैथुन तो पहले से था। पशुओं में भी है। किन्तु उसको अनर्गल रहने देने से काम चलता नहीं दीखा। उसे नीति-नियमों में बाँधने की आवश्यकता हो आयी। उसको संयम की आवश्यकता ही कहिए।"[60]

जहाँ तक उससे सामाजिक मुक्ति का सवाल है, जैनेन्द्र की राय में उससे निजात पाना कठिन है, क्योंकि विवाह के रहते भी व्यभिचार से पीछा छुड़ाना सम्भव नहीं है—

"काम की अतिरिक्तता और आकुलता का प्रश्न सदा रहा है समाज में। इसलिए व्यभिचार तो मिटेगा नहीं। विवाह रहेगा, तब तक उसे भी रहना है।"[61]

जहाँ तक काम को जीतने का प्रश्न है, जैनेन्द ने सनातन हिन्दू दर्शन को चुनौती देते हुए इसकी सत्यता पर प्रश्न उठाया है। वे मानते हैं—"स्त्री-पुरुष भिन्न हैं। भेद सच नहीं हो सकता क्योंकि एक और अखंड और अभिन्न परमेश्वर की सत्ता के बीच आकर्षण कभी समाप्त होनेवाला नहीं है। जो सीधे उसे जीतना चाहते हैं, वे मानो भेद को सच करना चाहते हैं। वह असम्भव है। लेकिन अगर पुरुष मैं न रह जाऊँ तो स्त्री के रूप में भी कोई आकर्षणीय मेरे लिए कोई न रह जाये। और ऐसा उपाय लोगों ने किया है। दोनों दिशाओं में किया है। परम पुरुषता का भी कुछ लोगों ने लाभ किया है। लेकिन अधिकांश उस आग्रह में कापुरुष ही बने हैं। कापुरुष भी काम को जीतते हैं क्योंकि आँख वहाँ जाती है तो वह स्त्री को हटा देते हैं या आँख बन्द कर लेते हैं। इस कोशिश में जान-बूझकर पुरुष अपने को विकलांग बनाता है। लेकिन विजय वह ब्रह्म की नहीं अहं की होती है।"[62]

इस तरह जैनेन्द्र की सनातन दर्शन को यह चुनौती प्रसांगिक लगती है क्योंकि उनके लिए गृहस्थाश्रम मनुष्य के पुरुषार्थ का आश्रम है और निपट ब्रह्ममचर्य

जिम्मेदारियों से भागने का उद्यम। पुरुषार्थ है तो काम का निषेध सम्भव नहीं।

जैनेन्द्र की दृष्टि में स्त्री-पुरुष के आकर्षण और मैथुन को अपवित्र नहीं माना जा सकता, क्योंकि वह सृष्टि का स्वाभाविक धर्म है। लेकिन उसकी शर्त यही है कि वह संयमित रहे तभी वह नैतिक माना जा सकेगा। यह काम भी केवल प्रेम के द्वारा जीता जा सकता है किसी और साधन से नहीं। उनका कथन है–

"प्रेम आप ही काम को जीतता है। जीतता क्या, परिपूर्ण करता है। वह अपने में से ही विरह की सृष्टि करता है। वह विरह केवल पार्थक्य नहीं है, मन का घनिष्ठ पीड़ा-सम्बन्ध है...स्त्री पर है, तब तक उसे पराभूत करने की आवश्यकता इसमें रहनेवाली नहीं है। वहीं स्त्री में पुरुष के प्रति। वह 'पर' ता प्रेम की सघनता में मिट आ सकती है। तब परस्पर स्खलन की वासना नहीं रह जाती। काम वहीं तक है जहाँ तक मान है। प्रणय-द्वन्द्व में मान द्वैत की ही क्रीड़ा है।"[63]

इस प्रकार काम के गहन विश्लेषण से जैनेन्द्र ने उसे 'मान' की संज्ञा दे दी और पाया कि वह मानद्वैत है। जब मान का विसर्जन होगा तब काम की आकुलता का शमन हो सकता है। जैनेन्द्र की दृष्टि में काम का स्वरूप मानवीय है और सामाजिक आचार के सर्वथा अधीन। उसमें संयम चाहिए और मान को विसर्जित करने की शक्ति।

## स्त्री-पुरुष सम्बन्ध

जैनेन्द्र के यहाँ और चिन्ताओं की तरह स्त्री-पुरुष सम्बन्ध की चिंता का अपना महत्त्व है। स्त्री-पुरुष सम्बन्ध चूँकि सामाजिक-व्यवस्था का आधार है, इसलिए जैनेन्द्र ने रचना और चिन्तन दोनों स्तरों पर इसका परीक्षण किया है और दोनों के आपसी सम्बन्धों की प्रगाढ़ता पर बल दिया है। वे स्पष्ट कहते हैं–

"स्त्री-पुरुष दोनों अपने में अधूरे हैं। पूर्ण अर्द्धनारीश्वर है।"[64]

स्त्री और पुरुष के समन्वय से ही दाम्पत्य का भला होगा और परिवार का भी। वे फिर लिखते हैं–

"इसलिए पुरुषत्व और नारीत्व में किंचित विरोध मानकर भी अन्ततः दोनों ही समन्वित होंगे, ऐसा मानना होगा। दाम्पत्य और परिवार ऐसी ही सम्मिलित संस्थाएँ हैं, जिनमें एक के सहयोग से दूसरा सम्पूर्ण होता है।"[65]

अगर सहकार और विसर्जन की जरूरत स्त्री-पुरुष ने नहीं समझी तो फिर दोनों को बचाना कठिन होगा। अनिता *व्यतीत* में कहती है–

"तुम स्त्री नहीं हो इसलिए तुम्हें पुरुषत्व का मान है। पर हम अपने स्त्रीत्व-पुरुषत्व को अखंड करने के लिए नहीं सिरजे गए हैं। हमें एक-दूसरे में अपना विलय खोजना होगा। नहीं तो सफलता नहीं है, परिपूर्णता नहीं है।"[66]

स्त्री-पुरुष के इस सम्बन्ध में पहली प्राथमिकता जैनेन्द्र ने पति-पत्नी को दी है

तथा दूसरी प्रेमी-प्रेमिका को। इस धारणा को जैनेन्द्र ने अपनी अधिकांश रचनाओं में स्पष्ट किया है तथा उसकी विश्वसनीयता की पुष्टि की है।

## परिवार

परिवार जैनेन्द्र के लिए नागरिक जीवन की एक अनिवार्य संस्था है जिसका टूटना हितकर नहीं है। परिवार की व्यवस्था और उसके सुदृढ़ आधार को जैनेन्द्र ने विवाह और प्रेम में तलाशा है और पाया है कि इनके रहते परिवार का टूटना सम्भव नहीं है। पर परिवार का तकाज़ा यह है कि वह बलिदान पर टिकता है। उसमें अपनी क्षुद्र कामनाओं के लिए स्थान नहीं होता। वह सामूहिक धर्म है क्योंकि व्यक्ति को मोक्ष उसी में मिलता है। सुनीता कहती है—"मैं इस घर से टूटकर जाऊँगी तो जिऊँगी नहीं। मैं इस योग्य नहीं हूँ। इसी घर के दीवारों के भीतर मेरा स्थान है। घर बन्धन है तो हो, लेकिन मुझे तो मोक्ष भी यहाँ ही पाना है।"[67]

घर से राष्ट्र की नींव भी मजबूत होती है। घर नहीं तो फिर राष्ट्र को अराजक होने से कोई रोकेगा कैसे! यह परिवार वस्तुतः घर के अंदर रहता है जिसका समुच्चय 'घर' में व्यक्त होता है। परिवार का टूटना घर का ढहना है। जैनेन्द्र ने इस परिवार को टिकाये रखने की लगातार कोशिश की है और उसे सुदृढ़ आधार देने की जरूरत भी जतलाई है। चन्द्रकांत बांदिवडेकर ने ठीक ही लिखा है—"जैनेन्द्र ने लगभग सभी उपन्यासों में 'घर' की समस्या को विविध रूपों में स्पर्श किया है। 'घर' जो गृहस्थ का प्रतीक है, एक तरह से भारतीय जीवन प्रणाली का प्राण तत्व है।"[68]

जैनेन्द्र के यहाँ परिवार की समस्या बड़े पैमाने पर उठाई गयी है और यह दिखाया गया है कि परिवार के टूटने में किसी का हित सधने वाला नहीं है। 'परिवार' की मर्यादा को तोड़कर *सुखदा* भी नष्ट होती है और *कल्याणी* भी। इसके विपरीत *सुनीता* की सुनीता और *विवर्त* की मोहिनी का जीवन पारिवारिक सहकार के कारण सफल है। *मुक्तिबोध* का सहाय बार-बार अपराधबोध से ग्रस्त होता है कि वह पत्नी के प्रति न्याय नहीं कर पा रहा है। *जयवर्द्धन* पारिवारिक जीवन शुरू करने के लिए राष्ट्राधिप का पद त्याग देता है। *व्यतीत* और *विवर्त* के नायक क्रमशः परिवार के अभाव में संन्यासी हो जाते हैं और जेल में जगह पाते हैं। *त्यागपत्र* की मृणाल की समस्या भले दूसरी हो पर यह इंकार कर पाना कठिन है कि पारिवारिक क्षोभ और त्रास के कारण भी वह दर-दर फिरती है। परिवार के प्रति जैनेन्द्र की दृष्टि नैतिक मर्यादा के अधीन है जिसमें सद्भाव की प्रधानता है।

## नियति

जैनेन्द्र के उपन्यासों में नियति की भी भूमिका कम नहीं है, बल्कि बहुत बार वही

स्थितियाँ निर्धारित करती है। यही वह नियति है जिसे जैनेन्द्र बार-बार भवितव्यता कहते हैं। परमेश्वर की सत्ता पर अटूट विश्वास रखते हुए जैनेन्द्र के पात्र नियति को सर्वोपरि मानते हैं क्योंकि उनकी मान्यता है कि उनके हाथ में कुछ नहीं है। उनके एक पात्र का कथन है—

"मैंने कहा—हानि? हानि का सवाल कहाँ आता है? जोना मिल गया, सो जीना होगा कि नहीं? हानि-लाभ का लेखा क्या हमारे पास रहता है? नहीं, उसका बही-खाता तो कहीं और रहता है, जब उसे उस हिसाब का पता हो। उसका पता नहीं है, तब अपनी बात को हम उतनी दूर तक क्यों ले जायें?"[69]

जैनेन्द्र का यह नियतिवाद भारतीय दर्शन से प्रेरित है, जहाँ सब कुछ ईश्वर पर छोड़ देने की धारणा व्यक्त हुई है।

*त्यागपत्र* का प्रमोद कहता है—

"सृष्टि गलत है, समाज गलत है, जीवन ही हमारा गलत है। सारा चक्कर यह उटपटांग है। इसमें तर्क नहीं है, संगति नहीं है, कुछ नहीं है। उसे जरूर कुछ होना होगा, कुछ करना होगा पर क्या आ? वह क्या है, जो भवितव्य है और जो कर्त्तव्य है?"[70]

जैनेन्द्र के यहाँ इसके अतिरिक्त ऐसी बहुत-सी धारणाएँ दिखाई पड़ती हैं जो व्यक्ति-जीवन और उसके व्यवहार को कहीं न कहीं नियन्त्रित करती हैं। मसलन-जैनेन्द्र ने अपनी विचार कृतियों और रचनाओं में बार-बार गांधी के मूल्य की बात की है और उसकी सार्थकता को सिद्ध करने की चेष्टा की है। गांधी मशीनी उद्योग के खिलाफ थे और वे इसे श्रम से बचने का बहाना मानते थे।

*जयवर्द्धन* में बिलवर और आचार्य के एक संवाद में दिखाई देता है कि गांधी नीति की पुष्टि यहाँ की गयी है—

"आप उद्योगीकरण नहीं चाहते तो?"

"उद्योग कहते हो, प्रमाद क्यों नहीं कहते? आलस्य क्यों नहीं कहते? उद्योग मशीन पर डालकर खुद उद्यम से बचने का ही तो वह बहाना है। फुर्सत चाहिए, यह क्यों नहीं कहते कि मौत चाहिए।"[71]

इसके साथ ही गांधी का हृदय परिवर्तन भी अपने व्यवहार में जैनेन्द्र की रचनाओं में भरा पड़ा है। एक उदाहरण देख सकते है। राज्य के निरंकुश होने पर आचार्य ने प्रतिवाद करते हुए कहा—

"नहीं, आगे बढ़कर मैं अपनी और अपनों की बलि दूँगा। इसी में से एक दिन राज्य बलि लेना भूल जाएगा। वह शक्ति का नहीं प्रेम का होना सीखेगा। उपाय एक ही है—हृदय परिवर्तन।"[72]

इसी तरह गांधी की अहिंसा भी जैनेन्द्र के यहाँ दिखाई पड़ती है। अहिंसा ही मुक्त है क्योंकि वह प्रेमनिष्ठा है—

"सुनो राज कुछ है तो वह दमन का यन्त्र है। अपने विकास में मनुष्य ने राज्य का निर्माण किया है। और विकास की दिशा अहिंसा है फिर भी राज्य का तंत्र और यंत्र हिंसा का है, मुझसे ज्यादा इसको दूसरा कौन जानेगा? मुक्त अहिंसा है, हिंसा में ही है कि हम कुछ रोकते हैं, दबाते हैं। प्रेम खोलता है। वह दबता है तब हिंसा का कारण बनता है। xx xx प्रेम ही भगवान है, वही मूल चित् है। वह प्रेम का घात भगवद्घात होगा। हिंसा वही है। प्रेम-निष्ठा, भगवन्ननिष्ठा, अहिंसा है।"[73]

जैनेन्द्र की इस पूरी सोच में स्वाधीनता आन्दोलन और उससे उपजे सवाल भी बार-बार उठे हैं। गांधी का यहाँ तब-तब प्रवेश दिखाई देता है, जब-जब हिंसात्मक स्थितियाँ पैदा होती हैं। *सुनीता, सुखदा* या *विवर्त* को ही देखने पर स्पष्ट होता है कि जैनेन्द्र ने रक्तपूर्ण क्रान्ति को आड़े हाथों लिया है और उसे रक्तहीन संघर्ष में बदला है। हिंसा का यहाँ कोई स्थान नहीं है क्योंकि उससे व्यक्तित्व का विनाश होता है, दमन, मारकाट की प्रधानता होती है। हृदय परिवर्तन का सिद्धान्त भी इसी ओर आजमाया गया है।

जैनेन्द्र ने इसी तरह राजनीति को अपनी रचनाओं में नैतिक आयाम दिया है और उसमें घर करती जा रही सड़ान्ध को आड़े हाथों लिया है। वे स्पष्ट कहते हैं—"यहाँ वह राजनीति चाहिए जिसका मूलाधार मानव नीति है। जो मानव जाति की नैतिक मर्यादाओं को इच्छापूर्वक और संयमपूर्वक अपनी ही मर्यादा स्वीकार करे। जो व्यक्ति में कर्तव्य भावना को तनिक भी मंद न होने दे। जिसकी आँख पुरस्कार की ओर न हो, बल्कि जिसमें उद्यतता आपदा के प्रति हो।"[74]

राजनीति को नीति और विवेक सम्मत बनाने की यह चिन्ता भी जैनेन्द्र में गांधी के कारण ही आयी है, जिन्हें वे आदर्श रूप में स्वीकार करते हैं। उनकी रचनाओं में राजनीति की इसी स्वच्छता की माँग है और उसमें व्याप्त जड़ता तथा अमानवीयता का लगातार निषेध है। राजनीति में 'अधिकार की चेतना' और 'बाँट-बटाव' को भी वे गलत मानते थे और स्पष्ट कहते थे कि ऐसी राजनीति से भारत का हित नहीं होगा। उनका कथन है—"मेरी प्रतीति है कि जो राजनीति मुख्यता से अधिकार की चेतना पर खड़ी होगी और चलाई जाएगी और जिसमें बाँट-बटाव का वातावरण रहेगा, उस राजनीति में भारत जैसे देश का त्राण नहीं है, नाश भले हो।"[75]

ऐसे अनेक विचार हैं जो जैनेन्द्र के यहाँ बिखरे पड़े हैं और जिनका सीधा सम्बन्ध मनुष्य-जीवन और समकालीन सामाजिक समस्याओं से जुड़ता है। व्यक्ति से व्यक्ति का सम्बन्ध हो या पारिवारिक रिश्ते का प्रश्न हो, धर्म का सवाल हो या सांस्कृतिक स्वच्छता का; जैनेन्द्र ने प्रायः सब पर विचार व्यक्त किया है और अपनी रचनाओं में उनका विश्लेषण किया है। सब ओर जैनेन्द्र जाते हैं, विचार करते हैं और निष्कर्ष व्यापक मानवीय प्रतिष्ठा में आता है। उनके समग्र विश्लेषण का सार ही है—व्यापक मानव-मूल्यों की प्रतिष्ठा। नीति और विवेक-सम्मत जीवन दृष्टि से

पारिवारिक और सामाजिक जीवन में नैतिक आचरण की प्रस्तावना। पर उनकी यह नैतिकता जड़ीभूत संस्थागत नैतिकता नहीं है, जो समाज के विकास को अवरुद्ध करती हो। वह संस्थागत पारम्परिक नैतिकता का नया संस्करण है, युग के साथ परिवर्तित संस्कारों से ही वह आयी है, इसलिए वह व्यक्तिगत नैतिकता है जो प्रासंगिक ही नहीं अनिवार्य भी है–

"नैतिकता अपने आप में कोई स्वतन्त्र मूल्य नहीं है। वह बदलती रहती है। और देशकाल पर निर्भर करती है। असल में नैतिक की दुहाई देनेवाले वे ही लोग हैं जो सुविधा प्राप्त हैं। वे अपने भोग और आराम को बचाये रखने के लिये सब नीतिवादिता से अपनी रक्षा में चारों ओर घेरा डालते हैं।"[76]

जैनेन्द्र के उपन्यास *त्यागपत्र* में मृणाल सारी आपदाओं को झेलकर भी आत्मा की पवित्रता बचाए रखती है और उसे अपने इस बचाव पर गर्व भी है–उसे सहायता भी सिर्फ इसीलिये चाहिए कि वह मन से पक्की होती रहे। अपनी आत्मपीड़ा और सत्य के प्रति अहिंसा-संघर्ष में मृणाल की खोज भी यही है कि वह अपनी श्रद्धा, अपने उच्चे भावों को बनाए रखे। वह कहती है–

"सहायता मुझे इसीलिए चाहिए कि मेरा मन पक्का होता रहे कि कोई मुझे कुचले तब भी मैं कुचली न जाऊँ और इतनी जीवित रहूँ कि उसके पाप के बोझ को भी ले लूँ और सबके लिए क्षमा की प्रार्थना करूँ। प्रतिष्ठा मुझे क्यों चाहिए। मुझे तो जो मिलता है उसी के भीतर सान्त्वना पाने की शक्ति चाहिए।"[77]

दुनिया भर के पापों का बोझ लेकर उसके लिए ईश्वर से क्षमा की प्रार्थना करने की यह धारणा मनुष्य के पुरुषार्थ की भी सिद्धि है जिसमें स्वार्थ की रत्ती भर भी चिन्ता नहीं है और न ही अपनी निजता का दम्भ। गांधी की 'सत्य या आत्म की खोज' का यह व्यावहारिक उदाहरण है जो जैनेन्द्र ने यहाँ सिद्ध करके दिखाया है। समाज के दलित-पीड़ित और पापी जनों के प्रति श्रद्धा भाव इसी खोज का दूसरा चरण है। मृणाल कहती भी है–"श्रद्धा के साथ मरना भी सार्थक है, पर श्रद्धा गयी तो पास क्या रह जाएगा!"[78]

'आत्म की खोज' की इसी सिद्धि पर अंग्रेजी इतिहासकार आर्नल्ड टॉयनबी अपने ढंग से कहते हैं–

"मैं इस अवधारणा से सहमत हूँ कि गरिमा एक ऐसा मूल्य है, जो अन्य मूल्यों के असदृश्य, निरुपाधि एवं निरपेक्ष है और उसका स्थान कोई अन्य वस्तु नहीं ले सकती। इससे मैं इस निष्कर्ष पर पहुँचा हूँ कि मानव-गरिमा बोध से हमारे भीतर नम्रता एवं अकिंचनता का बोध होना चाहिए। मानव-प्रकृति गरिमामय तो होती ही है किन्तु उसकी गरिमा अस्थिर और सदैव अधूरी रहती है। कोई व्यक्ति तभी तक गरिमायुक्त रहता है जब तक वह निष्काम, परोपकारी, करुणामय, प्रेममय और दूसरे जीवित प्राणियों तथा ब्रह्मांड के प्रति समर्पित है।"[79]

इस प्रकार यह स्पष्ट है कि 'आत्म की खोज' का स्वरूप जैनेन्द्र के यहाँ व्यावहारिक धरातल पर प्रतिष्ठित है और उसका आधार सद्भाव, श्रद्धा भाव, अहिंसा तथा आत्मदमन है। वही सर्वोच्च मानव-मूल्य है जिसे गांधी 'प्राणिमात्र के प्रति सद्भाव' कहते हैं। जैनेन्द्र की नैतिक मान्यताओं में यह आधार-अवधारणा है जिसे उन्होंने जगत की धुरी स्वीकार की है क्योंकि वही चरम सिद्धि तथा परम पुरुषार्थ भी है। वेदों तथा भारतीय दर्शन की तत्व-मीमांसा या बौद्ध दर्शन की करुणा का सार भी तो यही है।

जैनेन्द्र की नैतिकता सम्बन्धी धारणा के निर्माण में गांधीवादी दर्शन की अहम भूमिका है। जैनेन्द्र ने गांधीवादी आदर्शों को अपने चिन्तन तथा सृजन में व्यावहारिक रूप दिया तथा उससे अपनी नैतिकता सम्बन्धी मान्यता को पुष्ट किया। गांधी जी की दृष्टि में शक्ति ही हिंसा है और प्रेम ही नैतिकता है। नन्दकिशोर आचार्य लिखते हैं—"गांधी जी एक ऐसी राजनीतिक प्रौद्योगिकी का आविष्कार करते हैं जो शक्ति अर्थात् हिंसा के नियम से नहीं बल्कि प्रेम अर्थात् नैतिकता के नियम से अनुप्राणित और संचालित होती हो।"[80]

जैनेन्द्र में इस नैतिकतावादी राजनैतिक प्रौद्योगिकी की स्वीकृति है और वे *मुक्तिबोध* तथा *जयवर्द्धन* नामक उपन्यासों में इस धारणा की विस्तृत विवेचना भी करते देखे जा सकते हैं। गांधी जी की दृष्टि में यह जो राजनीतिक प्रौद्योगिकी है, वह कोई वायवीय धारणा नहीं है वरन् प्रेम के नियम पर आधारित होने के कारण वही सत्याग्रह भी है। नंदकिशोर आचार्य के ही शब्दों में—

"प्रेम का नियम ही धर्म है क्योंकि ईश्वर प्रेम है और वही नैतिकता का एकमात्र स्रोत है। और इस 'प्रेम के नियम' के आधार पर विकसित राजनीतिक प्रौद्योगिकी का ही नाम है सत्याग्रह।"[81]

कहना न होगा कि प्रेम पर आधारित गांधी जी का यही सत्याग्रह जैनेन्द्र की नैतिकता सम्बन्धी मान्यता के केन्द्र में है और उनके प्रायः सभी चरित्र इस धारणा को अपने जीवन में सर्वाधिक महत्त्व देते हैं। गांधी जी के सत्याग्रह का विश्लेषण करते हुए नंदकिशोर आचार्य लिखते हैं—

"सत्य का आग्रह केवल लक्ष्य के रूप मे नहीं, उस लक्ष्य को प्राप्त करने की प्रक्रिया के रूप में भी। 'सत्य आत्मा है, इसलिए यह आत्मबल भी है।' सत्य प्रेम है इसलिए यह प्रेम-बल भी है जिसका अर्थ है—पीड़ा सहने का बल। लेकिन सत्य न्याय भी है इसलिए यह किसी भी प्रकार के अन्याय अर्थात् शोषण, दमन और उत्पीड़न के सम्मुख मानवीय समानता, स्वतन्त्रता और गरिमा को भौतिक बल के बजाय आत्मबल, पीड़ा देने के बजाय पीड़ा सहकर और घृणा और हिंसा के बजाय प्रेम और अहिंसा के माध्यम से स्थापित करने का प्रयास है।"[82]

जैनेन्द्र के साहित्य और खासकर उनके उपन्यासों में सत्य के आग्रह का यही रूप दृष्टिगोचर होता है। *त्यागपत्र* के ही मृणाल को देखें तो स्पष्ट होगा कि वह अपने सत्य से पीड़ा सहने का बल प्राप्त करती है और लगातार कष्ट सहते हुए भी अपने मार्ग से विचलित नहीं होती। यहाँ तक कि वह समाज की सारी व्याधियाँ अपने ऊपर ले लेना चाहती है और किसी से सहायता भी उसे इसी कारण चाहिए। गांधी जी ने स्वयं सत्याग्रह की सफलता के लिए तीन शर्तें गिनाई हैं–

> सत्याग्रही के मन में विरोधी के लिए घृणा की भावना नहीं होनी चाहिए।
> सत्याग्रह का मुद्दा सच्चा और महत्वपूर्ण होना चाहिए।
> तथा सत्याग्रही को अपने ध्येय की पूर्ति होने तक पीड़ा भोगने के लिए तैयार रहना चाहिए।"[83]

जैनेन्द्र के अधिकतर चरित्र सत्याग्रह की इन शर्तों को स्वीकार करते देखे जा सकते हैं। इस प्रसंग में केवल *त्यागपत्र* की मृणाल ही उल्लेखनीय नहीं है, वरन् *सुखदा* की सुखदा, *कल्याणी* की कल्याणी तथा *सुनीता* की सुनीता को भी देखा जा सकता है जिनमें अपने-अपने कारणों से सत्याग्रह करने की न केवल प्रवृत्ति पाई जाती है बल्कि वे सत्याग्रह करके दिखाती भी हैं। वे कभी अपनी स्वतन्त्रता में परिवार की टूट के प्रायश्चित-स्वरूप सत्याग्रह करती हैं, तो कभी पति से उपेक्षा पाकर अपने स्वत्व के लिए तथा कभी पति की सत्यनिष्ठा तथा ईमानदारी से प्रेरित-प्रभावित होकर सत्याग्रह करती हैं। इस पूरी प्रक्रिया में उनमें न तो विरोधी के प्रति घृणा भाव पैदा होता है और न पीड़ा भोगते हुए कोई कष्ट।

सत्य और अहिंसा से जी जा रही जिन्दगी में प्रेम और सद्भाव का गांधीवादी दर्शन जैनेन्द्र की नैतिक धारणाओं का स्रोत रहा है। यह वह स्रोत है जिससे जैनेन्द्र ने अपनी मान्यताओं को पुख्ता आधार दिया। जैनेन्द्र के यहाँ जो व्यापक मानवीय चिन्ता है उसका परिप्रेक्ष्य गांधीवादी चिन्तन से सीधे जुड़ता है क्योंकि उसमें प्रेम का व्यापक महत्त्व स्वीकृत है, विरोध और घृणा तथा तिरस्कार और उपेक्षा के लिए वहाँ कोई जगह नहीं है। जैनेन्द्र इस दर्शन को इसी तरह ग्रहण करते हैं और उनके चरित्र अधिकतर इन्हीं मान्यताओं को जीते हैं। पर कहीं-कहीं जैनेन्द्र में दो स्तरों पर फाँक स्पष्ट दिखाई देता है–उनका एक स्तर नकारात्मक है–कायरता की हद तक का सत्याग्रह, जिसका निषेध गांधी जी ने भी किया है–

"अहिंसा उसी प्रकार से मानवों का नियम है जिस प्रकार हिंसा पशुओं का नियम है।"[84] गांधी जी की दृष्टि में कायरता से तो हिंसा का सहारा लेना ही बेहतर है क्योंकि कायरता स्वस्थ मन की अभिव्यक्ति नहीं है और उसकी जड़ें एक गहरे नैतिक बोध में नहीं होतीं। यह आत्म विश्वास होता है और आत्मविश्वास अहिंसा और सत्याग्रह से आता है।

जैनेन्द्र के यहाँ सत्याग्रह की कायरतापूर्ण स्थितियाँ दिखाई देती हैं। *कल्याणी* का बिना किसी ध्येय का आत्म-दमन यही सिद्ध करता है। इसके विपरीत दूसरा स्तर सकारात्मक है—अपने आत्मविश्वास में समयानुकूल आचरण। जैनेन्द्र के यहाँ यह पक्ष गांधीवादी दर्शन से अलग और अधिक महत्त्वपूर्ण है क्योंकि इसके अन्तर्गत जैनेन्द्र ने स्त्रियों को स्वतंत्रता और स्वाभिमान के लिए जगाया है। *अनन्तर* की अपरा, *मुक्तिबोध* की नीलिमा तथा *दशार्क* की रंजना इसके बेहतर उदाहरण हैं।

फिर भी यह स्वीकार करना होगा कि जैनेन्द्र की नैतिकता सम्बन्धी धारणा के निर्माण में गांधी दर्शन का महत्त्वपूर्ण योगदान है।

जैनेन्द्र की नैतिक धारणाओं के निर्माण में हिन्दू दर्शन का भी हाथ रहा है। इस दर्शन से जैनेन्द्र ने बहुत से तत्व ग्रहण कर सृजन और चिन्तन में उनका उपयोग किया है। औपनिषदिक तत्वचिन्तन का सार है—आत्मा की सत्ता की प्रतिष्ठा। यानी आत्मा को सर्वस्व मानने की जो मान्यता उपनिषदों में व्यक्त हुई है, जैनेन्द्र ने उसे स्वीकार किया है—"वहाँ न सूर्य प्रकाशित होता है, न चन्द्रमा, न तारागण और न ये बिजलियाँ। फिर इस अग्नि की बात ही क्या है। उनके प्रकाश से ही वे सब प्रकाशित हैं।"[85]

अर्थात् विश्व में जो कुछ भी है, वह आत्मा ही है—यहाँ तक की आश्रित और आश्रयदाता भी आत्मा ही है। यह मनुष्य की सत्ता की प्रतिष्ठा के साथ-साथ ईश्वर की सत्ता की प्रतिष्ठा भी है। उपनिषदों में परम तत्व के लिए दो शब्दों का प्रयोग मिलता है—आत्मन् और ब्रह्मन्। मनुष्य के जीवन और सदाचार का चरम लक्ष्य इसी आत्मन् या ब्रह्मन की खोज है। एम. हिरियन्ना ने लिखा है—"कालक्रम से 'आत्मन्' शब्द का अर्थ मनुष्य के अंदर का चैतन्य हो गया। यह उस खोज का फल था जिसका लक्ष्य मनुष्य के भौतिक ढाँचें से, जिससे वह सम्बद्ध है, पृथक उसकी आन्तरिक छानबीन की थी और जो प्राप्ति हुई वह अन्तर्दर्शन से हुई। शरीर, प्राण इत्यादि के बजाय, जिन्हें व्यक्ति मानने की भूल आसानी से की जा सकती है, यहाँ हम देखते हैं कि एक अधिक गूढ़ तत्व को, जो चिद्रूप है, अन्त में मनुष्य की सार वस्तु माना गया।"[86]

जैनेन्द्र की नैतिकता सम्बन्धी चिन्तन को परखने पर सहज ही यह मालूम हो जाता है कि उनकी रचनाओं में व्यक्ति के अंतस की जिस शुद्धि की बात उठती है, वह सीधे सारवस्तु की खोज से जुड़ती है। ईश्वर से तादात्म्य और एकात्म की वृत्ति ही इस अंतर्दर्शन की मूल प्रक्रिया है। जैनेन्द्र बार-बार मनुष्य जीवन की निस्सारता दिखाते हुए ईश्वर से आत्मा के तादात्म्य की बात उठाते हैं और सारे नैतिक आचरणों को उससे जोड़ देते हैं। व्यक्ति को मुक्ति भी जैनेन्द्र के यहाँ कई स्थलों पर ईश्वर से एकात्म होने में ही मिलती है। *जयवर्द्धन* और *अनामस्वामी* उपन्यासों को देखें तो स्पष्ट होगा कि स्वामी चिदानंद और अनामस्वामी के सारे

चिन्तन औपनिषदिक 'आत्मन्' की धारणा से ही जुड़े हुए हैं। कई स्थलों पर सामान्य चरित्र भी जब मानवीय आदर्श और आध्यात्मिक शान्ति की बात करते हैं तब वे जिस आत्मिक पवित्रता तथा सर्वात्मता पर जोर देते हैं; उसका सम्बन्ध भी इसी दार्शनिक अवधारणा से जुड़ता है।

उपनिषदों में ब्रह्म की प्राप्ति के साधन रूप में जो व्यावहारिक उपदेश दिए गये हैं, वे भी जैनेन्द्र के नैतिक सिद्धान्तों के स्रोत के रूप में देखे जा सकते हैं। इन साधनों में एक है—वैराग्य तथा दूसरा है—ज्ञान।

वैराग्य की व्याख्या करते हुए एम. हिरियन्ना ने लिखा है—"औपनिषदिक साधना का मुख्य उद्देश्य अहंकार को, जो सारी बुराई की जड़ है, दूर करना है; और वैराग्य जगत के प्रति वह भाव अपनाने का नाम है जो संकीर्ण और स्वार्थमूलक सांसारिक प्रवृत्तियों को सफलता के साथ उखाड़ फेंकने से पैदा होता है।"[87]

इस उद्देश्य की प्राप्ति के रूप में पहले ब्रह्मचर्य, गार्हस्थ्य और वानप्रस्थ, इन तीन आश्रमों में अभ्यास का एक लगा क्रम पूरा करना आवश्यक माना गया है और इसका फल संन्यास में होना बताया गया है।

जैनेन्द्र के यहाँ संकीर्ण और स्वार्थमूलक सांसारिक प्रवृत्तियों को दूर करने के निमित्त वैराग्य का सिद्धांत अपनाया गया है, पर उसमें गार्हस्थ्य की प्रतिष्ठा है, वानप्रस्थ और संन्यास की नहीं है। जैनेन्द्र ने गृहस्थ जीवन में ही भोग की आत्यंतिकता को जीवन के लिए हानिकर माना है और आत्म के कल्याण में उसके अवरोध को दिखाया है। कठोपनिषद् में तो स्पष्ट लिखा ही है—

"श्रेय अलग है और प्रेय अलग है। जो आत्मा का कल्याण चाहता है उसे चाहिए कि वह माँग के जीवन को बिल्कुल पीछे छोड़ दे।"[88]

ब्रह्मप्राप्ति के साधन के रूप में ज्ञान महत्त तत्व है। पाप के बारे में जो हमारा ज्ञान है वह चूँकि मिथ्या है इसलिए सम्यक् ज्ञान से ही इस पाप का निवारण सम्भव है। एम. हिरियन्ना के विचार में—"जन्म-मरण के चक्र में न केवल उनको पड़ना है जो सदाचारी नहीं हैं, वरन् उनको भी जो धर्म-कर्म करते हुए भी सम्यक् ज्ञान से रहित हैं।" अब यह प्रश्न उठता है कि ज्ञान क्या है?" उपनिषदों में वर्णित ज्ञान वस्तुतः किसी व्यक्ति के द्वारा नैतिक बुद्धि के साथ श्रवण और मनन के द्वारा एक सत्ता के प्रति विश्वस्त होकर बौद्धिक आस्था प्राप्त कर लेता है और फिर निदिध्यासन के द्वारा पहले तक केवल परोक्ष रूप में ज्ञात वस्तु को अपरोक्ष अनुभूति में परिणत करने में सफल हो जाता है, तब वह ज्ञान प्राप्त कर लेता है और आध्यात्मिक साधना के लक्ष्य को प्राप्त कर लेता है।"[89]

जैनेन्द्र के यहाँ इस ब्रह्मज्ञान का प्रत्यक्ष स्वीकार नहीं है पर नैतिक सदाचार के तहत आत्मज्ञान ओर आत्मवत् सबको मानने की स्वीकृति देखी जा सकती है। वहाँ कोई भी व्यक्ति त्याज्य नहीं है और न ही घृणित। औपनिषदिक सिद्धान्तों का

व्यावहारिक रूप इसी तरह जैनेन्द्र के यहाँ दिखाई देता है। वैदिक और औपनिषदिक सिद्धान्तों के अतिरिक्त जैनेन्द्र की नैतिक धारणा के निर्माण में वेदोत्तर सिद्धान्तों की भी भूमिका है। इन सिद्धान्तों में सर्वप्रथम 'कर्म' उल्लेख्य है जिसके बारे में वशिष्ठ धर्म-सूत्र में कहा गया है–"जिसका आचरण अधम है और जो सम्यक् मार्ग से च्युत हो गया है, उसे न वेद बचा सकता है, न यज्ञ और न औदार्य।"[90]

'कर्म' यहाँ आचरण का पर्याय है जिसे नैतिक रूप से स्वच्छ रहकर करने पर बल दिया गया है। नैतिक स्वच्छता रखते हुए जो श्रेष्ठ कर्म करता है, ब्रह्मचारी वही है जिसका लक्षण है–

"वह सौम्य और शांत होता है। वह अपने ऊपर पूर्ण संयम रखता है। वह नम्र और साहसी होता है। वह आलस्य का पूर्णतः त्याग कर चुका होता है और क्रोध से रहित होता है।"[91]

इसके अतिरिक्त योग और भक्ति के सिद्धान्त भी वर्जित हैं जो ब्रह्म की प्राप्ति में सहायक होते हैं।

जैनेन्द्र के यहाँ 'कर्म' की श्रेष्ठता को तो स्वीकार किया गया है, पर मध्ययुगीन सन्तों और भक्तों की तरह योग और भोग की मान्यता की स्वीकृति नहीं है। इसकी अस्वीकृति के पीछे व्यावहारिक तर्क यही है कि जैनेन्द्र-साहित्य का प्रतिपाद्य प्रेम की व्यापकता की प्रतिष्ठा और मानवीय संवेदना का सार्वभौमिक प्रसार है, इसलिए उसमें श्रेष्ठ कर्म की अपेक्षा तो है जिसमें नैतिक उदात्तता हो, पर धार्मिक सन्धान की आवश्यकता नहीं है। गांधी जी ने भी सदाचार युक्त कर्म की श्रेष्ठता पर बल दिया है और उसमें 'ब्रह्मचर्य' की महिमा बताई है। यह कार्य उन्होंने न केवल सिद्धान्त के आधार पर किया है वरन् अपने जीवन-व्यवहार में उतारकर इसका उदाहरण प्रस्तुत किया। जैनेन्द्र के लिए भी इसीलिए आचरण की शुद्धता नैतिकता का सबसे प्रभावी लक्षण लगी।

इसके अतिरिक्त जैनेन्द्र के यहाँ *गीता* और अन्य धर्मशास्त्रों में वर्णित विविध साधनात्मक नियोगों की भी स्वीकृति है जो किसी न किसी रूप में उनकी नैतिक धारणाओं को प्रभावित करते हैं। विशेषकर 'मुक्ति' की धारणा तो सबसे अहम है जिसको धर्मशास्त्रों की तरह वे भी जीवन का चरम लक्ष्य स्वीकार करते हैं, पर उनके यहाँ 'मुक्ति' मोक्ष की वह परम्परागत 'मुक्ति' नहीं है जिसमें जन्म चक्र से छुटकारा पाना है, वरन् *महाभारत* में वर्णित–"इसी जीवन मे प्राप्त हो सकनेवाली निर्विकार प्रशान्ति" है जिसे वे बार-बार 'जीवन मुक्ति' कहकर सम्बोधित करते हैं।

गांधी दर्शन और हिन्दू दर्शन के साथ-साथ जैनेन्द्र की नैतिकता सम्बन्धी धारणा के निर्माण में जैन दर्शन की भी भूमिका है, पर जैनेन्द्र में तीनों दर्शनों का सम्मिलित प्रभाव है। 'जैन' शब्द की व्युत्पति ही 'जिन' शब्द से हुई है जिसका अर्थ होता है–जेता। यानी जिसने अपने मनोवेगों पर काबू पा लिया हो। ब्रह्मचर्य इस दर्शन

के मूल में है, उसी तरह जैसे वह हिन्दू दर्शन में है और जिसे गांधी जी ने अपने चिन्तन में सबसे महत्त्वपूर्ण माना है।

जैनेन्द्र के यहाँ जैन दर्शन के पाँच में से चार व्रतों का प्रभाव आसानी से देख सकते हैं—

अहिंसा, सत्य, अस्तेय, ब्रह्मचर्य। पाँचवाँ और अन्तिम व्रत चूँकि 'अपरिग्रह' का है तथा जिसे सांसारिक जीवन जीते निभाया नहीं जा सकता, इसलिए जैनेन्द्र के यहाँ उसका प्रयोग नहीं मिलता।

जैनेन्द्र की नैतिकता सम्बन्धी धारणा के निर्माण में उपर्युक्त तत्वों का बहुत महत्त्व है क्योंकि इनमें-से किसी एक के बिना भी नैतिक सदाचार का जीवन नहीं जिया जा सकता। जैन दर्शन में आत्मिक तथा मनुष्य के सामाजिक पक्षों को भी नैतिक मानदंडों में बाँधा गया है इसलिए जैनेन्द्र की धारणाएँ इनसे भी शक्ति ग्रहण करती हैं। एम. हिरियन्ना लिखते हैं—

"जैन धर्म में नीति के सामाजिक या बाह्य पक्ष की उपेक्षा नहीं की गयी है। वह व्यष्टिगत पक्ष को केवल वहीं तक महत्व देता है जहाँ तक उसकी नीति का अंतिम लक्ष्य मनुष्य के व्यक्तित्व का विकास है।"[92]

जैनेन्द्र ने भी व्यष्टिगत पक्ष को वहीं तक महत्व दिया है जहाँ तक मनुष्य के व्यक्तित्व का विकास सम्भव है। उनके अधिकतर उपन्यासों के मुख्य चरित्र और उनके संघर्ष इस नीति के द्योतक हैं।

यह रेखांकित करने की बात है कि जैनेन्द्र में दुःखवादी बौद्ध दर्शन की स्वीकृति मिलती है। उसकी विशेषताओं में दुःखवादी प्रवृत्ति महत्त्वपूर्ण है। एम. हिरियन्ना ही कहते हैं—"जब से यह जगत चला आ रहा है, तब से जितने आँसू बहे हैं उनकी तुलना में सारे सागरों की जल-राशि भी कम है।" पर यह दुःखवाद यह नहीं निरूपित करता कि मनुष्य का जीवन केवल शोक मग्न होने के लिए ही है। वह यह बताते हुए भी कि दुःख की उत्पत्ति एक प्राकृतिक नियम के तहत होती है, जिसे जाना भी जा सकता है—उसके कारणों की खोज पर बल देता है जिससे जीवन को निर्विकार बनाकर आनन्दमय बनाया जा सके।

जापानी विचारक दाइसाकु इकेदा बौद्धधर्म की दुःखवादी धारणा को मनुष्यता की चरम करुणा मानते हैं और उसके बिना जीवन की निस्सारता घोषित करते हैं। वे कहते हैं—

"मनुष्य में दुःख का अनुभव करने के लिए अपने भीतर पीड़ित व्यक्तियों के प्रति सहानुभूति और उसके कष्टों को अपने निजी कष्ट की भाँति सम्पूर्ण तीव्रता के साथ अनुभव की क्षमता का होना आवश्यक है।"[93]

जैनेन्द्र भी मनुष्य जीवन का उच्च आदर्श इसी 'करुणा' में निहित मानते हैं जब वे 'व्यथा' के साथ जीने की श्रेष्ठता प्रमाणित करते हैं। *त्यागपत्र* में मृणाल दुनिया

की सारी पीड़ाएँ लेकर जीना चाहती है और उन्हीं मलामतों को ढोने के लिए उसे किसी की सहायता भी चाहिए, आनन्दपूर्वक जीवन जीने के लिये नहीं।

इस तरह यह दिखाई देता है कि जैनेन्द्र की नैतिकता सम्बन्धी दृष्टि में गांधी, हिन्दू, जैन तथा बौद्ध दर्शन की मानवतावादी प्रवृत्तियों का योगदान रहा है और इन्हीं से तात्विक शक्ति लेकर जैनेन्द्र ने अपनी मान्यताएँ स्थापित की हैं। एक स्तर पर यह मान्यताएँ मानवीय पहलुओं को और अधिक उदात्त बनाती हैं तथा व्यक्ति की विकसनशील सहृदयता को विस्तार देती हैं।

## नैतिकता का सामाजिक परिप्रेक्ष्य

नैतिकता का परिप्रेक्ष्य सामाजिक ही होता है इसलिए नैतिकता को सामाजिक परिप्रेक्ष्य में देखना उसकी वस्तु-स्थिति का जायजा लेना होता है। जैनेन्द्र के उपन्यासों में और स्वयं उनके विचारों में नैतिकता की बँधी-बँधाई व्यवस्था का अनुसरण नहीं मिलता, जैसाकि यथास्थितिवादियों के यहाँ दिखाई देता है। जैनेन्द्र के यहाँ नैतिक चिन्ताओं का परिप्रेक्ष्य समय और परिवर्तन पर केन्द्रित है, इसलिए वहाँ सब कुछ को ज्यों-का-त्यों स्वीकार लेने की न तो आकुलता दिखाई देगी और न ही उसके प्रति उत्कटता। वहाँ तो समय और समाज की जरूरतों को ध्यान में रखकर, युगीन संदर्भों में ग्राह्य नीति ही मिलेगी जो हमारी समाज-व्यवस्था को जड़ नहीं, गतिमान बनाती है। वैसे भी नैतिकता का आत्यंतिक पैमाना न तो खोजना सम्भव है और न उसे निभाना। समाज अपनी आवश्यकताओं के अनुरूप उसके स्वरूप को बदलता है और उसके नये मूल्य सृजित करता है। पर यह सच्चाई है कि नैतिकता के चरम मूल्य में कतिपय बदलावों के बावजूद कोई विशेष परिवर्तन सम्भव नहीं होता। मसलन रक्त सम्बन्धों-भाई-बहन, माता-पिता, पत्नी-पुत्री आदि तथा समाज के दीन-हीन लोगों के प्रति व्यवहार की दशाएँ भले बदले पर पारम्परिक नैतिकता का आदर्श किंचित संशोधनों के बाद भी वही रहता है, इसलिए भी कि वह मानव जीवन की सार्थकता और प्रासंगिकता को व्यक्त करता है। पर नैतिकता सम्बन्धी और बहुत सारे प्रश्न लगातार उत्तर पाने की प्रक्रिया से गुजरते हैं। जैनेन्द्र का नैतिक चिन्तन समाज-सापेक्षता का चिन्तन है जो युगीन सन्दर्भों मे नूतन परिवर्तन की माँग करता है। स्वयं जैनेन्द्र के शब्दों में—"मेरा हाल अब तक वैसा ही दयनीय है। यद्यपि नैतिक शब्द मुझे प्रिय है और नैतिकता का मैं कायल हूँ, पर बाहर दुनिया में नीति की रेखा कहाँ और कैसे खींची जाय कि नैतिक एक तरफ हो जाए और अनैतिक दूसरी तरफ रह जाए, यह मेरी समझ में नहीं आता। और शायद नैतिक शब्द के प्रयोग का आशय यही है कि वैसी रेखा हो और गहरी हो। इसलिए अपने सारे प्यार के बावजूद मैं उस शब्द के प्रयोग से बचा रहना चाहता हूँ। मुझे लगता है कि अपनी अनीति मुझे स्वयं

पता लगे बिना नहीं रह सकती। ऐसा उसका मान सबके अन्दर है। अनीति मुझे कष्ट देती है, सुनीति मुझे उत्तीर्ण करेगी। और इन दोनों के बारे में यदि कुछ देर के लिए मेरे मन में भ्रम पैदा भी होगा तो अनुभव से वह दुविधा मिट जाएगी और नीति-अनीति का भेद मुझ में जगकर स्पष्ट हो जाएगा।"[94]

यहाँ जैनेन्द्र ने स्पष्ट रूप से नैतिक-अनैतिक के अपने द्वैत को दिखाने की चेष्टा की है और यह बताने की भी कि नैतिकता का कोई सर्वमान्य पैमाना खींच पाना आसान नहीं है। पर नैतिक-अनैतिक का भान व्यक्ति को अपने भीतर ही हो जाता है जो अनुभव के आधार पर निर्णय लेने को प्रेरित करता है। जैनेन्द्र की ये वैयक्तिक धारणा कितनी सामयिक और सामूहिक है, यह बताने की आवश्यकता नहीं है।

जैनेन्द्र की रचनाएँ उनकी इस धारणा को व्यावहारिक आधार देती हैं क्योंकि उनमें समय की टकराहट से उपजे ऐसे सवाल सामने आते हैं जो नीति-अनीति के बीच हमें वास्तविक रुख अख्तियार करने को प्रेरित करते हैं। संस्थागत नैतिकता के पैमाने पर जैनेन्द्र के उपन्यास इसीलिए चुनौती बनकर उभरते हैं क्योंकि जब उनका परीक्षण सामाजिक सन्दर्भों के साथ किया जाता है, तब लगने लगता है कि उनके उपन्यास सामाजिक वास्तविकता से गहरे जुड़े हुए हैं।

जैनेन्द्र की नैतिक चिन्ताओं का परिप्रेक्ष्य इसलिए भी सामाजिक है क्योंकि उनमें समाज को व्यवस्था देने की बेचैनी है। यह बेचैनी उनकी रचनाओं में भी देखी जा सकती है। समाज में व्याप्त कदाचार को सहते जाने से अच्छा है कि उसकी व्याप्ति के कारणों की पड़ताल की जाए। जैनेन्द्र ने अपने स्तर पर इस प्रक्रिया को अपनाया है और कदाचार की परिणति को भयंकरता के रूप में प्रस्तुत किया है। जीवन को सारवान बनाने और उसे सक्रिय पुरुषार्थ में बदलने के लिए भी जैनेन्द्र ने नये मूल्यों की प्रस्तावना की है जिसका सामाजिक महत्त्व है।

जैनेन्द्र के यहाँ विचारों और पात्रों में निरन्तर द्वन्द्व को देखा जा सकता है। यह द्वन्द्व नये प्रश्नों को जन्म देता है जो जीवन की जटिल स्थितियों से पैदा होते हैं।

कुछ लोगों की दृष्टि में जैनेन्द्र द्वन्द्व की स्थिति में तनाव की सर्जना करते हैं। गंगा प्रसाद विमल ने लिखा है—

"जैनेन्द्र द्वन्द्व की स्थिति में उस तनाव की सर्जना करते हैं जो अनेक सन्देह और प्रश्न खड़े करता है।"[95]

बात चाहे जिस तरह से कही जाए, यह ध्वनित होता है कि जैनेन्द्र का साहित्य जीवन और जगत के द्वैत को उसकी विरोधाभासी स्थितियों में उठाता है तथा उसमें सन्देहों और प्रश्नों की सृष्टि करता है। यह संदेह और प्रश्न तनाव से पैदा होते हैं जो जीवन की नित-नयी हलचलों, समस्याओं और मूल्यों की टकराहट के परिणाम होते हैं। यही कारण है कि जैनेन्द्र के यहाँ जीवन की अन्तरंगता को नष्ट करने की

शर्त पर किसी भी तरह की जड़तावादी नीति का समर्थन नहीं मिलता। वहाँ मनुष्य को निर्धारित करने की छूट नहीं दी गयी है—इसलिए भी जैनेन्द्र की नैतिकता की सामाजिकता असंदिग्ध है।

अशोक वाजपेयी ने लिखा है—

"हमारे सार्वजनिक और नैतिक जीवन के, आस्था और अध्यात्म के, आचरण और स्त्री-पुरुष सम्बन्ध के, भाषा और कर्म के न जाने कितने प्रश्न और पहलू हैं जिन पर जैनेन्द्र कुमार ने भारतीय परम्परा में गहरे से गहरे अवस्थित होते हुए निर्भीकता और खुलेपन से विचार किया है, उनकी मानवीय स्थिति का अपने कथा शिल्प में अन्वेषण किया है।"[96]

अशोक वाजपेयी की उपर्युक्त टिप्पणी यह प्रमाणित करने के लिए काफी है कि जैनेन्द्र ने मनुष्य जीवन के नाना पहलुओं को भारतीय परम्परा में रखकर देखा है और उसकी स्थिति की पड़ताल की है। अशोक वाजपेयी ने ही आगे लिखा है—"बने बनाये समाधानों और पहले से ही गढ़े-रचे उत्तरों का संसार जैनेन्द्र की जिज्ञासा और प्रश्नाकुलता का संसार नहीं था। उन्हें अनास्था के जटिल समय में, संशय के दिग्भ्रमित करने वाले कोहरे में अपने पारम्परिक मूल्य से विच्छिन्न होते जाते समाज में आस्था की और मूल की खोज थी। पर यह खोज, अपने समय, कुहरे और विच्छिन्नता को बरकाकर नहीं उसका सीधा सामना करके थी।"[97]

जैनेन्द्र की दृष्टि में नैतिक मूल्यों की सामाजिक उपादेयता का इससे बड़ा स्वीकार भला और क्या होगा।

जैनेन्द्र की नैतिकता का आधार करुणा और प्रेम हैं, यह विदित है। उन्हें इनकी अवहेलना करनेवाला कोई मूल्य प्रासंगिक प्रतीत नहीं होता क्योंकि नैतिक मूल्यों का संचालन इन्हीं मानवीय भावों द्वारा सम्भव भी है। अंग्रेज इतिहासकार आर्नल्ड टॉयनबी ने नैतिक मूल्यों के क्षरण के इस युग मे मानों जैनेन्द्र की मान्यताओं की पुष्टि मे ही ये बातें लिख दी हैं, ऐसा लगता है—

"अपनी वर्तमान स्थिति से हमें नम्रता और निरहंकारिता प्राप्त करनी होगी और नम्रता का यह भाव ही हमें उस गरिमा की प्राप्ति के लिए प्रेरित करेगा, जिसके बिना हमारे जीवन का कोई मूल्य नहीं है और जिसके बिना हमारा जीवन सुखी नहीं रह सकता। प्रौद्योगिकी के क्षेत्र में, जिसमें मनुष्य ने इतनी तरक्की प्राप्त कर ली हैं—मानव गरिमा की प्राप्ति असम्भव है। इसे तो केवल नैतिकता के क्षेत्र में ही प्राप्त किया जा सकता है। और नैतिक उपलब्धि को मापने के लिए यह देखना होगा कि हमारे क्रिया-कलापों का नियमन किस सीमा तक करुणा और प्रेम द्वारा होता है न कि लोभ और आक्रामक प्रवृत्ति द्वारा।"[98]

जैनेन्द्र के यहाँ करुणा और प्रेम की इसी भूमिका में नैतिकता को स्वीकार किया गया है जिनके उपन्यास *त्यागपत्र* में मृणाल जैसी चरित्र अपनी करुणा में समाज

के सारे पाप बहा ले जाना चाहती है और *सुनीता* की सुनीता हरिप्रसन्न को सामाजिक जीवन में लौटा लाने के लिए अपने को समर्पित करने में भी नहीं हिचकती।

जैनेन्द्र के यहाँ जो चिन्ताएँ हैं, वे वस्तुतः इसीलिए सार्थक उपादेयता ग्रहण करती हैं कि उनमें शाश्वत-सनातन की बात नहीं है, वरन् सामाजिक-जीवन की बुनियादी धारणाओं से उनका सीधा सम्बन्ध है। विजय मोहन सिंह ने लिखा है–

"जैनेन्द्र के उपन्यासों में चिन्ताएँ सामान्यतः शाश्वत और सनातन की नहीं हैं, वे वैयक्तिक पारिवारिक तथा मनुष्य और मनुष्य के बीच सम्बन्ध की हैं, अतः इसी क्रम का अनुगमन करना चाहिए।"[99]

जैनेन्द्र की रचनाओं में उठी नैतिकता का सामाजिक परिप्रेक्ष्य इस स्तर पर भी पुष्ट होता है कि वहाँ नैतिकता का पुनर्सृजन भी समाज के विखंडन की शर्त पर नहीं है। वह समाज को कदाचार रहित बनाने और व्यवस्थित आधार देने के ख्याल से निर्मित है। यही कारण है कि जैनेन्द्र के यहाँ बार-बार व्यक्ति केन्द्र में हो आता है जो परिवार और समाज के बीच अपनी बेहतरी का संघर्ष करता है और लगातार एक विवेक सम्मत निर्णय की स्थिति से नियन्त्रित होता है। यहाँ समर्पण भी संन्यास का द्योतक नहीं है, न उसका लक्ष्य समाज निरपेक्षता है। उदाहरण के लिए *सुनीता* को देखा जा सकता है जिसमें समर्पण के बाद वापसी भी परिवार में ही होती है—एक जिम्मेदारी और एक दायित्व को पूरी तरह स्वीकार करने में। जहाँ वैयक्तिक आकांक्षाएँ बल मारती हैं और पारिवारिक सहकारों की उपेक्षा होती है, वहाँ टूटने के सिवा कुछ नहीं मिलता। *कल्याणी* और *सुखदा* जैसी चरित्र इसके उदाहरण हैं क्योंकि वे अपनी वैयक्तिक आकांक्षाओं और स्वतंत्रता को अपने पारिवारिक जीवन से महत्वपूर्ण मानती हैं। इसी के परिणामस्वरूप वे टूटती हैं जहाँ सिर्फ किए का पश्चाताप ही रह जाता हैं। विजय मोहन सिंह ने ही लिखा है–

"लग सकता है, यहाँ स्त्री का परम्परागत मिथक बरक़रार है एक छल भी दीख सकता है, हरिप्रसन्न की ओर जाने का एक दार्शनिक बौद्धिक आधार। 'प्रकृति' 'पुरुष' की दार्शनिक सांख्य अवधारणा है लेकिन जो स्वाभाविक है और जो इस परम्परागत नैतिक द्वन्द्व से उत्पन्न होता है वह यह है कि मूलतः सुनीता को पत्नीत्व की ओर लौटना है, सतीत्व की ओर लौटना है। अपनी संपूर्णता मे वह 'नयी नारी' है निष्कर्षों में भले न हो।"[100]

ज्ञातव्य है कि श्रीकांत के निर्देश पर सुनीता हरिप्रसन्न जैसे नीरस और परिवार विरोधी व्यक्ति को पारिवारिक जीवन में लौटाने के लिए समर्पित होती है और स्वयं भी अपने परिवार में लौटती है। यह नैतिकता का सामाजिक परिप्रेक्ष्य ही है जो एक नयी भूमिका के साथ हमारे समक्ष आता है, एक नयी नारी के साथ। जैनेन्द्र पति-पत्नी के बीच जब सहकार और परस्पर में विलय की बात करते हैं तो उनका आशय यही होता है कि जो कुछ उनके बीच हो, वह सद्‌भाव से ही हो। विषय-विकार

से प्रेरित होकर पति-पत्नी के बीच तलाक जैसी स्थिति का वे समर्थन नहीं करते। वे स्पष्ट कहते हैं—

"थोड़ी देर के लिए समझिए कि पति पुंसत्वहीन है, अथवा कि स्त्री वन्ध्या है. ..आदि स्थितियों में सम्बन्ध-विच्छेद नाजायज नहीं ठहाराया जा सकता। थोड़ी देर के लिए समझिए कि पति स्वयं पुंसत्वहीन है, किन्तु पत्नी की गोद वह भरी हुई देखना चाहता है; पत्नी तो स्वयं सन्तति के लिए इतनी विह्वल नहीं है और वह अपने इसी पति के साथ अपना नेम निबाहने को तैयार है। पर पति को अपने कर्तव्य की चिन्ता है। ऐसी स्थिति में पति समझा-बुझाकर अपने पतित्व के अधिकार से पत्नी को साग्रह मुक्त कर सकता है। ऐसे ही वन्ध्या स्त्री अपने पति के कुल के नाम उजागर रहा देखना चाहती है, तो वह पति को अनुरोधपूर्वक दूसरे विवाह के लिए कह सकती है। अभिप्राय यह कि जहाँ प्रेरणा सद्भावना की है, विषय-सेवन की नहीं है, वहाँ विच्छेद अनुचित नहीं है। विषय-तृष्णा की खातिर किए गये तलाक का समर्थन मुझसे न होगा।"[101]

जैनेन्द्र के उपर्युक्त विचार को देखते हुए यह सहज ही समझ में आ सकता है कि उनमें परिवार की किस हद तक चिंता थी और वे उसकी व्यवस्था को स्थाई आधार देने के निमित्त कैसी तार्किक और वैज्ञानिक सोच रखते थे। जैनेन्द्र यह धारणा भी नैतिकता को उसकी नयी सामाजिक उपादेयता से जोड़ते हैं और उसे एक नये परिप्रेक्ष्य से सम्बद्ध करते हैं। उन्हें विखंडन और विनाश की कीमत पर किसी भी तरह की स्वतंत्रता या अधिकार की माँग स्वीकार नहीं है। इसका कारण यही है कि वे मानते हैं कि व्यक्ति अपने में न तो सम्पूर्ण है और न ही उसकी सार्थकता अकेले होने में सिद्ध हो सकती है।

जैनेन्द्र ने ही लिखा है—

"अपने सच्चे 'स्व' के इंकार पर तो समाज मजबूत नहीं बनेगा। समाज पनपेगा तो अपने 'स्व' के हार्दिक समर्पण से पनपेगा। जैसे विनय हार्दिक ही हो सकती है, निरे-नियमाचार की विनय नुकसान पहुँचा सकती है, वैसे ही समाज-विधान के प्रति व्यक्ति में यदि हार्दिक सम्मान है, तब तो ठीक है। नहीं तो, सिर्फ जाहिरदारी बरतना काफी नहीं है।"[102]

कहना आवश्यक नहीं है कि समाज-व्यवस्था की यह चिन्ता जैनेन्द्र के नैतिक मानदंडों की ही चिन्ता है जहाँ समाज के मजबूत संगठन पर बल है।

पर यह भी ध्यातव्य है कि जैनेन्द्र हर हाल में समाज के बन्धन को स्वीकार नहीं करते। समाज की सड़ी-गली मान्यताएँ उन्हें किसी भी स्थिति में स्वीकार्य नहीं हैं। स्वीकार्य होतीं तो प्रेम का मुक्त समर्थन और सतीत्व की नयी अवधारणा जैनेन्द्र से देते नहीं बनता। पतिव्रता और सतीत्व की जैनेन्द्रीय व्याख्या को प्रासंगिक बताते हुए विष्णु खरे ने लिखा है—

" 'पतिव्रता' और 'सती'—हिन्दू परम्परा से यह शब्द जैनेन्द्र स्त्रियों के लिए लेते हैं, लेकिन उन्हें नितांत निजी अर्थ देते हैं। 'पतिव्रता' वे उसे कहते हैं जिसे समाज ने एक व्यक्ति की पत्नी माना हो और जो पति नामक एक पुरुष की पत्नी नामक स्त्री बनकर समर्पित हो गयी हो। जबकि 'सती' वह है जो एक पुरुष चाहना के बन्धन से मुक्त होने की कामना करे तो वह उसे मुक्त हो जाने दे।"[103]

हिन्दू परम्परा में 'सती' या 'पतिव्रता' की ऐसी विरोधी असंगति नहीं है जो यहाँ दिखाई देती है। जैनेन्द्र का 'सतीत्व' प्रेम का प्रतीक है जहाँ बाध्यता निरे पाखंड के सिवा कुछ नहीं है जबकि 'पातिव्रत्य' सर्वस्व समर्पण। जैनेन्द्र के नैतिक मानदंडों की सामाजिक उपादेयता का एक स्तर यह भी है जिसमें मानवीय भावों को इतनी प्रमुखता मिली है।

जैनेन्द्र की उपादेयता और प्रासंगिकता पर नंददुलारे वाजपेयी लिखते हैं—

"विषय को अन्त तक पाठक की जिज्ञासा में बनाए रखने की क्षमता जैनेन्द्र जी में है। ऊपरी दृष्टि से देखनेवाले पाठकों को जैनेन्द्र जी गांधीवादी और अपने नये उपन्यासों में समाजवादी तक दिखाई पड़ते हैं। इनका कुछ और अर्थ हो या न हो, इतना अर्थ तो है ही कि उनके उपन्यासों में समाज की नवीनतम प्रगतियों के, नवीनतम भावधाराओं और विचारों के दर्शन होते है।"[104]

जैनेन्द्र ने अपने चिन्तन और सृजन में नित-नूतन और नवीन स्थितियों को सामने रखकर समाज को देखा-परखा है, इसलिए उनके यहाँ समाज निरपेक्ष नैतिकता या आस्था के लिए कोई जगह नहीं है। उन्होंने युग-यथार्थ और पश्चिमी सभ्यता के समानान्तर भारतीय समाज को रखकर देखा है और तब ऐसी मान्यताएँ निर्धारित की हैं जो उसके सुदृढ़ आधार और वैज्ञानिक विकास के लिए बलवती हों। जैनेन्द्र की नैतिक मान्यताओं की समाज-सापेक्षता का एक स्तर यह भी है।

इस प्रकार यह दिखाई देता है कि जैनेन्द्र अपने चिन्तन तथा सृजन मे नैतिक मूल्यों के सामाजिक प्रवक्ता रहे हैं जिनके यहाँ समाज, परिवार और राष्ट्रीय मूल्यों की व्यापक चिन्ताएँ देखी जा सकती हैं। महत्वूपर्ण स्थिति तो यह है कि जैनेन्द्र की नैतिक चिन्ताएँ कहीं भी आत्यंतिक मूल्य का निर्धारण नहीं करतीं क्योंकि उनके विचार में समाज परिवर्नशील है और उसे किसी बाध्यता से रोका नहीं जा सकता। समाज की गति स्वयं अपने अनुकूल स्थितियाँ बनाती है और उस पर चलना होता है। पर युगीन जीवन-स्थितियों के सन्दर्भ में जैनेन्द्र ने जो नैतिक मान्यताएँ दीं उनका दूरगामी महत्त्व है और तब और भी जब ध्रुवीकरण के इस दौर में व्यापक मानवी सभ्यता का सीधा सम्बन्ध स्थापित हो गया है। उनकी नैतिकता का हेतु ही है—मनुष्य-जीवन की सार्थकता, जिसमें उत्कृष्ट जीवन मूल्यों का समर्थन है और जिसका आधार प्रेम तथा करुणा है।

## सन्दर्भ


1. 'परख'–जैनेन्द्र, पूर्वोदय प्रकाशन, पृ. 29
2. 'सुनीता'–जैनेन्द्र, पूर्वोदय प्रकाशन, पृ. 18
3. 'त्यागपत्र'–जैनेन्द्र, पूर्वोदय प्रकाशन, पृ. 62
4. 'कल्याणी'–जैनेन्द, पूर्वोदय प्रकाशन, पृ. 140
5. 'सुखदा'–जैनेन्द्र, पूर्वोदय प्रकाशन, पृ. 3
6. 'विवर्त'–जैनेन्द्र, पूर्वोदय प्रकाशन, पृ. 179
7. 'व्यतीत'–जैनेन्द्र, पूर्वोदय प्रकाशन, पृ. 85
8. 'जयवर्द्धन'–जैनेन्द्र, पूर्वोदय प्रकाशन, पृ. 99
9. 'मुक्तिबोध'–जैनेन्द्र, पूर्वोदय प्रकाशन, पृ. 123
10. 'अनन्तर'–जैनेन्द्र, पूर्वोदय प्रकाशन, पृ. 29
11. वही, जैनेन्द्र, पूर्वोदय प्रकाशन, पृ. 29
12. 'अनामस्वामी'–जैनेन्द्र, पूर्वोदय प्रकाशन, पृ. 171
13. वहीं, जैनेन्द, पूर्वोदय प्रकाशन, पृ. 214
14. 'दशार्क'–जैनेन्द्र, कवर 2,3 (फ्लैप)
15. वही, जैनेन्द्र, पूर्वोदय प्रकाशन, पृ. 57
16. 'दर्शन : स्वरूप, समस्याएँ तथा जीवन दृष्टि–डॉ. देवराज, नेशनल पब्लिशिंग हाउस, नयी दिल्ली, पृ. 106.
17. 'कर्ण पर्व'- महाभारत, 6, 5, राधाकृष्णन् द्वारा 'भारतीय दर्शन' मे उद्धृत, पृ. 415
18. 'शान्ति पर्व'– महाभारत– वेदव्यास, 3: 181, 42 राधाकृष्ण द्वारा 'भारतीय दर्शन' में उद्धृत, पृ. 466
19. 'नीतिशास्त्र का सर्वेक्षण'- संगम लाल पाण्डेय, सेन्ट्रल पब्लिशिंग हाउस, इलाहाबाद, पृ. 21
20. 'दर्शन : स्वरूप, समस्याएँ तथा जीवन दृष्टि', पृ. 111
21. 'भारतीय परम्परा के मूल स्वर'- गोविन्दचन्द्र पाण्डेय, नेशनल पब्लिशिंग हाउस, नयी दिल्ली, पृ. 6
22. 'इंटरनेशनल साइक्लोपीडिया ऑफ़ एथिक्स' सम्पादित-जोनाक रॉथ, फिज़ारी डियरबॉर्न पब्लिशर्स, पृ. 575
23. वही, पृ. 569
24. 'दर्शन : स्वरूप, समस्याएँ तथा जीवन दृष्टि', पृ. 110
25. 'नया साहित्य : नये प्रश्न'- नन्ददुलारे वाजपेयी, पृ. 184 डॉ. सत्येन्द्र द्वारा संपादित 'सुखदा उपन्यास की विवेचना' से उद्धृत, पृ. 225
26. 'जयवर्द्धन की पहचान'- विजय कुलश्रेष्ठ (सं. रामदरश मिश्र), पृ. 26 विनयमोहन शर्मा द्वारा सम्पादित 'मुक्तिबोध उपन्यास की विवेचना' से उद्धृत, पृ. 20
27. 'विवेक के रंग'- सं. देवीशंकर अवस्थी, लेख-'पकड़ से बाहर का यथार्थ' यशपाल, वाणी प्रकाशन, नयी दिल्ली, पृ. 179

28. 'चिन्तना दिशाएँ और सुखदा' ('सुखदा' उपन्यास की विवेचना—सं. डॉ. सत्येन्द्र) विजय कुलश्रेष्ठ, पूर्वोदय प्रकाशन, नई दिल्ली, पृ. 134
29. वही, पृ. 134
30. जैनेन्द्र का जीवन-दर्शन—कुसुम पुरी, पृ. 21. डॉ. सत्येन्द्र द्वारा संपादित 'सुखदा उपन्यास का विवेचना' से उद्धृत, पृ. 134
31. 'समय और हम'- जैनेन्द्र, पूर्वोदय प्रकाशन, नयी दिल्ली, पृ. 571. डॉ. सत्येन्द्र द्वारा संपादित 'सुखदा उपन्यास की विवेचना' से उद्धृत, पृ. 135
32. 'समय, समस्या और सिद्धांत'- जैनेन्द्र, डॉ. सत्येन्द्र द्वारा संपादित 'सुखदा उपन्यास की विवेचना' से उद्धृत, पृ. 136 पूर्वोदय प्रकाशन, पृ. 133
33. वही, पृ. 133
34. 'हिन्दी उपन्यास-शास्त्रीय विवेचन'- डॉ. चंडी प्रसाद जोशी, पृ. 308 डॉ. सत्येन्द्र द्वारा सम्पादित, 'सुखदा उपन्यास की विवेचना' से उद्धृत, पृ. 137
35. सारिका, जनवरी 1989, पृ. 45
36. 'नारी'- जैनेन्द्र, पूर्वोदय प्रकाशन, पृ. 109
37. वही, पृ. 109, 110
38. 'त्यागपत्र'- जैनेन्द्र, पूर्वोदय प्रकाशन, पृ. 53
39. 'नारी'- जैनेन्द्र, पूर्वोदय प्रकाशन, पृ. 110
40. 'सुखदा'- जैनेन्द्र, पृ. 87
41. 'हिन्दी साहित्य : बीसवीं शताब्दी'- नंददुलारे वाजपेयी, लोक भारती प्रकाशन, इलाहाबाद, पृ. 198
42. 'काम, प्रेम और परिवार'- जैनेन्द्र, पूर्वोदय प्रकाशन, पृ. 19
43. वही, पृ. 19
44. 'सुखदा'- जैनेन्द्र, पूर्वोदय प्रकाशन, पृ. 87
45. 'सम्पूर्ण गांधी वांङ्मय', प्रकाशन विभाग, नयी दिल्ली, खंड 30, पृ. 392
46. 'जयवर्द्धन'- जैनेन्द्र, पृ. 188
47. 'मनुस्मृति' : 9; 96 ('भारतीय दर्शन' मे राधाकृष्णन् द्वारा उद्धृत, पृ. 467)
48. 'भारतीय दर्शन'- राधाकृष्णन्, राजपाल, एण्ड सन्ज, दिल्ली, पृ. 467
49. 'दशार्क'- जैनेन्द्र, पूर्वोदय प्रकाशन, पृ. 76
50. 'संपूर्ण गांधी वाङ्मय', प्रकाशन विभाग, नयी दिल्ली, खंड- 30, पृ. 342
51. 'व्यतीत'- जैनेन्द्र, पृ. 45
52. 'कल्याणी'- जैनेन्द्र, पृ. 140
53. 'मुक्तिबोध'- जैनेन्द्र, पृ. 59
54. 'जैनेन्द्र और उनके निबन्धों का नवमूल्यांकन'- राजेन्द्र मोहन भटनागर, पूर्वोदय प्रकाशन, पृ. 136

55. 'अनामस्वामी'- जैनेन्द्र, पृ. 17
56. 'पत्र : युवा कवि के नाम' राइनेर मारिया रिल्के, नेशनल पब्लिशिंग हाउस, नयी दिल्ली, पृ. 41
57. 'मुक्तिबोध उपन्यास की विवेचना' (सं. विनय मोहन शर्मा) पूर्वोदय प्रकाशन, पृ. 58
58. 'जयवर्द्धन'- जैनेन्द्र, पृ. 35
59. कमला रत्नम, मधुमती, फरवरी 1989, पृ. 81
60. 'नारी'- जैनेन्द्र, पूर्वोदय प्रकाशन, पृ. 95
61. 'दशार्क'- जैनेन्द्र, पृ. 221
62. 'जयवर्द्धन'- जैनेन्द्र, पृ. 237
63. वही, पृ. 238
64. 'नारी'- जैनेन्द्र, पृ. 24
65. वही, पृ. 18
66. 'व्यतीत'- जैनेन्द्र, पृ. 85
67. 'सुनीता'- जैनेन्द्र, पृ. 177
68. 'जैनेन्द्र के उपन्यास : मर्म की तलाश'- चन्द्रकांत बांदिवडेकर, पूर्वोदय प्रकाशन, पृ. 129
69. 'कल्याणी', पृ. 17
70. 'त्यागपत्र', पृ. 28
71. 'जयवर्द्धन', पृ. 28
72. वही, पृ. 41
73. वही, पृ. 109
74. 'परिप्रेक्ष्य'- जैनेन्द्र, पूर्वोदय प्रकाशन, पृ. 117
75. वही, पृ. 117
76. वही, पृ. 90
77. 'त्यागपत्र', पृ. 55
78. वही, पृ. 69
79. 'सृजनात्मक जीवन की ओर', ऑक्सफोर्ड यूनिवर्सिटी प्रेस, दिल्ली, पृ. 377
80. 'सभ्यता का विकल्प'- नंदकिशोर आचार्य, वाग्देवी प्रकाशन, बीकानेर, पृ. 71
81. वही, पृ. 71
82. वही, पृ. 71
83. वही, पृ. 72
84. वही, पृ. 21
85. 'भारतीय दर्शन की रूपरेखा'- एम. हिरियन्ना, राजकमल प्रकाशन, पृ. 53
86. वही, पृ. 54

87. वही, पृ. 74
88. वही, पृ. 78
89. वही, पृ. 76
90. वही, पृ. 108
91. वही, पृ. 108
92. वही, पृ. 108
93. 'सृजनात्मक जीवन की ओर', उद्धृत 366-367
94. 'परिप्रेक्ष्य' पृ. 88-89
95. 'आधुनिकता के तत्व'- गंगा प्रसाद विमल, मैकमिलन प्रकाशन, नयी दिल्ली, पृ. 17
96. 'जैनेन्द्र की आवाज' सं. : अशोक वाजपेयी, पूर्वोदय प्रकाशन, पृ. 10
97. वही, पृ. 11
98. 'सृजनात्मक जीवन की ओर'- (चूज लाइफ का हिन्दी अनुवाद) में आर्नल्ड टॉयनबी, पृ. 378
99. 'जैनेन्द्र की आवाज'- सं. अशोक वाजपेयी, पृ. 112
100. वही, पृ. 113
101. 'प्रस्तुत प्रश्न'- जैनेन्द्र, पूर्वोदय प्रकाशन, पृ. 68
102. वही, पृ. 61
103. 'समीक्षा दशक'- सम्पादक-निर्मला जैन, हिन्दी अकादमी प्रकाशन, पृ. 297
104. 'युग चेतना', सम्पादक देवराज, लखनऊ-मार्च 1955, पृ. 25

# स्त्री की स्वतन्त्रता : प्रेम और परिवार

सृष्टि में स्त्री और पुरुष की समान सहभागिता होती है, इसमें कोई किसी से अपनी विशिष्ट महत्ता का दावा नहीं कर सकता। पर विश्व में मानव-सभ्यता के विकास के साथ प्रायः यही होता रहा है कि स्त्रियों पर पुरुष की प्रधानता क्रमशः बढ़ती रही है। चाहे कोई युग हो, चाहे कोई काल हो—यह तीखा सच दुनिया भर में प्रमाणित होता रहा है कि पुरुष सत्ता का नियन्ता है और स्त्री उसकी सेविका। ऐसा होने के पीछे एक बड़ा तर्क यह रहा है कि समाज-व्यवस्था में पुरुषों की प्रधानता रही है। पुरुष ने अपनी सुविधा के लिए समाज-व्यवस्था के नियम निर्धारित किये, उसके विधान बनाये और अपने को इसकी जकड़बंदियों से मुक्त रखा। सामाजिक नियमों की सख़्ती स्त्रियों के लिए मानो स्वाभाविक हो चली। स्त्री की सीमाएँ निर्धारित हुईं, सम्बन्ध नियंत्रित हुए और पुरुष-प्रधान समाज की कथित 'प्रतिष्ठा' इससे जुड़ गयी। स्त्री अगर समाज-व्यवस्था की मर्यादा तोड़ती है तो इससे समाज, परिवार तथा सम्बन्धों की 'प्रतिष्ठा' चली जाती है। उसके लिए घर की चहारदीवारी ही दुनिया है, जहाँ उसके सुख और दुःख दोनों पलते हैं, जहाँ उसके आँसू कोई देख नहीं सकता, जहाँ उसकी वेदना कोई जान नहीं सकता, बस; एक करुणा और दीनता की मूर्ति बनी यह नारी अपने लिए नहीं, पति के लिए, बच्चों के लिए और समग्रतः परिवार के लिए जीती है।

इस पूरी प्रक्रिया में उसे मर-मर कर जीना होता है, जहाँ न तो उसकी निजता सुरक्षित रहती है न स्वत्व। भारतीय समाज में स्त्री की यह दशा सदियों से चली आ रही है जिसे कभी भी और किसी भी तरह से लगातार शोषित किया जाता है। स्त्री के लिए स्वतन्त्रता की बात करना, बेमानी और वितंडा का काम रहा है; इसमें भला प्रेम और उसके वैयक्तिक निर्णय पर बहस करना तो किसी अपराध से गुजरने जैसा है।

ऐसी विकट स्थितियों में जैनेन्द्र ने अपने साहित्य में स्त्री को अपने अधिकारों के लिए न केवल सचेत होने को प्रेरित किया, बल्कि कई स्तरों पर उसे संघर्ष के लिए जगाया। यह नारी हिन्दी कथा-साहित्य में नयी नारी थी जिसे अपने लिए पुरातन संस्थागत नैतिकता से अलग नयी नैतिकता की जरूरत पड़ी और जैनेन्द्र ने

उन्हें यह मुहैया कराया। जैनेन्द्र की ये नारियाँ परिवार को या तो सुदृढ़ करती हैं या उसे टूटते देख खुद टूटती हैं। परिवार की रक्षा में ऐसा नहीं है कि ये नारियाँ अपने को खो देती हैं। अपने को खो देने की शर्त पर उन्हें कुछ और नहीं तो प्रेम अवश्य चाहिए, और उसे वह पाती हैं। जैनेन्द्र की नारियाँ विविध हैं—अपनी समस्याओं, स्थितियों, भूमिकाओं और चरित्रों में। इन नारियों में वक्तृता है, अपने प्रश्नों से लड़ने के तर्क हैं, और किसी भी स्थिति का सामना करने की शक्ति है। इसीलिए बहुत बार उनकी विश्वसनीयता पर सन्देह होने लगता है, पर सच्चाई तो यही है कि ये नारियाँ आजाद भारत से पूर्व निर्मित ऐसी नारियाँ हैं जो आनेवाले भारतीय समाज की छवि प्रस्तुत करती हैं।

जैनेन्द्र स्वयं परिवार की मजबूती से समाज तथा समाज की मजबूती में देश की ताकत देखते हैं। उनकी नारियाँ परिवार को एक तार्किक व्यवस्था का रूप देने की चेष्टा करती हैं जिसमें वे दाम्पत्य और घरेलू जवाबदेहियों के बीच समन्वय कर अपनी निजता की सुरक्षा कर सकें। जैनेन्द्र की दृष्टि में परिवार की व्यवस्था के लिए स्त्री, पुरुष की अपेक्षा अधिक उपयुक्त पात्र है। और उसकी इस पात्रता में कहीं हीनता या उपेक्षा का भाव नहीं मानना चाहिए। उनका कथन है—

"यदि घर-परिवार के अन्तर्वृत्त को युक्त और व्यवस्थित रहना है तो इसका दायित्व किसी न किसी पर आएगा : स्त्री यदि उस दायित्व के लिए उपयुक्त ठहरती है तो इसमें उसकी पात्रता का और योग्यता का पुरस्कार और पुरुषार्थ ही है, कोई लघुता या हीनता का भाव नहीं।"[1]

जैनेन्द्र की यह नारी जैसे परिवार के दायित्व का एक विशेषाधिकार लेकर आयी है जिसमें यह हीनता नहीं है कि वह ही घरेलू चक्कियों में क्यों पिसती रहे। यह नारी वस्तुतः प्रेमचन्दयुगीन नारियों से इस स्तर पर अलग है कि इसमें परिवार पुरातन आदर्श का एक दमघोंटू जखीरा भर नहीं है, वह मनुष्यता और भौतिक विकास का एक केन्द्र भी है जहाँ पूरी तत्परता से उपस्थित रह कर ये नारियाँ अपने स्वत्व तथा आकांक्षाओं की लड़ाई लड़ती हैं और शक्ति पाती हैं।

परिवार और प्रेम स्त्री की स्वाधीनता के दो क्षेत्र हैं। इन दोनों क्षेत्रों में जैनेन्द्र की स्त्रियाँ स्वतंत्रता पाने का प्रयत्न करती हैं और पाती हैं। जैनेन्द्र के यहाँ परिवार का बड़ा महत्त्वपूर्ण स्थान है। वह स्त्री स्वाधीनता का न केवल क्षेत्र या केन्द्र है, वरन् एक प्रयोग-भूमि भी है। वहाँ रहकर स्वतंत्रता की लड़ाई हो सकती है जिसमें स्त्री जाति अपनी पहचान को पा सकती है। पर यह भी कम विचारणीय नहीं है कि जैनेन्द्र की स्त्रियाँ अपनी स्वाधीनता के निमित्त उस परिवार की परवाह नहीं करतीं, जिसमें उनके लिए कोई उम्मीद बाकी ही नहीं है। वह उसकी मर्यादा तथा उसकी रूढ़ियों को एक झटके में ध्वस्त करके वही करती हैं जो उन्हें करना चाहिए। बहुत बार ऐसी स्वतन्त्रता की हामी औरतें परिवार की तबाही के साथ स्वयं भी तबाह होती हैं, उनके दाम्पत्य टूटते

हैं तथा वे स्वयं पछताती हैं कि उन्होंने ऐसा क्यों किया? दिलचस्प तो यह है कि यह पश्चाताप वहीं है जहाँ नारियाँ अपनी स्वतन्त्रता के नाम पर लगातार भागती जाती हैं, कहीं ठहरती नहीं। उन्हें उनकी महत्वाकांक्षाएँ ही डूबाती हैं।

जैनेन्द्र के यहाँ नारियों का एक वर्ग ऐसा भी है जो अपने को तोड़कर भी परिवार की और उसकी मर्यादाओं की रक्षा करता है। इस वर्ग की नारियाँ परिवार और समाज की सुदृढ़ व्यवस्था की हिमायत करती हैं, पर उनकी विडंबना यह है कि इन्हीं व्यवस्थाओं के कारण उनकी तबाही होती है तथा वे टूटती हैं।

जैनेन्द्र के यहाँ नारी स्वतन्त्रता का जो दूसरा क्षेत्र है—प्रेम, वह अनेक सामाजिक विरूपताओं का उद्घाटक है तथा नारियों को उनकी दिव्यता प्रदान करता है। प्रेम यहाँ व्यापक है। वह एक साथ सहना, महसूस करना, खो देना, टूट जाना और प्राप्तव्य का नाम भी है। यह प्रेम जैनेन्द्र के यहाँ विस्तृत है और नारी स्वाधीनता के क्षेत्र में परिवार से उसे कम महत्त्व प्राप्त नहीं है। जैनेन्द्र ने तो प्रेम को इतना महत्त्व दिया है कि उसको 'मर्यादाओं का स्रष्टा' तक कह डाला है। उन्हीं के शब्दों में—

"प्रेम से मर्यादाओं की सृष्टि होती है। अप्रेम ही उन्हें भ्रष्ट करता है। दरअसल अपने आभ्यन्तर में हम प्रेम ही हैं। इससे आत्मानुसारी वर्तन मर्यादाशील होता है और सामाजिक रेखाओं का निर्माण करता है। दीख-भर सकता है कि इससे मर्यादा-भंग हो रहा है, पर वह भ्रम है। जीर्ण रूढ़ि ही उससे टूट सकती है कि नयी सजीव मर्यादा-रेखा का उसकी जगह उद्भव हो।"[2]

स्त्री की स्वतन्त्रता में जैनेन्द्र ने जिस प्रेम की महत्ता स्वीकार की है, वह प्रेम निरा भोगवादी प्रेम नहीं है और न ही कुत्सित यौनेच्छा। वह एक सुखद और आत्मीय अनुभव का नाम है जिसकी अनुभूति मात्र से व्यक्ति स्पंदित हो उठता है और उसकी सारी कलुषता धुल जाती है। प्रेम जैनेन्द्र के यहाँ अपने व्यापक आधारों के साथ प्रतिष्ठित है। जैनेन्द्र ने ही लिखा है—

"प्रेम तो क्षण को भी शाश्वत बनाता है। प्रेम दावे को नहीं सह सकता। जहाँ अधिकार है, वहाँ ही प्रेम के न रहने की सम्भावना हो जाती है।"[3]

जैनेन्द्र के यहाँ प्रेम की व्यापकता स्वीकार्य है, बन्धन नहीं। इसी तरह परिवार की सुदृढ़ व्यवस्था स्वीकार्य है जिसमें सहकार और सद्भाव का वातावरण हो। यहाँ दुर्भाव और कुत्सित आकांक्षाओं के लिए जगह नहीं है, पर वह परिवार भी उन्हे मान्य नहीं है जहाँ स्त्री-पुरुष के अहं टकराते हैं और वे विवशता में अपने को ढोये जाते हैं।

## स्त्री की स्वतन्त्रता : जैनेन्द्र की दृष्टि

'गृहस्थाश्रम कारागार नहीं है, बल्कि मुक्ति का द्वार होने के लिये है।'

जैनेन्द्र—*काम, प्रेम और परिवार,* पृ. 85

स्त्री की स्वतन्त्रता का प्रश्न बहुत विकट और जटिल है। इस प्रश्न को अपने-अपने ढंग से दुनिया भर के विचारकों, साहित्यिकों ने समझने की कोशिश की है, जैनेन्द्र ने भी अपने ढंग से इसे समझा है। स्त्री की स्वतन्त्रता को जैनेन्द्र सतीत्व के आदर्श से जोड़ते हैं और मानते हैं कि उसकी स्वतन्त्रता बाहरी मलिनताओं से मुक्त होकर अपने आदर्श की साधना में ही है। यह आदर्श सतीत्व का आदर्श है। जैनेन्द्र ने लिखा है–

"नारी के लिए मेरे ध्यान में परम आदर्श सतीत्व ही है। उसमें स्त्री के लिए अपने स्वरूप की सम्पूर्ण स्वीकृति है। यह गलत है कि स्त्री मातृत्व से विमुख कुछ चाहती है। दूसरी चाह विकार है, वे स्त्री का स्वरूप नहीं, विरूप हैं। उस स्वरूप-साधना का ही नाम सतीत्व है। पति नामक पुरुष सिर्फ उसमें उपादान है, अन्यथा सतीत्व स्त्री की स्वतन्त्र साधना है। स्त्री उसी पद्धति से समष्टि लाभ के योग्य बनती है। दूसरी कोई स्वतन्त्रता स्त्री के लिए भ्रम है। आर्थिक जैसी स्वतन्त्रता में से वह अपने को सार्थक नहीं पा सकती। गृहिणी धर्म में ही उसकी समुचित परितृप्ति है।"[4]

यानी जैनेन्द्र के विचार में स्त्री की स्वतन्त्रता स्वतन्त्रतापूर्वक सतीत्व निभाने में है। वह सतीत्व जिसमें मातृत्व हो और जिसमें गृहस्थ धर्म के प्रति निष्ठा हो। अब यदि 'सतीत्व' की बात करें तो इस 'आदर्श' को स्पष्ट करने में मदद मिल सकती है। जैनेन्द्र की मान्यता है कि स्त्री के लिए स्त्रीत्व से बाहर कुछ है नहीं। पुरुषों के प्रति स्पर्धा ही उसकी पराधीनता है, जो नारी उनकी इस मान्यता पर खरी उतरती है, वस्तुतः उसे ही वे 'सती' कहते हैं–

"यानी वह स्त्री बनी है तो स्त्रीत्व से बाहर अपनी सार्थकता देखने की हठ न रखे। पुरुष के पौरुष की स्पर्धा में न पड़े। बल्कि उसे उसी रूप में अपने में धारण कर कृतार्थता अनुभव करे। सतीत्व का यही मतलब है।"[5]

जैनेन्द्र की सतीत्व सम्बन्धी यह मान्यता यह घोषित करती है कि नारी-स्वाधीनता इसमें नहीं है कि कोई स्त्री, पुरुष के पौरूष की स्पर्धा करने लगे और अपने स्त्रीत्व को भूल जाए। पर यहाँ यह तय करने में कठिनाई आती है कि स्त्रीत्व वस्तुतः है क्या; जिसके बाहर आना स्त्री के लिए सुखद नहीं है। इस प्रश्न के समाधान के लिए पुनः जैनेन्द्र को देखना होगा–

"मातृत्व स्त्रीत्व का ही एक रूप है। माता न भी बने तो भी स्त्री-स्त्री है ऐसी हालत में भी पुरुष से तो वह भिन्न ही है।"[6]

'सतीत्व' मातृत्व का ही एक रूप है, पर जरूरी नहीं कि स्त्री वह माता भी बने और उसकी सन्तति हो। इस 'सतीत्व' को जैनेन्द्र के ही 'पातिव्रत्य' से अलगाते हुए विष्णु खरे ने लिखा है–

" 'पतिव्रता' और 'सती'–हिन्दू परम्परा से यह दोनों शब्द जैनेन्द्र स्त्रियों के लिए लेते हैं, लेकिन उन्हें नितान्त निजी अर्थ देते हैं। 'पतिव्रता' वे उसे कहते हैं जिसे समाज ने एक व्यक्ति की पत्नी माना हो और जो पति नामक एक पुरुष की पत्नी नामक एक स्त्री बनकर समर्पित हो गयी हो। जबकि 'सती' वह है जो एक पुरुष को चाहे और यहाँ तक चाहे कि वह उसकी चाहना के बन्धन से मुक्त होने की कामना करे तो वह उसे मुक्त हो जाने दे। इन व्याख्याओं से ही साफ है कि जैनेन्द्र 'पतिव्रता' और 'सती' को समानार्थी नहीं मानते बल्कि परस्परविरोधी मानते हैं। या हम चाहें तो इतनी रियायत मान सकते हैं कि जैनेन्द्र की दुनिया में 'सती' चाहे तो 'पतिव्रता' भी हो सकती है लेकिन 'पतिव्रता' के लिए सतीत्व के दरवाजे बन्द हो चुके हैं।"[7]

यानी जैनेन्द्र की दृष्टि में स्त्री का स्त्रीत्व उसके 'सतीत्व' में ही है जो किसी को चाहते हुए भी मुक्त होना चाहे तो सहज ही मुक्त हो जाए और किसी तरह का विकार न आ पाए। नारी का यही आदर्श जैनेन्द्र का 'सतीत्व' है जिसे वे सिर्फ कहते भर नहीं हैं, उसकी प्रतिष्ठा करके उसकी महिमा का बखान भी करते हैं–

"*त्यागपत्र* उपन्यास में मृणाल पति के घर से बाहर निकलकर एक अपरूप पुरुष के साथ रहती है और कहती है कि पति जब मुझे नहीं चाहते थे तो क्या मैं अपने को उन पर लादे रहती? ये क्या पातिव्रत्य होता, सतीत्व कहलाता? और जिसके साथ रह रही है–पूरी तरह जानती है कि वह उसे निभा सकेगा नहीं। फिर भी सेवा में उसकी तनिक भी चूक नहीं होती। इतना ही नहीं, इस पर वह जानती है बल्कि प्रयत्नशील रहती है कि वह एक दिन उससे ऊब जाएगा, एक दिन उससे ऊब जाए। इसमें एक अजब प्रकार का आत्मोत्सर्ग देखा जा सकता है। मैं इसको सतीत्व मानता हूँ और ज्यादा से ज्यादा उसे महिमान्वित करके भी सन्तोष नहीं पा सकता।"[8]

स्त्री-स्वाधीनता की आवधारणा पर एक प्रश्न के उत्तर में कही गयी जैनेन्द्र की उपर्युक्त बातें इस स्तर पर विचारणीय हैं कि जिस भारतीय समाज में स्त्री का आदर्श ही एक पतिव्रत रहा हो तथा उसके लिए किसी परपुरुष का चेहरा देखना भी वर्जित रहा हो, वहाँ जैनेन्द्र ने स्त्री-स्वाधीनता की इस सीमा तक छूट दी कि वह अपनी गरिमा के साथ जिये तथा अवांछित बनकर पुरुष पर लदी न रहे। जैनेन्द्र के विचार में स्त्रीत्व का यही आदर्श काम्य है और उसकी स्वाधीनता की यही सरहदें भी। *त्यागपत्र* की मृणाल का उदाहरण देकर स्वयं जैनेन्द्र ने अपनी इस अवधारणा की पुष्टि की है जिसमें मृणाल पति-परित्यक्ता होकर घर से बाहर निकलती है परपुरुषों के साथ, यह जानते हुए भी रहती है, सेवा करती है कि वह एक दिन उसे छोड़ जाएँगे। इतने पर ही नहीं, वह स्वयं चाहती है कि पुरुष उससे ऊबें और अपनी गृहस्थी में लौट जाएँ। जैनेन्द्र की नारी का यह 'आत्मोत्सर्ग' है जिसे वे स्वयं महिमामंडित करते नहीं थकते।

जैनेन्द्र की दृष्टि में स्त्री के स्त्रीत्व का यह एक आदर्श पक्ष है–'सतीत्व' का। यह सतीत्व ही एक प्रकार से नारी-स्वाधीनता का निरूपण करता है तथा उसे एक नयी अर्थवत्ता देता है। स्त्रीत्व का दूसरा पक्ष है–पातिव्रत्य का, यानी गृहिणी धर्म में दीक्षित, समर्पित ऐसी नारी; जो घर की सुरक्षा और उसके कल्याण में अपने को होम कर देती है। इस पातिव्रत्य को भी जैनेन्द्र 'सतीत्व' से अलगाकर नहीं देखते। वे स्पष्ट कहते हैं–

"तो मैंने घर-परिवार को पुनः प्रतिष्ठ बनाना चाहा है कि जिसकी अधिष्ठात्री स्त्री होगी। चाहा है कि जो बाजार से मुँह मोड़ ले और घर-परिवार के राज की बागडोर को मजबूत हाथों में सम्भाले। और मैं मानता हूँ कि सतीत्व से स्त्री के पास वो मजबूती, वो क्षमता आ जाती है कि पुरुष उससे पार नहीं पा सकता।"[9]

जैनेन्द्र की दृष्टि में स्त्री-स्वाधीनता बाजार की तरफ भागना नहीं है और नहीं घर-परिवार को ताख पर रखकर अपनी क्षुद्र महत्वाकांक्षाओं को लेकर भटकना है।

उनके यहाँ स्त्री-स्वाधीनता का सीधा आशय स्त्री की अपनी क्षुद्रता, हीनता और जड़ता से मुक्ति है जिसमें सन्तोष, शान्ति तथा जीवन-रस की प्राप्ति के अवसर आ सकें।

जैनेन्द्र की सतीत्व सम्बन्धी मान्यता का दूसरा उदाहरण 'सुनीता' है जिसमें सुनीता हर स्थिति को झेलकर घर की सुरक्षा करती है। वह घर और बाहर के कठिन संघर्ष से गुजरती है तथा अपनी स्वाधीनता की राह उसी में चुनती है–एक ऐसे सम्बन्ध में जहाँ पति का समर्थन ही नहीं, उसका दबाव भी काम आता है। *सुनीता* के संघर्ष और उपन्यास की उपादेयता पर स्वयं जैनेन्द्र ने लिखा–

"मैंने *सुनीता* में अपनी बुद्धि के अनुसार दुस्साहसपूर्वक भी समस्या को ठेलकर आगे बढ़ाया है। मैंने इसमें अपने को बचाया नहीं है और वहाँ तक मैं उसके साथ चला हूँ जहाँ तक समस्या ने चलना चाहा है। क्या *सुनीता* का घर टूटा है? नहीं, वह नहीं टूटा। क्या उस घर को बाहर के प्रति बन्द कर दिया गया है? नहीं, ऐसा भी नहीं है। दोनों में से कौन किसके प्रति सहानुभूति से हीन है? शायद कोई भी नहीं।

दोनों शाश्वत रूप से क्या परस्परोपेक्षाशील नहीं हैं?

मैंने चुनाँचे समस्या के रूप में भी कुछ भिन्नता देखी और रखी है 'बाहर' को निरे आक्रमण के रूप में मैंने 'घर' के भीतर प्रविष्ट नहीं किया। हरिप्रसन्न (पुस्तक में वही 'बाहर' का प्रतीक पुरुष है) किंचित प्रार्थी भी है। वह निरा अनिमन्त्रित वहाँ नहीं पहुँचा, प्रत्युत वहाँ मानों उसकी अभीष्टता है। उसके अभाव में 'घर' एक प्रकार से प्रतीक्षमान् है। वहाँ अपूर्णता है, अवसाद है–मानों उस 'घर' में 'बाहर' के प्रति पुकार है। इधर हरिप्रसन्न स्वयं अपने आप में अधूरेपन के बोध से मुक्त नहीं है।

और जैसे वह एक प्रकार के उत्तर में और एक नियति के निर्देश से ही एक रोज अनायास 'घर' के बीच आ पहुँचा है। पहुँचकर वह वहाँ स्वत्वारोपी लगभग है ही नहीं। अपने से विवश होकर ही जो है सो है।"[10]

जैनेन्द्र के यहाँ स्त्री-स्वाधीनता का यह पक्ष वस्तुतः हिन्दी उपन्यासों में पहली बार आया जहाँ 'घर' और 'बाहर' के संघर्ष के बीच वास्तविक और नैतिक कर्तव्यों में उसे खोजने और पाने की तत्परता दिखाई पड़ी। जैनेन्द्र देखते हैं कि स्त्री बिना उद्देश्य और बिना लक्ष्य के अगर समाज में बाहरी संघर्ष छेड़ती है तो उसे अन्ततः हारना होगा जिसके बदले में उसे कुछ भी हासिल न होगा। नारी-स्वाधीनता की आधारहीन स्थापनाओं से जैनेन्द्र की चिढ़ स्पष्ट दिखाई देती है और उन्होंने लगातार इस प्रवृत्ति का विरोध भी किया है। पर उनका अन्तर्विरोध तब सामने आता है जब उनकी ही रचनाओं में इस मान्यता का विरोध उभरता है।

स्त्री-स्वाधीनता की जो मान्यताएँ जैनेन्द्र ने स्थापित की हैं, उनमें भी परस्पर-विरोधी बातें दिखाई दे जाती हैं और बहुत बार यह आभास होता है कि वे बातें स्वयं जैनेन्द्र की मान्यताओं को हल्की करती हैं। पहले इन मान्यताओं को क्रम से देखना आवश्यक है—

"स्त्री में कोमल गुणों की विशेषता है। वह उन गुणों द्वारा अपना दान समाज को देगी। यानी दौड़-धूप, व्यवस्था संगठन और चुनावों की लड़ाइयों का क्षेत्र उसके अनुकूल क्षेत्र नहीं है।"[11]

यानी स्त्री की जगह 'घर' ही है, वह अपना दान वहीं रहकर दे सकती है क्योंकि 'बाहर' जब वह पुरुषों के क्षेत्र के प्रवेश करेगी तो उसे असफलता हाथ लगेगी और वह समाज को कुछ दे भी नहीं पाएगी क्योंकि वह क्षेत्र पुरुष की सफलता का क्षेत्र है। स्पष्टतः जैनेन्द्र की इस मान्यता के पीछे यह तर्क काम कर रहा है कि स्त्री, पुरुष से 'घर' के बाहर अगर बराबरी पर उतरती है तो समाज की व्यवस्था भंग होगी। पर *त्यागपत्र* की मृणाल और *अनन्तर* की उदिता जैनेन्द्र की इस मान्यता पर खरी नहीं उतरतीं क्योंकि वह 'घर' से 'बाहर' की दुनिया में कदम रखती हैं और अपने जीवन की सम्पूर्ण स्वाधीनता की राह चुनती हैं। एक स्तर पर *मृणाल* से *अनन्तर* की *उदिता* इस तरह भिन्न है कि वह अविवाहित किशोरी है जो विदेश पढ़ने जाती है और मुक्त यौनाचार के साथ-साथ मनमाने जीवन-व्यवहार को अपना लेती है। *दशार्क* की रंजना के लिए भी जैनेन्द्र ने स्वाधीनता की खुली छूट दे रखी है और उसके प्रति इतनी उदारता भी दिखाई है कि वह अपनी मर्यादा स्वयं बनाए क्योंकि वह 'वेश्या' हो गयी है।

इसी तरह जैनेन्द्र की कई कहानियाँ भी उनकी इस मान्यता के विरोध में जाती दिखाई देती हैं और दिलचस्प स्थिति यह है कि जैनेन्द्र की पूरी सहानुभूति उनके

साथ है चाहे वह एक रात की सुदर्शना हो, चाहे *जाह्नवी* की जाह्नवी हो या *ध्रुवयात्रा* की उर्मिला हो– सब नारी चरित्र पुरुष की प्रभुता और उसके पुरुषार्थ को मानों ललकार उठती हैं और घर के बाहरी संघर्ष में भी वे सफलता से आगे बढ़ती हैं। वास्तव में चिन्तक जैनेन्द्र और लेखक जैनेन्द्र में इस स्तर पर हरदम एक द्वन्द्व छिड़ा रहता है कि नारी-स्वाधीनता का सही धरातल क्या हो! इस द्वन्द्व में लेखक जैनेन्द्र की जीत होती है, क्योंकि बहुधा ये नारियाँ समाज के बाहरी संघर्ष में भी विजयी होती हैं, केवल 'घर' के भीतर ही सिद्धि प्राप्त नहीं करतीं।

विष्णु खरे ने इस संदर्भ में लिखा है–

"ऐसा नहीं है कि जैनेन्द्र की नायिकाएँ सह लेने वाली या बर्दाश्त करनेवाली नहीं हैं। कहीं-कहीं आंशिक रूप से वे वैसी हैं, क्योंकि भारतीय हिन्दू नारी ही नहीं, संसार की औरत ही कभी वैसा वरण करती है या बाध्य होती है। आप चाहें तो इन्हें समानार्थी भी कह सकते हैं। लेकिन जैनेन्द्र के यहाँ नारी की बर्दाश्तगी में भी एक अ-भावुक, अ-रुग्ण शक्ति है, बल्कि शक्ति क्या, चुनौती है।"[12]

जैनेन्द्र के यहाँ स्त्री का यह रूप अक्सर दिखाई देता है जिसमें वह अपने वेग से संचालित होता है और बहुधा उस वेग में पुरुष भी बहते-से लगते हैं। यहाँ स्त्रियों के लिए परिवार की सीमा में स्वतंत्रता पाने की जो आचार-संहिता का निर्धारण है, वह लगातार 'टूट रहे घर' की चिन्ता से प्रेरित है और पुरुष-स्त्री के टकराव से समाज की विकसनशीलता को बचाने के प्रतिक्रिया स्वरूप है। यही कारण है कि जैनेन्द्र की कोई ऐसी नारी पात्र शायद ही मिले जो इस दोहरे दायित्व से विमुख लगती हो। सब में अपनी निजता और अपनी अस्मिता के संघर्ष के साथ-साथ सामाजिक-व्यवस्था की मजबूती और उसकी शक्ति-सम्पन्नता की चिन्ता लक्षित की जा सकती है। *त्यागपत्र* की मृणाल भी अपनी सारी दारुण-व्यथा के साथ भी समाज की व्यवस्था से भिड़ना नहीं चाहती (यद्यपि वह उसे न चाहकर भी तोड़ती ही है) है और कहती है–

"मैं समाज को तोड़ना-फोड़ना नहीं चाहती हूँ। समाज टूटा कि फिर हम किसके भीतर बनेंगे? या कि किसके भीतर बिगड़ेंगे? इसलिए मैं इतना ही कर सकती हूँ कि समाज से अलग होकर उसकी मंगलाकांक्षा में खुद ही टूटती रहूँ।"[13]

परिवार के लिए *सुनीता* भी 'बाहर' से लौटकर 'घर' ही आती है और उसकी व्यवस्था में अपना सुख प्राप्त करती है। उसकी स्वतंन्त्रता के लिए हरिप्रसन्न निमित्त ही बनकर आता है जिसके बहाने जैनेन्द्र ने स्त्री-स्वाधीनता का परीक्षण किया है। यह दिलचस्प संयोग है कि जब तक सुनीता 'घर' के भीतर यानी 'पराधीन' होती है, हरिप्रसन्न के आकर्षण का केन्द्र बनी रहती है–या वह जिस समय तक अपने पातिव्रत्य की सीमा-रेखा में सिकुड़ी होती है, पर जैसे ही वह स्वाधीन होती है और अपना निर्णय लेकर उसे स्वयं को सौपती है, वह भाग खड़ा होता है, उसका सामना

नहीं कर पाता। वह फिर लौटती है और उसे लगता है कि बाहरी स्वतंत्रता का सार उसके 'घर' में आबद्ध है जिसमें अब कोई उब या नीरसता नहीं बची है। जैनेन्द्र की यह मान्यता एक तरफ स्त्री को उसे बाहरी दुनिया में तत्पर होने को उद्यत करती है, पर फिर दूसरी तरफ उसे 'घर' के संसार में दाखिल कर परिवार की मजबूती की माँग करती है।

यह भी कम दिलचस्प नहीं है कि जैनेन्द्र जिस परिवार की रक्षा में अपनी सारी शक्ति खपा देते है, उन्हीं के अधिकतर पात्र परिवार के ढाँचे को तोड़ते हैं और उसकी रक्षा में उनकी कोई दिलचस्पी नहीं होती। उदाहरण के लिए *त्यागपत्र* को ही लें तो यह उपन्यास परिवार नामक संस्था को ही खारिज करता प्रतीत होगा। जैनेन्द्र की स्थिति इस उपन्यास में निरपेक्ष तो है, पर बीच-बीच में प्रायः यह ध्वनित होता है कि वे परिवार और समाज की चिन्ता से अधिक चिन्तित हैं और किसी भी स्थिति में उनका टूटना-फूटना उन्हें मंजूर नहीं है। स्वयं मृणाल बार-बार समाज और परिवार की चिन्ता से भरे वक्तव्य देती है, पर वह कहीं भी परिवार तथा समाज की मान्यता को स्वीकार नहीं करती और बहुधा वही करती है जो इन दोनों संस्थाओं को स्वीकार्य नहीं है।

पर यहाँ उनकी 'सतीत्व' सम्बन्धी धारणा की जीत दिखाई देती है जिसमें मृणाल को वे 'सती' कहते हैं और उसमें वे 'एक अजब प्रकार का आत्मोत्सर्ग' देखते हैं। लेकिन मृणाल उनकी उत्सर्ग वाली छवि से बाहर आ गयी है और उसका उत्सर्ग भी समाज और उसकी मान्यताओं पर प्रहार से कम नहीं है। उसने अपनी स्वाधीनता की राह तो चुन ही ली है; स्त्री-जाति के संघर्ष के लिए एक नयी दृष्टि भी दे जाती है, जिसमें पारम्परिक संस्थागत नैतिकता के लिए कोई जगह ही नहीं है और वहाँ नये सिरे से अपने अनुकूल मूल्यों का निर्धारण भी करती है।

परिवार में स्त्री-स्वतन्त्रता को देखने के हिमायती होते हुए भी जैनेन्द्र के यहाँ परिवार स्त्री-स्वतंत्रता के लिए एक आतंक बनकर आता है, रूढ़ियों का आतंक बनकर। *परख* की कट्टो, विधवा है और उसकी स्वतन्त्रता में यही विधवा-रूढ़ि बाधक है जिसके भीतर वह संघर्ष करती है और उसके आतंक से मुक्त भी होती है। पर इस उपन्यास में भी परिवार के बिखराव की कहानी है जिसके शिकार सत्यधन-गरिमा भी होते हैं तो बिहारी-कट्टो भी। *सुनीता* में भी परिवार की रक्षा का यही सूत्र काम करता है जिसमें परिवार का अस्तित्व और स्त्री की अस्मिता की टकराहट होती है जिससे एक नयी दृष्टि पाकर सुनीता 'घर' में ही लौटती है और तब जीवन में एक नये आस्वाद का अनुभव करने लगती है। *सुनीता* अपने को 'द्वन्द्व' में पाकर तब बहुत उद्विग्न होती है, जब हरिप्रसन्न का प्रस्ताव उसे मिलता है। यहीं उसमें 'घर' और 'बाहर' का द्वैत दिखाई पड़ता है। वह कहती है—

"किन्तु सच, परिवार ही क्या व्यक्तित्व की परिधि है? क्या मैं इसी में बीतूँ? क्या इसे तोड़कर, लाँघकर, एक बड़े हित में खो जाने को मैं न बढ़ूँ? उस विस्तृत हित के लिए जिऊँ, उसीके लिए मरूँ तो क्या यह अयुक्त है? अधर्म है?"[14]

वह पाती है कि परिवार की परिधि को तोड़कर, लाँघकर एक बड़े हित में खो जाना न तो अयुक्त है और न ही अधर्म। पर अगर जीवन बचा रहे तो आना यहीं, इसी ठाँव है क्योंकि परिवार व्यक्तित्व की परिधि भले न हो, वह व्यक्तित्व का काम्य अवश्य है। जैनेन्द्र के यहाँ नारी-स्वाधीनता का पारिवारिक परिसीमन एक विस्तृत कर्मक्षेत्र बनाता है जिसमें स्त्रियाँ पुरुषों के मुकाबले अधिक सफल और बलवती सिद्ध होती हैं। यह गृहस्थी क्षुद्र आकांक्षाओं की भूमि नहीं, वरन् ऐसी कर्म-स्थली है जिसमें एक पूरा संसार निबद्ध है। जहाँ से समाज और राष्ट्र को एक नयी गतिशीलता प्राप्त होती है। जैनेन्द्र ने स्त्री-पुरुष के लिए कर्म क्षेत्रों का बँटवारा कर उनकी स्वाधीनता निश्चित की है–स्त्री के लिए गृहस्थी का भार देकर वे उसकी सहिष्णुता की परीक्षा भी लेते हैं, कहीं से चूक हुई तो फिर गृहस्थी चल नहीं सकती। वे स्पष्ट कहते हैं–

"सब कामों में स्त्री का हिस्सा लेना अनिवार्य नहीं है। अगर वकालत मीठी बोली से ज्यादा भी चल सकती हो तो–इस कारण स्त्री को वकालत करना जरूरी है, ऐसा मैं नहीं मानता। कुछ काम ऐसे हैं–और सामाजिक, सार्वजनिक काम अधिकांश इसी प्रकृति के होते हैं–जिनमें उत्सर्ग से अधिक आग्रह की वृत्ति जरूरी होती है। इसमें कोई अर्थ नहीं कि स्त्री से चाहा जाए, अथवा कि स्त्री स्वयं चाहे, कि वह उन कामों में हाथ बँटाए ही बँटाए।"[15]

जैनेन्द्र के विचार में नारी स्वाधीनता का यह आशय कदापि नहीं है कि वह अनियन्त्रित और व्यवस्था विरोधी हो उठे। ऐसा न पुरुष के लिए वे उचित मानते हैं और न स्त्री के लिए। स्वतन्त्रता उनके लिए विकारों से चाहिए जिसके कारण न घर का भला हो सकता है और न समाज, राष्ट्र का। पुरुष की बराबरी में, उसकी प्रतियोगिता में स्त्रियों का कूद पड़ना, उनकी दृष्टि में स्वतन्त्रता नहीं। वे यह भी स्पष्ट करते हैं कि 'घर' की जिम्मेदारी स्त्री पर है और 'बाहर' की पुरुष पर। उन्हीं के शब्दों में–

"घर के वृत्त की जिम्मेदारी यदि स्त्री सँभालती है और बाहर का बोझ पुरुष के कन्धों पर आता है, तो इसमें से कोई अयुक्तता नहीं देखता हूँ। किन्तु उससे क्या अन्तर्वृत्त पर पुरुष के प्रवेश का निषेध लग जाता है? इसी तरह बहिर्वृत्त भी स्त्री के लिए अगर नहीं रहता और न ही रहना चाहिए। आखिर घर वही तो है जिसमें द्वार होता है। द्वार न हो या वहाँ ताला हो, तब तो वह कारागार ही होगा, मानिये। उस द्वार का सदुपयोग स्त्री के लिए निषिद्ध कैसे हो सकता है? किन्तु बाहर के साथ स्त्री की कमाई का सम्बन्ध घर के दायित्व के प्रति पूरी तरह संगत और न्याययुक्त

नहीं रह जाएगा।"[16]

जैनेन्द्र के उपन्यासों—*कल्याणी* और *सुखदा* में स्त्रियों की अतिशय महत्वाकांक्षा का दुष्परिणाम दिखाया गया है जहाँ क्रमशः कल्याणी तथा सुखदा के कारण 'घर' की पूरी व्यवस्था नष्ट हो गयी है और वे स्वयं सिर्फ पश्चाताप की विगत की भूलों पर आँसू बहाती हैं। *सुखदा* से *कल्याणी* इस स्तर पर भिन्न है कि उसमें पूर्व-पश्चिम की संस्कृतियों के बीच सामंजस्य खोजने का प्रयास है जिसमें पति डॉ. असरानी की शक्की निगाह के कारण वह सफल नहीं होती और पति की तुष्टि के लिए अपनी निजता मिटा देती है। यह उपन्यास भी परिवार के अन्दर और बाहर की समस्या का गहरा विश्लेषण करता है और पति-पत्नी के बीच समुचित सहकार पर बल देता है। पर दुर्भाग्यपूर्ण स्थिति यह है कि डॉ. असरानी शुद्ध भौतिक संसाधनों के प्रति लोभी व्यक्ति है जो पैसे की आमद के लिए कुछ भी कर सकता है जबकि कल्याणी असरानी भारतीय संस्कृति को ठीक से जानकर उसमें घुलना चाहती है, पर वह अपने पति से तालमेल नहीं बिठा पाती और मर जाती है। उसकी सारी दुर्गति का एक ही कारण है कि वह अपनी स्वाधीनता में भागती जाती है और यह नहीं देखती कि अपने 'घर' से वह टूट रही है कि जुड़ रही है। जीवन के अन्तिम समय में वह टूट जाती है और मानती है कि अविश्वास के कारण ही उसकी यह दशा हुई है—

"प्रेम में कामना नहीं हो सकती, उसमें इतनी अपूर्णता ही नहीं हो सकती। सच्चे प्रेम का दूसरा नाम है विश्वास। कोई है, जिसका अब भी मुझ पर विश्वास है? विश्वास। मेरे देवत्व में विश्वास। जो मुझसे स्फूर्ति ले, जिसकी मैं स्वप्न हूँ। क्या कोई ऐसा है? नहीं, तो जीवन मेरा क्यों वृथा नहीं है?"[17]

यहाँ जैनेन्द्र ने स्त्री और पुरुष के बीच एकता के अभाव में परिवार की तबाही देखी है और कहा है—

"भीतर-बाहर ये शब्द में दो हैं; पर यों दो नहीं हैं। प्रकृति में एक ही हैं। दो होकर भी एक, जैसे ओर और छोर। और जहाँ ऐसा नहीं है, जहाँ उनमें सचमुच विरोध हो पड़ा है, वहीं क्लेश है। इस तरह क्लेश मानवीय सृष्टि है। यथार्थ में वह नहीं है। तभी तो जगत का नाम द्वन्द्व है, द्वन्द्व के माने है—दो के बीच का अनिर्वाह। यह दो के अथवा अनेक के बीच एकता का अभाव ही हमारी समस्या है।"[18]

स्त्री-स्वाधीनता में परिवार के दायित्वों के प्रति यही अनुतरदायित्व-बोध कटुता और ऐसे वैमनस्य में तब्दील हो जाता है जिसमें कल्याणी का सिर्फ टूटना ही रह जाता है—वह न डॉ. असरानी के प्रति विश्वस्त रह पाती है और न असरानी ही उसके प्रति उत्तरदायी रह पाता है। स्त्री-स्वाधीनता में आये ऐसे अविश्वास इन्हीं हालातों को जन्म दे सकते हैं, जैनेन्द्र यहाँ यही कहना चाहते हैं। यह पारिवारिक-जीवन में आये अविश्वास का एक स्तर है, जहाँ स्त्री-स्वाधीनता जीवन-समाप्ति का कारण बनती है।

स्त्री-स्वाधीनता के अतिरेक का दूसरा स्तर *सुखदा* में दिखाई देता है जहाँ सुखदा स्त्री-स्वाधीनता के नाम पर पति की मर्यादा को अतिक्रमित करती है जिसके कारण उसका 'परिवार' नष्ट हो जाता है। सुखदा की स्थिति यह है कि वह पति को एक सीमा के बाद महत्वहीन मानती है। 'घर' से उसका सम्बन्ध वैसा ही है, जैसा किराये के मकान में रहनेवाले नौकरीशुदा व्यक्ति की होती है। वह खुले मन से सार्वजनिक कामों में बढ़-चढ़ कर हिस्सा लेती है, सम्मान पाती है– उसका मन बढ़ता जाता है जिसके परिणामस्वरूप वह यायावर हो जाती है। इस यात्रा में वह पहले हरीश नामक क्रान्तिकारी से जुड़ती है और फिर लाल से। दोनों उसे छोड़ देते हैं। अन्त में क्रान्तिकारी दल भंग होता है जिसके बाद वह 'घर' वापस होती है, पर उसे न तब 'घर' मिल पाता है और न स्त्री-स्वातन्त्र्य का सन्तोष। अंत में लंबे समय तक एकाकी रहते हुए अस्पताल में जीवन-मृत्यु को प्राप्त हो जाती है।

*सुखदा* के माध्यम से जैनेन्द्र ने यही दिखाने की चेष्टा की है कि पुरुष और स्त्री जब अपनी सीमाओं का उल्लंघन करते हैं तो उसका हश्र यही होता है। स्त्री-स्वाधीनता का यह कदापि अर्थ नहीं है कि कोई स्त्री अपनी जिम्मेदारी ही भूल जाए।

प्रेमचन्द के यहाँ भी परिवार, घर और मर्यादा को लेकर स्त्रियों के बारे में यही विचार व्यक्त हुआ है। चाहे उनकी कहानियाँ देखी जाएँ या उनके उपन्यास, ऐसे स्थलों की कमी नहीं है, जहाँ प्रेमचन्द ने स्त्रियों को घर-परिवार की मर्यादा में बाँध रखा है और उन्हीं स्त्रियों का आदर्श प्रस्तुत किया है जिसने अपनी कुर्बानी देकर, अपने स्वत्व को भुलाकर घर-परिवार को बचाया है। *बड़े घर की बेटी* कहानी से लेकर *गबन* तक में क्रमशः आनन्दी और जालपा का चरित्र उनके इस आदर्श का ही विन्यास है। उनके *गोदान* के प्रो. मेहता को उन स्त्रियों की चाल-चलन कहीं से भी पसन्द नहीं है जो स्त्रियाँ घरेलू जिम्मेदारियों में रूचि नहीं रखतीं। वे उनमें लज्जा और गरिमा को बनाए रखने पर बल देते हैं। उन्हें स्त्रियों की स्वच्छंदता नहीं सुहाती। वे मानते हैं कि भारतीय समाज में स्त्रियों के मन में जो मुक्ति की चेतना बलवती हुई है, वह पश्चिमी समाज की स्त्रियों से प्रेरित है, इसलिए उस पर कटाक्ष करते हुए वे कहते हैं–

"पश्चिम की स्त्री आज गृह-स्वामिनी नहीं रहना चाहती। भोग की विदग्ध लालसा ने उसे उच्छृंखल बना दिया है। वह अपनी लज्जा और गरिमा को, जो उसकी सबसे बड़ी विभूति थी, चंचलता और आमोद-प्रमोद पर होम कर रही है। उनकी लालसाओं ने उन्हें इतना पराभूत कर दिया है कि वे अपनी लज्जा की भी रक्षा नहीं कर सकतीं। नारी की इससे अधिक और क्या अधोगति हो सकती है?"

(*गोदान*, पृष्ठ 151)

जैनेन्द्र की सुखदा भी सब कुछ गवाँ कर अपने किए पर ही पश्चाताप करती हुई कहती है–

"अस्पताल में हूँ अकेली हूँ। बस नौकर एक साथ है। बच्चे हैं, स्वामी हैं, पर वे सब दूर हैं। उनकी याद करते डर होता है। किस मुँह से याद करूँ? उन्हें अपने ही हाथों हटाकर मैंने दूर तक दिया है, अपने ही हाथों हमने अभाग्य बनाया है। कभी मेरी सोने की गृहस्थी थी, अब ठौर का भी ठिकाना नहीं है। सब उजड़ चुका है और अपने ही कर्मों मैंने उजाड़ा है। आज यद्यपि मैं जानती हूँ कि मुझे छोड़ और कुछ नहीं बिगड़ा है, वही गृहस्थी लहलहाती हुई आज भी जुड़ सकती है, पर हाय मैं उसके योग्य होती तो–"[19]

स्त्री-स्वाधीनता के सन्दर्भ में 'परिवार' के पक्ष से सबंधित उपर्युक्त दोनों स्तरों को देखने पर लगता है कि जैनेन्द्र ने स्त्री-पुरुष के बीच समुचित समन्वय को 'परिवार' की रक्षा और उसके विकास का आधार स्वीकार किया है जिसमें किसी भी तरह की गलतफहमी भी बड़ा से बड़ा अनिष्ट करा सकती है। वे दोनों में से किसी को भी कम आँकने के पक्षपाती नहीं हैं, पर किसी को भी अतिरिक्त महत्त्व देना भी उनका इष्ट नहीं है। स्त्री अपनी मर्यादा निभाए, पुरुष अपनी। दोनों एक-दूसरे के सहयोगी बनें, विरोधी नहीं। जैनेन्द्र ने कहा भी है–

"असल में आदर्श का रूपक जब बाँधा गया है, तो उसको 'अर्द्धनारीश्वर' विशेषण भी दिया गया है। इसलिए पुरुषतत्व और नारीत्व में किंचित विरोध मानकर भी अंत में दोनों ही समन्वित होंगे, ऐसा मानना होगा।"[20]

स्त्री-स्वाधीनता का परिवार के बाद जैनेन्द्र के यहाँ दूसरा क्षेत्र 'प्रेम' का है। इसमें जैनेन्द्र ने सारी बाध्यताएँ निरस्त कर दी हैं जो नारियों के जीवन में प्रेम के आड़े आती हैं। जैनेन्द्र के यहाँ 'प्रेम' का व्यापक महत्त्व निरूपित हुआ देखा जा सकता है। कहना तो यहाँ तक चाहिए कि जैनेन्द्र ने 'प्रेम' की प्रतिष्ठा के कारण ही अपनी रचनाओं में सर्वत्र द्वैत की सृष्टि की है। 'प्रेम' के बारे में जैनेन्द्र की दृष्टि विस्तृत है और वे किसी भी स्थिति में उसका संकुचन स्वीकार नहीं करते। प्रेम को जैनेन्द्र शक्ति मानते हुए कहते हैं–

"शक्ति मैं घृणा में नहीं मानता, प्रेम में ही मानता हूँ। प्रेम का विपर्यय ही घृणा है घृणा का स्वतन्त्र अस्तित्व नहीं है। इससे घृणा, प्रेम को नहीं जीत सकती। प्रभाव का विचार करना हो तो अन्त में घृणा को ही प्रेम का प्रभाव अपनाना है। प्रेम तो स्वयंभव है, जबकि घृणा बिना सहारे हो ही नहीं सकती। वह प्रतिक्रिया है।"[21]

'प्रेम' का आदर्श जैनेन्द्र की दृष्टि में राधा हैं जो कृष्ण की विवाहिता न होते हुए भी कृष्ण के प्रति समर्पिता हैं। इस तरह प्रेम किसी बन्धन का समर्थन नहीं करता वरन् वह सबको तोड़ता है। वे मानते हैं कि 'प्रेम' में 'कामोत्तेजना' होने से

हिंसा और घृणा के भाव ही भरते हैं, पर वे उन दोनों के प्रेम में नहीं हैं। वे कहते हैं–

"राधा और कृष्ण का परस्पर-सम्बन्ध केवल कामोत्तेजना का होता तो उसमें घृणा और हिंसा का भाव ही होना अनिवार्य था। अर्थात् तब उसे पवित्र पूज्य भाव से देखा ही नहीं जा सकता था। मेरा तो मानना है कि राधा के प्रेम में इतनी समग्रता थी कि उसे प्रेयसी-प्रेम नाम देकर सही तौर पर व्यक्त नहीं कर सकते, केवल मात्र इंगित कर सकते हैं।"[22]

स्त्री-स्वाधीनता की बुनियाद पर जैनेन्द्र के यहाँ 'प्रेम' का जो चित्रण-विश्लेषण हुआ है, वह बहुधा इसलिए व्यापक धरातल पर प्रतिष्ठित होता है कि उसने समाज की सारी रूढ़ियों को तोड़ा है और अपने प्रसार में किसी भी बाध्यता को स्वीकार नहीं किया है। जैनेन्द्र के सारे उपन्यास इस 'प्रेम' की विराटता का दिग्दर्शन कराते हैं और उसके विस्तृत संसार का अवलोकन करते हैं। *परख* से ही अगर इस 'प्रेम' की भूमिका के विवेचन की शुरुआत करें तो पाएँगे कि 'प्रेम' ही वह तत्व है जिसके कारण सत्यधन कट्टो से जुड़ता है और कट्टो अपने बाल-वैधव्य को लगभग भूल-सी जाती है। वह सत्यधन से जुड़ने के बाद अकेले में टिकुली लगा लिया करती है और राधा-कृष्ण की तस्वीर सजा कर रखती है। प्रेम ने उसे विधवा की रूढ़ि से मुक्त किया है और वह अपने को स्वाधीन मानने लगी है। प्रेम की इसी भावना की सुदृढ़ता के कारण कट्टो में सत्यधन के बदले बिहारी की होने में कोई संकोच नहीं होता और सन्तति देनेवाले विवाह की आवश्यकता नहीं होती है। जैनेन्द्र कट्टो और बिहारी के निर्णय पर कहते हैं–

"मैं विवाह से प्रेम को अधिक महत्व देता हूँ। सन्तति देनेवाले विवाह की आवश्यकता को उन्होंने परस्पर अनावश्यक ठहरा लिया है; किन्तु भावनाओं के आधार-स्वरूप एक दूसरे में उन्होंने अपने लिए केन्द्र स्वीकार कर लिया है।"[23]

*सुनीता* में भी 'प्रेम' ही वह तत्व बनकर आया है जो उसके नीरस जीवन में प्राणवायु का संचार करता है और सुनीता अपने बाहर-भीतर के संघर्ष में सफल होकर पुनः अपने 'घर' की व्यवस्था में आ जुटती है। सुनीता के लिए 'मीरा' ही आदर्श है जिसने कृष्ण के प्रति प्रेम में अपने पति राणा को भी भुला दिया। उसमें पति और प्रेमी को लेकर गहरा द्वैत है। वह सोचती है–

"पति में क्या उसे प्राप्त नहीं है? पर वह मीरा को समझना चाहती है, 'अरी, प्रेममयी, तैने वह कौन सा प्रेम पाया जिसने तुझे कठिनता दी कि पति के हृदय की पीड़ा को तू बिना पिघले सह ले? अरी, तू किस भयंकर प्रेम को दुनिया को दिए जा रही हो, जो अपने पति के जी को तोड़ता है और उसके टूटते देखकर भी वह प्रेम प्रेम ही रहता है। ओ मीरा, तू अपने मन में बिथा मुझे पाने दे, मैं भी आज घोर

बिथा पाकर अपने ऊपर झेल लेना चाहती हूँ। वह बिथा, जो आनन्द की तौल के ही बराबर है, नहीं तो शेष सबसे भारी है।"[24]

उसके इस द्वैत में श्रीकांत भी शामिल है जिसने हरिप्रसन्न के माध्यम से दाम्पत्य में एक त्रिकोण की स्थिति सिरजी है और स्व-पर के संघर्ष में शामिल होकर सुनीता ने प्रेम के इसी अर्थ को पाया है जो मीरा को प्राप्त है।

*त्यागपत्र* में 'प्रेम' की इन दोनों से भिन्न रूप देखने में आता है। वहाँ 'प्रेम' का अर्थ 'सहना' है जिसे जैनेन्द्र ने बार-बार उद्धृत किया है—

"सुनिए, प्रेम अधिक भाग सहना है। नहीं सह पाते तो स्खलन होता है। इसमें प्रेम का दोष नहीं है। सहना माने समा लेना, धारण कर लेना...व्यक्तित्व भर में रमा लेना... ।"[25]

मृणाल यही करती है—पति परित्यक्ता होकर इसी 'प्रेम' को सहती जाती है। जितने चाहनेवाले आते हैं, एक-एक कर उसे छोड़ते जाते हैं; पर उसकी विशेषता इसी में है कि वह इससे न उकताती है, न उसे कोई ग्लानि ही होती है। पति से शीला के भाई से अपने 'प्रेम' के खुलासे से ही तो उसे यह सजा मिली है जिसे वह और उदात्त बनाने का यत्न करती है। उसकी स्वाधीनता का आधार यह 'प्रेम' ही है जो नारी-स्वातन्त्र्य का प्रतीक बनकर उभरा है। उसका जो 'प्रेम' है, वस्तुतः वह आत्मव्यथा में ज्ञान पाना है जिसके बारे में प्रमोद कहता है—"मैं अंडरग्रेजुएट उनकी कुछ भी बात नहीं समझ सका। आज वे बातें मुझे याद आती हैं और निश्चय हो गया है कि सचमुच जो शास्त्र में नहीं मिलता, वह ज्ञान आत्म-व्यथा में मिल जाता है।"[26]

यह प्रेम यहाँ स्त्री-स्वतन्त्रता का एक ऐसा तत्व बनकर उभरा है जिसके माध्यम से एक नारी में जैनेन्द्र ने उसकी सम्पूर्ण व्यक्तिता को उभारा है और जीवन में सत्-असत् के भेद को शरीर-आत्मा के विश्लेषणों से स्पष्ट किया है।

जैनेन्द्र के यहाँ यह 'प्रेम' लगभग सारे उपन्यासों के केन्द्र में है जो नारी और पुरूष दोनों को तयशुदा चौखटे से बाहर लाता है और परम्परागत मूल्यों की रूढ़ियों से संघर्ष कराता है। यही 'प्रेम' स्त्री-स्वातन्त्र्य के लिए नियामक बनता जाता है जिसके आगे लगभग सब लाचार-से दिखाई देते हैं और उसकी प्रतिष्ठा स्वयं सिद्ध होती जाती है। *कल्याणी* में यही 'प्रेम' नहीं है जिसके कारण पति-पत्नी के बीच अविश्वास पैदा होता है। *कल्याणी* की नियति यही है कि वह पश्चिम में पढ़ी लिखी होने तथा वहाँ की संस्कृति में घुली होने के कारण चाहती है कि भारतीय सांस्कृतिक मूल्यों से भी सामंजस्य स्थापित कर ले, पर हो नहीं पाता। पति की तुष्टि में अपना 'स्वत्व' मिटाने के बाद भी उसका जीना सम्भव नहीं हो पाता।

*सुखदा* 'प्रेम' की मूल्यवत्ता की अवहेलना करती हुई स्वतन्त्रता के अतिरेक में

मारी जाती है जिससे न तो वह बाहर से जुड़ी रह पाती है और न घर से। अन्त में उसकी परिणति एकाकी टूटन में होती है।

*विवर्त* में भी 'प्रेम' का प्रभाव मोहिनी को बाहर-भीतर के द्वैत से जोड़ता है जिसमें वह नरेशचन्द्र की पत्नी होने के बाद भी जितेन से जुड़ी रहती है। जितेन से उपेक्षा पाकर भी वह अलग नहीं हो पाती। जितेन मोहिनी की अमीरी से आतंकित होकर शादी के लिए आगे नहीं आ पाता, पर उसके कारण उसमें कुंठा पैदा होती है और वह उसमें जलते हुए मोहिनी को झुकाता है। दिलचस्प स्थिति यही है कि मोहिनी झुकती जाती है। इसी तरह *व्यतीत* की स्थिति यह है कि जयंत अनवरत लड़कियों से सम्बन्ध बनाता जाता है और किसी एक के साथ टिका नहीं रह पाता। यहाँ मि. पुरी की ब्याहता होकर भी अनिता उसे जीवन भर निभाती है तथा पति और प्रेमी के बीच पिसी रहती है। अनिता जयंत को नारीत्व का सम्मान करना सिखाना चाहती है, उसने जयंत में अपने को सौंपा भी है, पर 'प्रेम' की नीरसता ने उसे उठने नहीं दिया है और व्यथा में डूबती-उतराती नारी यहाँ भी पुरुष के मुकाबले विजयी होती है।

*जयवर्द्धन* इसी प्रेम के विजय का उपन्यास है जिसमें राष्ट्राधिप जयवर्द्धन अविवाहित इला के साथ रहता है और सुखमय गार्हस्थ्य बिताने के लिये राजसत्ता का त्याग कर देता है। इला, जो जीवन-भर व्यथा पाती रहती है 'प्रेम' के कारण ही विवाह नामक संस्था को नकारकर अविवाहित ही जयवर्द्धन के साथ रहती है और नाना प्रकार के प्रवादों को सुनकर और प्रिय से भी तनाव पाकर दुःखी रहते हुए भी 'प्रेम' को प्रतिष्ठित करती है;–

"प्रेम की गति न्यारी है, सुख उसमें नहीं है। पर जो दुःख है, सुख के सुख से बड़ा है। उसमें व्यथा के आगे सब तुच्छ है।"[27]

इस तरह परिवार और प्रेम के दोनों स्तर स्त्री-स्वतन्त्रता के निमित्त हैं पर जैनेन्द्र के यहाँ दोनों का कहीं परस्पर-सहभाव सम्बन्ध है तो कहीं विरोध। वैसे भी जब जैनेन्द्र परिवार की बात करते हैं तो स्त्री-स्वतन्त्रता के लिये 'प्रेम' से इतर किसी पक्ष का समर्थन नहीं करते। आर्थिक स्वतन्त्रता जैसी चीज तो उनके लिए बेमानी ही है। पुरुष के सामने नारी के लिए अपने न कमाने की हीनता पर पूछे गये एक प्रश्न के उत्तर मे जैनेन्द्र की राय है–

"अगर कभी भी उस हीनता से उसे उभरना है तो इसके सिवाय कोई उपाय नहीं है कि वह स्नेह और सेवा के बल पर अपना स्थान प्राप्त करे, तथाकथित आर्थिक स्वतंत्रता के बल पर नहीं। जरा पढ़-लिख कर झटपट नौकरी में वह दौड़ जाए और प्राप्त हुए वेतन के रुपए से अपनी स्वाधीन स्थिति बनाकर गर्वशालिनी बने। इस पद्धति से स्त्री अपनी हीनता से कभी छूट नहीं सकती। न उसकी स्थिति ऐसी

सुरक्षित और सुखकर बन सकती है। ये पुरुष के साथ स्पर्धा और संघर्ष में आने के मार्ग हैं। जीवन का नियम स्पर्धा नहीं सामंजस्य है, संघर्ष नहीं सहयोग है।"[28]

कुल मिलाकर स्थिति यह है कि जैनेन्द्र के यहाँ सीधे-सीधे पुरुष और स्त्री के दायित्व विभाजित हैं जिसे वे किसी भी स्थिति में तोड़ना नहीं चाहते हैं। उनकी दृष्टि में सारे तनावों और गतिरोधों का समाधान सिर्फ सामंजस्य में है। स्त्री के लिए 'परिवार' की देखभाल आवश्यक है तो पुरुष के लिए 'बाहरी' संसार की जवाबदेही। कोई एक-दूसरे के मार्ग में टाँग अड़ाता है तो वे उसे स्पर्धा कहते हैं और मानते हैं कि इससे सहकार की और सद्भाव की भावना का लोप होगा तथा तनाव बढ़ेगा। परिवार के भीतर स्त्री चाहे जितनी स्वतन्त्रता ले ले या प्रेम के क्षेत्र में आगे बढ़कर वह जितनी दूर निकल जाए। पर यहाँ दिलचस्प स्थिति यही है कि उसे उनके 'सतीत्व' की धारणा से मिलकर चलना होगा क्योंकि अगर विवाहिता का पति उसके साथ तालमेल नहीं बना पाता तो यहाँ भी कठिनाई कम होती नहीं दिखाई देती।

इस धारणा पर आलोचकों की राय या तो स्पष्ट नहीं है या तो वह उतनी अत्यल्प है कि ठीक-ठाक अनुमान लगाना कठिन है कि उससे क्या निष्कर्ष निकलता है। नेमिचन्द्र जैन की राय में "इला अपने आपको सम्पूर्णतः उत्सर्ग करके भी अपरिपूर्ण है, उसका नारीत्व तथा मातृत्व सार्थक होने का अवसर नहीं पा सका है।"[29]

*सुखदा* के बारे में लिखते हुए नेमिचन्द्र जैन ने कहा है—"*सुखदा* पारिवारिक जीवन से बाहर आनेवाली नारी की कथा है। गृहस्थी की एकरसता से ऊबकर वह बाहर राजनीतिक जीवन में अपनी सार्थकता की खोज करती है। इस प्रक्रिया में अत्यंत स्नेही पति कांत से उसकी दूरी बढ़ती जाती है। उसका प्राणवान व्यक्तित्व और बाह्य के प्रति उसका आकर्षण और मोह ही उसकी ट्रेजिडी का कारण बनता है। घिसेपिटे त्रिकोण के और अपनी अवास्तव अशरीरी दृष्टि के बावजूद, जैनेन्द्र इस उपन्यास में आज की नारी के घर के बाहर एक भिन्न प्रकार के कर्म क्षेत्र की ओर उन्मुख होने से उत्पन्न आध्यात्मिक संकट को बड़ी तीव्रता से अभिव्यक्त कर सके हैं।"[30]

इन टिप्पणियों में स्पष्टतया न तो स्त्री-स्वाधीनता पर जैनेन्द्र की दृष्टि का विरोध है और न खुला समर्थन। पर 'इला' के प्रसंग में नेमिजी उसकी स्वतन्त्रता पर असहमति के संकेत दे जाते हैं जब वे कहते हैं कि वह 'उत्सर्ग करके भी अपरिपूर्ण है, उसका नारीत्व तथा मातृत्व सार्थक होने का अवसर नहीं पा सका है।' इसके अलावे 'सुखदा' के प्रसंग में वे उसकी 'भिन्न प्रकार के कर्मक्षेत्र की ओर उन्मुखता' से पैदा हुए 'आध्यात्मिक संकट' को सही बताते प्रतीत होते हैं।

इन टिप्पणियों से जैनेन्द्र द्वारा दी गयी स्त्री-स्वतन्त्रता के दो स्तरों में से 'प्रेम' के स्तर पर अविवाहित जीवन जीने की इला की पद्धति नेमिजी की असहमति का

कारण बनती है जबकि सुखदा के भिन्न कर्मक्षेत्र की ओर उन्मुखता से उसके टूटे परिवार के साथ उनकी संवेदना सामने आती है।

वास्तविकता यही है कि जैनेन्द्र ने जिन आधारों पर इन परस्परविरोधी स्वतन्त्रताओं की स्थितियाँ बनाई हैं, वे यथार्थ से बहुत दूर जा लगती हैं और एक प्रकार की वायवीयता पैदा हो जाती है। 'प्रेम' के व्यापक विस्तार और उसकी जटिलताओं में उनकी 'सतीत्व' सम्बन्धी धारणा भी इसी कारण बहुत विश्वसनीय नहीं लगती क्योंकि वहाँ एक पूर्व नियोजित पद्धति की आधुनिकता है जिसमें स्वाभाविकता का योग कम है। *त्यागपत्र* तथा *सुनीता* के अतिरिक्त यह 'प्रेम' बहुत जगह एक प्रकार का अन्तर्विरोध ही उत्पन्न करता है—स्वाभाविक जीवन की आन्तरिकता में वह घुलता दिखाई नहीं देता।

जैनेन्द्र की ये नारी-स्वाधीनता सम्बन्धी मान्यताएँ चूँकि बहुत पहले आ चुकी हैं,इसलिए उनमें एक पारम्परिक बोध का होना स्वाभाविक है। फिर भी, कतिपय सीमाएँ स्वीकार करते हुए भी यह अवश्य कहा जा सकता है कि जैनेन्द्र ने स्त्री को स्वतन्त्रता देने की हिमायत की और तब की, जब पुरुष के बराबर उसे मानने की जरूरत ही नहीं मानी जाती थी। तीस से चालीस के दशक में भारतीय स्त्री को 'घर' और 'बाहर' के क्षेत्र में कार्य करने और पुरुष के समकक्ष आने की छूट हिन्दी के आधुनिक कथा साहित्य में प्रसाद के बाद जैनेन्द्र ने ही दी। जैनेन्द्र ने उसे प्रेम करने की छूट दी, उसे 'घर' की स्वामिनी कहा तथा उसे 'परिवार' की रक्षा का दुर्वह भार सौंपा। यह वह दौर था जब पश्चिम के संपर्क और भारतीय स्वतन्त्रता आन्दोलन के कारण हमारे परिवार टूट रहे थे। ऐसी स्थिति में जैनेन्द्र का यह कार्य न केवल नारी जागरण के लिए उपयुक्त सन्देश बना बल्कि इससे 'परिवार' की रक्षा भी सम्भव हुई। जैनेन्द्र ने स्त्री-स्वाधीनता पर जो विचार दिए और जिन पर अपनी रचनाओं में बात की, उनकी आज भी प्रासंगिकता है—तब और भी, जब आज के कठिन समय में हमारे 'परिवार' फिर दाव पर लगे हैं और स्त्री-पुरुष सहकार में भारी गतिरोध आ पड़ा है।

## विवाहेत्तर सम्बन्ध और पारिवारिक मर्यादा

"पति में से अपनी संपूर्णता पत्नी प्राप्त नहीं कर सकती। पति को तो इसलिए द्वार कह सकते हैं कि जिसमें से होकर उसका शेष की ओर—अखिल की ओर—सम्बन्ध बढ़ता और फैलता है।"

जैनेन्द्र—*काम, प्रेम और परिवार,* पृ. 83

जैनेन्द्र-साहित्य में स्त्री-स्वाधीनता विवाहेत्तर सम्बन्धों में भी दिखाई देती है जिसे 'प्रेम' के स्तर पर पीछे देखा जा चुका है। अपने विचारों और रचनाओं में जैनेन्द्र विवाहेत्तर सम्बन्ध को स्वीकार करते हैं। इस सम्बन्ध में वे 'प्रेम' की प्रतिष्ठा करते

हैं जिसमें किसी तुच्छता या क्षुद्रता के लिए स्थान नहीं होता। वे स्पष्ट कहते हैं–

"विसर्जन सम्पूर्ण हो, तो फिर वह व्यक्ति के उपलक्ष से होकर भी उसके पास ही नहीं रुक पाता, वह तो भगवान के पास ही पहुँचता है। इसलिए सचमुच पति के अनन्तर भी पत्नी के पास देने को अर्घ्य रह ही जाता है। पति में से अपनी सम्पूर्णता पत्नी नहीं प्राप्त कर सकती। पति को तो इसलिए द्वार कह सकते हैं कि जिसमें से होकर उसका शेष की ओर अखिल की ओर–सम्बन्ध बढ़ता और फैलता है। पति पर बंद होकर तो विवाह पत्नी के लिये कारागार की व्यवस्था का रूप ही बन जाता है। गृहस्थाश्रम कारागार नहीं है, बल्कि मुक्ति का द्वार होने के लिए है।"[31]

यह जैनेन्द्र की दृष्टि की विचित्र विडम्बना है कि वे व्यावहारिक जीवन को भी अपनी दार्शनिकता से इतना जटिल बना देते हैं कि ठीक-ठाक उनके निष्कर्षों तक पहुँचने में कठिनाई होने लगती है। यह तो विडम्बना ही कह सकते हैं कि एक तरफ तो जैनेन्द्र 'विवाह' को समाज की 'व्यवस्था' और एक 'भूमिका' देनेवाली संस्था कहते हैं तो दूसरी तरफ 'विवाहेत्तर सम्बन्ध' को भी समर्थन देते हैं जिससे समाज की व्यवस्था को ही खतरा पैदा होने लगता है। वे कहते हैं–

"विवाह भोग की सुविधा देने के निमित्त ही हो, तो उस संस्कार में कोई अर्थ नहीं रहता। विवाह संस्था समाज को एक भूमिका और व्यवस्था देती है। भोग की आज़ादी फिर अव्यवस्था उपजाएगी। इसलिए जब भोग की आज़ादी का समर्थन नहीं हो सकता, तब पति-पत्नी के धर्म में यह समाया ही हुआ है कि वे एक-दूसरे की त्रुटियों के प्रति सहानुभूति रखें और उनको अवकाश देकर चलें।"[32]

विवाह में 'भोग की आज़ादी' का समर्थन भी नहीं हो सकता क्योंकि वह 'अव्यवस्था' उपजाती है, पर यह भी है कि 'पत्नी, पति में से अपनी सम्पूर्णता भी प्राप्त नहीं कर सकती।' जैनेन्द्र की मान्यताओं की यह दुखद उलझन ही कहेंगे कि दार्शनिक व्यापकता में उन्होंने व्यावहारिक जीवन की जटिलता देखी है और एक दार्शनिक भूमि पर ही उसका समाधान खोजा है। यही कारण है कि स्त्री-स्वतन्त्रता के पक्ष में दिए गये उनके तर्क असमंजस में लिए गये निर्णय लगने लगते हैं और तब ठीक-ठाक सहमति बिठाना कठिन हो जाता है। इस तर्क पर जब *त्यागपत्र* की मृणाल और *शेष प्रश्न* की कमल को रखकर देखते हैं तो यह तो स्पष्ट होता है कि वे जान-बूझकर 'विवाह' की अवहेलना नहीं करतीं, बल्कि उन्हें बलात् 'विवाह की मर्यादा' से मुक्त कर दिया जाता है। विवाह की सांस्थानिक मर्यादा से मुक्त होकर वे जो चाहें कर सकती हैं और किया भी है, पर उसके अन्दर रहकर इन दोनों चरित्रों ने जैनेन्द्र की उक्त धारणा का वहन नहीं किया है। इस पर स्वयं जैनेन्द्र ने लिखा है–

"*त्यागपत्र* की मृणाल और मेरे विचार में *शेष प्रश्न* की कमल का उदाहरण साफ

नहीं है। साफ इसलिए नहीं है कि समस्या यहाँ पहले पति की ओर से उठी कही जा सकती है। विवाह की मर्यादा को इन दोनों में से कोई तोड़ती नहीं है बल्कि वह मर्यादा मानों स्वयं उन्हें छोड़ देती है। उससे आगे के उनके आचरण को विवाह की मर्यादा से नापने की सुभीता हमारे पास नहीं रह जाता।"[33]

यहाँ जैनेन्द्र अपने ही तर्कों से 'विवाह की मर्यादा' को बचा ले जाते हैं और मृणाल तथा कमल को विवाह मुक्ति के बाद किए गये आचरण को अलग ढंग से जाँचने और नापने का प्रस्ताव करते हैं। वास्तव में विवाहेत्तर सम्बन्धों में जैनेन्द्र ने जो एक अलौकिकता देखी है और उसमें जिस प्रेम की अतीवता, यह सारी कठिनाई उसी के कारण आयी है। इस प्रसंग में यदि *सुनीता* को देखें तो यही स्पष्ट होगा कि वह भी चाहे जो करती है–पति से मुक्त होकर अपने आप नहीं करती। इस पर स्वयं जैनेन्द्र ने लिखा है–

"सुनीता ने आत्म-समर्पण यदि किया, तो क्या वह सीधे हरिप्रसन्न को था? शायद नहीं, वह समर्पण उसका अपने पति की आज्ञा और आदेश के प्रति अधिक था।"[34]

फिर उसके पातिव्रत्य पर किसी भी शंका को खंडित करते हुए वे आगे कहते हैं–"यहाँ कदाचित् पूछा जा सकता है कि पति के आदेश पर भी वहाँ तक जाना क्या ठीक कहा जाएगा? लेकिन प्रश्न का यह रूप होने पर प्रश्न ही बदल जाता है। वह तब पतिव्रत के अर्थ का हो जाता है, न कि मर्यादा-उल्लंघन का।"

अब यहाँ जैनेन्द्र पत्नी पर पति के एकाधिकार की भी प्रतिष्ठा करते जान पड़ते हैं जब वे यह कहते हैं कि उसने जो भी किया वह पति के आदेश पर किया और वहाँ मर्यादा-उल्लंघन का कोई प्रश्न ही नहीं है क्योंकि वह 'पतिव्रत्य के अर्थ' का है। यानी पति द्वारा दिए गये आदेश की स्वीकृति और उस पर किये गये कार्य ही पत्नी को 'पतिव्रता' बनाते हैं। 'सुनीता' इस तर्क पर पतिव्रता हो जाती है तब जैनेन्द्र की विवाहेत्तर सम्बन्ध की औचित्यता को कहाँ तक विश्वसनीय कहा जा सकता है? यह जैनेन्द्र के प्रसंग में स्त्री-स्वातन्त्र्य में मुद्दे पर कठिन प्रश्न है जिसका जवाब खोजना असम्भव नहीं तो मुश्किल अवश्य है। असल में यहाँ जैनेन्द्र के विचार और रचना का अंतर्विरोध ही इस प्रश्न का उत्तर देता है–और यह प्रमाणित करता है कि जैनेन्द्र की रचनाएँ विवाहेत्तर सम्बन्धों की स्वीकृति नहीं देतीं अगर देती दीखती भी हैं तो वहाँ पति की स्वीकृति है न कि पत्नी का आत्मनिर्णय।

जैनेन्द्र ने बार-बार विवाह को ही समाज की मर्यादा माना है और उसके उल्लंघन की अनुमति नहीं दी है–

"विवाह के अतिरिक्त समाज की मर्यादा दूसरी और क्या है?"[36]

लेकिन जब इसी परिप्रेक्ष्य में वे 'प्रेम की अतीवता' और 'पति-प्रेम की निष्ठा'

की बात करते हैं तब यह स्थिति बनती है कि वे विवाहेत्तर सम्बन्ध की पुष्टि करें और यह दिखाएँ कि उससे परिवार की मर्यादा खंडित नहीं होती। लेकिन वे यह भी बलपूर्वक कहते हैं कि परिपूर्ण प्रेम किसी भी विधि-विधान को ओढ़कर निष्क्रिय नहीं हो जाता—

"परिपूर्ण प्रेम रूढ़ विधि-विधान को ओढ़कर निष्क्रिय बैठा रह जाएगा, यह कहना भी कठिन है। उसमें प्रखरता होगी, एक प्रकार की क्रान्तिकारिता होगी। लेकिन प्रचलित अर्थ में उसे स्वच्छन्द नहीं कहा जा सकता है। ऐसे प्रेम का उदाहरण यदि पुरानी मर्यादाओं का अतिक्रमण करता है तो नयी मर्यादाओं की सृष्टि भी करता है।"[37]

जैनेन्द्र द्वारा परिपूर्ण प्रेम पर व्यक्त किए गये इन विचारों से अहसमति नहीं हो सकती क्योंकि परम्परा में भी ऐसे उदाहरण पर्याप्त मात्रा में जुटाए जा सकते हैं जो प्रेम के इस स्वरूप की पुष्टि करते हैं। यह प्रेम विवाहपूर्व होकर विवाह का कारण बनता है और विवाहेत्तर होकर मान्य या लोकापवाद बनता है। इस प्रेम के निषेध का न तो कोई तर्क है और न सिद्धान्त। पर अगर विवाहेत्तर सम्बन्ध में भोगाकांक्षा ही प्राथमिक हो तो वह जैसे लोकाचार में निंदनीय है, वैसे जैनेन्द्र के यहाँ भी। इस सम्बन्ध के समर्थन को जैनेन्द्र 'कपट का समर्थन' करना कहते हैं। उनकी स्पष्ट राय है—

"विद्रोह किया जा सकता है। सम्बन्ध का विच्छेद किया जा सकता है, पर कपट को बढ़ावा नहीं दिया जा सकता।"[38]

यानी इस कपटपूर्ण सम्बन्ध को समर्थन देने से उसके प्रसार में तेजी आयेगी और इससे परिवार की मर्यादा खंडित होगी, इससे कदाचार फैलेगा, समाज की सुदृढ़ व्यवस्था ढीली पड़ जाएगी।

पर 'प्रेम' यदि है तो—"नहीं, प्रेम सामाजिक मर्यादा के अन्तर्गत नहीं है। व्यक्ति अवश्य सामाजिक है और उस पर समाज की मर्यादाओं का भी लागू होना संगत है। इस तरह प्रेम में समाज की मर्यादा का अतिक्रमण भी दीख सकता है, फिर भी हो सकता है कि ऐसा व्यक्ति कालान्तर में समाज के लिए लाँछनीय नहीं वरन् पूजनीय माना जाए।"[39]

समाज की किसी मर्यादा की चिन्ता न प्रेमी को कभी रही है और न प्रेमिका को। लेकिन वही प्रेम समाज में स्वीकृति या श्रद्धेय हुआ है जिसमें तुच्छ जीवन-स्वार्थों के लिए कोई जगह नहीं होती है और जिसमें एक उदात्त मानवीय भाव होता है। ऐसे प्रेम श्रद्धेय हो सकते हैं और पूजनीय भी बन सकते हैं। पर दिक्कत तब खड़ी होती है जब अपनी सारी सहानुभूति के बावजूद जैनेन्द्र स्त्री को पति की सेवा से विरत होने देना नहीं चाहते, चाहे पति कुपात्र ही क्यों न हो—

"जो स्त्री-प्रतिकूलता रहते हुए भी पति की सेवा से विरत नहीं होती उस स्त्री

को मैं अवश्य पूजार्ह समझ सकता हूँ।"[40]

इस स्तर पर जैनेन्द्र की यह राय सनातनी भारतीय पारम्परिक राय से एकदम भिन्न नहीं है। गोस्वामी तुलसीदास की आदर्श स्त्री वही है जो पति की सेवा से चिपकी ही रहे, चाहे उसे कितनी भी उपेक्षा क्यों न मिले। *रामचरित् मानस* के अरण्य कांड में अत्री-मुनि की पत्नी और लोकविख्यात सती अनुसूया सीता को उपदेश देती हुई कहती है–

"सहज अपावनि नारी पति सेवत सुभ गति लहइ।
जसु गावत श्रुति चारि अजहुँ तुलसिका हरिहि प्रिय ॥"

कबीर दास तो स्त्री को नरक का कुंड ही कहते हैं–

"नारी कुंड नरक का, बिरला थामें बाग
कोई साधुजन ऊबरे, सब जग मुआ लाग।"

तुलसी और कबीर की स्त्री-सम्बन्धी मान्यताओं पर अपनी टिप्पणी में डॉ. मैनेजर पाण्डेय ने लिखा है–

"सामाजिक व्यवस्था और धार्मिक विश्वास सम्बन्धी कबीर के अधिकांश विचारों से तुलसीदास असहमत हैं, लेकिन स्त्री के बारे में दोनों की राय लगभग एक जैसी है। कबीर की तरह तुलसी भी स्त्रियों को अवगुणों की खान और बुराइयों की जड़ समझते हैं। वे यह भी कहते हैं कि पति की सेवा (चाहे पति जैसा भी हो) उसका धर्म है।"

—*भक्ति आंदोलन और सूरदास का काव्य,* वाणी प्रकाशन, पृ. 26

प्रेमचन्द की स्थिति इनसे भिन्न नहीं है बल्कि कई स्थलों पर यह देखकर आश्चर्य होता है कि उनकी दृष्टि में वही आदर्श स्त्री है, जो पतिभक्ति को अपने जीवन का लक्ष्य मानती है। *गोदान* में प्रो. मेहता को भारतीय स्त्रियों की आधुनिकता फूटी आँखों भी नहीं सुहाती। वह स्पष्ट कहते हैं–

"हमें खेद है कि हमारी बहनें पश्चिम का आदर्श ले रही हैं, जहाँ नारी ने अपना पद खो दिया है और स्वामिनी से गिरकर विलास की वस्तु बन गयी है। पश्चिम की स्त्री स्वच्छन्द होना चाहती है इसलिए कि वह अधिक से अधिक विलास कर सके।" (*गोदान*-1991, पृ. 149)

प्रो. मेहता की दृष्टि में स्त्री का आदर्श रूप यह है–"जो उपेक्षा और अनादर सहकर भी अपने कर्तव्य से विचलित नहीं होती, जो मातृत्व की वेदी पर अपने को बलिदान करती है, जिसके लिए त्याग ही सबसे बड़ा अधिकार है, और जो इस योग्य है कि उसकी प्रतिमा बनाकर पूजी जाय।" (*गोदान,* पृ. 177)

इन प्रो. मेहता के लिए मि. खन्ना की पत्नी गोविन्दी आदर्श स्त्री है जो खुद कहतीं है–

"जो स्त्री अपने पुरुष को प्रसन्न न रख सके, अपने को उसके मन की न बना सके, वह भी कोई स्त्री है?" (*गोदान,* पृ. 178)

यानी स्त्री का आदर्श यही है कि हर सूरत में वह पति की चाकरी करे, नाकारा पति भी हो तो भी वह उसे देवता माने और जैसा चाहता है वैसी बनकर दिखाए यही पातिव्रत्य है, यही उसके जीवन का सार और चरम लक्ष्य है। तुलसी और प्रेमचन्द के बीच सैकड़ों वर्षों का फासला होते हुए भी पुरुषवाद के बोध में और स्त्रियों की सीमाओं के बारे में जबर्दस्त समानता है जिसे जैनेन्द्र ने भी अपनी सारी आधुनिकता के बावजूद जस-का-तस स्वीकार किया है जो प्रशंसनीय नहीं है।

आज के इस दौर में जब बीसवीं शती समाप्ति की ओर है, दुनिया भर में समता, समानता की मुहिम छिड़ी है, हर वर्ग के लोग अपने अधिकारों के लिए आगे बढ़ रहे हैं। तब एक स्त्री से ऐसी अपेक्षा कि वह प्रतिकूल स्थिति में भी पति की सेवा को प्रस्तुत रहे और पूजनीय बने, किसी भी स्थिति में प्रशंसनीय नहीं माना जा सकता। जैनेन्द्र के लिए भी, जैसा कि मैंने पीछे संकेत किया है—एक भारी कठिनाई यह है कि वे एक ही साथ आदर्शवादी भी बने रहना चाहते हैं और आधुनिक भी। इस प्रक्रिया में वे द्वन्द्व से गुजरते हैं और ऐसी ही मान्यताएँ रखते हैं जहाँ सहमति की गुंजाइश कम होती है। चिन्तनीय तो यह है कि जब पति नाकारा होगा और पत्नी रात-दिन उसकी आवभगत ही किए रहेगी तो फिर 'परिवार' कैसे चलेगा? जैनेन्द्र तो मानते ही हैं कि आर्थिक रूप से नारी को स्वतन्त्रता की जरूरत ही नहीं है। इस प्रश्न पर रेखा द्विवेदी का कहना उपयुक्त लगता है—

"मानवीय आधार पर जब जैनेन्द्र के नारी पात्र स्त्री के मातृत्व-अधिकार के पक्ष में साहस के साथ संघर्ष करते दिखाई देते हैं, तो आज भी प्रासंगिक जान पड़ते हैं। किन्तु उन्हें आर्थिक आज़ादी की प्रेरणा न देकर जैनेन्द्र उनके पैरों के नीचे की जमीन ही खींच लेते हैं। आर्थिक रूप से आत्मनिर्भर हुए बिना नारी के ऐसे अधिकार की बात सोचना भी व्यर्थ है।"[41]

जैनेन्द्र के यहाँ विवाहेत्तर सम्बन्धों की जो स्वीकृति दिखाई देती है, वह आज के लिए (हालाँकि आज भी उसकी स्वीकृति न के बराबर है) चाहे बहुत महत्त्वपूर्ण न लगती हो, पर तीस से चालीस के दशक में वह बहुत क्रान्तिकारी कदम मानी गयी थी। यह उनके साहित्य की विशेषता है कि उसमें तीसरे व्यक्ति का प्रवेश किसी न किसी रूप में होता ही है। यहाँ पति का या तो प्रेमिका से सम्बन्ध रहता है या पत्नी का प्रेमी से। जैनेन्द्र के पूर्व भारतीय समाज में यह विशेषाधिकार केवल पुरुषों को था जो पत्नी के रहते या तो विवाह करते थे या फिर प्रेमिकाएँ रखते थे। ऐसी कोई स्वतन्त्रता पत्नी को नहीं थी कि वे पति के होते प्रेम कर सकें या अपनी व्यथा का साझीदार खोज सकें। अगर कभी वे ऐसा करती थीं तो इससे बड़ा पाप कोई दूसरा नहीं माना जाता था।

जैनेन्द्र को इस बात का श्रेय जाता है कि उन्होंने मानवीयता के स्तर पर ही

सही, नारी को प्रेम करने या पाने की स्वतन्त्रता दी और अपनी रचनाओं में भी विवाहिता को पति के होते हुए भी प्रेम करते या पाते हुए दिखाया। उनके यहाँ पर पुरुष का किसी परिवार में प्रवेश अपराध नहीं माना गया। वह चाहे *परख* की कट्टो हो, जो वैधव्य की रूढ़ि में दम तोड़ती हुई भी उसकी हदों से निकल भागी हो या विवाह की नीरस और जड़ जिन्दगी से ऊबी हुई *सुनीता* की सुनीता का पति के अतिरिक्त हरिप्रसन्न से प्रेम भाव हो, हर जगह जैनेन्द्र देह की पवित्रता से जुड़ी हुई सांस्थानिक नैतिकता को चुनौती देते हैं। यहाँ वे प्रेम, करुणा तथा सद्‌भाव को एक उदार मूल्य के रूप में प्रतिष्ठित करते हैं तथा इनके लिए एक नयी नैतिकता की माँग करते हैं। जैनेन्द्र के विचार में विवाह होने पर भी पति या पत्नी में किसी पूर्व प्रेम की प्रक्रिया समाप्त नहीं हो जाती। प्रेम का यह आकर्षण जीवन पर्यन्त बना रहता है। अगर यह न हो तो जीवन जड़वत हो जाता है। पर वे प्रेम विवाह का समर्थन नहीं करते। वे स्पष्ट कहते हैं कि विवाह में दायित्व प्रधान होता है जबकि प्रेम मुक्त होता है जिसे विवाह में आबद्ध नहीं किया जा सकता। उनके विचार में माता-पिता द्वारा ठहराये गए विवाह ही समाज के स्थायित्व के लिए आवश्यक हैं इसलिए विवाह और प्रेम दोनों को साधने के लिए वे *पतिव्रत्य* और *सतीत्व* में अंतर करते हैं। उनके यहाँ स्पष्ट कहा गया है कि आदर्श पत्नी मात्र बन जाने से स्त्री-धर्म पूरा नहीं हो जाता। इसी भावभूमि पर उनके स्त्री पात्र विवाहेत्तर सम्बन्ध बनाने में संकोच नहीं करते। किन्तु अपने प्रेमी की अनिवार्य उपस्थिति स्वीकार करते हुए भी जैनेन्द्र के नारी पात्र विवाहेत्तर सम्बन्ध में शरीर को अलगा कर रखते हैं। यह जैनेन्द्र के यहाँ स्त्रियों के लिए बड़ा आध्यात्मिक संकट का मामला है। यहीं उनका परम्परा और आधुनिकता का द्वैत सामने आता है, जहाँ वे 'परिवार' की मर्यादा के लिए शरीर का शामिल होना पसन्द नहीं करते। रेखा द्विवेदी का इस पर यह प्रश्न करना उचित जान पड़ता है–

"उनके आदर्श मीरा व राधा हैं। पर सवाल यह उठता है कि स्त्री-जीवन में प्रेम का प्रवेश कराकर फिर उसके आगे राधा और मीरा का आदर्श रखना क्या ऐसा ही नहीं है कि जिन्दगी में चलो भी और खड़े भी रहो।"[42]

रेखा द्विवेदी आगे लिखती हैं–

"ऐसे आदर्श रखकर क्या वे सदियों पुरानी पुरुषवादी धारणा की पुष्टि नहीं करते जिसमें पुरुष तो स्त्रियों से जितना चाहे सम्बन्ध रखे, स्त्री आजीवन उसके नाम की माला ही जपती रहे?"[43]

यह वास्तविकता है कि आज की स्त्री एक मनुष्य की तरह जीना चाहती है–वह पुरुषों की तरह अपनी हर आवश्यकता पूरी करना चाहती है। पर जैनेन्द्र की बाध्यता यह है कि वे कहते हैं कि नारी परपुरुष से प्रेम होते हुए भी वह अपने प्रेम को भावना

तक ही सीमित रखे अपने शरीर को उसमें न ले जाय। अगर वह ऐसा नहीं करती तो समाज टूट जायेगा। पर ध्यातव्य तो यही है कि स्त्रियाँ सदियों से पति के ऐसे सम्बन्धों को स्वीकार करती आयी हैं, तब इससे समाज क्यों न टूट गया। यहाँ जैनेन्द्र की दृष्टि शुद्ध पारम्परिक है जिसमें वे स्त्री को पुरुष के बराबर स्वतंत्रता लेने में खतरा महसूस करते हैं। पर दिलचस्प स्थिति यह है कि जैनेन्द्र ने विवाह के उपरांत जिस प्रेम की स्वीकृति दी है, वह पारिवारिक विघटन का ही कारण बनता जा रहा है, उसकी सुदृढ़ता का नहीं।

इसलिए जैनेन्द्र ने जिस प्रेम को विवाह में तब्दील होना गलत माना उसी को विपरीत मानकर यह भी तो कहा जा सकता है कि विवाह में प्रेम होना ही श्रेयस्कर नहीं है। वैसे तो यह लाज़िमी ही है कि जैनेन्द्र की स्त्री-स्वतन्त्रता सम्बन्धी धारणा की कतिपय सीमाओं को मानते हुए भी उसकी महत्वपूर्ण बिन्दुओं से सहमति बनाई जाय, पर यह क्यों नहीं माना जा सकता कि स्त्री और पुरुष के लिए समान नियम बने? विवाहोपरान्त वे एक-दूसरे में अपने को पाएँ और दुनियावी स्मृतियों से अपने दाम्पत्य को बचाए रखें। 'पारिवारिक मर्यादा' के लिए श्रेयस्कर यही है न कि 'विवाहेत्तर प्रेम'; क्योंकि जेनेन्द्र ने जिस प्रेम की प्रतिष्ठा की है, वह प्रेम अशरीरी है, इसीलिए वह आदर्श हो सकता है, जैसे राधा या मीरा का प्रेम। यथार्थ जीवन के धरातल पर यह प्रेम सम्भव ही नहीं लगता। इसके असम्भव होने का एक कारण यह भी है कि आज के युग में मानवीय संवेदना के लिए इतनी जगह नहीं बची है कि स्त्री किसी को भावना के स्तर पर जिए और शरीर के स्तर पर 'परिवार' की होकर रहे। वह आज कामकाजी है, पुरुषों के साथ बाहरी जगत के बहुत सारे कार्य वह स्वयं संपादित करती है, एक-दूसरे से मिलना-जुलना होता है—इसमें वह किसी ऐसे व्यक्ति से जुड़ सकती है जो 'बाहरी' हो और उसमें उसका लगाव भी हो जाए। ऐसी स्थिति में 'परिवार' का भला तो तभी सम्भव है, जब वह पति की सहमति से उससे जुड़ी रहे या फिर उससे वह विवाह ही कर ले क्योंकि यह जैनेन्द्र ही कहते हैं 'स्त्री या पुरुष के विवाहेत्तर सम्बन्ध को समर्थन नहीं दिया जा सकता। यदि पत्नी या पति चोरी-छुपे ऐसा करते हैं, तब यह कपट का समर्थन होगा' तो यह बेहतर क्यों न हो कि वह अपने जड़ दाम्पत्य को ही तोड़ ले, क्योंकि दाम्पत्य अगर जड़ नहीं है तो किसी स्त्री या पुरुष को अन्यत्र जुड़ने की जरूरत ही क्यों हो।

स्वयं जैनेन्द्र के *सुखदा, कल्याणी, विवर्त* आदि ऐसे ही उपन्यास हैं जिसमें तीसरे के प्रवेश से ही परिवारों में विघटन पैदा होता है और चूँकि इनकी नायिकाएँ ही आगे बढ़कर पुरुषों से सम्बन्ध बनाती हैं, इसलिए सजा भी उन्हें ही भोगनी होती है। वे टूटती हैं और जीवन में कुछ शेष नहीं रह जाता। *विवर्त* की स्थिति दूसरी है। उसमें नरेशचंद्र की विवाहिता होकर भी मोहिनी जितेन के प्रति समर्पित रहती है और पति-प्रेमी के द्वन्द्व में उसे कहीं भी शान्ति नहीं मिलती। विवाहेत्तर सम्बन्धों में अगर

शरीर से अलग भावना को भी स्वीकार किया जाय तब भी स्थिति में कोई परिवर्तन सम्भव होता नहीं दीखता। किसी न किसी रूप में स्त्री उस ओर खिंची रह जाती है जिसका सीधा असर उसके परिवार पर पड़ता है। तब सार्वजनिक रूप से 'मर्यादा' का प्रश्न खड़ा न भी हो, पर इससे परिवार की व्यवस्था प्रभावित हुए बिना नहीं रहती और वह बिखरती है। इसलिए विवाहेत्तर प्रेम की जैनेन्द्रीय धारणा को सैद्धान्तिक दृष्टि से भले ही स्वीकार कर लिया जाए, पर उसे व्यावहारिक रूप से स्वीकार करना कठिन है क्योंकि इससे 'परिवार' की व्यवस्था विघटित हो सकती है और तब जैनेन्द्र की ही समाज की प्राथमिक आवश्यकता 'परिवार' टूट सकता है। *दशार्क* में वे स्वयं कहते हैं–

"पुरुष पैसा, बाजार, स्पर्धा और हिंसा का प्रतीक और नारी प्यार, शांति, त्याग और घर की।"[44]

तो क्या नारी-स्वतन्त्रता को 'घर' के भीतर प्यार, शान्ति और त्याग के निमित्त ही माना जाए। अगर हाँ, तो फिर इस पूरे विमर्श का औचित्य क्या निकलता है?

जैनेन्द्र की जो कठिनाई हमने पीछे देखी है, वह उनके साथ लगातार रही है। इस क्रम में उनकी यह धारणा अधिक चिन्तनीय है जिसमें वे कहते हैं कि–"स्त्री अपनी सार्थकता पुरुष के द्वारा देखने को बाध्य है। पुत्र के लिए उसे पति चाहिए। पुत्र के बिना स्त्री बन्ध्या है।"[45]

यहाँ एक ही साथ दो मुश्किलें हैं। एक तो यह कि मातृत्व ही स्त्री का सर्वस्व है। जैसे मातृत्व पा ले तो फिर उसे जीवन में और किसी चीज़ की कोई आवश्यकता रह ही नहीं जाती। *परदेशी* कहानी में जैनेन्द्र ने ऐसा दिखाया भी है जिसमें गर्भावस्था के दौरान एक भयावने जंगल में स्त्री को छोड़कर पुरुष चला जाता है और उसे ग्लानि भी नहीं होती। *ध्रुवयात्रा* में उर्मिला माता बनने के बाद पुरुष को अपने से मुक्त कर देती है जैसे सन्तति के रूप में उसका सब कुछ प्राप्त हो गया हो। पर यह मातृत्व भी बहुत अजीब है जो पुत्री से सार्थक नहीं होता, उसके लिए पुत्र चाहिए, अन्यथा स्त्री बन्ध्या ही रह जाएगी।

जैनेन्द्र के यहाँ इस तरह की विसंगतियाँ बहुत हैं जिसके ये कुछ ठोस उदाहरण देखे जा सकते हैं। आज के इस आधुनिकतावादी दौर में जब स्त्री-पुरुष को समान मानने की मुहिम चल रही हो, यह विचार ही अपने आप में भ्रान्तिपूर्ण है कि पुत्र के बिना स्त्री बन्ध्या है। पुत्र-पुत्री के जन्म से स्त्री की श्रेष्ठता या निकृष्टता का यह पैमाना दरअसल जैनेन्द्र के यहाँ हिन्दू विश्वासों से आया है जिसे उन्होंने बिना किसी संकोच के रख दिया है। पर इसके साथ ही यह विरोधाभास भी वहाँ है कि मातृत्व पाने के बाद स्त्री के लिए पति की जरूरत ही खत्म हो जाती है। यह धारणा एक तरफ स्त्री की स्वतंत्रता को अतिरेक पर पहुँचाकर उसे स्वच्छन्द बनाने की है तो दूसरी तरफ पुरुष के व्यभिचार का समर्थन भी है जिसमें सन्तति के लिए उसमें

किसी दायित्व का होना जरूरी ही नहीं है। तब एक अविवेकी पशु और मनुष्य में क्या अंतर है। क्योंकि नर पशु ही केवल सन्तानोत्पति के बाद मादा पशु के सारे दायित्वों से मुक्त हो जाता है जिसकी स्वतन्त्रता समाज के द्वारा पुरुष को प्राप्त नहीं हो सकती।

वास्तव में जैनेन्द्र की स्त्री-स्वतन्त्रता सम्बन्धी इस धारणा को जब स्वाधीनता-पूर्व की स्थितियों में ले जाकर देखा जाता है तब यह स्पष्ट होता है कि किन कारणों से वे इस भ्रामक स्थिति में आ पड़े। वह समय संक्रमण का था तथा समाज की छवि के आगामी परिवर्तन की कोई साफ-सुथरी स्थिति दिखाई नहीं देती थी। जैनेन्द्र ने इन्हीं हालातों में अपने स्तर पर स्त्री को पराधीनता की मानसिकता से बाहर निकाला। इस क्रम में एक तरफ वे उसे बेपनाह स्वतन्त्रता देते चले गये तो दूसरी तरफ उसकी डोर को पारम्परिक रूढ़ियों में लपेटते गये। परिणाम यह हुआ कि रूढ़ियों का विरोध भी उन्हीं ने किया तो स्त्री के लिए नयी सम्भावनाओं के द्वार भी बन्द कर दिए। रेखा द्विवेदी ने ठीक ही लिखा है–

"एक ओर तो वे (जैनेन्द्र) पुरानी व्यवस्था का विरोध करते हैं तो दूसरी ओर नई व्यवस्था के भी विरोधी हैं जिसने स्त्री को बाज़ार में लाकर खड़ा कर दिया है।"[46]

पर यह निस्सन्देह कहा जा सकता है कि कुछ सीमाओं के बावजूद जैनेन्द्र की स्त्री-स्वतन्त्रता सम्बन्धी धारणा स्त्री को उसके अधिकारों के प्रति सचेत अवश्य करती है और पारम्परिक रूढ़ियों से अलग जीवन जीने की प्रस्तावना करती है। लेकिन विवाहेत्तर सम्बन्ध और पारिवारिक मर्यादा के स्तर पर उनकी दृष्टि बहुत सुचिन्तित नहीं लगती क्योंक एक तरफ वे विवाहेत्तर सम्बन्ध का समर्थन करते हैं तो दूसरी तरफ 'पारिवारिक मर्यादा' बनाए रखने पर बल भी देते हैं। कहने की आवश्यकता नहीं है कि दोनों में परस्परविरोध है जिसे व्यावहारिक बनाए बिना न तो विवाह को टिकाए रखा जा सकता है और न परिवार की मर्यादा को। जैनेन्द्र के इसी द्वन्द्व पर विजयमोहन सिंह का कहना है–

"वस्तुतः जैनेन्द्र जी का द्वन्द्व स्पष्ट रहा है। लेकिन प्रायः इस सम्बन्ध में उनकी अभिव्यक्तियाँ उतनी स्पष्ट नहीं रही हैं। यह पश्चिम की वैचारिकता, दार्शनिक चिंतन से अवगत भारतीय मनीषी का द्वन्द्व है, जिस कारण वे सतीत्व और पत्नीत्व तथा प्रेम में हमेशा एक निश्चित अन्तर या एक निर्णीत अन्तर नहीं रखना चाहते।"[47]

बर्टेण्ड रस्सेल ने भी विवाह और नैतिकता के प्रश्न पर विचार करते हुए पति-पत्नी के बीच अधिक से अधिक सहकार और सद्भाव पर बल दिया है और स्पष्ट किया है कि परिवार की सुरक्षा और पारिवारिक खुशी सिर्फ दाम्पत्य की मजबूती पर निर्भर है। रस्सेल ने लिखा है–

"अब मैं एक बहुत रुचिकर मुद्दे पर आता हूँ जिसे मैं तर्क द्वारा सिद्ध भी कर सकता हूँ कि स्त्रियों की उपेक्षिता को बढ़ावा देकर उनके दाम्पत्य में कलह को ही बढ़ावा दिया जाता है जिसके कारण परिवार की खुशी छिन जाती है तथा इससे 'घर' में प्रत्येक जरूरी विषयों पर बातचीत करने से बचा जाने लगता है। अगर पति और पत्नी एक साथ मिल-बैठकर अपनी जरूरी समस्याओं पर बातचीत कर किसी ठीक-ठाक निष्कर्ष तक नहीं पहुँचते तो फिर और किसी भी तरह की बातें इस समस्या पर भ्रामक सिद्ध होती है।"[48]

सारांश यही सामने आता है कि 'परिवार' की मर्यादा इसी में सुरक्षित है कि पति-पत्नी एक-दूसरे पर विश्वास करें और अपनी समस्याएँ आपसी विमर्श के तहत सुलझा लें। तब विवाहेत्तर सम्बन्ध के कारण पैदा होनेवाली विकृतियों से 'परिवार' को भी बचाया जा सकता है तथा उसकी मर्यादा को भी।

वस्तुतः जैनेन्द्र ने स्त्री को विवाहोपरान्त सम्बन्ध बनाने की जो स्वतन्त्रता दी है, वह कांट के शब्दों में "व्यावहारिक अर्थ में इंद्रिय अनुभूति के आवेगों की बाध्यता से संकल्प की स्वतंत्रता है।"[49] इसलिए उसका सार्वजनिक जीवन में वह अर्थ नहीं लिया जा सकता जो 'खुलापन' का होता है। पर प्रश्न यह है कि क्या ऐसी दार्शनिक स्वतन्त्रता से स्त्रियों के जीवन को संकुचित या संकीर्ण बनाने की कोशिश नहीं की जा रही है?

इस धारणा को दार्शनिक मानकर खारिज नहीं किया जा सकता, क्योंकि किसी भी तरह की स्वतन्त्रता का सीधा सम्बन्ध 'अनुभूति के आवेगों की बाध्यता से संकल्प' से ही जुड़ता है और इसी से व्यक्ति अपने चेतन में मुक्त या बद्ध अनुभव करता है। जैनेन्द्र पर यह आरोप लगाया जा सकता है कि जब उनके सामने स्त्रियों के अधिकारों की बात आती है तब वे साफ और स्पष्ट रूप से उन्हें 'परिवार की रक्षा' और उसकी 'मर्यादा' का पाठ पढ़ाते हैं, पर जैसे ही उनकी स्वतन्त्रता की बात आती है तब वे उसे अलौकिक बनाकर इस तरह प्रस्तुत करते हैं मानो वे इसे एक नियामत की तरह रख रहे हैं। ऐसे अनेक आरोपों को पीछे देखा जा चुका है और व्यावहारिक सन्दर्भों के स्तर पर जैनेन्द्र की इन धारणाओं को जाँचा भी गया है, पर सबके बावजूद यह कहना लाज़िमी लगता है कि जैनेन्द्र को सम्पूर्णता में समझने के लिए उनके विचारों को केवल सीधे आशयों में ग्रहण नहीं किया जा सकता। इसके लिए दार्शनिक भूमियों को भी समझना आवश्यक है जिसमें जैनेन्द्र की धारणाएँ अलग अर्थ द्योतित करती हैं।

## स्त्री और जैनेन्द्र की नैतिक धारणा

"अपने को अलग, अनछुआ और पवित्र रहने का जो भाव बीच में आकर बाधा बनता है, वही हर्ज और जुर्म है।"

*जैनेन्द्र- अनन्तर,* पृ. 29

जैनेन्द्र के सृजन और चिन्तन में स्त्री को लेकर जो गहरा कशमकश चलता रहा है, वह नैतिकता को लेकर कुछ और जटिल होता गया है। यहाँ स्त्री की नैतिकता पर बल भी है और उससे मुक्त करने की आकुलता भी। लेकिन जैनेन्द्र के यहाँ समस्या यह है कि इस प्रश्न पर भी बहुत स्पष्ट रुख देखते नहीं बनता। 'मातृत्व से विमुख स्त्री कुछ और नहीं चाहती है' चाहे तो फिर नैतिकता आड़े आएगी। परिवार की रक्षा का और उसकी व्यवस्था का दुर्वह भार उसके कन्धों पर है जिससे च्युत होने पर नैतिकता की समस्या खड़ी होगी। विवाहिता होते हुए किसी परपुरुष से उसके सम्बन्ध बनेंगे तो यह अनैतिक होगा और आर्थिक स्वतंत्रता उसे चाहिए, यह तो न समाज की व्यवस्था के लिए वाजिब है और न स्त्री-जीवन की नैतिकता की दृष्टि से। कुल मिलाकर जैनेन्द्र के यहाँ बहुत स्पष्ट न होते हुए भी स्त्री-जीवन की सीमाओं का पता चल जाता है और तब यह पता करना कठिन नहीं रह जाता कि उसकी नैतिकता की हदें कहाँ तक हैं। पर इन हदों के अतिरिक्त ऐसे बहुत से स्थल हैं जहाँ स्त्रियों के लिए जैनेन्द्र ने नैतिकता की कोई सीमा-रेखा तय नहीं की है और लगभग यह निरूपित किया है कि बहुत बार स्थितियों के अनुरूप स्त्रियाँ अपनी नैतिकताएँ स्वयं निर्मित करती हैं या उसे वे स्वीकार ही नहीं करतीं। इस दृष्टि से देखने पर आश्चर्यजनक ढंग से दिखाई देगा कि जैनेन्द्र के यहाँ स्त्री-नैतिकता के मुद्दे पर स्पष्ट फाँक है जो यह द्योतित नहीं होने देता कि नैतिकता कहाँ तक, क्यों और कैसे लाजिम है। इस असमंजस का सीधा सबूत उनके विचारों और रचनाओं में है जहाँ बहुत बार एक-दूसरे को काटने की और परस्पर-विरोध की स्थितियाँ सामने आती हैं--

विजयमोहन सिंह लिखते हैं–

"जैनेन्द्र जी के लगभग 50 वर्षों से भी अधिक काल तक फैले हुए साहित्य में हम प्रायः यही पाते हैं कि नैतिकता का प्रश्न उन्होंने प्रायः नारी को केन्द्र में रखकर ही उठाया है।"[50]

यहाँ इस बात की तो पुष्टि हुई कि जैनेन्द्र ने अपने समग्र साहित्य में नैतिकता का प्रश्न नारी को केन्द्र में रखकर ही उठाया है। यहाँ उनकी धारणाएँ पुरुष के प्रश्नों पर उतनी नहीं, जितनी कि नारी-जीवन के प्रश्नों पर हैं। पर क्या यह आवश्यक था कि जैनेन्द्र नारी को आधुनिक जीवन सन्दर्भों में रखकर देखने के बाद भी उसे ऐसी नैतिकता से बाँधते जो न केवल अव्यावहारिक थी बल्कि सत्यता से दूर भी थी। जैनेन्द्र-साहित्य में इस प्रश्न का उत्तर अरसे से खोजा जाता रहा है और लगातार खोजा भी जाता रहेगा पर इसी में यह प्रश्न भी सामने आता है कि क्या रचना में यह आवश्यक है कि हर प्रश्न का उत्तर निकले। उपन्यास के सन्दर्भ में मिलान कुंदेरा ने कहा है–

"लोगों की नासमझी हर चीज़ का उत्तर होने से निकलती है। उपन्यास की समझदारी आती है हर चीज़ के लिए एक प्रश्न होने से।"[51]

तो क्या यह मान लिया जाना चाहिए कि उपन्यास की समझदारी हर चीज़ के लिए एक प्रश्न होने से ही आती है, इसलिए जैनेन्द्र के उपन्यासों में भी जैसे प्रश्न आते हैं उनमें हमें अपने स्तर पर उत्तर पाने की कोशिश करनी चाहिए। जैनेन्द्र के उपन्यास कुछ ऐसा ही प्रस्तावित करते हैं।

अब स्त्री-नैतिकता पर पहले जैनेन्द्र के विचार देखें।

यह गौरतलब है कि जैनेन्द्र के यहाँ स्त्री की नैतिकता से सम्बन्धित धारणाएँ संस्थागत भी हैं और व्यक्तिगत भी। कहीं वे स्त्री को संस्थागत नैतिकता के तहत रखकर देखते हैं तो युगानुरूप व्यक्तिगत नैतिकता की भी प्रस्तावना करते हैं। इस क्रम में पहले स्त्री नैतिकता के उन बिन्दुओं पर दृष्टिपात करना प्रासंगिक है जो स्त्री नैतिकता को परिभाषित करते हैं।

संस्थागत नैतिकता के स्तर पर जैनेन्द्र के यहाँ 'सती' और 'पतिव्रता-, दो शब्द प्राप्त हैं जिसे उन्होंने अपने ढंग से देखने की कोशिश की है। उन्होंने ही कहा है–"परम्परा से हमें दो शब्द प्राप्त हुए हैं स्त्री के आदर्श को सूचित करने के लिए। एक पतिव्रता, दूसरी सती। पहले शब्द में सामाजिक ध्वनि मानी जा सकती है, दूसरे में आत्मिक। मैंने इन दोनों को परस्पर पर्यायवाची रूप में नहीं देखा है। 'सामाजिक' और 'आत्मिक' कहकर मैंने जो इन दोनों में अन्तर सुझाया है–हो सकता है कि वो मेरी अपनी आविष्कृत अवधारणा हो। लेकिन मैंने अपनी रचनाओं में पतिव्रता के ऊपर सतीत्व को प्रतिष्ठा दी है।"[52]

स्त्री के आदर्श के लिए जैनेन्द्र द्वारा परम्परा से लिए गए ये दो शब्द–'पतिव्रता' और 'सती' ही वस्तुतः स्त्री की नैतिकता के लिए उनके प्रतिमान हैं जिसमें से एक को वे 'सामाजिक' तथा दूसरे को 'आत्मिक' कहते हैं। ध्यातव्य यह है कि यहाँ 'सामाजिक' ही संस्थागत है तथा 'आत्मिक' व्यक्तिगत। इसमें सामाजिक या संस्थागत स्त्री-आदर्श 'पतिव्रता' का है जिसे हमारी परंपरा ने स्वीकार किया है और गौरवान्वित भी किया है–

"वह पत्नी जो पति के प्रति मानसिक रूप से एकाग्र हो और उसके साथ छाया की तरह रहे, जो पति के प्रत्येक शुभ काम में भागीदार हो और गृहस्थी के दायित्व में दक्ष तथा सदैव प्रसन्न रहे।"[53]

पतिव्रता का यह लक्षण ऋग्वेद में विस्तार से व्याख्यायित है जिसके अन्तर्गत यह भी कहा गया है कि वह पति की आजीवन मित्र है। 'पतिव्रता' की यह धारणा जैनेन्द्र के यहाँ कतिपय संशोधनों के साथ सुरक्षित है जिसमें उन्होंने किसी भी तरह की मूलभूत छेड़छाड़ नहीं की है। वैदिक मान्यता के अनुसार पतिव्रता स्त्री के लिए

पति से जिस आजीवन मित्रता और सहकार की आवश्यकता बताई गयी है, जैनेन्द्र ने उन्हें लगभग स्वीकार करते हुए लिखा है–

"स्त्रीत्व और पौरुष का जीवित समन्वय आदर्श-रूप है। वहाँ होगी व्यक्तित्व की पूर्णता सभी गुण जहाँ पूर्णता को प्राप्त होते हैं। शौर्य भी और मार्दव भी, तेज भी और आर्जव भी–वह निर्गुणता की स्थिति सिद्ध है।"[54]

जैनेन्द्र के यहाँ स्त्री की पतिव्रता वाली इस छवि के गुण और उसकी उपलब्धियों का गहन विचार-विश्लेषण देखा जा सकता है जिसमें वे व्यक्तित्व की पूर्णता देखते हैं तथा मानते हैं कि वहाँ निर्गुणता की स्थिति सिद्ध है। पर वे पारम्परिक 'अर्द्धनारीश्वर' की मान्यता भी यहाँ ले आते हैं जिसमें स्त्री-पुरुष को एक-दूसरे के बिना अपूर्ण माना गया है। वे कहते हैं–

"बात यह कि स्त्री-पुरुष दोनों अपने में अधूरे हैं। पूर्ण अर्द्धनारीश्वर हैं। इससे पुरुष स्त्री में न खिंचे यह सम्भव नहीं है। स्त्री तो साफ ही पुरुष के अभाव में माता हो नहीं सकती।"[55]

आशय यह कि स्त्री का पातिव्रत्य उसका आदर्श रूप है जो परम्परा में जैसा है, वही जैनेन्द्र के यहाँ भी है। पतिव्रता का यही रूप विवाहिता का नैतिक रूप है जिसका केन्द्र परिवार है तथा माध्यम है विवाह। इस प्रसंग में नैतिकता-अनैतिकता पर विचार करते हुए जैनेन्द्र ने कहा है–

"समाज की अपेक्षा से ही नैतिकता-अनैतिकता की सृष्टि होती है। मानव-जाति के विविध समूह-समाजों की भिन्न-भिन्न रीति-नीति होने के कारण नैतिक-अनैतिक ठहराने का अधिकार मेरा नहीं है। ऊपर यदि अनैतिक शब्द आया है, तो पारिवारिक नैतिकता को केन्द्र में लेकर। हो सकता है, प्रयोगपूर्वक मानव-समाज ऐसी जगह पहुँचे, जहाँ उसकी नैतिकता की धारणा परिवार केन्द्रित न रह जाए। लेकिन आज पश्चिम के जिन देशों की चर्चा है, वे अपने तन्त्र में विवाह और परिवार को मान्य ठहराते हैं, इसलिए विवाह से बाहर लैंगिक सम्बन्ध अनैतिक ठहरते हैं।"[56]

अर्थात् नैतिकता की धारणा को अगर परिवार पर केन्द्रित करके चलें तो यह स्पष्ट हो जाता है कि विवाहिता का पति से अतिरिक्त किसी भी व्यक्ति से लैंगिक सम्बन्ध अनैतिक है। इस तरह अब यह मान्यता स्पष्ट हो गयी कि 'पतिव्रता' पति के अतिरिक्त किसी और के प्रति यौनाकर्षित न हो और एक प्रकार का समर्पण भाव रखे। पर जैनेन्द्र की 'पतिव्रता' पारम्परिक 'पतिव्रता' के उस रूप से अलग है जिसमें पर पुरुष को देखना भी पाप समझा जाता है। सीता के लिए रावण परपुरुष था जिसकी एक बार अपनी ओर देख लेने की याचना पर सीता क्रुद्ध हो जाती है और तृण की ओट लेकर बोलती है–

*तब अनुचरी करउँ पन मोरा।*
*एक बार बिलोकि मम ओरा ॥*

*तृन धरि ओट कहति बैदेही।*
*सुमिरि अवधपति परम सनेही ॥*[57]

गोस्वामी तुलसीदास की 'सीता' वैदिक पातिव्रत्य की प्रतिमूर्ति है जो पर-पुरुष की छाया से भी बचने का प्रयास करती है। एक पुरुष व्रत की यह धारणा यद्यपि जैनेन्द्र के यहाँ भी है, पर वहाँ 'विवाहिता' की नैतिकता की सीमा और सम्बन्धों तक ही है। किसी को देखना, बात करना या घर से बाहर निकलने में वह अनैतिक नहीं हो जाती। जैनेन्द्र के चिन्तन और सृजन में यही 'सतीत्व' की नयी धारणा नई नैतिकता को प्रतिष्ठित करती है जिस पर विजयमोहन सिंह ने कहा–

"यही जैनेन्द्र जी की नयी नारी और नयी नैतिकता प्रेमचन्द से आगे भी है या उसके समानान्तर भी अथवा स्वयं एक ग्रन्थि बनती हुई भी।"[58]

जैनेन्द्र के यहाँ स्त्री की नैतिकता का यह नया परिष्कार ही था जिसे तत्कालीन सामाजिक मान्यता हासिल नहीं थी। यद्यपि यहाँ नैतिकता के द्वैत सर्वत्र देखे जा सकते हैं, पर यह केवल जैनेन्द्र ही हैं जिन्होंने प्रेम की अनुभूति और उसके प्रभाव से स्त्री-जीवन में इतनी स्वतन्त्रता ला सके कि पारम्परिक मान्यताओं से अलग उसने अपनी सार्थकता देखी और परिपाटी बद्ध नैतिकता से थोड़ी स्वतंत्रता भी ले सकी। जैनेन्द्र के रचनाकार में परम्परा और आधुनिकता का यह द्वैत लगातार चलता रहा है, पर 'सतीत्व' की इस भूमि पर प्रायः वे अविचलित ही रहे हैं। क्योंकि यही वह नारी हो सकती थी जो अपने प्रेम के बल पर व्यवस्था को भी चुनौती दे सकती थी तथा रूढ़ पारम्परिक मूल्यों पर प्रहार कर सकती थी। इसी 'सतीत्व' में जैनेन्द्र का समग्र प्रेम-दर्शन प्रतिफलित हुआ है जिसके अनुष्ठान हमारे आदर्श और हिन्दू शुचिता को चुनौती देते प्रतीत होते हैं। प्रेम के धर्म से ही जैनेन्द्र ने इस नयी नारी को सिरजा, जिसके लिए प्रेम ही धर्म हो गया। नारी के लिए प्रेम के धर्म पर लिखते हुए डॉ. मैनेजर पाण्डेय ने लिखा है–

"प्रेम मे नारी का लक्ष्य है सर्वस्व समर्पण और पुरुष का लक्ष्य है–सर्वस्व ग्रहण। नारी पुरुष को अपनी भावना, आचरण और अस्तित्व के लिए सर्वोच्च मूल्य और परम सत्ता मान लेती है। नारी के लिए प्रेम धर्म बन जाता है।"[59]

यही प्रेम जैनेन्द्र के साहित्य में 'सतीत्व' की प्रतिष्ठा करा सका है जिसमें राधा और मीरा का आदर्श है। ऐसा उदात्त प्रेम का आदर्श, जहाँ लौकिक वर्जनाओं का कोई औचित्य नहीं है और न ही किसी भी तरह की बाध्यता के लिए कोई स्थान। इसमें ओज, करुणा और विद्रोह भी है तो त्याग, समर्पण और आत्मोल्लास भी। स्पष्ट रूप से जैनेन्द्र ने 'पातिव्रत्य' और 'सतीत्व' की चर्चा अधिक जगह नहीं की है, पर दोनों में पर्याप्त अन्तर दिखाया है। 'सती' की अवधारणा ही बहुत बार 'पतिव्रता' और 'सती' के दोनों रूपों की व्याख्या करती है जिसमें प्रायः यह भ्रम होने की गुंजाइश होती है कि 'पतिव्रता' 'सती' से अलग है कि एक ही है।

जैनेन्द्र की रचनाओं में उनकी इन नैतिक मान्यताओं को देखने पर लगता है कि अधिकतर स्थलों पर जैनेन्द्र के यहाँ स्त्री के इन दोनों रूपों की प्रतिष्ठा भी है और अनिवार्यता भी दिखलायी गयी है। पर इनमें संस्थागत नैतिकता का सूक्ष्म स्वीकार परिलक्षित होता है जिसके समानान्तर 'सतीत्व' की वह छवि भी आती है जो अपने लिए नई नैतिकता की माँग करती है। *परख* की कट्टो तथा सत्यधन में जो प्रेम है, वह असहज या कृत्रिम नहीं है। लेकिन सत्यधन के रोमानी आदर्श को खंडित कर जैनेन्द्र ने कट्टो को 'सती' ही बनाया है जहाँ बिहारी से उसका विवाह शारीरिक सम्बन्धों की स्वीकृति नहीं देता और एक आदर्श का ही रूप बन जाता है, जहाँ कट्टो का बाल वैधव्य अपना सौभाग्य पाता है।

*सुनीता* में घर-बाहर के द्वैत के बीच *सुनीता* का पत्नीत्व में लौटना है। वह 'सती' है जिसे हरिप्रसन्न से जुड़ने के लिए श्रीकांत की ओर से स्वीकृति मिली हुई है। पर परम्परागत मूल्यों का वहन करती हुई भी वह ऐसी नारी है जो संस्थागत नैतिकता को चुनौती दे बैठती है और स्पष्ट कहती है–

"हरि बाबू अगर कह सकते हो कि तुम मुझसे प्रेम नहीं करते, तो कहो, बोलो कहो।"[60]

"और अगर करते हो प्रेम, तो कहो, तुम अपने को मारोगे नहीं। यह तुमसे मैं कहती हूँ। मेरी सौगन्ध खाकर कहो कि तुम अपने को नहीं मारोगे।"[61]

यहाँ *सुनीता* का जो सतीत्व उभरा है, वह *त्यागपत्र* की मृणाल से इस स्तर पर भिन्न है कि जहाँ मृणाल पति-परित्यक्ता होकर प्रेम में आत्मदान को अपना धर्म मानती है, वहाँ 'सुनीता' पति के गृह की स्वामिनी होते हुए भी हरिप्रसन्न को प्रेम का दान देती है और हरि उसका सामना न कर भाग खड़ा होता है। विजयमोहन सिंह ने ठीक ही लिखा है–

"सुनीता एक ऐसी नई नारी है, जिसका हिन्दी उपन्यासों में प्रवेश होना अभी शेष था और जिसका ऐसी गहरी मार्मिक रचनात्मकता के भीतर से प्रवेश होना अभी शेष है।"[62]

*त्यागपत्र* की मृणाल इससे अलग स्तर पर प्रतिष्ठित है जो अनमेल विवाह की त्रासदी से उपजी ऐसी नयी नारी बनी है जो एक ही साथ समाज-व्यवस्था, मान्यताओं तथा कथित नैतिकता के परखचे उड़ा देती है। बूढ़े पति से शीला के भाई से अपने प्रेम की बात कहकर जीवन भर की यातना लेने वाली यह नारी कोयले वाले के साथ शारीरिक सम्बन्ध बनाती है और आगे भी ऐसे ही बढ़ती जाती है, जिसका सीधा प्रभाव समाज के उन नियमों पर पड़ता है जिसके लिए स्त्री का नैतिक होना अनिवार्य है, पुरुष या समाज जितना चाहे अनैतिक होने की छूट ले ले। मृणाल की यह त्रासदी उसका आत्मदमनात्मक विद्रोह है जिसे जैनेन्द्र ने अपनी स्त्री नैतिकताओं की मान्यता पर ही निर्मित किया है।

*कल्याणी* और *सुखदा* की स्थिति दूसरी है, पर नैतिकता की समस्या वहाँ भी कम विकट नहीं है। 'कल्याणी' के साथ मुश्किल यह है कि वह पति के साथ संगति बिठा नहीं पाती और पति की स्थिति यह है कि वह कल्याणी को 'पतिव्रता' भी रखना चाहता है और डॉक्टरी कराना भी। इस संक्रमण के कारण *कल्याणी* स्वतन्त्रता लेती जाती है जिसके कारण उसे त्रास सहने पड़ते हैं और अन्त में मरना होता है। *कल्याणी* पूर्व के उपन्यासों से अलग नैतिकता का उपन्यास है जिसमें आर्थिक स्वतन्त्रता प्राप्त स्त्री के जीवन में समस्याओं का सैलाब आता है, पति-पत्नी के बीच अविश्वास, और तब 'परिवार' का ढाँचा भरभरा उठता है।

यहाँ जैनेन्द्र की स्त्री सम्बन्धी नैतिकता में 'सतीत्व' या 'पातिव्रत्य' उतना प्रभावी नहीं है जितना पूर्व-पश्चिम के सांस्कृतिक घमासान से उत्पन्न दामपत्य में प्रेम और सहभाव की रिक्तता। एक स्त्री को उसकी पाश्चात्य विकृतियों के साथ दिखाकर वस्तुतः जैनेन्द्र ने यहाँ भारतीय नारी के आदर्श को सामने लाने की कोशिश की है जिसमें स्नेह-सौजन्य का बाहुल्य हो न कि क्षुद्र महत्वाकांक्षाओं का। पर यहाँ डॉक्टर असरानी के धनलोलुप और शक्की व्यक्तित्व को किसी भी दशा में इस भयावनी समस्या का जिम्मेदार न ठहराकर जैनेन्द्र ने अपनी नैतिकता सम्बन्धी मान्यताओं को पारम्परिकता से अलगा पाने की जरूरत नहीं समझी है, इसलिए यहाँ भ्रांति ही अधिक दिखाई देती है। *सुखदा* की समस्या 'घर' से 'बाहर' जाकर सम्बन्ध बनाए जाने की है जिसके कारण उसका परिवार तबाह हो उठता है और वह एकाकी रहकर घुटने को विवश हो जाती है। उसकी समस्या संस्थागत नैतिकता को तोड़ने से उपजी है जिसका समाधान पति-पत्नी के अहं की टकराहट में हो नहीं पाता, परिणामस्वरूप सुखदा टूट जाती है। *सुखदा* 'पातिव्रत्य' की सीमा का अतिक्रमण करती है। उसे 'सती' भी नहीं कहा जा सकता; क्योंकि वह पति कांत को विश्वास में लेकर आगे नहीं बढ़ती। यहाँ इसी कारण नैतिकता का स्वरूप संस्थागत है और उसके क्षरण से परिवार की व्यवस्था भंग होती है।

*विवर्त* प्रेम के त्रिकोण का उपन्यास है जिसमें नैतिकता का प्रश्न कुछ ज्यादा तीखा है। भुवनमोहिनी नरेशचंद्र की ब्याहता होकर भी पूर्व प्रेमी जितेन के प्रति समर्पित रहती है और जीवन पर्यन्त इस द्वैत को झेलती है। मोहिनी की नैतिक समस्या यह है कि जितेन से प्रेम करके भी वह उसकी न हो सकी क्योंकि वह अमीर नहीं था और इसी उपेक्षा के कारण वह अधिक उग्र और अमीरी का शत्रु बन बैठा। मोहिनी के अन्दर का यही अपराध भाव जितेन से उसे जोड़े रखता है जो एक नए तरह का नैतिक प्रश्न उठाता है। दिलचस्प स्थिति यह है कि मोहिनी की इस स्थिति में उसका पति लगातार साथ देता है। प्रश्न उठता है कि क्या यथार्थ जीवन के धरातल पर ऐसे सम्बन्धों की माँग जायज है। व्यावहारिक स्तर पर इसे जायज नहीं ठहराया जा सकता। पर इसमें जैनेन्द्र को दोषी मानना भी अनुचित लगता है क्योंकि

'मोहिनी' के साथ यह प्रेम की मनोवैज्ञानिक समस्या बन गयी है जिसके सद्भाव ने पति को विश्वास में ले लिया है। इस प्रकार वह 'सती' की जैनेन्द्रीय कोटि में आ जाती है।

रायनर मारिया रिल्के ने लिखा है—

"जो कोई भी गम्भीरता से विचार करता है, जानता है कि मृत्यु का, प्रेम का, जो कि दुर्गम हैं, न तो कोई स्पष्टीकरण है, न विकल्प।"[63]

प्रेम और मृत्यु के बारे में रिल्के ठीक ही यह संकेत करते हैं कि वह दुर्गम है और उसका कोई स्पष्टीकरण नहीं है क्योंकि वह विकल्पहीन है। प्रेम के आगे समर्पिता मोहिनी की यह नैतिक समस्या वस्तुतः एक सामाजिक सच्चाई भी है जिसका पहला साक्षात्कार जैनेन्द्र ने किया। *व्यतीत* में स्थितियाँ अलग हैं। यहाँ जयंत अनिता, सुमिता और चंद्रकला से जुड़ता है और किसी का न होकर अपने में ही डूबता जाता है। जयंत कहीं गहरे एक ऐसी ग्रन्थि का शिकार है जिसके कारण वह नारीत्व का सामना नहीं कर पाता। *अनिता* सारे गतिरोधों के बावजूद जयंत को अपने देहदान से जगाती है, पर बदले में उसे कुछ प्राप्त नहीं हो पाता। इस उपन्यास की नैतिकता की समस्या प्रत्यक्ष और उपस्थित नहीं है, क्योंकि इसमें व्यक्ति जीवन की सार्थकता क्या है, और किसमें है, इसका विश्लेषण-विवेचन है। चंद्रकांत बांदिवडेकर ने उचित कहा है—

"*विवर्त* में जितेन के मन की गाँठ आखिर में खुलती है और वह जीवन के व्यापार से अलग होकर जेल जाना पसन्द करता है। *व्यतीत* में जयंत अपने जीवन की निरर्थकता से अवबोधित होकर संन्यास ग्रहण करता है। यह ध्यान में रखना चाहिए कि जैनेन्द्र का जो भी कुछ मन्तव्य है वह अगर निकालना है तो उसके सीधे माध्यम जितेन और जयंत नहीं हैं। जीवन के व्यापार में ये अपनी चूक से हारे और दिशाभ्रमित नायक हैं।"[64] *जयवर्द्धन* में इला अविवाहित होकर भी जयवर्द्धन के साथ रहती है और अपने इस आचरण को गलत नहीं मानती। उसके ग़लत न मानने का एक महत्वपूर्ण कारण यह है कि उसके और जयवर्द्धन के बीच 'देह' का सम्बन्ध नहीं है, अपितु प्रेम का सम्बन्ध है, इसलिए नैतिक दृष्टि से नाजायज़ लगते हुए भी इस सम्बन्ध को नाजायज़ नहीं ठहराया जा सकता। हालाँकि जैनेन्द्र के 'सती' और 'पातिव्रत्य' पर नंददुलारे वाजपेयी लिखते हैं—

"यदि जैनेन्द्र जी की दृष्टि में पातिव्रत्य और सतीत्व दो भिन्न धर्म हैं और उन दोनों में सतीत्व श्रेष्ठ है तो उन्हें सतीत्व की परिभाषा देनी चाहिए, इस सम्बन्ध में कोई गोपनीयता की आवश्यकता नहीं। परन्तु हमें ऐसा जान पड़ता है कि ये सब ऐसे बौद्धिक समाधान हैं जिन्हें जैनेन्द्र जी ने बाद में गढ़ा है। इन परवर्ती विचारों से किसी का समाधान होना सम्भव नहीं।"[65]

इला अविवाहित है और अविवाहित होते हुए भी वह 'सती' ही है क्योंकि अपने

आचरण में वह जयवर्द्धन के प्रति प्रेम में समर्पित है। इसलिए इसके सम्बन्ध को अनैतिक मानने का कोई कारण है ही नहीं। जैनेन्द्र की अधिकांश कहानियों में भी 'सतीत्व' सम्बन्धी उनकी धारणा कार्य-व्यवहार में परिणत होती दिखाई देती है। प्रेम के कारण ही "जाह्नवी" की जाह्नवी संस्थागत विवाह को ठुकरा देती है। *एक रात* में *सुदर्शना* प्रेम की प्रबलता में गृहस्थी को भी तिलांजलि देती है तथा पति को भी। यहाँ परम्परागत भारतीय 'पातिव्रत्य' का स्वरूप बदल गया है जिसमें पति ही सर्वस्व है। यह एक 'सती' की छवि है जिसमें पति की ओर से सुदर्शना को परपुरुष के प्रति आकृष्ट होने की स्वीकृति नहीं मिली है, इसीलिए वह उसको तथा गृहस्थी दोनों को त्याग देती है। निर्मला जैन सुदर्शना की इस स्थिति में अपराध बोध देखती हुई कहती हैं—

"*एक रात की* सुदर्शना पातिव्रत के प्राचीन भारतीय आदर्श-पति को पूर्ण आत्मार्पण कर पाने की असमर्थता के कारण अपराध बोध से ग्रस्त है।"[66]

सुदर्शना के लिए मुश्किल यह है कि वह पति को पूर्णतः चाहती नहीं है, इसलिए एक अन्तर्द्वन्द्व उसमें बराबर बना रहता है कि वह उसे छोड़े कि जुड़ी रहे। नैतिक दृष्टि से यह भले वाजिब न लगता हो कि उसका पति-त्याग उचित है, पर इसमें तनिक भी सन्देह का अवकाश नहीं है कि सुदर्शना ईमानदार है और उसका यह कदम नैतिक दृष्टि से वाजिब है। वह *त्यागपत्र* की मृणाल से इस स्तर पर वह भिन्न है कि उसका पति ही उसे नहीं चाह पाता और यहाँ सुदर्शना ही पति को नहीं चाह पाती। त्यक्त और त्याग के बाद का प्रिय के प्रति समर्पण जैनेन्द्र द्वारा 'सतीत्व' की ही प्रतिष्ठा है इसलिए यहाँ उनके विचार तथा सृजन में भेद नहीं देखा जा सकता।

श्रीकांत वर्मा जैनेन्द्र की नारी सम्बन्धी मान्यताओं पर अलग तरह से विचार करते हैं। वे मानते हैं कि जैनेन्द्र की देन, और सबसे बड़ी देन यही है कि उन्होंने स्त्री की सामाजिक स्थिति को और उसकी नियति को परिभाषा दी। उन्हीं के शब्दों में—

"जैनेन्द्र कुमार की सबसे बड़ी देन है स्त्री की सामाजिक स्थिति और नियति की परिभाषा। स्त्री-पुरुष सम्बन्धों को लेकर तो जैनेन्द्र कुमार के पहले भी बहुत से लोगों ने लिखा और जैनेन्द्र कुमार के बाद भी बहुत से लोग लिखे रहे हैं। लेकिन स्त्री की सामाजिक स्थिति पर या उसकी नियति पर सिर्फ एक ही लेखक ने लिखा है हिन्दी में और वे हैं जैनेन्द्र कुमार। उनका उपन्यास *त्यागपत्र* और उसका मुख्य पात्र मृणाल स्वयं इसका एक उदाहरण है।"[67]

मैं समझता हूँ कि जैनेन्द्र पर इस दृष्टि से सोचने के बाद नैतिकता-अनैतिकता सम्बन्धी बहुत से विवादों का बहुत आसान-सा समाधान निकल आता है। यह तो

वास्तविकता ही है कि जैनेन्द्र के यहाँ नारी-जीवन की शायद कोई भी ऐसी छवि नहीं है जिसकी विडम्बनाओं सहित उसे नहीं रखा गया है। बेशक इसमें उनका विचार मुख्य और प्रभावी कारक रहा है, पर वह वायवीय न होकर समाज के ही प्रतिनिधि चरित्र हैं जो अपनी विशिष्टताओं-विरूपताओं के साथ हमारे समक्ष उपस्थित होते हैं और हमें चयन की सुविधा भी देते हैं कि उन्हें चुने कि वे जायज़ हैं या नाजायज़ या कि सर्वथा त्याज्य या स्वीकार्य।

श्रीकांत वर्मा ने अपने इसी आलेख में कुछ और स्पष्ट करते हुए स्वीकार किया है–

"जैनेन्द्र कुमार ने स्त्री को आजाद नहीं किया। मुक्ति नहीं दी। समाज सुधार, जैनेन्द्र के उपन्यासों और कहानियों का अभीष्ट कभी नहीं रहा, लेकिन उन्होंने स्त्री को समाज के सामने उसकी विभीषिका के साथ पेश किया, पहचाना। यही वजह है कि आज भी हजारों-लाखों स्त्रियाँ अपने आपको आइडेन्टिफाई करती हैं मृणाल के साथ, जैनेन्द्र कुमार के उपन्यासों की स्त्रियों के साथ, नायिकाओं के साथ। उनके साथ वो आज भी आइडेन्टिफाई नहीं कर पातीं भारतीय स्त्रियाँ जो कि हमारे आधुनिक उपन्यासों और कहानियों की नायिकाएँ हैं।"[68]

भारतीय स्त्रियों के जैनेन्द्र की नायिकाओं के साथ यह परिचय और सम्बद्धता इस वजह से है क्योंकि यहाँ उसकी पारम्परिक छवि टूटती है और नये सामयिक प्रश्नों का, नैतिकता के प्रश्नों का जन्म होता है। प्रेमचन्द की नायिकाएँ उन्हें प्रिय नहीं लग सकतीं क्योंकि वहाँ उनकी आकांक्षाओं के लिए कोई जगह नहीं है। स्त्री-जीवन की नियति को ही परिभाषित करने का परिणाम है कि जैनेन्द्र के यहाँ स्त्रियों के विविध स्तर स्थान पाते, उद्‌घाटित होते दिखाई देते हैं। श्रीकांत वर्मा ने जैनेन्द्र की इस स्त्री-नियति को उनका एक मुद्दा भी माना है और लिखा है–

"जैनेन्द्र कुमार के उपन्यासों में आँसू हैं लेकिन वो शरत् के उपन्यासों जैसे आँसू नहीं हैं। शरत् के उपन्यासों में भी स्त्रियाँ हैं लेकिन वहाँ स्त्रियों की नियति को परिभाषित करने की कोई कोशिश नहीं है। जबकि जैनेन्द्र के उपन्यासों में न केवल यह कोशिश है बल्कि यह मुद्दा है, यह एक मुकदमा है, जिसको लेकर जैनेन्द्र कुमार पिछले साठ साल से हर अदालत में और हर जगह जाकर लड़ रहे हैं। उनका हर उपन्यास दस्तावेज है, एक फाइल है, जो पेश किया गया है।"[69]

इस तरह जैनेन्द की स्त्री सम्बन्धी जो नैतिक धारणाएँ हैं और उनके अनुसार जो उनकी रचनाओं में उनके द्वैत, संघात के विश्लेषण हैं, वस्तुतः एक नूतन जीवन-सन्दर्भों में उठनेवाले कदम हैं जहाँ स्त्रियों के लिए विकास और स्वतन्त्रता की मंजिलों की खोज का लक्ष्य है। इस लक्ष्य में जैनेन्द्र का आदर्शवादी मन यद्यपि बहुत बार भटका और विचलित हुआ है, पर स्त्री-जीवन को शिथिल या सनातनी बना देने

की उनकी मंशा कभी नहीं रही है। उसमें वे एक गति देखना चाहते हैं जिससे वह अपने को प्राप्त कर सके और अपने निजस्व को मिटा न दे। उनके यहाँ समस्या इसमें नहीं है कि 'घर' के अन्दर होते हुए भी वह स्वामिनी या मानिनी क्यों नहीं बनती जिसमें 'बाहर' से आता हुआ पति उसके संसार में उसका याचक हो और वह अधिपति रहे। 'घर' में रहने से अपने को वह दासी न माने और न ही गृहस्थी संभालने में वह हीनता महसूस करे। वह तो गृहस्थी का विशेषाधिकार लेकर आयी है, ऐसा बोध बनाए। 'बाहर' से जुड़ना हो तो पति के विश्वास में ऐसा करे। पति के प्रति अविश्वास की स्थिति में भी वह उसकी चेरी नहीं है, ऐसा भाव उसमें हो, सम्पूर्ण संस्.ार उसका है, पर उसे यह ध्यान हो कि पुरुष की स्पर्धा उसके लिए ठीक नहीं है, वहाँ वह हारेगी। प्रेम, करुणा और शान्ति में ही उसके जीवन का निस्तार है और सार्थकता भी।

जैनेन्द्र की स्त्री-नैतिकता से सम्बन्धित धारणाएँ कुछ अपवादों को छोड़कर इसीलिए स्वीकृत हैं कि उनसे भारतीय स्त्रियाँ अपने को जोड़ पाती हैं और भविष्य के प्रति उसमें एक आश्वस्ति और मार्ग पाती हैं। समाज-व्यवस्था को टिकाए रखना है तो 'परिवार' ही केन्द्र ठहरता है और तब नैतिकता की परिभाषा परिवार से परे नहीं जाती। जहाँ ठहराव नहीं है वहाँ नैतिकता का प्रश्न भी नहीं है। इसलिए परिवार की अनिवार्यता में स्त्री-नैतिकता पर जैनेन्द्र के विचारों से सहमत होना कठिन भले हो असम्भव नहीं है।

## सन्दर्भ


1. 'काम, प्रेम और परिवार'—जैनेन्द्र, पूर्वोदय प्रकाशन, नयी दिल्ली, पृ. 57
2. वही, पृ. 23, 24
3. वही, पृ. 66
4. वही, पृ. 9
5. वही, पृ. 8
6. 'नारी'—जैनेन्द्र, पूर्वोदय प्रकाशन, नयी दिल्ली, पृ. 13
7. 'समीक्षा दशक' सं. निर्मला जैन, हिन्दी अकादमी दिल्ली, पृ. 297
8. 'जैनेन्द्र की आवाज'—सं. अशोक वाजपेयी, पूर्वोदय प्रकाशन, नयी दिल्ली, पृ. 169
9. वही, पृ. 170
10. 'जैनेन्द्र की आवाज'—सं. प्रभाकर माचवे, पूर्वोदय प्रकाशन, पृ. 38, 39
11. 'नारी'—जैनेन्द्र, पृ. 15
12. 'समीक्षा दशक'—सं. निर्मला जैन, पृ. 297
13. 'त्यागपत्र'—जैनेन्द्र, पृ. 54
14. 'सुनीता'—जैनेन्द्र, पृ. 177

15. 'नारी'—जैनेन्द्र, पृ. 17
16. वही, पृ. 57
17. 'कल्याणी'—जैनेन्द्र, पृ. 140
18. वही, पृ. 100
19. 'सुखदा'—जैनेन्द्र, पृ. 3
20. 'नारी'—जैनेन्द्र, पृ. 18
21. 'काम, प्रेम और परिवार'—जैनेन्द्र, पृ. 35
22. वही, पृ. 27
23. 'परख'—जैनेन्द्र, पृ. 9
24. 'सुनीता'—पृ. 71
25. 'दशार्क'—जैनेन्द्र, पृ. 76, 77
26. 'त्यागपत्र'— पृ. 55
27. 'जयवर्द्धन'—पृ. 140
28. 'काम, प्रेम और परिवार'—पृ. 114
29. 'अधूरे साक्षात्कार'—नेमिचंद्र जैन, वाणी प्रकाशन, नयी दिल्ली, पृ. 97
30. वही, पृ. 148
31. 'काम, प्रेम और परिवार', पृ. 83
32. वही, पृ. 83
33. वही, पृ. 84
34. वही, पृ. 85
35. वही, पृ. 85, 86
36. वही, पृ. 85
37. वही, पृ. 101
38. वही, पृ. 103
39. वही, पृ. 100
40. वही, पृ. 111
41. 'युग साक्षी'—सं. देवराज, वर्ष 9, अंक-3, जुलाई—सितंबर 1995, पृ. 15
42. वही, पृ. 18
43. वही, पृ. 18
44. 'दशार्क', पृ. 40
45. 'काम, प्रेम और परिवार', पृ. 63
46. 'युग साक्षी'—सं. देवराज, पृ. 21
47. 'कथा समय'—विजयमोहन सिंह, राधाकृष्ण प्रकाशन, पृ. 80
48. 'कलेक्टेड पेपर्स ऑफ बर्टेण्ड रस्सेल'—सं. रिचर्ड ए. रेम्पेल तथा अन्य, जॉर्ज अलेन अनवीन पब्लिकेशन्स, लंदन, खंड 12, पृ. 282
49. 'द्वंद्वात्मक भौतिकवाद और इतिहास'—थेओदोर ओइर्जेमान, पीपुल्स पब्लिशिंग हाउस, नयी दिल्ली, पृ. 184

50. 'कथा समय'–विजयमोहन सिंह, पृ. 80
51. 'टेस्टामैण्ट बिट्रेड' में मिलान कुंदेरा, अशोक वाजपेयी द्वारा उद्धृत, साक्षात्कार, अंक-190, पृ. 78
52. 'जैनेन्द्र की आवाज'–सं. अशोक वाजपेयी, पृ. 168
53. 'रिलीजन एण्ड सोसायटी'–डॉ. राधाकृष्ण, जॉर्ज अलेन एण्ड अनवीन लिमिटेड, लंदन, पृ. 153
54. 'नारी'–जैनेन्द्र, पृ. 19
55. वही, पृ. 24
56. वही, पृ. 35
57. 'रामचरित् मानस'–गोस्वामी तुलसीदास, गीता प्रेस, गोरखपुर, पृ. 734
58. 'कथा समय'–विजय मोहन सिंह, पृ. 81
59. 'भक्ति आंदोलन और सूरदास का काव्य'–डॉ. मैनेजर पाण्डेय, वाणी प्रकाशन, नयी दिल्ली, पृ. 201
60. 'सुनीता'–जैनेन्द्र, पृ. 211
61. वही, पृ. 211
62. 'कथा समय'–विजय मोहन सिंह, पृ. 89
63. 'पत्र युवा कवि के नाम'–रायनर मारिया रिल्के, नेशनल पब्लिशिंग हाउस, पृ. 45
64. 'जैनेन्द्र के उपन्यास : मर्म की तलाश'–चंद्रकांत बांदिवडेकर, पूर्वोदय प्रकाशन, पृ. 68
65. 'युग चेतना'–सं. देवराज, मार्च 1955, लखनऊ, पृ. 21
66. 'जैनेन्द्र की सर्वश्रेष्ठ कहानियाँ'–सं. निर्मला जैन, पृ. 20
67. 'जैनेन्द्र की आवाज'–सं. अशोक वाजपेयी, पृ. 40
68. वही, पृ. 41
69. वही, पृ. 41

# वास्तविकता और आकांक्षा का द्वन्द्व

भारतीय समाज में स्त्रियों की स्थिति जैसी रही है, उसके बारे में अलग से कुछ कहने की आवश्यकता न होते हुए भी इतना कहा जा सकता है कि स्वाधीनता आंदोलन में महात्मा गांधी के प्रवेश से पूर्व उनकी दशा अवश्य की दारुण थी। पर्दे में रहना जैसे उनकी नियति ही थी। नाना प्रकार की बाध्यताओं और रिवाजों के कारण पुरुषों के मुकाबले उनकी न तो कोई हैसियत थी और न ही अस्तित्व। वैसे स्त्रियों की स्थिति आदिम समाज में बेहतर रही आयी है जिसके उदाहरण यत्र-तत्र किए गये शोधों में मिलते हैं। उस समाज में वंशानुक्रम और उत्तराधिकार नारी या माता के पक्ष से ही चलता रहा है। डॉ. रामविलास शर्मा के हवाले से कहें तो "भारत में अब भी ऐसी अनेक जनजातियाँ हैं, जहाँ स्त्री ही पारिवारिक सत्ता का केन्द्र है। और वह किसी भी सभ्य समुदाय की स्त्री से ज्यादा स्वतन्त्र है।"[1]

वेदों की ऋचाओं को उद्धृत कर यह निष्कर्ष भी लिया जाता रहा है कि वैदिक समाज में स्त्रियों को प्रेम या विवाह करने की स्वतन्त्रता थी, पर यह समाज पितृसत्तात्मक ही था। आप्टे के कथन को उद्धृत कर इसकी परीक्षा की जा सकती है–

"वैदिक ऋचाओं में भूमि और पशुओं के साथ पुत्रों की तो कामना की गयी है लेकिन पुत्रियों की नहीं। इसका कारण यह है कि उत्पादन पद्धति में पुरुष प्रधान है, स्त्री का स्थान गौण है।"[2]

स्त्रियों की हालत की दयनीयता *मनुस्मृति* से आरम्भ होती है जिसमें उन्हें विविध व्यवस्थाओं में बाँधा जाता है। *मनुस्मृति* पर अपनी टिप्पणी में राजकिशोर ने लिखा है–

" *मनुस्मृति* साफ-साफ मानती है कि स्त्री कभी स्वतंत्र होने योग्य नहीं हैः बचपन में पिता, युवावस्था में पति और वृद्धावस्था में पुत्र उसकी रक्षा करता है।"[3]

इस तर्क से यह स्पष्ट है कि हिन्दू समाज में स्त्री-जीवन को बंधनों में रखने की परंपरा पुरानी है। जिसकी छाया से आज तक का भारतीय समाज प्रभावित है।

महाभारत युग में पिछले युग के मुकाबले स्त्री कुछ अधिक अधिकार लेकर लौटी, पर उसके समानान्तर पुरुषों की प्रभुता पहले से कहीं अधिक उग्र होकर आयी।

अन्य अनेक उदाहरणों को छोड़ भी दें तो भी यही एक उदाहरण इस प्रभुता को प्रमाणित कर देता है—द्रौपदी को आखिरी दाव पर लगाकर धर्मराज युधिष्ठिर ने कौरवों के सामने जुए की पराजय झेली और द्रौपदी का भयानक अपमान हुआ। इस दाव की कथा यह बताने के लिए पर्याप्त है कि 'द्रौपदी' मनुष्य की तरह नहीं, वरन् एक 'वस्तु' की तरह मानी गयी और इसी कारण धन-दौलत, राज-पाट के साथ-साथ उसे भी जुए में लगानेवाली बाजी समझा गया।

कालान्तर में स्त्रियों की इस दशा में ठोस सुधार होने की बजाय स्थिति और बदतर होती गयी। उसे नाना प्रकार की बंदिशों में जकड़ा गया और कभी भी मनुष्य की-सी प्रतिष्ठा नहीं दी गयी। यह केवल भारत की सच्चाई नहीं है, वरन् दुनिया भर में स्त्रियों की दशा में एक समानता देखी जा सकती है। भारत में तो वैदिक और महाभारत-कालीन समाजों में एक सीमा तक ही सही, पर स्त्रियों की अच्छी प्रतिष्ठा रही है और ऐसी कई स्त्रियाँ इतनी तेजस्वी भी रही हैं जिनकी तुलना में उस युग के पुरुष भी कम ही थे। लेकिन ऐसे उदाहरण बाद में अपवाद ही होते गये हैं।

यह जानकर आश्चर्य ही हो सकता है कि रोम में स्त्रियों और दासों में कोई अन्तर नहीं माना जाता था। इस प्रसंग में राजकिशोर ने लिखा है—

"रोम में स्त्रियों और दासों में कोई फर्क नहीं समझा जाता था : दोनों को हर मामले में स्वामी की मरजी के अनुसार चलना होता था। एथेंस नगर के दार्शनिक सुकरात ने अपनी बेटी मांटिय अपने मित्र आल्क बियाडिस को तथा रोम के विख्यात राजनीतिज्ञ केटो ने अपनी पत्नी मार्शिया अपने मित्र होर्शेटियस को संभोग-सुख प्राप्त करने के लिए दी थी।"[4]

इस कारुणिक गाथा के साथ-साथ यह भी सच है कि जिस पश्चिमी औद्योगिकीकरण के प्रभाव का दुनिया भर में स्वागत हुआ, उसी के एक भयानक हादसे का शिकार बड़े पैमाने पर यूरोप की महिलाएँ हुई जिन्हें या तो काम से हटा दिया गया या सोलह-सोलह घंटे काम करने पर विवश किया गया। एक समय समूची दुनिया को पराधीन रखनेवाले इंग्लैंड की सच्चाई यह है कि वहाँ पहला महिला कॉलेज 1848 में खुल सका। न्यूजीलैंड में स्त्री को मत देने का अधिकार 1893 में दिया गया। संयुक्त राज्य अमेरिका में उन्हें यह अधिकार 1920 में मिला और प्रजातंत्रिकों के लिए आदर्श देश इंग्लैंड में स्त्रियों के लिए मतदान का अधिकार 1928 में हासिल हो सका। स्विट्जरलैण्ड जैसे अत्यंत विकसित देश ने स्त्रियों को यह अधिकार आज से मात्र 35 वर्ष पूर्व यानी 1971 में दिया है जबकि भारत जैसे देश ने उन्हें यह अधिकार आजादी प्राप्ति के तत्काल बाद ही पुरुषों के साथ दे दी थी। पर यहाँ मुद्दा यह नहीं है कि किस देश ने कब स्त्रियों को उनके मौलिक अधिकार दिए, वरन् यह है कि उनकी दुनिया-भर में जो एक-सी हालत रही है वह पुरुष प्रधान समाजों के वर्चस्व और आधिपत्य के कारण रही है और आज भी सारे आँकड़ों के बावजूद

उनकी स्थिति में कोई आमूल चूल परिवर्तन देखना सम्भव नहीं है तो क्यों?

इसका उत्तर इतना आसान नहीं है, पर यह तो कहा ही जा सकता है कि सदियों से पुरुषों के प्रभुत्व को स्वीकार करते आने के कारण ही स्त्रियाँ इस दशा को प्राप्त होती रही हैं। इसमें उनकी पुरुषों की अपेक्षा कम कार्यक्षमता, उदारता तथा करुणा की अधिकता अधिक प्रभावी रही है। पुरुषों के बनाए नियमों और मर्यादाओं को स्वेच्छतया मानते आने के कारण भी स्त्रियाँ पराधीन रही हैं और उनमें स्वतन्त्रता की आकांक्षा दम तोड़ती रही है।

भारतीय समाज में मध्यकाल और उसके बाद के युग में स्त्रियाँ सिर्फ भोग्या रह गयी थीं जिनकी भूमिका मात्र पति या प्रेमी के मन बहलाव तक सीमित हो गयी थी।

ब्रिटिश शासन की स्थापना के साथ-साथ भारत में जो परिवर्तन का एक नया दौर शुरू हुआ उसने भारतीय समाज में एक हलचल-सी ला दी। बाद में विभिन्न सुधारवादी संस्थाओं के अस्तित्व में आने के उपरान्त जड़ीभूत भारतीय समाज-व्यवस्था में सुधार की लहर चल पड़ी। इस दौरान हिन्दू समाज में व्याप्त नाना किस्म की कुरीतियों, अन्धविश्वासों और मान्यताओं पर से परदा उठना शुरू हुआ जिसके साथ-साथ स्त्री की स्थिति में भी परिवर्तन लक्षित होने लगे।

सुधार कार्यक्रमों की शुरुआत 1828 में 'ब्रह्मसमाज' की स्थापना से हुई जिसका श्रेय राजा राम मोहन राय को जाता है। आधुनिक भारत में राम मोहन राय ऐसे पहले व्यक्ति थे जिन्होंने धार्मिक आडम्बरों और सामाजिक कुरीतियों पर प्रहार करने के साथ स्त्री के अधिकारों की बात उठाई और स्त्री-पुरुष के समान अधिकार की बात की। उन्होंने खुले शब्दों में सती प्रथा की निन्दा की। विधवा विवाह का भी उन्होंने समर्थन किया। 1867 में 'प्रार्थना समाज' की स्थापना हुई जिसके नेता महादेव गोविन्द राणाडे ने भी राममोहन राय के सुधारों का समर्थन किया और अन्तर्जातीय विवाह को भी प्रोत्साहित किया।

'रामकृष्ण मिशन' ने भी इस दिशा में महत्वपूर्ण पहल की जिसके नायक स्वामी विवेकानन्द ने भारतीय समाज में सुधार की जरूरत बतायी। 1867 में ही स्थापित संस्था 'आर्य समाज' ने सुधार कार्यक्रमों में प्रभावी दखल दी। इसकी जो आचार संहिता बनाई गयी थी उसमें जाति-भेद या स्त्री-पुरुष में असमानता के लिए कोई जगह नहीं थी। स्वामी दयानंद सरस्वती को इस बात का भी श्रेय जाता है कि उन्होंने भारतीय स्त्रियों की स्थिति पर विचार किया और उनके अधिकारों का समर्थन किया।

पर इस सुधारवादी आन्दोलनों की दुखद परिणति 1857 में विद्रोह के बाद पुरातनवादी मनोवृत्तियों के आगे झुकने में हुई। देश भर में सुधार कार्यक्रमों का विरोध शुरू हुआ और तब नयी-नयी सामाजिक पाबन्दियों का दौर आरम्भ हुआ। यह आश्चर्यजनक किन्तु सच है कि लोकमान्य बाल गंगाधर तिलक जैसे राष्ट्रवादी नेता

ने महादेव गोविन्द राणाडे के सुधारवादी आन्दोलन का सीधा विरोध किया था। बंगाल, महाराष्ट्र आदि राज्यों में सुधार के साथ-साथ विरोध के स्वर भी उग्र हो उठे। इस सन्दर्भ में बच्चन सिंह ने लिखा है–

"तिलक ने राणाडे के सुधारों का विरोध किया। उनकी दृष्टि में ये सुधार समाज को विभक्त करनेवाले और राजनीतिक शक्ति प्राप्त करने में बाधा डालनेवाले थे। जनता को एक करने के लिए उन्होंने गणेश पूजा की शुरुआत की। उत्तर भारत में भी आर्य समाज के विरोध में सनातन धर्मावलम्बियों ने अपना स्वर बुलन्द किया।"[5]

सुधारवादी आन्दोलन में स्त्रियों की स्वाधीनता का नया दौर तब शुरू हुआ जब भारतीय स्वाधीनता आंदोलन में महात्मा गांधी का प्रवेश हुआ। भारतीय स्वाधीनता संघर्ष में गांधी जी के चमत्कारिक प्रवेश पर पं. जवाहरलाल नेहरू ने लिखा है–

"और तब गांधीजी का आना हुआ। गांधीजी ताजा हवा के उस प्रबल प्रवाह की तरह थे, जिसने हमारे लिए पूरी तरह फैलना और गहरी साँस लेना सम्भव बनाया। वह रोशनी की उस किरण की तरह थे, जो अन्धकार में पैठ गयी और जिसने हमारी आँखों के सामने से परदे को हटा दिया। वह उस बवंडर की तरह से थे, जिसने हमारी आँखों के सामने से परदे को हटा दिया। वह उस बवंडर की तरह से थे, जिसने बहुत-सी चीजों को, खासतौर पर मजदूरों के दिमाग को उलट दिया।"[6]

गांधी जी का स्वाधीनता आंदोलन में प्रवेश ऐसा था मानो ताजा हवा का प्रबल प्रवाह आया हो। इस हवा में सबने साँस ली और सबको सुकून मिला। इसमें क्या पुरुष, क्या स्त्री और क्या मजदूर। पंडित नेहरू ने इसी क्रम में गांधी जी के जिस मिशन की बात की है, उसका सीधा सम्बन्ध स्त्री-स्वाधीनता से जुड़ता है। उन्होंने लिखा–

"अपनी इच्छाओं और आदर्शों के अनुसार जिस साँचे में वह हिन्दुस्तान को ढालने जा रहे थे, वह क्या था? "मैं उस हिन्दुस्तान के लिए काम करूँगा, जिसमें गरीब से गरीब भी यह महसूस करेगा कि यह उसका देश है और जिसके निर्माण में उसकी खुद की कारगर आवाज है; ऐसा हिन्दुस्तान, जिसमें सारी जातियाँ आपसी मुहब्बत के साथ रहेंगी। ऐसे हिन्दुस्तान में छुआछूत या नशे के अभिशाप के लिए कोई भी जगह नहीं हो सकती। स्त्रियों को भी वही अधिकार प्राप्त होंगे, जो पुरुषों को हैं। जिस हिन्दुस्तान का मैं सपना देखता हूँ, वह यह है।" जहाँ एक तरफ उन्हें अपनी हिन्दू विरासत का अभिमान था, उसके साथ ही उन्होंने हिन्दूधर्म को एक सार्वलौकिक बाना पहनाने की कोशिश की और सत्य के घेरे में सब धर्मों को शामिल किया।"[7]

पं. नेहरू की उपर्युक्त पंक्तियाँ यह प्रमाणित करती हैं कि स्वाधीनता आंदोलन में गांधी के आने से भारत की स्थिति ही अचानक बदल उठी। इससे विगत में हुए सुधार कार्यों को भी बल मिला और दलित-पीड़ित जनता के साथ सदियों से शोषित

स्त्री जाति में भी जागृति आयी।

महात्मा गांधी के नेतृत्व की यह विशेषता ही थी कि समूचे देश ने उन्हें अपनी आवाज़ माना और कहीं से किसी विरोध का स्वर नहीं फूटा। गांधी की राजनीति की एक बड़ी खूबी यह भी थी कि उन्होंने अपने अभियान को केवल राजनीतिक स्वतन्त्रता से नहीं जोड़ा था, वरन् उसका परिप्रेक्ष्य विस्तृत था जिसमें सामाजिक-व्यवस्था की कुरीतियों, अंधविश्वासों और स्त्री जाति की पराधीनता से संबंधित प्रश्न भी आते थे। गांधी जी ने एक ही साथ इन सभी मोर्चों पर स्वयं को लगाया और सब मोर्चों पर लड़ाइयाँ लड़ीं। उनकी इसी सार्वभौम नीति के कारण देश की वृहद्तर जनता ने उनका साथ दिया जिसमें आश्चर्यजनक रूप से स्त्रियों की भागीदारी दिखाई पड़ी। स्त्रियों का गांधी जी के नेतृत्व में घर से बाहर निकलने का मुख्य कारण यही था कि गांधी जी ने उन्हें पुरुषों के समान स्वीकार किया और उनके प्रति किए जा रहे भेदभाव का विरोध किया। विद्याधर महाजन ने भी लिखा है–

"वे स्त्रियों के अधिकारों के समर्थक थे और उन्हें पुरुषों के बराबर का दर्जा देना चाहते थे। बहुत-सी स्त्रियों ने भी उनके साथ काम किया और उनमें से कुछ आज देश के बड़े ऊँचे पदों पर हैं।"[8]

इस स्वीकार के बाद विद्याधर महाजन ने यह भी लिखा है कि–"यह बड़ा शानदार रिकार्ड है जिसमें स्त्रियों ने भी पुरुष के साथ मिलकर कुर्बानियाँ दीं। पहले जैसी सावधानी और डर हमेशा के लिए खत्म हो गये। जेलखाना कोई जलालत की चीज़ न रही, और कष्ट सहने में कोई संकोच या अनिच्छा नहीं दिखाई दी। नर-नारियों में शहीद होने की भावना भर गयी।"[9]

गांधी के नेतृत्व ने जिस विश्वास और आशा का संचार किया उससे स्त्रियों में स्वाधीन होने की भावना तेजी से उभरी। गांधी के सच्चे आह्वान का परिणाम ही मानना होगा कि उन पर से पारिवारिक बंदिशें उठती गईं। भारत में स्त्री-जागरण का सम्बन्ध इसीलिए स्वाधीनता आन्दोलनों से जोड़ा जाता है क्योंकि गांधी के पूर्व भारत में इस जागरण की कल्पना भी सम्भव नहीं थी। गांधी जी ने स्त्रियों की समानता का समर्थन किया, उन पर लदी रूढ़ियों का विरोध किया, विधवा विवाह की बात उठाई और वे स्वयं व्यावहारिक संघर्ष में ईमानदारी से कूद पड़े जिसके प्रभाव में स्त्रियों की चेतना स्वाधीनता की आकांक्षा से संयुक्त होती गयी। स्त्रियों के इस व्यापक जागरण पर जैनेन्द्र ने लिखा है–

"ब्रह्मचर्य की अपेक्षा में यह भी गांधी जी में देखा जा सकता है कि स्त्री से दूरी उन्होंने नहीं चाही और न ही पायी। बल्कि उनको लेकर घर-घर से देवियाँ निकलीं और पतिधर्म से उठकर बलिधर्म अपना रहीं। स्त्री को स्त्रीत्व से आगे व्यक्तित्व देने में गांधी जी से बढ़कर शायद ही कोई इतिहास का चरित्र ठहर सके।"[10]

यह गांधी जी का ही प्रभाव था कि स्त्रियों ने पति-भक्ति से राष्ट्र की भक्ति

को श्रेष्ठ माना और उन्हें लगा कि वे समर्पण से अतिरिक्त एक व्यक्तित्व पा रही हैं। ऐसा स्त्रियों के लिए किसी अन्य व्यक्ति ने नहीं किया है, जैनेन्द्र की यह उक्ति इसीलिए सार्थक लगती है। गांधी के प्रभाव से न केवल स्त्रियाँ शारीरिक स्तर पर मुक्त होने लगीं, वरन् अपनी अंतर्ग्रन्थियों से भी उन्हें मुक्ति का अनुभव हुआ। आधुनिक भारत में स्त्री जागरण का यह एक नया दौर कहा जा सकता है। उनकी अंतग्रन्थियों से मुक्ति पर जैनेन्द्र ने लिखा है–

"स्त्री उनके पास नितांत निरापद और सुरक्षित ही अनुभव नहीं करती रही होगी, बल्कि वह अपनी अंतर्ग्रन्थियों से भी मुक्त बन आती होगी। नहीं तो उस मोहिनी को नहीं समझा जा सकता है जो कुलीन से कुलीन सम्भ्रमशील महिलाओं को बेसुध बना डालती थी।"[11]

इस प्रकार यह कहना अप्रासंगिक नहीं है कि स्वाधीनता आंदोलन में गांधी जी की भागीदारी ने केवल राजनीतिक स्वतन्त्रता की चेतना पैदा नहीं की, वरन् इससे समाज की कुरीतियों के विरुद्ध भी प्रबल जनमत बना। स्त्री जागरण उसी जनमत का एक महत्वपूर्ण उदाहरण है जिसने तत्कालीन सामाजिक व्यवस्था में भूचाल ला दिया था।

स्त्रियों के बारे में गांधी जी की धारणाओं और स्वाधीनता संघर्ष में उनकी बड़े पैमाने पर हिस्सेदारी ने साहित्यिक-सांस्कृतिक क्षेत्रों को सर्वाधिक प्रभावित किया। भारतीय भाषाओं के बहुत-से लेखकों-विचारकों के साथ-साथ हिन्दी की साहित्य-सर्जना पर भी यह प्रभाव व्यापक रूप से पड़ा। खास तौर पर स्त्रियों से सम्बन्धित गांधी जी ने जो नयी बातें उठाईं और समाज-व्यवस्था की रूढ़ियों पर प्रहार किया, उसके व्यापक प्रभाव लक्षित हुए और इससे समाज का प्रबुद्ध वर्ग आंदोलित हो उठा। हिन्दी के लेखकों का एक बड़ा वर्ग गांधी जी के इन विचारों के प्रभाव में आया। प्रेमचन्द्र और जैनेन्द्र इन लेखकों में अग्रणी थे। प्रेमचन्द पर गांधी जी की मान्यताओं के अन्य पक्ष प्रभावी हुए, स्त्रियों से संबंधित विचारों का अत्यधिक प्रभाव जैनेन्द्र पर पड़ा। जैनेन्द्र की रचनाओं के आरंभिक दौर को देखें तो यह स्पष्ट हो जाता है कि जो काम गांधी जी अपने भाषणों के माध्यम से कर रहे थे, वही काम जैनेन्द्र लेखन में। यह कार्य स्त्रियों के जीवन से संबंधित परंपरागत मान्यताओं से टकराने का था जिसमें गांधी और जैनेन्द्र साथ-साथ खड़े दिखाई देते हैं।

बहुत बार यह भी दिखाई देता है कि जैनेन्द्र गांधी जी की स्त्री-सम्बन्धी मान्यताओं का अतिक्रमण भी कर जाते हैं। इस अतिक्रमण में गांधी जी की धारणाओं से बाहर निकलने की कोशिश दिखाई देती है जिसमें जैनेन्द्र नई नैतिकता की माँग करते हैं और सांस्थानिक नैतिकता को सिरे से खारिज कर देते हैं। पर जब वे सीधे-सीधे उनकी मान्यताओं का अनुगमन कर रहे होते हैं तो गांधी जी के अन्तर्विरोध उनके यहाँ भी उसी तरह उपस्थित होते हैं जिस तरह गांधीजी के यहाँ वे मिलते हैं।

इस प्रसंग में जैनेन्द्र पर गांधीजी के प्रभाव को विश्लेषित करते हुए डॉ. मैनेजर पाण्डेय ने लिखा है–

"जैनेन्द्र की आरम्भिक रचनाओं–*परख, सुनीता, त्यागपत्र, कल्याणी* आदि में भारतीय स्त्री की स्वाधीनता के लिए गांधी की गहरी चिन्ता का मूलगामी रचनात्मक प्रयोग है। वहाँ भारतीय समाज में स्त्री की पराधीनता का बोध और उसके विरुद्ध विद्रोह की चेतना इतनी प्रखर है कि वह कई बार गांधीवाद की सीमाओं का अतिक्रमण करती है। इसीलिए वहाँ रचनाशीलता अत्यन्त जानदार है और असरदार भी।"[12]

गांधीवाद से नारी-विषयक चिन्तन की प्रेरणा लेते हुए भी जैनेन्द्र ने यहाँ उसकी सीमाओं से बाहर निकलने की सूझ-बूझ और साहस का परिचय दिया है। पर जहाँ भी वे उनसे टकराने की बजाय अनुकरण करने लगते हैं, वहाँ वहाँ वे गांधी जी के नैतिक आग्रहों को दोहराने लगते हैं और तब गांधीजी की सीमाएँ उनकी सीमाएँ बन जाती हैं। डॉ. मैनेजर पाण्डेय के ही शब्दों में–

"लेकिन उनकी परवर्ती रचनाओं में और उससे भी अधिक वैचारिक लेखन में गांधीवाद एक पूर्वग्रह और मुद्रा है। वे पहले गांधी के नैतिक साहस से प्रेरणा लेते दिखाई देते हैं, वह बाद में उनके नैतिक आग्रहों को दोहराते हुए।"[13]

कहने की आवश्यकता नहीं है कि जैनेन्द्र की प्रारम्भिक कृतियों की नायिकाओं में अदम्य नैतिक बल है और वे किसी भी तरह की दकियानूसी पवित्रता की हिमायत करती दिखाई नहीं पड़तीं। परिवार, समाज तथा सम्बन्ध की संस्थागत तथा पारम्परिक मान्यताएँ उन्हें स्वीकार्य नहीं हैं। वे उन्हें एक झटके से तोड़ सकती हैं और तोड़ती हैं जो गांधीवादी नारी आदर्शों से मेल नहीं खातीं। पर आगे की रचनाओं और चिन्ताओं में जगह-जगह जैनेन्द्र गांधी जी की उन मान्यताओं को सीधे स्वीकार करते प्रतीत हो सकते हैं जिनमें वे स्त्रियों के लिए एक दायरा बनाते हैं और उसके अतिक्रमण का निषेध करते हैं। हालाँकि जैनेन्द्र के भीतर स्त्री-विषयक सवालों पर बराबर अन्तर्द्वन्द्व छिड़ा रहता है जिसके परिणाम स्वरूप वे कई बार इस दायरे को तोड़ते भी हैं। पर अधिकांश स्थलों पर गांधी जी के आदर्शों का ही अनुगमन दिखाई देता है।

जैनेन्द्र पर गांधीवाद के प्रभाव का यह सर्वोत्तम पक्ष है–स्त्री स्वाधीनता सम्बन्धी चिन्तन और उसके पक्ष में विवेचन-विश्लेषण। बल्कि कहा तो यह भी जा सकता है कि जैनेन्द्र के समग्र लेखन में स्त्री ही केन्द्र में है और किसी न किसी रूप में उसी की अस्मिता और संघर्ष की छवियाँ यहाँ निरूपित हैं। इस निरूपण में जैनेन्द्र उसे परिवार की व्यवस्था का आधार भी स्वीकार करते हैं तो परिवार को उसकी पराधीनता का केन्द्र भी मानते हैं। उसे पति से मुक्ति भी चाहिए तो पति-सेवा का सनातनी पाठ भी उसका इष्ट होना चाहिए। वह समाज को उसकी हैसियत दिखा

सकने में भी समर्थ है तो समाज की व्यवस्था के लिए भी वह टूट सकती है। गांधीवादी नारी-मूल्यों का स्वीकार-अस्वीकार इन्हीं रूपों में जैनेन्द्र के यहाँ दिखाई देता है। गांधी जी ने स्त्री की स्वाधीनता की पुरजोर वकालत की, पर उसकी पवित्रता पर उन्होंने भी पारम्परिक मान्यताओं का ही सहारा लिया था–

"पवित्र स्त्री अपराजेय है।"[14]

यह पवित्रता स्त्री को मिलती कहाँ है? इसका सीधा उत्तर यही है कि उसे अपने धर्म-निर्वाह से पवित्रता मिलती है। पत्नी है, तो पति में स्वयं को विसर्जित करे–उसी में मन को एकाग्र करे तो वह अपराजेय होगी। गांधी जी ने ही कहा–

"सांसारिक जीवन को स्त्रियाँ ही सुखमय बना सकती हैं।"[15]

यानी स्त्रियों के लिए गृहस्थी नियामत है और उसे वे ही स्वर्ग बना सकती हैं, उसे सुखमय कर सकती हैं।

गांधी जी के यहाँ भी स्त्री की आर्थिक स्वतंत्रता की बात नदारद है। वे स्पष्ट कहते है कि पति पत्नी की रक्षा करे और उसके भरण-पोषण का प्रबन्ध करे–

"पत्नी की रक्षा करना और अपनी हैसियत के मुताबिक उसके भरण पोषण और वस्त्रादि का प्रबंध करना पति का आवश्यक धर्म है।"[16]

इसका मायने यही है कि पत्नी पति की अवलम्बिता है और उसका जीवन-यापन उसी पर निर्भर है। कहने की आवश्यकता नहीं है कि जैनेन्द्र के यहाँ ऐसे विचारों के लिए जगह है और बहुत बार वे इन्हीं मान्यताओं के समर्थन में दृढ़ हो जाते हैं। पर इनसे अलग जैनेन्द्र का नारीवाद गांधीवाद मान्यताओं से वहाँ अलग हो जाता है जहाँ वह 'परिवार' की रक्षा करते हुए स्त्री-स्वाधीनता के लिए परिवार से बाहर जाने और संघर्ष की नयी जमीन बनाने की प्रस्तावना करता है। गांधी जी की इस मान्यता से जैनेन्द्र का सीधा विरोध देखा जा सकता है कि परिवार के बाहर स्त्री-स्वाधीनता का क्षेत्र निरापद और संकुचित है। 'परिवार' की रक्षा के स्तर पर दोनों में साम्य दिखाई देते हुए भी स्वतन्त्रता के प्रश्न पर वैषम्य स्पष्ट हो जाता है।

जैनेन्द्र का नारीवाद इसी स्तर पर गांधीवाद की स्त्री-विषयक धारणाओं से भिन्न है। गांधी जी तो स्पष्ट ही कहते हैं कि सत्य की प्रयोगशाला उनके लिए परिवार है, परिवार से बाहर निकलकर स्त्री अपनी स्वतन्त्रता पाए, उन्हें यह स्वीकार नहीं है। यह स्वीकार करते हुए भी कि जैनेन्द्र के लिए गांधी जी की स्त्री-विषयक मान्यताएँ प्रेरणा-स्रोत रही हैं, यह कहा जा सकता है कि वे 'परिवार' की रक्षा करते हुए भी उसके 'बाहर' जाते हैं और इसी स्तर पर वे गांधी जी से आगे निकलते हैं। इसके उदाहरण में जैनेन्द्र के दो उपन्यास ही पर्याप्त है जिनकी स्थापनाएँ गांधीवादी आदर्शों से टकराती हैं। ये उपन्यास हैं–

*सुनीता* तथा *त्यागपत्र*।

" *सुनीता* की सुनीता परिवार की रक्षा करते हुए भी पारिवारिक मर्यादाओं की

रूढ़ नैतिकता को तोड़ती है तो *त्यागपत्र* की मृणाल परिवार की परवाह न करते हुए समाज-व्यवस्था की सारी मान्यताओं को एक ही झटके में किनारे कर देती है। वह शरीर के स्तर पर अपने सम्बन्धों को भी अनुचित नहीं मानती क्योंकि उसे अहसास है कि वह अपने मन से पक्की है। मन से पक्की होने के लिए ही उसे सहायता भी चाहिए ताकि वह समाज की मैल को ढोती चल सके। मृणाल में मन की पवित्रता का यह बोध 'जैन दर्शन' से आता दिखाई देता है। उसमें 'आत्मा का शुद्धीकरण ज्ञान से नहीं बल्कि लम्बे उपवास, अहिंसा व्रत के कठोर पालन, सत्य, अचौर्य, त्याग आदि से ही किया जा सकता है।"[17]

कहने की आवश्यकता नहीं है कि मृणाल यह सब करती है और किसी भी स्थिति में मन की पवित्रता को खंडित नहीं होने देती।

*त्यागपत्र* की मृणाल और *सुनीता* की सुनीता में जो नैतिक साहस है वह तत्कालीन और बहुत अर्थों में आज की समाज-व्यवस्था के लिए कठिन चुनौती के समान है जिसका सामना किए बिना स्त्री-स्वाधीनता पर बहस करना सम्भव नहीं है। पर यह कहना बेमानी है कि जैनेन्द्र की स्त्री-सम्बन्धी मान्यताओं का सर्वत्र यही स्तर है। अनेक जगहों पर और प्रायः (चाहे वह सृजन हो या चिन्तन) जैनेन्द्र के यहाँ गांधीवाद की स्त्री-सम्बन्धी चिन्ताएँ समर्थन पाती चलती हैं और तब उनमें खुलकर अन्तर्विरोध सामने आते हैं।

गांधी जी ने बाल विधवा के विवाह की बात गम्भीरता से उठाई थी और यह भी कहा था कि उसके विवाह का दायित्व उसके माता-पिता को ही है–

"मैं बाल विधवाओं के पुनर्विवाह को इष्ट मानता हूँ। यही नहीं, मैं यह भी मानता हूँ कि उनका पुनर्विवाह करना उनके माता-पिताओं का कर्तव्य है।"[18]

जैनेन्द्र पर गांधी जी की इस मान्यता का प्रभाव उनकी पहली ही औपन्यासिक कृति में दिखाई देता है। यह कृति *परख* है जिसमें उन्होंने कट्टो नामक एक बाल विधवा की दीन स्थिति का चित्रण किया है और उसके इस दुर्भाग्य को समाज-व्यवस्था की बड़ी कुरीति घोषित किया है।

गांधी जी के यहाँ मर्यादा पर इतना बल है कि उसमें स्त्री-स्वतंत्रता को स्वेच्छाचार तक कहा गया है और इससे संसार का विनाश होना बताया गया है। गांधी जी के ही शब्दों में–

"यदि सभी मनुष्य चौबीसों घंटे के लिए स्वेच्छाचारी बन जायें तो सारे जगत का विनाश हो जाए। तब कोई किसी की बात नहीं मानेगा। स्त्री और पुरुष की मर्यादा अधर्म समझी जाएगी।"[19]

गांधी जी के लिए स्वतन्त्रता एक सीमा के बाद स्वेच्छाचार है। इसमें पुरुष के साथ स्त्री भी शामिल है। पर इस मान्यता की विडम्बना यह है कि पुरुष चूँकि समाज-व्यवस्था का नियन्ता है, इसलिए उसके लिए मर्यादाहीनता स्वेच्छाचार में

बदल नहीं सकती। बदलेगी तो केवल स्त्री की, क्योंकि पुरुष ही उकसी मर्यादा का निर्धारण करता है। यह स्त्री-स्वाधीनता सम्बन्धी विडम्बना जैनेन्द्र के यहाँ इसी रूप में मिलती दिखेगी। *सुखदा* और *कल्याणी* की पृष्ठभूमि इस स्वेच्छाचार से बहुत अलग नहीं है क्योंकि स्वेच्छाचार और अपने को मुक्त मानने के कारण ही वे अपने 'परिवार' का विनाश करती हैं और अन्त में अपने किए पर पछताती हैं।

यह जैनेन्द्र का अन्तर्विरोध लगता है जो एक ही साथ स्त्री को इतनी स्वाधीनता देते हैं कि उसमें वे फिर समाज की किसी मान्यता की परवाह तक नहीं करने देते तो दूसरी ओर उसे खींचकर यहाँ तक पहुँचा देते हैं कि उसने जरा भी 'परिवार' से बाहर निकलने की जुर्रत की तो सब कुछ स्वाहा हो जाता है। यह वस्तुतः जैनेन्द्र के मन में स्त्री सम्बन्धी धारणाओं के तहत आया उनका अन्तर्द्वन्द्व है जो स्पष्ट रूप से एक जगह टिकने नहीं देता। हालाँकि यह गौरतलब है कि सारे यथास्थितिवादी अन्तर्विरोधों के बावजूद जैनेन्द्र 'मृणाल' के चारित्रिक पक्ष को समर्थन देते हैं और स्पष्ट रूप से उसके कार्य-व्यवहार को गरिमामय मानकर उसकी प्रशंसा करते हैं। यहाँ वे किसी उलझन में नहीं हैं और उन्हें किसी भी तरह की संस्थागत नैतिकता की परवाह नहीं है।

इस तरह यह निर्विवाद रूप से कहा जा सकता है कि महात्मा गांधी के स्वाधीनता आन्दोलन में प्रवेश के साथ ही आधुनिक भारत में नारी जागरण की चेतना पैदा हुई। इस प्रक्रिया में गांधी जी के विचारों का भारतीय लेखकों पर व्यापक प्रभाव पड़ा। हिन्दी के लेखकों में जैनेन्द्र ऐसे पहले व्यक्ति थे जिनकी चिन्ताओं में गांधी जी की नारी विषयक चिन्ताएँ उभरीं और उन्होंने अपनी रचनाओं में उसे प्राथमिकता दी। गांधी जी की स्त्री सम्बन्धी मान्यताओं में बुनियादी रूप से जो असंगतियाँ दिखाई देती हैं, वे जैनेन्द्र में भी रही हैं पर जहाँ भी वे इससे दूरी बना पाए हैं, वहाँ उनके नारी पात्रों में रूढ़ समाज-व्यवस्था के प्रति तीखा असन्तोष उभरा है।

स्त्री स्वाधीनता के प्रश्न पर गांधी जी की तरह ही जैनेन्द्र के यहाँ भी यह द्वैत लगातार दिखाई देता है कि वह पूरी तरह स्वाधीन मानी जाए या कि 'परिवार' के भीतर उसकी स्वाधीनता को स्वीकार किया जाए। यह प्रश्न तीस और चालीस के दशक में तत्कालीन भारत का एक विकट प्रश्न बन गया था जो किसी न किसी रूप में आज भी मौजूद है। इस असमंजस की स्थिति को जैनेन्द्र की आरंभिक रचनाओं में भी देखा जा सकता है। वस्तुतः स्वाधीनता आन्दोलन का वह दौर पराधीनता की वास्तविकता का ही दौर था जिसमें स्वाधीनता की आकांक्षा बलवती हो रही थी और देश भर में व्यापक रूप से इस वास्तविकता से टकराने का संघर्ष शुरू हुआ था। स्त्रियों में राजनीतिक स्वतन्त्रता के रूपक के सहारे वैयक्तिक स्वाधीनता की चेतना जगी, पर उनके साथ यह कठिनाई तो थी ही कि वे वास्तविक रूप से 'परिवार' के दायरे में बँधीं थीं। 'परिवार' से बाहर आने की आकांक्षा में

वास्तविकता और स्वाधीनता पाने की जरूरत के बीच तब उनके मन में गहरा अंतः संघर्ष भी छिड़ा था जो व्यापक रूप से उनकी स्वाधीनता आन्दोलन में भागीदारी से थमा और उन्हें सामाजिक स्वीकृति भी मिली।

गांधी जी ने अपनी आत्मकथा में स्त्रियों के बीच अपने प्रवेश को एक रोचक घटना की तरह याद किया है, प्रसंग है—गाँवों में बच्चों के लिए पाठशाला खोलने का। गांधी जी ने लिखा है—

"इस काम के लिए मैंने सार्वजनिक रूप से स्वयं सेवकों की माँग की। इसके उत्तर में गंगाधर राव देशपाण्डे ने बाबा साहब सोमण और पुंडलिक को भेजा। बम्बई से अवंतिका बाई गोखले आयीं। दक्षिण से आनन्दी बाई आयीं। मैंने छोटेलाल, सुरेन्द्र नाथ तथा अपने लड़के देवदास को बुला लिया। इसी बीच महादेव देसाई और नरहरि पारीख मुझे मिल गये थे। महादेव देसाई की पत्नी दुर्गा बहन और नरहरि पारीख की पत्नी मणि बहन भी आयीं। मैंने कस्तूर बाई को भी बुला लिया था। शिक्षकों और शिक्षिकाओं का इतना संघ काफी था। श्रीमती अवंतिका बाई और आनन्दी बाई की गिनती तो शिक्षितों में हो सकती थी, पर मणि बहन पारीख और दुर्गा बहन देसाई को सिर्फ थोड़ी-सी गुजराती आती थी। कस्तूर बाई की पढ़ाई तो नहीं के बराबर ही थी। चर्चा करके मैंने बहनों को समझाया कि उन्हें बच्चों को व्याकरण नहीं, बल्कि रहन-सहन का तौर-तरीका सिखाना है। बहनों में आत्मविश्वास उत्पन्न हो गया और उन्हें अपने काम में भी रस आने लगा। इन बहनों के द्वारा गांवों के स्त्री समाज में भी हमारा प्रवेश हो सकता था।"[20]

गांधी जी के इस उद्धरण के द्वारा यह आसानी से समझा जा सकता है कि उस समय स्त्रियों में अपने पर बहुत अविश्वास तथा संकोच था। यह गांधी जी के आन्दोलन और उनके नेतृत्व के कारण सम्भव हुआ कि स्त्रियाँ घर से बाहर निकलकर सार्वजनिक रूप से राष्ट्रीय आंदोलन में कूद सकीं और वैयक्तिक स्तर पर अपनी स्वाधीनता का बोध भी पा सकीं। पराधीन भारत में स्त्रियों की पराधीनता उनकी वास्तविकता थी और वे स्वाधीनता की आकांक्षा में इसी तरह आगे बढ़ सकीं तथा नारी-जागरण की पृष्ठभूमि बना सकीं।

## जैनेन्द्र के नारी पात्रः पराधीनता की वास्तविकता और स्वतन्त्रता की आकांक्षा

"स्त्री को कुछ सुविधाएँ हैं, कुछ असुविधाएँ। जहाँ तक नामवरी की बात है, स्त्री का मार्ग खुला है, सीधा है। और बदनामी के लिए भी वह उतना ही सहज भाव से खुला हुआ है।"

*जैनेन्द्र—सुखदा,* पृ. 27

भारतीय स्वाधीनता आन्दोलन आधुनिक भारत में स्त्री स्वाधीनता का आन्दोलन भी बना जिसके कारण भारत में स्त्री जागरण का नया युग आरंभ हुआ। स्त्री-पराधीनता की आरंभिक स्थिति यह थी कि महिलाएँ घरों से बाहर नहीं निकल सकती थीं। उन्हें यह अधिकार नहीं था कि वे अपने मन की बात किसी से कह सकें। उन पर नाना प्रकार की सामाजिक बाध्यताएँ लागू थीं जिन्हें तोड़ सकना उनके सामर्थ्य के बाहर की बात थी। हिन्दू समाज विविध किस्म की रूढ़ियों और रिवाजों का शिकार था जिसमें स्त्रियों की ज़िन्दगी नारकीय हो चली थी। न तो उन्हें शिक्षा पाने का हक था और न अपने अन्य अधिकारों की बात उठाने का। वे एक बार इस धरती पर आयीं तो फिर आजीवन नारकीय यातना से ही गुजरना था। ऐसा नहीं था कि उनके मन में स्वतन्त्रता की आकांक्षा नहीं थी, वह थी पर इसके लिए जिस नैतिक साहस की जरूरत उन्हें थी, वह उनमें नहीं था। अनेक स्तरों पर फैले रीति-रिवाजों के कारण उन्हें घर के भीतर कैदी का जीवन गुजारना पड़ रहा था।

ऐसे ही समय में भारतीय स्वाधीनता संघर्ष में महात्मा गांधी का प्रवेश हुआ जिनके कारण भारत की स्त्रियों का भी मनोबल बढ़ा और वे उनकी पुकार पर सदियों से कैदी का जीवन बिताने के बाद स्वाधीनता संघर्ष में कूद पड़ीं। पुरुषों के साथ कंधे से कंधा मिलाकर भारतीय स्त्रियों ने न केवल राजनीतिक संघर्ष में गांधी जी के नेतृत्व में सक्रिय भागीदारी निभाई वरन् अपनी वैयक्तिक स्वतन्त्रता की चेतना भी प्राप्त की और सार्वजनिक जीवन में आगे बढ़कर उन्होंने परिवार के साथ-साथ समाज की भी व्यापक जवाबदेही को निभाया। भारतीय समाज में स्त्रियों की दुःखद स्थिति का अन्दाजा स्वयं महात्मा गांधी के इस वक्तव्य से हो जाता है जिसमें उन्होंने लिखा है–

"बड़ों के सामने तो स्त्री को देखा भी नहीं जा सकता था। फिर बातचीत कैसे होती! उन दिनों काठियावाड़ में घूँघट निकालने का निकम्मा और जंगली रिवाज था; आज भी बड़ी हद तक मौजूद है।"[21]

बड़ों के सामने स्त्री को देखना ही अनैतिक नहीं था, वरन् स्त्री के लिए भी पुरुषों की ओर ताकना अनैतिक और अधर्म के समान था। घूँघट निकालकर रहना तो उन दिनों की स्त्रियों का परम आदर्श ही था। यह आज भी गाँवों के समाज में किसी न किसी रूप में मौजूद है। पाँच से सात वर्ष की लड़कियों का विवाह भी उस जमाने में धड़ल्ले से हुआ करता था। बाल विधवाओं की संख्या तब बहुत हुआ करती थी क्योंकि विवाह कम उम्र में हो जाया करते थे। ऐसी भयानक स्थिति में स्त्रियों की दशा का अनुमान लगाना कठिन प्रतीत नहीं होता। ऐसे समय में गांधी के आने से स्थितियों में अचानक परिवर्तन आया और सदियों की सोई हुई नारी अचानक जागी। विगत में राजा मोहन राय, गोविन्द महादेव राणाडे, स्वामी अरविन्द आदि के सुधार कार्यक्रमों की ओर भी लोगों का ध्यान गया।

स्त्री जागरण से संबंधित पत्रिकाओं का प्रकाशन आरम्भ हुआ और इस तरह

व्यापक रूप से स्त्री जागृति की जमीन तैयार हो उठी।

महात्मा गांधी ने स्त्रियों को आजादी की लड़ाई में भाग लेने के लिए आमन्त्रित किया। उन्हें सुधार कार्यों में जुटने को प्रेरित किया। गाँवों तथा कस्बों में पाठशालाएँ खोली गयीं जिनका दायित्व स्त्रियों को दिए गये। इस शुरुआत से उनमें स्वाभिमान जगा और उन्होंने नये दमखम के साथ पुरुषों की बराबरी में अपनी उपस्थिति दर्ज कराई।

गांधी जी ने *हरिजन* के 14 नवंबर 1936 के अंक में अपनी अहिंसा को स्त्रियों में निहित बताते हुए लिखा था—"अहिंसा स्त्रियों की स्वाभाविक विशेषता है, मैंने वहीं से अहिंसा लिया है, मैं अधिक से अधिक स्त्री के अनुरूप अपने को पाता हूँ।"[22]

गांधी जी के इस तरह के स्वीकारों और सामाजिक जीवन में उनके सदव्यवहारों के कारण असंख्य स्त्रियों ने उन्हें अपना सहयोग दिया और गांधी जी ने बदले में उन्हें उनकी जुबान दी। सुधारवादी संस्थाओं के बाद, जिन्हें प्रतिक्रियाओं का सामना करना पड़ा था और अपने कार्यक्रम रोक देने पड़े थे—गांधी जी ऐसे पहले राजनेता थे जिन्होंने सार्वजनिक रूप से स्त्री की स्वाधीनता और पुरुषों के बराबर उनके अधिकार की बात की और विधवा विवाह, अन्तर्जातीय विवाह आदि का समर्थन किया।

इन सबका प्रभाव जैनेन्द्र की आरम्भिक रचनाओं में देखा जा सकता है। स्त्री-स्वाधीनता और उसके अधिकारों को लेकर लिखा गया *परख* (1929) वस्तुतः ऐसी पहली औपन्यासिक कृति है जिसमें जैनेन्द्र ने एक बाल विधवा की दीन स्थिति का जायजा लिया है और उसे समाज में प्रेम करने, जीने और साहस के साथ उसकी खामियों से लड़ने को प्रेरित किया है। इस आरम्भिक उपन्यास में जैनेन्द्र ने कट्टो के माध्यम से जिस बाल वैधव्य को चित्रित किया है, उसकी नियति ही यह है कि वह अपनी दीनता पर आँसू बहाए ओर भूलकर भी अपने सौभाग्य की कामना से बचे। इस कट्टो में अपनी नियति का जबर्दस्त अहसास है, पर वह कुछ समझ नहीं पाती। पराधीनता की वास्तविकता और स्वाधीनता की आकांक्षा *परख* मे जैनेन्द्र के इस उद्धरण से स्पष्ट होती है—

"लोग कहते हैं, वह विधवा है, कम नसीब। लड़की जान गयी है, वह विधवा है, कम नसीब भी होगी। लेकिन फिर हँसने-खेलने, भागने-कूदने का अधिकार वह क्यों नहीं रखती, यह वह नहीं समझ पाती।"[23]

जैनेन्द्र के इस उद्धरण से यह स्पष्ट है कि कट्टो का बाल मन यह नहीं समझ पाता कि विधवा होना क्या होता है, और फिर कम नसीब होना भी। पर चूँकि लोग यह कहते हैं तो वह मान लेती है कि हो सकता है कि ऐसा ही हो, लेकिन इस बचपन में वह हँस-खेल नहीं सकती, इसके मायने वह नहीं समझ पाती। जैनेन्द्र ने निश्चय ही कट्टो के माध्यम से बाल विधवा की एक भीषण समस्या का निरूपण *परख*

में किया है, लेकिन उसके चरित्र में उत्सर्ग और सहिष्णुता जैसे गांधीवादी भावों को दिखाकर भी जो समाधान खोजा है, वह लोगों को व्यावहारिक प्रतीत नहीं होता। इस पर आपत्ति करते हुए स्वर्णलता तलवार का आरोप है—

"कट्टो के चरित्र में उत्सर्गमयी और सहिष्णुता भरी भावनाओं को गांधीवाद से प्रभावित कहा गया। जैनेन्द्र ने भले ही गांधीवाद के दार्शनिक चिन्तन से प्रभावित होकर कट्टो की परिकल्पना की हो परन्तु बाल विधवाओं के प्रति गांधी जी के सामाजिक दर्शन और न्याय की माँग की *परख* में विचित्र व्याख्या की गयी है।"[24]

यह तो वाजिब निष्कर्ष है कि कट्टो को जैनेन्द्र ने गांधीवादी दर्शन के अनुरूप ढाला है, पर यह क्या जरूरी है कि जैनेन्द्र वही समाधान देते जो गांधी जी ने बताया था। यहाँ जैनेन्द्र की सफलता इसी में निहित है कि उन्होंने कट्टो के जीवन की विषादपूर्ण स्थिति को सम्पूर्णता में उतारा है और बिहारी से कट्टो को जोड़कर विवाह की संस्थागत विरूपताओं को नकारा है। इसका यह अर्थ कदापि नहीं है कि कट्टो की समस्या और उसके समाधान में उनके नजरिए को वायवीय मान लिया जाय। इतना कहना फिर भी शेष रह जाता है कि तीस के दशक में जब विधवा जीवन पर ही कोई आँसू बहाने वाला नहीं रह गया था, तब जैनेन्द्र का यह समाधान कि जिसमें दो लोगों के बीच विवाह न होकर सिर्फ प्रतिज्ञा हो; सहज विश्वसनीय मानने लायक और स्वीकृत नहीं रह जाता। पर यह उस दौर में इसके बावजूद भी महत्वपूर्ण पहल का श्रेय पाता है और गांधी जी के स्त्री-स्वाधीनता से सम्बन्धित आन्दोलन से जुड़ता है। जैनेन्द्र की यह स्त्री-चरित्र घर-परिवार की पुरातन व्यवस्था को चुनौती देती हुई आगे बढ़ती है और समाज की जड़ता को एक ठोकर में तोड़ देती है। वह सत्यधन से न तो हिचकती है और न उससे अपने प्रेम को छुपाती है। स्थितियों के बदल जाने के बाद भी बिहारी के साथ भी वह उसी साहस के साथ खड़ी होती है और जीवन भर एक साथ रहने की प्रतिज्ञा करके अपने गाँव में बच्चियों को पढ़ाने का संकल्प लेकर लौटती है तो बिहारी कहीं और किसी गांव में किसान बनने निकलता है। दोनों के लक्ष्य एक हैं और मन भी एक है। दोनों का इस सात्विक ध्येय के लिए भी लगना गांधीजी के आदर्शों का ही प्रतिफल है, जहाँ पैसे की महत्ता न्यून है, मशीन की सत्ता का विरोध है तथा स्वदेशी साधनों की खोज और उनके विकास का सन्देश है।

स्त्री-स्वाधीनता का यह पक्ष बहुधा आलोचना का शिकार होता है कि क्या जैनेन्द्र को बिना विवाह कराए कट्टो को इतनी स्वतन्त्रता देनी चाहिए थी कि वह अपनी मर्जी से चाहे जो निर्णय ले ले। इसका सीधा उत्तर जेनेन्द्र का यह उपन्यास ही देता है। सत्यधन से कट्टो का विवाह न कराकर जैनेन्द्र ने उसके थोथे आदर्श की पोल खोली है। वह कट्टो से प्रेम तो कर सकता है, पर जब विवाह की बात आती है तो अचानक वह समाज तथा अपनी माँ के सम्भावित विरोध से डर जाता है। वह कट्टो से अपने सहज प्रेम को भी एक सहानुभूति के आवरण में बन्द कर देता है

जिसकी परिणति इसमें होती है कि वह कट्टो को किसी से बाँधकर स्वयं शादी करने का निर्णय लेता है। बिना किसी यथार्थ दृष्टिकोण के बौद्धिक आदर्श के सहारे जीवन की परिणति हास्यास्पद हो जाने में होती है जहाँ न प्यार रह जाता है और न अपनी स्वार्थपरता में बनाए गये सम्बन्ध। उसकी विडंबना का दूसरा उदाहरण स्वयं गरिमा है जो उसकी विवाहिता होकर भी उसकी ओर से शंकालु बनी रहती है और उसे अपना नहीं मान पाती। इसके विपरीत बिहारी—वह व्यक्ति है जो सोचने और करने मे समान है। वह जीवन को मुक्त भाव से लेता है और कुछ भी करने में हिचकता नहीं। यही कारण है कि वह कट्टो की सत्यधन के प्रति निष्ठा को अपनी तरफ मोड़ने में सफल होता है और समाज की तिरस्कृता विधवा को अपनाता है। कट्टो का बिहारी से एक प्रतिज्ञा के तहत जुड़ना, एक स्तर पर 'परिवार' की बाध्यताओं से बाहर रहने का भी सन्देश देता है जिसमें स्त्री-स्वाधीनता का खुला स्वीकार है। यहाँ 'विवाह' नामक संस्था पर प्रेम की जीत भी प्रतिष्ठित है जो किसी सीमा में रहना स्वीकार नहीं करता।

*सुनीता* में जैनेन्द्र ने घर-बाहर के प्रश्न को सामने रखा है और नारी-स्वाधीनता को आवश्यक ठहराया है। नारी-स्वाधीनता की आवश्यकता उसके नीरस दाम्पत्य के माध्यम से प्रकट हुई है जिसमें हरिप्रसन्न एक कारण की तरह प्रकट होता है। भौतिक रूप से सुनीता के सामने कोई अभाव नहीं है और पूरी तरह से वह अपने पारिवारिक जीवन में प्रसन्नचित है, पर एकरसता के कारण उसका जीवन उबाऊ हो जाता है और उसे इसका भान तक नहीं होता। धीरे-धीरे उसे भी लगने लगता है कि ऐसे जीवन में घुटने से अधिक कुछ और सम्भव नहीं है। तब वह मानसिक उद्वेलन की स्थिति से गुजरती है जिसका अनुभव श्रीकांत करता है। चूँकि वह सुनीता पर विश्वास करता है, इसलिए उसके सुख-दुःख को भी अपने अन्तर में महसूस करता है। हरिप्रसन्न को अपने 'घर' में बुलाने की पहल उसी की ओर से होती है जिसके आने के बाद *सुनीता* के जीवन की एकरसता में नई सम्भावनाएँ पैदा होती हैं। श्रीकांत पत्नी सुनीता के एकरस जीवन को तोड़ने के लिए हरिप्रसन्न को आगे बढ़ाकर जोखिम भी लेता है और सुनीता को प्रोत्साहित करके भी एक परिपक्व व्यक्ति होने का परिचय देता है।

यहाँ यह प्रश्न अधिक महत्त्वपूर्ण है कि सुनीता हरिप्रसन्न के आमन्त्रण पर जब 'बाहर' निकलती है तो अचानक उसकी प्रेम-याचना पर जिस तरह निर्वस्त्र होती है, उसे क्या कहा जाए? जैनेन्द्र की ओर से उसके द्वैत पर जो संकेत उभरता है, वह यही है कि सुनीता 'घर' और 'बाहर' के संघर्ष में यह पाती है कि पति द्वारा दी गयी स्वतन्त्रता वस्तुतः उसके स्वत्त्व को जगाने की पहल है जिसमें एक बन्द दुनिया के बाहर भी उसकी उपयोगिता सिद्ध है। कदाचित गांधी जी की स्त्री-स्वाधीनता यहाँ भी चूक जाती है क्योंकि उनके यहाँ स्त्री के लिए यह छूट नहीं है कि किसी पर-पुरुष

के आमन्त्रण पर कोई विवाहिता रात को 'घर' से 'बाहर' निकले और अपने को उसके सामने समर्पित कर दे। *सुनीता* इस तरह एक ऐसी नारी बनकर उभरती है जो स्वतन्त्रता माँगती नहीं, वरन् पाती है और 'बाहरी' संसार से जुड़कर यह अहसास करती है कि उसके अपने 'घर' की रक्षा और उसकी जवाबदेही अधिक महत्त्वपूर्ण है। यह इसलिए भी कि स्वाधीनता उसके लिए कोई अप्राप्य चीज़ नहीं रह गयी है।

सुनीता के गार्हस्थ्य और बाहरी जगत के द्वन्द्व में उसके लिए इससे एक विश्वास और आस्था भी पैदा हुई है जिसके कारण उसका दाम्पत्य अब सरस हो जानेवाला बन निकला है। इस तनाव में श्रीकांत और सुनीता को 'अग्निपरीक्षा' में से गुजरना मानकर चंद्रकांत वांदिवडेकर ने लिखा है–

"श्रीकांत और सुनीता ने विवाह के बाद पहली बार एक-दूसरे को सही रूप में जाना। हरिप्रसन्न की ही भाँति दोनों 'अग्नि परीक्षा' से गुजरे थे। दोनों ने पारम्परिक विश्वास और प्रेम को पहली बार अनुभव किया।"[25]

वस्तुतः जैनेन्द्र ने *सुनीता* में 'घर' की रक्षा का ही सूत्र खोजा है, पर दिलचस्प यह है कि वे दाम्पत्य में जिस विश्वास और निष्ठा की स्थापना कर गये हैं, उससे स्त्री स्वाधीनता का चरम उत्कर्ष प्रकट हो जाता है जिसमें पति की ओर से किसी भी तरह की मलिनता नहीं आने पाती और सुनीता 'घर' भी वापस लौटती है तो अपनी स्वाधीनता का अस्त्र लेकर, जिससे वह अपने परिवार को ठोस और स्थाई आधार दे सके, जिसमें ऊब या नीरसता न हो। यह भी जैनेन्द्र की स्त्री-स्वाधीनता से सम्बन्धित नयी अवधारणा बनकर सामने आती है जिसमें एक ऐसी स्त्री उभरती है जो अपनी शर्तों पर स्वतन्त्रता का वरण करती है और नयी नैतिकता की प्रस्तावना भी।

*त्यागपत्र* की मृणाल तो स्त्री स्वाधीनता के लिए भी एक चुनौती की तरह आती है। अनमेल विवाह की विसंगति और पति से अपने पूर्व प्रेम की स्वीकारोक्ति ने उसे इस हाल में ला पटका है कि वह परित्यक्ता होकर 'घर' निकाला' पाती है और यहाँ से उसकी संघर्ष यात्रा आरम्भ हो जाती है। *त्यागपत्र* की मृणाल तो स्पष्ट ही पारंपरिक भारतीय स्त्री की मूर्ति को तोड़ देती है और अपने लिए नयी जीवन चर्या बनाती है। जैनेन्द्र उसे 'सती' कहते हैं और पति-परित्यक्ता होकर उसके सम्बन्ध स्वीकार करते जाने को उसका 'उत्सर्ग'।

मृणाल के चरित्र में गांधी का 'आत्मदमन' और 'असहयोग' भी है तो 'सत्यग्रह' भी, पर वह इतनी ठोस बनती जाती है कि लगता है–वह ऐसी स्त्री बन गयी है कि सीधे हमारी समाज-व्यवस्था को ललकार रही है। समाज की व्यवस्था को न तोड़ने की भी उसकी बातें तब उस पर व्यंग्य लगने लगती हैं। उसे न 'घर' की परवाह है न समाज की कथित 'प्रतिष्ठा' की चिन्ता। वह जो भी करती है, उसके लिए उसके पास पर्याप्त तर्क है और किसी की भी दलील उसे नहीं सुहा सकते। इस मृणाल

ने पारंपरिक भारतीय स्त्री के मिथक को तोड़ा है और इतना नैतिक साहस पाया है जितना कि आज भी किसी स्त्री के लिए शायद ही सम्भव हो सके।

मृणाल के इस रूप पर हिन्दी के अधिकांश आलोचकों ने विचार किया है और उसमें स्त्री-स्वाधीनता के नये अर्थों को खोजा और पाया है। श्रीकांत वर्मा ने उसमें नारी की सबसे हीन देवदासी तथा सबसे उग्र दुर्गा की छवि देखी है। उन्हीं के शब्दों में—

"शताब्दियों से तो मैं नहीं कहूँगा लेकिन पिछले बहुत वर्षों से भारतीय समाज में कई कारणों से, विशेष रूप से हिन्दू समाज में स्त्री की स्थिति देवदासी और दुर्गा के बीच झूलती-सी रही है। प्राचीन युग में स्त्री शायद सम्पूर्ण व्यक्ति थी। अम्बपाली, वासवदत्ता, न जाने कितने चरित्र हैं। असंख्य और सभी सम्पूर्ण थीं। अम्बपाली नगरवधू मानी जाती थी और उसकी पूजा होती थी। लेकिन मृणाल की पूजा क्यो नहीं हुई? कितना बड़ा परिवर्तन आया है स्त्री की सामाजिक स्थिति में और उसकी नियति कितनी बदली है। मृणाल, जैसाकि मैंने कहा, देवदासी और दुर्गा के बीच जितने भी रूप हो सकते हैं सबका प्रतीक है।"[26]

यह चरित्र स्त्री स्वाधीनता का उत्कर्ष है जहाँ विनय भी विद्रोह है और जहाँ यातना भी भीषण संग्राम। मृणाल के लिए किसी भी रूढ़ नैतिकता पर चलना जैसे स्वीकार ही नहीं है, इसलिए वह अपनी राह स्वयं बनाती है और किसी की सहायता तक को कबूल नहीं करती। मृणाल के चरित्र में पराधीनता की वास्तविकता का बोध तब तक होता है जब तक वह पति के 'घर' होती है। परित्यक्ता होने के बाद उसमें यह बोध स्वतन्त्रता की भीषण ज्वाला में तब्दील होता है जिससे उसकी हर दीवार भस्म हो जाती है और वह निष्कंटक अपने मार्ग पर बढ़ती जाती है।

जैनेन्द्र के यहाँ स्त्री स्वाधीनता के ये तीनों चरित्र अलग-अलग सोपान प्रस्तुत करते हैं जिसमें गांधी जी की चिन्ताओं का साम्य भी दिखाई देता है और उनसे बहुत आगे जाने की जरूरत भी। पर यह रेखांकित किया जा सकता है कि प्रायः उनके पहले चरण में सारे उपन्यासों में स्वाधीनता आंदोलन की गूँज सुनाई देती है। सब में क्रांतिकारी संगठन हैं, उनकी गतिविधियों में उनके मुख्य चरित्र हिस्सा लेते हैं जहाँ कई बार कृति की मुख्य समस्या वहीं से जुड़ती जाती है। *सुनीता* का हरिप्रसन्न भी इसी तरह का क्रान्तिकारी चरित्र है जिसके दल के सम्मुख जाने का प्रस्ताव ही सुनीता की स्वाधीनता की परीक्षा लेता है।

*कल्याणी, सुखदा, विवर्त, व्यतीत,* तथा *अनन्तर,* में स्त्री स्वाधीनता का स्तर पहले के तीनों उपन्यासों से भिन्न है। *कल्याणी* और *सुखदा* की समस्या इन दोनों स्त्रियों की आत्यन्तिक बाहरी स्वाधीनता से ही उपजी है जिसके कारण इनके परिवार टूट जाते हैं और ये स्वयं भी किसी किनारे नहीं लग पातीं। जिसका विवेचन अगले परिच्छेद में होगा। पर शेष उपन्यासों में जैनेन्द्र ने स्त्रियों की स्वाधीनता को एक

अलग ही स्तर दिया है।

*विवर्त* की मोहिनी को वे इतनी स्वाधीनता देते हैं कि वह वकील नरेशचन्द्र की पत्नी होकर भी अपने पूर्व प्रेमी जितेन से प्रेम करती है और उसकी घृणा को भी अपने समर्पण से जीतती है तो *व्यतीत* में अनिता को जैनेन्द्र इतनी छूट देते हैं कि मि. पुरी की ब्याहता होकर भी वह जयंत को अपनी देह के दान से जगाती है। दोनों उपन्यासों में दिलचस्प स्थिति यह है कि *विवर्त* और *व्यतीत* के दोनों पतियों : नरेशचन्द्र और मि. पुरी को क्रमशः मोहिनी तथा अनिता के प्रेम की यह वस्तुस्थिति मालूम होती है और इसके बावजूद वे दोनों उन्हें प्रेमियों से मिलने तथा उनके प्रति समर्पण दिखाने की छूट देते हैं।

कहने की आवश्यकता नहीं है कि स्त्री-स्वाधीनता के इसी स्तर को गांधी जी 'स्वेच्छाचार' कहते थे, पर जैनेन्द्र ने इन चरित्रों के माध्यम से स्त्री-जीवन में प्रेम और पत्नीत्व की दो दोहरी भूमिकाओं को उठाकर दोनों की स्वायत्तता सिद्ध की है और इस माध्यम से पारंपरिक स्त्री मिथक को तोड़ा है। पर यहाँ यह प्रश्न उठना स्वाभाविक है कि क्या इस दोहरी भूमिका से 'परिवार' की रक्षा सम्भव है? इसका जवाब निश्चित ही 'नहीं' में होगा। लेकिन यही वह 'स्तर' है जहाँ जैनेन्द्र अपने इस घर-बाहर के द्वैत में भी एक निश्चित जगह खोजने में सफल होते हैं और 'स्त्री' को उसकी स्वाधीनता देने में नहीं मुकरते। परम्परा और आधुनिकता के इस द्वंद्व में उनके यहाँ जीत तब आधुनिकता की होती है जिसमें 'परिवार' की रक्षा की सारी कशमकश दलीलों के बावजूद उनके स्त्री चरित्र उसी को तोड़ते हैं और स्वाधीनता के मार्ग का वरण करते हैं।

*अनन्तर* की अपरा तो स्त्री-स्वाधीनता के चरम रूप का ही दर्शन कराती है जिसके लिए किसी बन्धन या बाध्यता का कोई औचित्य ही नहीं है। वह स्पष्ट कहती है—

"देखिये, आपकी पत्नी नहीं आ सकी हैं। मैं किसी की पत्नी हूँ नहीं। अब उनकी जगह होकर आपकी सुख सुविधा में मैं कुछ काम आने की सोचती हूँ तो सच कहिये इसमें बिगड़ने की क्या बात है। ला अपार्ट, इज़ नॉट माई ह्यूमन ड्यूटी एज़ वेल—कानून की याद से आप बच सकें तो सोचिए क्या आपको ही यह अरुचिकर होगा?"[27]

स्पष्ट ही जैनेन्द्र उपन्यास में नारी-स्वतंत्रता के इस अतिचार का विरोध करते दिखाई देते हैं। वे ऐसी आधुनिकता को भी आड़े हाथों लेते हैं, पर स्थिति यह है कि यह स्त्री अपने कार्य को कहीं से ग़लत मानने को तैयार ही नहीं दिखाई देती—

"'बी सीरियस आपरा।'

'आयी. एम. सीरियस, एण्ड अबव दैट सिन्सियर टू।'

'यू कांट डिसमिस दस दि सेक्रामेन्ट ऑफ मैरिज़।'

'एण्ड डू आयी डू इट।'

'विवाह के कारण समाज की तरफ से मन में डर या दोष नहीं रहता।'

'दैट इज व्हाट इज इम्पोर्टेन्ट, दी एसंस ऑफ ईट।'

'आई सी।'

'लेकिन मैं बासठ का हो चुका हूँ।'

'आयी एम नौ मोर एन ऑब्जेक्ट ऑफ लव।'

'दैट इज जस्ट व्हाई। आयी एम. थर्टीफाइव...यंग...इनफ फॉर बोथ।' "[28]

अपरा की यह छवि अपनी खामियों के बावजूद भी ऐसी दुर्धर्ष है जो किसी भी तरह की दलील को व्यक्ति की भीरुता से अधिक अहमियत नहीं देती। इसमें पूर्णतया स्वाधीनता की ही वास्तविकता है जिसमें दूर-दूर तक पराधीनता की चेतना तक नहीं है। गांधीजी की स्त्री ऐसी नहीं है, यह तो उनकी दृष्टि में पूर्णतया स्वेच्छाचारी है। जैनेन्द्र की स्त्री-स्वाधीनता का 'सती' और 'पतिव्रता' से अलग एक रूप यह भी है, जहाँ किसी भी तरह की 'मर्यादा' का कोई स्थान नहीं है। पर इसे 'मर्यादाहीनता' भी कैसे कह सकते हैं। उपन्यास के नायक से अपरा की पूरी सहानुभूति है, वह उसका ख्याल करती है और यौन सम्बन्ध को भी अपनी सेवा का एक रूप मानती है। पर इसमें फिर भी बहस की गुंजाइश रह ही जाती है।

'अपरा' के चरित्र पर अपनी राय देते हुए चन्द्रकांत वांदिवडेकर ने लिखा है–

"जैनेन्द्र के अनेक उपन्यसों में एक जीवन शक्ति से भरपूर, चुनौती देनेवाली, पुरुष को अपने नारीत्व, अपने अभिनय और मनोहारी भंगिमाओं से विचलित करने वाली महिला होती है... *अनन्तर* में वह 'अपरा' होकर आयी है। अपरा जीवन के प्रचुर अनुभव से सम्पन्न महिला है...उदार, निर्द्वन्द्व और मुक्त।"[29]

वांदिवडेकर की अपरा पर यह टिप्पणी इस अर्थ में विशेष महत्त्व रखती है कि वह यह घोषित करती है कि 'अपरा' प्रचुर जीवन अनुभव से सम्पन्न है तथा वह उदार, निर्द्वन्द्व और मुक्त है। यानी स्त्रीत्व की उसकी पहचान केवल उथली भावुकता से सम्बद्ध नहीं है, वरन् वह जो करती है, उसके पीछे स्वयंसिद्ध तर्कशीलता है। वह उपन्यास के नायक प्रसाद के यहाँ आकर समस्याएँ भी पैदा करती है और रससिक्त भी करती है। स्त्री-स्वाधीनता का उसका मानदंड लगने को विद्रूप और उच्छृंखल लग सकता है पर उसके तर्क बल के आगे पारम्परिक सोच और संस्थागत नैतिकता की एक भी चलने वाली नहीं है।

उसका सम्बन्ध प्रसाद के जिस ठोस 'परिवार' से है उसके विवेचन में इसके अन्य पक्षों को देखा जा सकता है।

*मुक्तिबोध, अनाम स्वामी जयवर्द्धन* और *दशार्क* में स्त्री-स्वाधीनता की स्थिति इससे थोड़ी भिन्न है। इनमें कहीं पत्नी पर प्रेमिका की प्रतिष्ठा है तो कहीं संस्थागत नैतिकता के बरक्स एक नयी नैतिकता की स्थापना भी है। इन उपन्यासों का मुख्य

विषय स्त्री-स्वाधीनता नहीं है, पर स्त्रियों की यहाँ महत्वपूर्ण भागीदारी है जिसके माध्यम से जैनेन्द्र ने स्त्रियों पर भी नये सिरे से विचार किया है।

*मुक्तिबोध* वस्तुतः मनुष्य की मुक्ति के बोध का उपन्यास है जिसमें सांसद सहाय के मानसिक कशमकश का चित्रण है। वह मन्त्रीपद अस्वीकार कर परिवार तथा सम्बन्धियों की नाराजगी मोल लेता है और अपनी निजता की खोज करता है। उसे शान्ति नीला के साथ से मिलती है। उपन्यास का दिलचस्प पक्ष यह है कि सहाय की पत्नी राजश्री नीला से उनके सम्बन्ध को अनुचित नहीं मानती। जैनेन्द्र के नायक सहाय कहते हैं–

"पति पत्नी का सम्बन्ध केन्द्र है। वह ध्रुव है जिसके आधार पर परिवार की एकत्रता और समाज की मर्यादाशील व्यवस्था खड़ी है। सही-गलत सब उसके मान से बनना चाहिए। लेकिन मैं नहीं जानता कि नीला को लेकर मुझमें क्या होता है। एक आत्मिक स्फूर्ति-सी मिलती है। राजश्री को लेकर वह नहीं हो पाता। वह विवाहित है, मैं विवाहित हूँ। इसी कारण उस सुख-सौहार्द्र को क्या निषिद्ध बना देना होगा?"[30]

आरोप लग सकता है कि जैनेन्द्र के नायक की यह माँग चाहे जायज़ लगे, जायज़ है नहीं। 'परिवार' की रक्षा पुरुष या स्त्री के अनाधिकार जीवन प्रवेश से सम्भव होता नहीं दीखता। स्त्री या पुरुष की इतनी स्वाधीनता का हामी नहीं बना जा सकता। यहाँ स्पष्ट ही जैनेन्द्र की माँग और दलील पर स्वीकृति सम्भव नहीं है क्योंकि वास्तविक धरातल पर कोई भी पत्नी एक गैर स्त्री को इतनी स्वाधीनता नहीं दे सकती कि वह उसके परिवार में अवैध सम्बन्ध बनाए। जैनेन्द्र यहाँ आगे तर्क देते देखे जा सकते हैं कि यह सम्बन्ध यौनेच्छा से प्रेरित नहीं है, पर प्रश्न उठ सकता है कि क्या किसी विपरीत लिंगी सम्बन्ध में यौन सम्बन्ध स्वाभाविक बन कर नहीं आता। अगर आता है तो फिर इसे क्या कहा जाएगा?

लेकिन इस उपन्यास में स्त्री का यह रूप काम्य ही नहीं है। वह संकटग्रस्त सहाय की आन्तरिक रिक्ति को भरती है, इसलिए पारिवारिक विखंडता का कारण न बनकर वह उसकी रक्षा की शक्ति बन जाती है। इसलिए ऐसे प्रश्न की यहाँ जरूरत ही नहीं है। उसमें इतनी स्वाधीनता की चेतना है कि वह किसी और की होते हुए भी सहाय को जीती रह सके–

"आदमी सपने के लिए जीता है और औरत उस सपने के आदमी के लिए जीती है। दर के साथ मैं रहती थी, जीती तुम्हारे लिए थी।"[31]

स्त्री-पुरुष सम्बन्धों के बीच 'विवाह' क्या आड़े आ सकता है, या *विवाह* के बाद स्त्री के लिए ऐसे सम्बन्धों की छूट दी जा सकती है, जैसे प्रश्न यहाँ सीधे उठते दिखाई देते हैं जिसमें स्त्री स्वाधीनता का एक अन्य स्तर खुलता है।

*अनाम स्वामी* में पश्चिम में शिक्षिता उदिता के लिए तो किसी मर्यादा का कोई मूल्य ही नहीं है। वह मुक्त यौनाचार में विश्वास करती है तथा विवाह को नकारा मानकर चलती है। स्त्री स्वाधीनता का उसका यह तर्क चाहे जितनी विकृतियाँ पैदा करे, समाज की जो दुर्व्यवस्था है, उसमें एक तीखे विद्रोह के रूप में दिखाई देता है।

*जयवर्द्धन* की इला के लिए प्रेम ही सर्वस्व है जिसके कारण वह राष्ट्राधिप जयवर्द्धन के साथ रहती है और पिता तथा समाज द्वारा किए जा रहे विरोध की परवाह नहीं करती। *दशार्क* की रंजना के लिए तो यह समाज ही नकारा है जिसमें जीते हुए भी वह उसको खारिज़ करती रहती है। पारिवारिक असन्तोष से क्षुब्ध रंजना 'वेश्या' होकर स्त्री की जिस शक्ति और संघर्ष का परिचय देती है, वह अपने आप में न केवल तार्किक है, वरन् विचारणीय भी है। 'परिवार' की रक्षा कहाँ तक इष्ट है और उसकी रक्षा में क्या खुद टूट जाना स्वीकार होना चाहिए और जब 'परिवार' यहाँ तक बन आये कि वह सारी मर्यादा तोड़ने की विवशता पैदा कर दे तो क्या हो' जैसे गहन और महत्वपूर्ण प्रश्नों पर केन्द्रित यह उपन्यास स्त्री स्वाधीनता की बात उतनी नहीं करता जितनी कि संस्थागत आस्था-अनास्थाओं की। फिर भी रंजना के माध्यम से स्त्री स्वाधीनता का जो रूप यहाँ उभरा है, वह एक नये समाज की प्रस्तावना करता देखा जा सकता है। 'परिवार' की रक्षा पर उसका व्यंग्य यहाँ देखने लायक है—

"सोचा है। आपके साथ फिर सोचने को तैयार हूँ। आपके पास पति हैं। पति को प्रसन्न और तुष्ट रखना आपके लिए पर्याप्त है। लेकिन क्या ये पर्याप्त होना चाहिए। किसी के लिए भी पर्याप्त होना चाहिए—क्या पुरुष, क्या स्त्री। समाज के, सब के, समष्टि के प्रति क्या हर एक का कर्तव्य नहीं है...परिवार, हाँ ठीक है, लेकिन क्या वह बन्धन भी नहीं है। आप ही क्या परिवार से तुष्ट रह सकी हैं।"[32]

जैनेन्द्र के नारी पात्रों में इस तरह नाना भाव और रूप हैं जिसमें पराधीनता की वास्तविकता के बावजूद स्वतन्त्रता की तीव्र आकांक्षा है और सारे बन्धनों से मुक्ति पाने की छटपटाहट भी है। यहाँ स्त्रियाँ कही वेग के साथ सारी मर्यादाएँ तोड़ देंती हैं तो कहीं मर्यादाओं की रक्षा में खुद ही टूट जाती हैं। बहुत बार उनके लिए स्वाधीनता की सीमाएँ भी छोटी हो जाती है। गरज़ यह है कि भारतीय स्वाधीनता आन्दोलन के समानान्तर गांधीजी की पहल पर शुरू हुआ यह स्त्री-जागृति का अभियान जितनी दूर जा सकता था, उससे कहीं अधिक जैनेन्द्र ने उसे पहुँचाया और स्त्री-चरित्र की विविध स्थितियों का परीक्षण किया। इसमें वे कहीं अधिक अस्वाभाविक लगते हों तो भी स्त्री-चेतना को स्वर देने वाले वे पहले आधुनिक हिन्दी लेखक हैं। अपनी पराधीनता में स्वतन्त्रता की चाह रखने और स्वतन्त्रता पाकर सांस्थानिकता का विरोध करने वाली स्त्रियों के साथ जैनेन्द्र के यहाँ ऐसी स्त्रियाँ भी हैं जो 'परिवार' की रक्षा के साथ-साथ स्वतन्त्रता चाहती हैं। यह स्त्रियाँ प्रकारान्तर से थोड़ी भिन्नता के बावजूद वही हैं जिन्हें देखा गया है।

## जैनेन्द्र के नारी पात्रः परिवार की रक्षा और स्वतन्त्रता

"दूसरी कोई स्वतन्त्रता स्त्री के लिए भम्र है। आर्थिक जैसी किसी स्वतन्त्रता में से वह अपने को सार्थक नहीं पा सकती। गृहिणी धर्म में ही उसकी समुचित परतृप्ति है।"

जैनेन्द्र—*काम प्रेम और परिवार,* पृ. 9

जैनेन्द्र के यहाँ 'परिवार' की रक्षा का प्रश्न महत्त्वपूर्ण प्रश्न है। इसके लिए वे पति-पत्नी को हर सम्भव शहादत देने को बाध्य करते हैं, पर 'परिवार' को टूटने देने की हिमायत नहीं करते। परिवार की रक्षा करते हुए स्वतन्त्रता का समर्थन करते जैनेन्द्र अगर इस दोहरे और परस्पर विरोधी स्थितियों को एकीकृत करते असमंजस में दिखाई देते हैं, तो इसका कारण यह नहीं है कि वे जानबूझकर ऐसा करते हैं, पर स्थितियाँ यहाँ तक खिंच आती हैं कि उनसे उनको रोके नहीं बनता। परिवार की रक्षा का मूल मन्तव्य लेकर चलते हुए भी जैनेन्द्र के द्वन्द्व का आलम यह होता है कि उनके नारी पात्र उसे ध्वस्त करके वहाँ तक निकल जाते हैं जिनकी या तो वापसी नहीं होती या अगर हो भी तो फिर उसके जुटने की कोई सम्भावना शेष नहीं रह जाती। ऐसे अवसरों पर जैनेन्द्र का द्वैत देखते बनता है। परिवार की रक्षा में एक तरफ लेखक का सारा यत्न लगा होता है तो दूसरी तरफ उनके चरित्र उसकी चिन्दियाँ बिखेरते निकलते जाते हैं। जैनेन्द्र खड़े-खड़े नैतिक प्रश्नों की बाधा पर हत्प्रभ ही बने रह सकते थे और रहते भी हैं। 'परिवार टूट गया तो फिर किसके भीतर बनना होगा' और यह कहते हुए उनके पात्र इसी व्यवस्था के बनाए नियम तोड़ते जाते दिखाई देते रहते हैं। जैनेन्द्र के सामने एक तरफ सबसे अहम प्रश्न 'परिवार' की व्यवस्था को टिकाए रखने का है तो दूसरी तरफ यह भी कम अहम प्रश्न नहीं है कि स्त्री पुरुष की चेरी ही नहीं है, उसकी सहधर्मिणी और बराबरी के अधिकार की दावेदार भी है। ऐसे विकट प्रश्न पर जैनेन्द्र अपेक्षाकृत दोनों की रक्षा करते हुए दोनों प्रकार की आत्यन्तिकाओं का निषेध करते हैं। उनके लिए तब न परिवार की रक्षा 'आत्यन्तिक मूल्य' बनती है और न स्त्री स्वेच्छाचार। दोनों के उदाहरण लेने हों तो *त्यागपत्र* और *सुखदा* की नायिकाओं को देखा जा सकता है जिसमें मृणाल के लिए परिवार की टूट और समाज-व्यवस्था के विखंडन की लेखक में रत्ती भर भी चिन्ता नहीं है और परिवार की परवाह न करते हुए अपनी क्षुद्र महत्वाकांक्षाओं में आगे बढ़ते जाने की सुखदा की प्रवृत्ति पर जैनेन्द्र सहानुभूति के दो शब्द भी बोलते प्रतीत नहीं होते।

*त्यागपत्र* की मृणाल अगर समाज की मर्यादा भंग करती है तो भी लेखक की पूरी सहानुभूति उसके साथ है क्योंकि वह ऐसा करते हुए समाज को उसके किए की सजा देती है जबकि *सुखदा* की सुखदा अपनी क्षुद्र आकांक्षाओं के वशीभूत होकर

पारिवारिक मर्यादा को ताख पर रख देती है। सुखदा का यह व्यवहार लेखक के उपहास का ही विषय बन जाता है। जैनेन्द्र के लिए 'परिवार' स्त्री के लिए मोक्ष पाने का स्थान है।

सुनीता कहती है–

"मैं इस घर से टूटकर जाऊँगी तो जीऊँगी नहीं। मैं इस योग्य नहीं हूँ। तुम्हारा काम बड़ा है, लेकिन मैं क्षुद्र हूँ। इसी घर की दीवारों के भीतर मेरा स्थान है। घर बन्धन है तो हो, लेकिन मुझे तो मोक्ष भी यहाँ ही पाना है।"[33]

सुनीता घर की दीवारों में ही अपना स्थान मानकर उसे इसीलिए महत्त्वपूर्ण मानती है कि वह राष्ट्र और समाज की धुरी है। उसकी टूट इन दोनों की टूट होगी। यह 'परिवार' की रक्षा का प्रश्न है। पर जब 'घर' से 'बाहर' एक बड़े दायित्व की बात आती है तो यही सुनीता परिवार को 'व्यक्तित्व की परिधि' मानने से इन्कार कर देती है और कहती है–

"किन्तु सच परिवार ही क्या व्यक्तित्व की परिधि है? क्या मैं इसी मैं बीतूँ? क्या इसे तोड़कर, लाँघकर, एक बड़े हित में खो जाने को मैं न बढ़ूँ। उस विस्तृत हित के लिए जिऊँ, उसके लिए मरूँ तो क्या यह अयुक्त है। अधर्म है?"[34]

कहने की आवश्यकता नहीं है कि इन दोनों उद्धरणों से दोनों प्रश्नों का उत्तर बहुत स्पष्टता से आ गया है। 'परिवार' की रक्षा भी महत्वपूर्ण है पर स्त्री के लिए उससे स्वतन्त्रता पाना एक बड़े और सकारात्मक कार्य के लिए ही उपादेय और स्वीकृत है। 'परिवार' भी टूट जाए और स्त्री अपनी स्वतन्त्रता की आकांक्षा में निरा स्वेच्छाचार अपना ले, यह जैनेन्द्र को स्वीकार नहीं है।

*कल्याणी* अपने कारणों से टूटती है और डॉ. असरानी पर विश्वास नहीं जमा पाती, तो वह भी जैनेन्द्र की सहानुभूति से वंचित ही रहती है। *कल्याणी* की मुश्किलों को पहले देखा जा चुका है और यह समझा जा चुका है कि उसकी दुर्दशा की वजहें कई रही हैं। इस अविश्वास और टूट की एक बड़ी वजह तो यही है कि दोनों के विवाह की ही भूमि बहुत स्थाई तथा सम्मत नहीं है। भारत तथा पश्चिम की दो संस्कृतियों की एकता की स्थिति तभी बन सकती है जब वे एक-दूसरे में अपने को पाने का प्रयत्न करें। कल्याणी भारतीय संस्कृति में अपने को मिला देने की मुहिम में जुटती भी है तो डॉ. असरानी की शक्की दृष्टि से बच नहीं पाती, वह भौतिक साधनों को जुटाने में मशगूल रहकर पति के एकाधिकार के नशे में धुत् रहता है। कल्याणी में वह पत्नीत्व भी देखना चाहता है और उससे डॉक्टरी भी कराना चाहता है। पर उसकी मुश्किल बढ़ती जाती है, वह दोनों क्षेत्रों में एक साथ सफल न हो सकती थी और न होती है। परिवार की रक्षा और अपने निजत्व के बीच तालमेल न बिठा पाने के कारण ही उसका टूटना होता है। इस पूरे प्रकरण मे जैनेन्द्र असरानी की लोलुपता तथा संदेहास्पद व्यक्तित्व को तो दिखाते हैं, पर उसको सीधे दोषी मानने

से बचते लगते हैं। हालाँकि इसके बावजूद उसकी भूमिका सन्देहास्पद प्रमाणित होती है और दाम्पत्य के बीच अविश्वास पैदा करने में उसका भी हाथ कम होता नहीं लगता।

'परिवार' में स्त्री की स्थिति चाहे जितनी सुदृढ़ हो, वह होती अनिश्चित और पराश्रित ही है, ऐसा प्रायः माना जाता रहा है। पर इसका कोई समुचित समाधान निकाल पाना भी बहुत आसान नहीं है। अंतोनियो ग्राम्शी ने भी परिवार में स्त्री की स्थिति पर विचार करते हुए लिखा है–

"पिछले कुछ वर्षों में समाज तथा परिवार में स्त्री की स्थिति बहुत अनिश्चित हो चली है। इसमें स्त्रियों की असुरक्षा और अनिश्चय भी देखा जा सकता है। ऐसा केवल उन स्त्रियों के साथ नहीं है जो विवाहिता हैं, जिन पर परिवार की जिम्मेदारियों का भार है जो अपनी सन्तति के प्रति पूर्णतया प्रेम दे सकने के अलावे हर काम में अक्षम है, वरन् हर काम में दक्ष स्त्रियों के साथ भी यही अनिश्चय की स्थिति रही है।"[35]

आगे उसने यह धारणा निरूपित की है जो पुरुष एकाधिकार से स्त्रियों का जीवन निर्धारित करती है–

"तुम्हारे लिए केवल यही जरूरी नहीं है कि तुम अपने को पूरी तरह विलीन ही कर दो, बल्कि यह जरूरी है कि तुम सोचो कि तुम केवल शांत रह सकती हो।"[36]

स्त्री जीवन पर पुरुष के इस एकाधिकार को तोड़ने का काम जैनेन्द्र ने किया–कभी पुरुष के प्रति स्त्री को विरोध में खड़ा करके, तो कभी वातावरण में विरोध की स्थितियाँ खड़ी करके। ग्राम्शी के विचार में स्त्रियों की स्थिति पर जो निष्कर्ष निकाला गया है वह पश्चिमी समाज में नारीवादी विचारों की उत्पति की स्थितियाँ बताता है, न कि यह घोषित करता है कि स्त्री अब पूरी तरह परंपरागत बंधनों से मुक्त हो गयी है। उसके बंधन अब भी थोड़े-बहुत परिवर्तनों के बावजूद मौजूद हैं–पश्चिमी समाज में भले उस रूप में न हों, पर भारतीय समाज में उनकी स्थिति में कोई गुणात्मक सुधार नहीं आ सका है। यह हालत तब और भी अधिक जटिल थी जब जैनेन्द्र ने स्त्रियों की दशा का अवलोकन किया और उनकी स्वतंत्रता तथा उनके पारिवारिक दायित्वों का विश्लेषण आरम्भ किया था।

लेकिन यह गौरतलब है कि स्त्री-स्वतंत्रता की बात करनेवाले सभी विचारकों में 'परिवार' की रक्षा की चिन्ता समान है और वे उसकी टूट की शर्त पर किसी भी स्वतन्त्रता को हिमायत देते नहीं लगते। स्वयं ग्राम्शी ने समाजवादियों की धारणा पर विचार करते हुए लिखा है–

"समाजवादियों के लिए परिवार नैतिकता का केन्द्र रहा है। इसने सबसे पहले व्यक्तियों पर एक सामाजिक बाध्यता लागू की और यह निश्चित किया कि इस एकल नैतिकता का कार्य नागरिक शिक्षा तथा मनुष्य निर्माण की प्रक्रिया में बहुत

महत्त्वपूर्ण है।"[37]

ग्राम्शी के इस उद्धरण से चाहे समाजवादियों की अतिवादिता सामने आती हो, पर यह स्पष्ट है कि परिवार की स्थिरता के बिना सामाजिक व्यवस्था की स्थिरता सम्भव नहीं है। इसलिए यह आवश्यक है कि उस व्यवस्था में पुरुषवादी शिकंजे को ढीला किया जाए और स्त्रियों को उनके बुनियादी अधिकार दिए जाएँ, पर यह आवश्यक नहीं है कि समाज की संरचना को ही ध्वस्त कर दिया जाए। इससे अराजकता बढ़ेगी और तब मनुष्यता के लिए कोई और विकल्प नहीं बचेगा। जैनेन्द्र की खासियत यह है कि वे 'परिवार' को भी बचाते हैं तथा स्त्री-पुरुष के प्रेम की भी रक्षा करते हैं और दोनों क्षेत्रों की समतुल्यता में वे अधिक से अधिक ईमानदारी पर बल देते हैं। यही ईमानदारी उनके यहाँ ऐसा 'विश्वास' बनकर उभरी है कि बहुत बार यह सहसा मान लेना कठिन होता है कि पति पत्नी को इतना विश्वस्त मान कैसे लेता है कि वह कहीं भी जाए लौटकर यहीं आयेगी। विष्णु खरे ने जैनेन्द्र की कहानियों में इसी यथार्थ का परीक्षण किया है—

"महत्त्वपूर्ण यह भी है कि जैनेन्द्र परिवार या समाज को उजाड़ना नहीं चाहते। वे उन्हें सिर्फ ज्यादा सच्चा और ईमानदार बनाना चाहते हैं।"[38]

जैनेन्द्र इस स्तर पर नारी जीवन के अँधेरे कोने प्रकाशित करते हैं और एक अर्थ मे वे पुरुष अतिवाद को आड़े हाथों लेते हैं। परिवार की सुरक्षा और स्त्री की स्वतन्त्रता को एक अन्य स्तर पर रखकर देखने का ही परिणाम है कि जैनेन्द्र ने अपनी तटस्थतता बरतते हुए पात्रों के बारीक द्वन्द्व का विश्लेषण कर वस्तुस्थिति सामने ला दी है और पाठकों को अपने विवेक से निर्णय करने की छूट दे दी है। चुन लें जो पसंद है—परिवार, सम्बन्ध, उत्पीड़न या परम्परा। जैनेन्द्र की रचनाओं में ऐसी ही एक कहानी है—*पत्नी*। इसमे जैनेन्द्र ने स्थिति पर सीधी टिप्पणी करने की बजाय ऐसा वातावरण निर्मित किया है जो स्वयं बोल उठता है और पत्नी सुनंदा की मर्मान्तक व्यथा को सचित्र उपस्थित कर देता है। दो प्राणियों यानी पति-पत्नी के इस घर में पति कालिन्दी चरण सुनंदा के साथ रहते हैं जो बाहर गये हैं, जाने कब आयें। पत्नी चौके में बैठी है। उसके पास इसके सिवाय सोचने को कुछ है नहीं—"सोचने को है तो यही कि कोयले न बुझ जाएँ।"[39]

पति आते हैं मित्रों के साथ, भारत की आज़ादी के लिए क्रान्तिकारी बातें करते हैं। सुनंदा उसी चौके में बैठी है, रोटी बना चुकी है। सूनी-सूनी देखती है। पति के जोश और उनकी बातें सुनती है पर उसकी समझ में कुछ आता नहीं। जैनेन्द्र ने उसकी मनोदशा का चित्र यूँ खींचा है—"वह भारत माता की स्वतन्त्रता को समझना चाहती है, पर उसको न भारत माता समझ में आती है और न स्वतन्त्रता समझ में आती है। उसे इन लोगों की इस जोरों की बातचीत का मतलब ही समझ में नहीं आता। फिर भी, सच उत्साह की उसमें बड़ी भूख है। जीवन की होश उसमें बुझती-सी

जा रही है। पर वह जीना चाहती है। उसने बहुत चाहा कि पति उससे भी देश की बात करें। उसमें बुद्धि तो जरा कम है, पर धीरे-धीरे क्या वह भी समझने नहीं लगेगी? सोचती है, कम पढ़ी हूँ, तो इसमें मेरा कसूर क्या है? अब तो पढ़ने को मैं तैयार हूँ। लेकिन पत्नी के साथ पति का धीरज खो जाता है। खैर, उसने सोचा है उसका क़ाम तो सेवा है।"[40]

परम्परागत भारतीय स्त्री की यह नियति क्या मन में विद्रोह नहीं जगाती। जगाती है और उसकी हीनता क्षोभ से भर देती है। वह केवल एक निर्जीव चेरी नहीं हैं, उसकी भी अपनी व्यक्तिता है। यह जैनेन्द्र ही कर सकते थे कि एक भारतीय स्त्री की विडम्बना को परिभाषित कर 'परिवार' के ऐसे स्वरूप पर प्रहार कर सकें और व्यक्तित्व देने की जरूरत बता सकें। यहाँ केवल 'परिवार' ही कटघरे में शामिल नहीं है वरन् 'विवाह', 'सामाजिक मान्यताएँ' तथा पूरी हिन्दू समाज-व्यवस्था की परम्परागत नैतिकता दाव पर लग गयी है।

*निश्शेष* कहानी की शारदा अपने को पुरुष से कम नहीं मानती और एक बार पति से अलग हो जाने के बाद पति रामशरण की चिरौरी के बावजूद साथ नहीं लौटती। इसी तरह *मुक्ति* की मनोरमा, *सबकी ख़बर* की तिशना, *मृत्युदंड* की शोभना, *राजीव* और *भाभी* की भाभी ऐसी स्त्रियाँ हैं जो पतियों की क्रूरता तथा समाज के आतंक से दबी-कुचली कभी पति की मर्यादा बचाती हैं तो कभी खुद टूट कर समाज-व्यवस्था की चिन्दियाँ उधेड़ती हैं। जैनेन्द्र यहाँ न परिवार बचाने की वकालत करते हैं और न स्त्री-स्वतन्त्रता की दलीलें देते हैं। करते हैं तो बस इतना कि यथार्थ को उसकी नग्नता के साथ हमारी आँखों के समक्ष खड़ा कर देते हैं—

अपने विवेक से चुनाव करने की स्वतन्त्रता हमारी होती है कि हम चुन किसे रहे हैं।

जैनेन्द्र के उपन्यासों में भी कई स्थलों पर स्त्रियों की विडम्बनाओं और उनकी दारुण जीवन-दशाओं का इसी तरह चित्रण है जिसे देखकर यह नहीं कहा जा सकता कि जैनेन्द्र कहीं भी 'आदर्श' का सहारा लेते हैं। *त्यागपत्र* की मृणाल भी तो स्थितियों की ही उपज है। उसकी निरन्तर बिगड़ती दशा को देखकर क्या यह अन्दाजा लगाना कठिन है कि उसमें अपने समाज के प्रति जितना क्षोभ है, उससे कम क्या दया है? वह एक बूढ़े से ब्याही गयी, उसकी मानवीय स्वतन्त्रता को कुचला जाता रहा, उसे अपनी पसन्द से अपने प्रिय लगनेवाले लोगों से मिलने पर पाबन्दी लगी, यातनाएँ दी गयीं। वह सब सहती गयी और कभी भी अपने अधिकार की बात जुबान पर न लाई। यह भी तो एक 'परिवार' ही था जहाँ उसके पिता सदृश भाई तथा माँ सदृश भाभी थीं। पर किसने अपना कर्तव्य निभाया। किसी ने भी नहीं। पति ने भी उसकी ईमानदारी को उसकी बदचलनी समझा और घर से निकाल बाहर किया। वह सब कुछ सहती रही और जैसे अवसर आते गये, उस अनुरूप अपने को ढालती गयी।

यहाँ भी उसके माध्यम से जैनेन्द्र ने भारतीय स्त्री की नियति की दयनीयता और उसकी विडंबनाओं को ही उपस्थित किया है जहाँ दूर-दूर तक मानवीय संस्पर्श का लेश तक नहीं है। पराधीनता और स्वतन्त्रता के परस्पर टकराव से बनी 'मृणाल' अपने को इतना गलाती है कि उसकी दयनीयता में भी एक उग्रता निकल आती है और जिससे हमारी रुग्ण समाज-व्यवस्था को एक कठिन चुनौती मिलती है।

*त्यागपत्र* की मृणाल के बहाने जैनेन्द्र ने स्त्री-जीवन की समस्याओं का समाधान न दिया है और न ऐसी उनकी इच्छा रही है। वरन् सच तो ये है कि उसके माध्यम से जैनेन्द्र ने समाज व्यवस्था में एक स्त्री की बुनियादी जीवन स्थितियों के चित्र दिए हैं जिसमें केवल यातना, घुटन, टूटना और अन्त में मिट जाना ही बदा है। इसलिए जीवन की इस कठिन घड़ी में स्त्री-स्वतन्त्रता के परिणाम की भयंकरता भी यहाँ देखी जा सकती है, समाज के लिए उतनी नहीं जितनी कि स्वतन्त्रता की आकांक्षी स्त्रियों के लिए। चन्द्रकांत वांदिवडेकर ने ठीक ही लिखा है–

"मृणाल की त्रासदी के लिए प्रमुख रूप से हिन्दू समाज की रीति-नीति कारण है, यह तथाकथित भद्र समाज की रीति-नीति है जो जातिवाद, स्त्री का शोषण, प्रणय का वर्जन, नारी देह की पवित्रता इत्यादि पर आधृत है।"[41]

मृणाल की जीवन-व्यथा इसीलिए परिवार और समाज की सड़ी गली मान्यताओं के विरोध में जा पड़ती है और एक स्त्री की नियति को समाज-व्यवस्था की घोर विडम्बना मानने को विवश होना पड़ता है जिस समाज में 'यत्र नार्यस्तु पूज्यन्ते रमन्ते तत्र देवता' का आदर्श बखानते थका नहीं जाता।

स्त्री की पराधीनता की वास्तविकता और स्वतंत्रता की आकांक्षा के द्वन्द्व को जैनेन्द्र ने बहुत बारीकी से विश्लेषित किया है जिसके उदाहरण न केवल उनके उपन्यास बल्कि अधिकांश कहानियों में देखे जा सकते हैं। इस प्रक्रिया में जैनेन्द्र ने जहाँ परिवार की रक्षा की अनिवार्यता दिखाई है, वहाँ भी स्त्रियों की बेपनाह स्वतन्त्रता से उपजे असन्तोष के अपराधबोध को भी स्त्रियों के ही अन्तर्द्वन्द्व के माध्यम से दिखाया है। *सुखदा* और *कल्याणी* इसके उदाहरण के रूप में देखे जा सकते हैं जिन उपन्यासों में स्त्रियों की स्वतन्त्रता के अतिरेक से उनके टूटे परिवारों की व्यथा भी है तो स्वयं उन चरित्रों के अपराधबोध का द्वन्द्वात्मक चित्र भी; जिनसे परिस्थिति और उसकी भयंकरता दोनों प्रस्तुत होते हैं। *जयवर्द्धन* की इला भी समाज और लोकलाज की परवाह किए बिना जयवर्द्धन के साथ अविवाहित रहती है। उसके लिए महत्वपूर्ण है स्वतंत्रता न कि संस्थागत रिवाज। अपनी इसी स्वतन्त्रता के कारण अविवाहित रहते हुए उसे किसी ग्लानि का बोध नहीं होता और प्रिय के नैकट्य में वह सब कुछ भूली सी रहती है। वह स्वतन्त्र है, इसलिए भी अपने ढंग से जीती है और कोई कसक उभरने नहीं पाती। पर प्रेम करते और जयवर्द्धन के साथ रहते हुए भी वह शरीर को अलगाए रखती है। दैहिक स्तर पर जुड़ना ऐसा नहीं है कि उसे

पसन्द नहीं है। वरन् जैनेन्द्र ऐसी स्थिति ही बनाते हैं कि उसे ऐसा अवसर ही नहीं मिल पाता। जैनेन्द्र की यह मान्यता गांधीवाद से प्रभावित है और स्वयं पूरा उपन्यास भी। चन्द्रकांत वांदिवडेकर ने लिखा है–

"जैनेन्द्र कुमार 1950 में भारतीय इंटलेक्चुअल वर्ग मे बहुचर्चित एक महत्त्वपूर्ण प्रश्न से जूझ रहे हैं। यह प्रश्न है भारतीयता क्या है? यह प्रश्न इसलिए भी उस समय महत्वपूर्ण प्रश्नों में से था कि हमें निश्चित करना था कि हमें कहाँ जाना है। किस रास्ते से जाना है। हमारे सामने विकल्प थे–कृषि अर्थशास्त्र में और उद्योग में, नैतिक मूल्यों में, व्यष्टि-समष्टि सम्बन्धों में, शाश्वतता और सामाजिकता में, केन्द्रीय शासन की एकाग्र सत्ता में और लोकसत्ता में, गांधी विचार से प्रेरित और प्रभावित जीवन प्रणाली में और पश्चिमी नितान्त भौतिकवादी दृष्टि में, विवाह प्रेम इत्यादि विषयों के संदर्भ में।"[42]

वांदिवडेकर की दृष्टि में *जयवर्द्धन* की रचना भारतीयता को परिभाषित करने के ही विचार से हुई। 'इला' भी भारतीय नारी के प्रेम का प्रतीक बनकर आयी है जो प्रेम करती हुई अविवाहित है, इसीलिए जयवर्द्धन से दैहिक सम्बन्ध न रखकर एक आदर्श प्रस्तुत करती है। गांधीवादी आदर्शों का पालन उसका ध्येय लगता है पर उसके जीवन की भी यही विडम्बना है कि अपनी स्वतन्त्रता मे वह परिवार को विश्वस्त नहीं बना पाती। जयवर्द्धन से उसका दैहिक सम्बन्ध तभी बनता है जब वह राष्ट्राधिप की जवाबदेही से मुक्त होकर गृहस्थाश्रम मे प्रवेश कर जीवन गुजारने का व्रत लेता है। प्रेम और अहिंसा से संपृक्त गृहस्थी चलाने का भाव इला और जयवर्द्धन में जगता है तो इसका सीधा सम्बन्ध 'परिवार' की उस रक्षा से ही जुड़ता है जहाँ स्वतन्त्रता के लिए वांछित स्वीकृति भी होती है; क्योंकि एक परिवार की व्यवस्था में ही जीवन का ध्येय पाना होता है।

जैनेन्द्र के यहाँ इसके अतिरिक्त भी अनेक रचनाओं में इस वस्तु सत्य को देखा जा सकता है, पर दिलचस्प यही है कि जहाँ चरित्र स्वाभाविक रूप से आगे बढ़ते जाते हैं उनका विकास जैनेन्द्र को अवांछित नहीं लगता, वहाँ इस ओर से उन्हें कोई चिन्ता नहीं रहती कि परिवार रहेगा कि नहीं।

मुक्तिबोध में ही नीला की जो भूमिका है। उसे लेकर विवाद की गुंजाइश है, पर उसकी स्वस्थ मानसिकता को महत्त्व न दे पाना सम्भव नहीं है। वह सहाय जैसे व्यस्त और जीवन से लगभग ऊब चुके व्यक्ति में रस का संचार करती है और एक तरह से मुक्ति का बोध देती है। प्रश्न यह उठ सकता है कि क्या एक ऐसी स्त्री को किसी पर-पुरुष के जीवन में इतनी गम्भीरता से उपस्थित रहना चाहिए जो पहले ही किसी और की हो चुकी हो। इसका जवाब नीला स्वयं देती है–

"आदमी सपने के लिए जीता है और औरत उस सपने के आदमी के लिए जीती है। दर के साथ मैं रहती थी, जीती तो मैं तुम्हारे लिए थी।"[43]

स्त्री-स्वतन्त्रता का यह रूप जैनेन्द्र को मान्य है क्योंकि इसका एक निश्चित उद्देश्य है—प्रेम देना और पाना। स्त्री का स्वयं कोई परिवार नहीं है, पर वह एक व्यक्ति में प्रेम देकर उसके परिवार को भी सुरक्षित रखती है और उसे भी जीवन का एक नया अर्थ पा लेने को प्रेरित करती है।

इसी उपन्यास में राजश्री की स्थिति नितांत भिन्न है। उसकी हालत बहुत कुछ *पत्नी* कहानी की सुनंदा जैसी लगती है, पर यहाँ वह नासमझ या कम पढ़ी लिखी नहीं है। घरेलू दायित्व निभाना, पति सहाय की देखभाल करना और उनके स्त्री-मित्रों के प्रति भी सदाशयी बने रहना राजश्री के लिए कठिन काम है, पर वह इसे निभाती है। बल्कि बहुत बार नीला के प्रति अत्यन्त उदार भी होकर सहाय की स्थिति को सम्भालने का निवेदन भी करती देखी जा सकती है। उसकी इस नैतिक बाध्यता को समझना थोड़ा कठिन है, पर 'परिवार' के परम्परागत ढाँचे को सुरक्षित रखने और पति की सन्तुष्टि में अपना सुख तलाश पाने के सिवाय उसकी और कोई विवशता नहीं दिखाई देती। यहाँ जैनेन्द्र का मानदंड स्वीकार्य नहीं हो सकता। तो क्या यह मानना चाहिए कि एक विवाहिता की स्थिति को दिखाने के लिए जैनेन्द्र ने यह वातावरण निर्मित किया है। ऐसा माना भी जा सकता है। पर उनकी धारणा और नीला के साथ सहाय के घुलाव की जो प्रक्रिया चलती है, उससे यही स्पष्ट होता है कि स्त्री के लिए जैनेन्द्र ने परिवार की रक्षा के नाम पर ऐसी शहादत देने की जरूरत ही सिद्ध की है। राजश्री एक प्रसंग में अपनी सीमा बताते हुए कहती है—

"कह चुकी हूँ मैं इनसे कि हम घरवालियों का मन अलग होने के लिए नहीं होता है। फिर भी पूछते हैं तो अलग राय देनी होती है।"[44]

'घरवालियों का मन अलग होने के लिए नहीं होता है' इसका आशय यही है कि पति के मन में ही उसका मन माना जाए, अगर पति से अलग उसका मन होगा तो वह टूटेगी 'लेकिन टूटना कब किसका श्रेयस्कर है?' परिवार की ऐसी सुरक्षा और दाम्पत्य के प्रति इस तरह की एकल निष्ठा से भी जीवन में प्रेम और सद्भाव की प्रतिष्ठा सम्भव नहीं होती। जैनेन्द्र की मुश्किलें ऐसी ही जगहों पर सामने आती हैं जहाँ वे एक स्त्री के लिए सीमाएँ सुनिश्चित कर देते हैं तो दूसरी स्त्री के लिए किसी भी सीमा को स्वीकार नहीं करते। नीला और राजश्री के साथ यही स्थिति है। क्या इसे 'विवाह' की जड़ता नहीं माना जा सकता? माना जा सकता है और जिसे तोड़ने की जरूरत है। दिलचस्प यही है कि जैनेन्द्र के ही नारी चरित्र इसे तोड़कर दिखाते हैं—मृणाल इसी जड़ता को तोड़ती है, रंजना का सारा विद्रोह इसी पर आधारित है तो उदिता का आक्रोश 'विवाह' के कथित आधिपत्य और पवित्रता को ही ध्यान में रखकर सामने आता है। *सुनीता* उपन्यास में सत्या की छवि ऐसी ही सुचेता लड़की की छवि है जो त्वरित निर्णय लेती है और अपनी पसन्द-नापसन्द का निश्चित विवेक तथा अधिकार रखती है।

विवाह के प्रश्न पर मृणाल भी कहती है कि—"विवाह भावुकता का प्रश्न नहीं, व्यवस्था का प्रश्न है। वह प्रश्न क्या यों टाले टल सकता है। यह वह गाँठ है जो बंधी कि खुल नहीं सकती, टूटे तो टूट भले ही जाए, लेकिन टूटना कब किसका श्रेयस्कर है?"[45]

पर मृणाल इस गाँठ को तोड़ती है। यह ठीक है कि गाँठ के टूटने से ग्रंथि बन जाती है। विजयमोहन सिंह ने लिखा है—"मृणाल के संदर्भ मे यह गाँठ टूटती है। और जैसाकि जैनेन्द्र जी मानते हैं कि टूटना श्रेयस्कर नहीं होता, इसलिए जब जब यह गाँठ टूटती है—वह ग्रंथि बनती जाती है—एक आत्मघाती और आत्मपीड़क ग्रन्थि।[46]

लेकिन गाँठ टूटने के बाद भले ही मृणाल में आत्मघाती या आत्मपीड़क ग्रन्थि बनती है, वह सामाजिक व्यवस्था की यातनामय परिस्थिति से मुक्त तो होती है। वह अपने मन से जीती तो है। उसके स्वतन्त्र और स्वत्व के साथ जीने का ही परिणाम है कि उसके द्वारा समाज, विवाह तथा परिवार पर सहानुभूति भरे वक्तव्यों में भी व्यंग्य और आक्रोश का स्वर उग्र होकर उभरता दिखाई देता है जिससे समाज की संकुचित पवित्रातावादी धारणाएँ खंडित होती जाती हैं। यहाँ तब मुख्य प्रश्न मानवीय अस्मिता का हो उठता है जिसके प्रति क्षुब्ध होते हुए भी अमानवीय होना सम्भव नहीं होता। कहने की आवश्यकता नहीं है कि ऐसा करते हुए मृणाल 'परिवार' की व्यवस्था को खुली चुनौती देती है और अपनी स्वतन्त्रता को किसी भी स्थिति में नहीं खोती।

निष्कर्षतः कहा जा सकता है कि जैनेन्द्र के यहाँ पराधीनता की वास्तविकता के बीच स्त्रियाँ स्वतन्त्रता की आकांक्षा में कहीं परिवार की रक्षा करते हुए अनुकूल वातावरण बनाकर अपने व्यक्तित्व को विकसित करती हैं तो कहीं पारिवारिक स्थितियों की प्रतिकूलता पर उन्हें सिरे से खारिज कर अपने जीवन को स्वतंत्रता की राह पर ले जाती हैं। परिवार की रक्षा और स्वतन्त्रता के परिसीमन को लेकर यद्यपि जैनेन्द्र के यहाँ द्वन्द्व है फिर भी, उससे स्त्री-जीवन में स्वतन्त्रता और उनके बुनियादी अधिकारों के प्रति कहीं उपेक्षा भाव नहीं देखा जा सकता। इस प्रक्रिया में अनेक रचनाओं के माध्यम से भी जैनेन्द्र ने अपने नारी पात्रों में परिवार की रक्षा और स्वतंत्रता की आकांक्षा के द्वैत को बारीकी से विश्लेषित किया है तथा उनके अन्तर्द्वन्द्व को चित्रित कर उनकी नियति को परिभाषित किया है। यह द्वन्द्वात्मक विश्लेषण ही भारतीय स्त्रियों के दुर्भाग्य और उनकी विडम्बनाओं को प्रस्तुत करता है। कहना न होगा कि इस स्तर पर जैनेन्द्र स्त्री-जागृति के लिए नैतिक आधार देते हैं।

"भोग अपने स्वभाव में ही अधूरा है। इसलिए भोग रहकर वह सदा अशान्त है, सदा अतृप्त है, सदा व्यथित है। इससे अनिवार्यतः वह वितृष्णा को, विक्रिया को जन्म देता है। भोग का यह वश ही नहीं कि वह योग की आवश्यकता पैदा न करे—अर्थात् भोग में से एक दिन योग निकलने ही वाला है, ऐसी श्रद्धा रखकर हम भोग के प्रति सहिष्णु और सहानुभूतिशील होना सीख सकते हैं।"

जैनेन्द्र—*काम, प्रेम और परिवार,* पृ. 23

जैनेन्द्र-साहित्य में काम का वही स्वरूप स्वीकार्य है जो निरा भोग नहीं है और जिसका आधार प्रेम है। काम की यह धारणा जैनेन्द्र के यहाँ हिन्दू दर्शन से आयी है जिसके स्रोत गांधी जी हैं। जैनेन्द्र ने बार-बार यह स्पष्ट किया है कि भोग वही स्वीकार्य हो सकता है जिसमें विराग भाव भी हो। यह विराग भाव सम्भव है, जब आधार में प्रेम हो। उन्होंने लिखा है—

"भोग से विराग तभी सम्भव है, जब आधार में प्रेम हो—अर्थात् पति-पत्नी ही एक समय उसके प्रति हममें निष्कामता जगा देंगे। परस्पर भोग वर्तमान है, जब तक वहाँ घृणा भी वर्तमान है। भोग की वितृष्णा इस प्रकार भोग्य समझे गये व्यक्ति के प्रति, ईमानदार होकर यदि चलें तो, प्रेम भाव बढ़ाने में ही सहायक होनी चाहिए।"[47]

यानी भोग प्रेम का आधार लेकर विराग पैदा करे तो वह सम्पूर्ण है और ऐसा उससे तभी सम्भव है जब उसके आधार में प्रेम हो क्योंकि प्रेम के बिना विराग भी सम्भव नहीं है। यह घृणा, वितृष्णा या विराग भी प्रेम को बढ़ाने में सहायक ही होता है, उसको कम नहीं करता। काम का प्रेम से यह सम्बन्ध इस स्तर पर अधिक महत्त्वपूर्ण है कि उनमें एक के बिना दूसरे की सिद्धि सम्भव नहीं है।

जैनेन्द्र के यहाँ काम और प्रेम का जो स्वरूप दिखाई देता है उसका स्रोत गांधीजी के विचारों में स्पष्ट देखा जा सकता है। उसमें जैनेन्द्र ने अपने विवेक से यत्र-तत्र संशोधन-परिवर्द्धन किया है, पर उनकी मूल स्थापनाओं से मतभेद दिखाई नहीं देता। पर दुर्भाग्यपूर्ण यह है कि काम और प्रेम पर गांधी जी की राय स्वीकृत होते हुए भी जैनेन्द्र के विचारों को सन्देह की नजर से देखा जाता है। गांधी जी ने भी भोग में विरक्ति की अनिवार्यता बताते हुए कहा—

"मन में विषय भोग के प्रति विरक्ति आनी चाहिए।"[48]

इतना ही नहीं, गांधी जी ने पति-पत्नी के संग में भी विषय-वासना की तृप्ति का निषेध करते हुए लिखा है—"जो समझदार दम्पति इन बातों को सोचेंगे वे पति-पत्नी के संग को कभी विषय-वासना की तृप्ति का साधन नहीं बनाएँगे, बल्कि जब उन्हें संतान की इच्छा होगी तभी सहवास करेंगे।"[49]

गांधी जी ने मनुष्य जीवन में ब्रह्मचर्य की साधना पर बल देते हुए लिखा है—

"ब्रह्मचर्य के संपूर्ण पालन का अर्थ है, ब्रह्मज्ञान। यह ज्ञान मुझे शास्त्र द्वारा नहीं हुआ। यह अर्थ मेरे सामने क्रम-क्रम से अनुभव सिद्ध होता गया। उससे सम्बन्ध रखनेवाले शास्त्रवाक्य मैंने बाद में पढ़े। ब्रह्मचर्य में शरीर रक्षण, बुद्धि रक्षण और आत्मा का रक्षण समाया हुआ है, इसे मैं व्रत लेने के बाद दिन-दिन मैं अधिकाधिक अनुभव करने लगा।"[50]

'ब्रह्मचर्य' पर जैनेन्द्र के विचार इन विचारों से तनिक भिन्नता लिए हुए भी भिन्न नहीं लगते।

वे कहते हैं—

"ब्रह्मचर्य का सच्चा अर्थ है—ब्रह्म की चर्या। ब्रह्म के सिवा और है क्या। इससे उसका अर्थ हो जाता है—समस्त सृष्टि के साथ तादात्म्य साधन; जो विधान सृष्टि को थाम रहा है उससे एकाकारता—अर्थात् परमात्ममय आचरण।"[51]

कहने की आवश्यकता नहीं है कि 'ब्रह्म-दर्शन' और 'ब्रह्म-चर्चा' में कतिपय भिन्नताओं के बावजूद आत्यन्तिक भिन्नता नहीं है और इस स्तर पर भी जैनेन्द्र के विचार गांधी जी के विचारों से प्रेरित लगते हैं। जैनेन्द्र के यहाँ काम और प्रेम के परस्पर सहभाव को सर्वथा सुखद माना गया है और उसमें भोग यानी देह सम्बन्ध की जरूरत का निषेध किया गया है। यह निषेध जैनेन्द्र के न केवल विचार-साहित्य में है, वरन् उनकी रचनाओं में भी है। *परख* की कट्टो में इस देह सम्बन्ध का वर्जन ही है जिसके कारण सन्तति इच्छा से परे संकल्प के तहत बिहारी से उसका जुड़ना होता है। *सुनीता* में सुनीता और हरिप्रसन्न के प्रेम और दोनों के बीच आकर्षण के बावजूद देह बची रहती है। *सुखदा* की सुखदा चाहे जितनी स्वतंत्रता के अतिरेक का उदाहरण बनती हो, वह लाल या हरीश से जुड़कर भी उनसे देह सम्बन्ध नहीं बनाती। *व्यतीत* की अनिता भी जयंत से आजीवन जुड़ी रहकर भी देहदान का आह्वान अवश्य करती है, पर जयंत से उसका शरीर-सम्बन्ध स्थापित नहीं होता। यही वास्तविकता *विवर्त* की भुवनमोहिनी और जितेन के भी सम्बन्धों के बीच है। *मुक्तिबोध* में भी सहाय और नीला के परस्पर सहभाव-सद्भाव और पर्याप्त खुलापन के बावजूद देह सम्बन्ध होने का कोई संकेत नहीं मिलता।

*जयवर्द्धन* में इला जयवर्द्धन से प्रेम करती है, पर वह भी शरीर से अलगाव रखती है और यह अलगाव स्वयं जयवर्द्धन कायम करता है। *दशार्क* की रंजना वेश्या तो है, पर शरीर के स्तर पर किसी तरह की विकृति को गौरवान्वित करने की उसमें न तो कोई इच्छा है और न ही कोई लोभ। इसी तरह जैनेन्द्र की अनेक कहानियाँ भी इसी भाव को प्रतिष्ठित करती हैं जिसमें सारे आंगिक विचलन के बावजूद देह की गरिमा को ठेस नहीं पहुँचती। इस प्रसंग में केवल एक ही कहानी *एक रात* का उदाहरण काफी है जिसकी नायिका सुदर्शना जयराज को अन्तिम क्षण तक देह में समेट लेने की कोशिश करती है, पर वह अविचल बना रह जाता है।

इसका अर्थ यह बिल्कुल नहीं है कि देह का निषेध कर जैनेन्द्र ने जो स्थितियाँ निर्मित की हैं, उससे सहमत ही हुआ जा सकता है। पर काम और प्रेम में विराग और सात्विक ब्रह्मचर्य की प्रतिष्ठा के स्तर पर यह रेखांकित करने वाली बात है, इसलिए इसका महत्व है। निर्विवाद रूप से यह गांधी जी के प्रभाव का ही परिणाम है कि जैनेन्द्र में यौन-सम्बन्धों की आकुलता या अधैर्य नहीं दिखाई देता। इस पर यह प्रश्न उठ सकता है कि प्रेम में देह के वर्जन का औचित्य क्या है। इसके जवाब में जितने गांधी जी दोषी ठहरेंगे, उतने ही जैनेन्द्र; क्योंकि मन की पवित्रता से अलग प्रेम भी नहीं है और जब प्रेम है तो भोग उसका साधन हो सकता है, साध्य नहीं। वस्तुतः गांधी जी में और फिर जैनेन्द्र में भोग के प्रति जो नकारात्मक सोच बना है, उसकी पृष्ठभूमि में 'हिन्दू दर्शन' है जिसमें कामेच्छा को मनुष्य के रक्त की आग कहा गया है। पी. नागराजा राव ने लिखा है–

"भोग मनुष्य के रक्त की आग है जो उसके सम्पूर्ण व्यक्तित्व को जला डालता है।"[52]

यह अकारण नहीं है कि गांधी जी ने स्त्री-पुरुष सम्बन्धों के बीच 'ब्रह्मचर्य' पर बल दिया और केवल 'सन्तति' के निमित्त ही सहवास की छूट दी। स्त्रियों और पुरुषों के मध्य आकर्षण और तनाव को महसूस करते हुए भी गांधी जी ने इस विरक्ति को साधने के लिए नाना प्रकार के प्रयोग किए जिसमें उनके साथ अनेक स्त्रियाँ भी शामिल थीं–"ऐसा ही एक प्रयोग उन्होंने अपने आश्रम में किया था जिसके दौरान अपनी वृद्धावस्था में भी वे कुछ नंगी औरतों के साथ सोए थे। यह भारतीय संस्कृति के अनुकूल नहीं था पर फिर भी भावुकता और ग्रन्थियों को दूर करने का यह विलक्षण प्रयोग था जिसमें उन्होंने मानसिक राहत महसूस की।"[53]

यह दिलचस्प पर विचारोत्तेजक है कि गांधी जी के ऐसे प्रयोगों से उनके साथ आश्रम में रहने वाली महिलाएँ सन्तुष्ट थीं और उन्होंने कई तरह से इनकी महत्ता प्रतिपादित की। प्रेमा काटंक, मीरा बेन सहित अनेक स्त्रियों ने महात्मा गांधी के इस 'ब्रह्मचर्य' की साधना में उनकी सहभागी बनी थीं। पर इस प्रयोग को एक निवृत्ति के तहत जैनेन्द्र *सुनीता* में ले आते हैं जहाँ अत्यन्त उद्विग्नता में सुनीता हरिप्रसन्न के सामने एक-एक कर अपने कपड़े उतार देती है, तो यह आरोपों के घेरे में आ जाता है, उसे अश्लील और संस्कृति विरोधी माना जाता है। *त्यागपत्र* की मृणाल भी गांधीजी की साधना का ही एक रूप अपनाती है–'सत्याग्रह' का, जिसमें सत्य के प्रति संघर्ष में देह उसके लिए एक उपकरण बनती है।

गांधीजी के प्रयोग पर भी आक्षेप कम नहीं हुए थे, पर गांधी जी ने अपने व्यवहार में इन प्रयोगों से दूरी नहीं बनाई। भिक्खु पारीख ने 24 फरवररी 1947 के बाद इन प्रयोगों की निरंतरता के बाधित होने पर विनोबा भावे को गांधी जी द्वारा लिखे एक पत्र को उद्धृत किया है जिसमें गांधीजी ने लिखा था–

"इन दिनों मनू मेरे साथ नहीं सोती हैं। यह उनकी अपनी इच्छा है, या नहीं तो यह ठक्कर बापा के एक दुर्भाग्यपूर्ण पत्र का नतीजा है।"[54]

पर उनका यौन प्रयोग मरने के समय तक जारी रहा और इससे वे बल पाते रहे। उनके इन प्रयोगों को भिक्खु पारीख तान्त्रिक परम्परा के नजदीक बताते हुए लिखते हैं–

"कुछ समानताएँ गांधीजी के प्रयोग की, तान्त्रिक परम्परा में देखी जा सकती हैं। जैसे वे भी उसी तरह भोग को आध्यात्मिक शक्ति की खोज से जोड़ते हैं और उनका लक्ष्य पुरुष और प्रकृति के प्राथमिक सिद्धान्तों के बीच एकता दिखाकर एक नैतिक मूल्य की स्थापना करना है।"

जैनेन्द्र के यहाँ भोग और यौन का निषेध जहाँ नहीं है, वहाँ इन्हीं नैतिक मूल्यों की स्थापना का क्या यत्न नहीं देखा जा सकता? 'मृणाल' जैसी स्त्री को सहायता भी इसीलिए चाहिए कि वह भीतर से मजबूत होकर समाज की गजालत को ढो सके। प्रेम काम का विरोधी नहीं है, वरन् उसे सम्पूर्णता वही देता है। संलग्नता या सम्बद्धता के लिए प्रेम सबसे बड़ा तत्व है। भिक्खु पारीख ने गांधीजी की प्रेम सम्बन्धी मान्यता को उद्धृत करके उनके कथन से इस बात की प्रामाणिकता सिद्ध की है–

"प्रेम सम्बन्ध का उच्च रूप हैं जो अखंड प्रेम से जुड़ता है।"[56]

गांधीजी के लिए उनके अनेक प्रयोग, जो सत्य की खोज के लिए होते थे और जिसका नयी नैतिकता और नयी राजनीतिकता से सम्बन्ध जुड़ता था, दिलचस्प यह है कि वे सर्वथा मध्यवर्गीय हिन्दू परंपराओं और विश्वासों से भिन्न थे। पर उनके संधान, जैसा कि भिक्खु पारीख ने कहा है–

"यौन अनुशासन, मस्तिष्क की एकाग्रता, सादा जीवन जैसे अनेक सत्यों की खोज जो गांधी जी ने की, उनका सम्बन्ध सदियों पूर्व हिन्दुओं की नैतिक परम्पराओं से जुड़ता है।"

प्रेम का शुभराग, अशुभ राग और वीतराग भी जैनदर्शन से गांधीजी में आये जो क्रमशः शुभ, अशुभ और निकृष्ट पक्षों की सम्बद्धता दिखाते हैं। प्रेम के ये पक्ष गांधीजी के यहाँ बड़ी महत्वपूर्ण भूमिकाओं में आते हैं। प्रेम को तो वे सारी समस्याओं का समाधान ही मानते हैं। भिक्खु पारीख ने गांधीजी के हवाले से लिखा है–

"उन्होंने यह बल देकर कहा कि हमारे बहुत से मिथकीय चरित्रों में, जिसे धार्मिक ग्रन्थों ने प्रतिपादित किया है, इस प्रेम की बड़ी गम्भीर व्याप्ति है। उन्होंने अपने शत्रुओं को जानवरों से प्रेम पाकर जीता है।"[58]

"अहिंसा गांधीजी के लिए 'अनंत प्रेम' का ही दूसरा रूप था। वे मानते थे कि स्त्रियाँ अहिंसा का ही अवतार हैं।"[59]

उनके लिए प्रेम के प्रतीक कृष्ण थे जिनसे गोपियों का सम्बन्ध दैहिक न होकर आत्मिक था। कृष्ण को गांधीजी आध्यात्मिक प्रेम के प्रतीक रूप में देखते थे और

राधा को स्त्री-पुरुष सम्बन्ध के आदर्श चरित्र के रूप में।

भिक्खु पारीख ने लिखा है–

"प्रेम उनके लिए भौतिक स्वार्थों और इच्छाओं से अलग था। वे मानते थे कि प्रेम एक दूसरे से जुड़ने और पाने का ही नाम नहीं है बल्कि वह वैचारिक प्रक्रियाओं की अनुभूति का भी मार्ग है, मस्तिष्क की एकाग्रता का मार्ग है, विचारों की स्थापना और हिस्सेदारी का मार्ग है।"[60]

गांधी जी द्वारा स्त्रियों के साथ प्रयोग करने पर बड़ी आपत्तियाँ दर्ज की गयीं, पर उनका यह प्रयोग स्त्री-पुरुष के भेद को खत्म करने का एक नायाब तरीका था। भिक्खु पारीख ने ही लिखा है–

"अपने आश्रम में अनावृत्त होकर और स्त्रियों को अनावृत्त रहने का प्रोत्साहन देकर गांधीजी यह निश्चित करना चाहते थे कि इस प्रयोग से स्त्रियाँ अपनी निजी अस्मिता से परे हो उठें ताकि केवल स्त्री होने का उनका बोध मिट जाए। इस प्रक्रिया में उनकी चिन्ता यह भी थी कि स्त्रियाँ जब तक अपने स्त्रीत्व और भावुकता से मुक्त नहीं होतीं तब तक उनके लिए कुछ भी करना सम्भव नहीं है।"[61]

इस तरह काम और प्रेम को लेकर गांधीजी के जो प्रयोग हमारे सामने आते हैं, वे श्लीलता-अश्लीलता से परे एक ईमानदार अनुष्ठान सिद्ध होते हैं जिससे न केवल गांधीजी ने, बल्कि उनके आश्रम और उनके साथ रहे असंख्य औरतों-मर्दों ने शक्ति पायी और एक नैतिक साहस पाया। शरीर के नाशवान अस्तित्व को एक प्रयोग के तहत लेकर गांधीजी ने उसे एक नैतिक शक्ति के रूप में प्रतिष्ठित करने का कार्य किया। गांधी की दृष्टि में भोग पर आधारित प्रेम त्याज्य था और प्रेम पर आधारित भोग महत्वपूर्ण।

भिक्खु पारीख के शब्दों में–

"गांधीजी ने सन्तों की तरह कामुकता को प्रेरणा की तरह और सम्बन्ध की तरह देखा। निश्चित रूप से यह बात अखरने वाली है कि उन्होंने कामुक प्रेम पर कभी-कभी ही बात की है। उनके लिए आदर्श प्रेम पर आधारित भोग है, पर प्रयोग के तौर पर वे भोग पर आधारित प्रेम को अपनाते हैं। यहाँ निश्चय ही उनका अंतर्विरोध भी सामने आता है।"[62]

काम और प्रेम के सम्बन्ध में गांधीजी के ये प्रयोग और सिद्धान्त जैनेन्द्र के विचार और सृजन में प्रेरणा-स्रोत की तरह रहे हैं। जैनेन्द्र ने अपने विचारों में कतिपय संशोधनों के साथ इनको व्यावहारिक रूप देकर हमारे सामने रखा है। यह आश्चर्यजनक किन्तु सत्य है कि जैनेन्द्र की अधिकांश रचनाओं में गांधीजी के इन प्रयोगों को आजमाने की कोशिश दिखाई देती है।

जैनेन्द्र गांधीजी की तरह ही न तो प्रेम को वासना शून्य मानते हैं और न वासना के डर से इन्द्रियों को समाप्त करने की बात करते हैं। उनके यहाँ इंद्रियों से परे होकर

आत्म का, प्रेम का कोई व्यापार चलता हो, ऐसा नहीं माना जाता। जैनेन्द्र ने तो भोग की कसक को आत्म-विकास में बाधक ही माना है–

"मान लो कि किसी के मन में यह साध रह गयी कि उसने आँख भर सौन्दर्य नहीं निहारा या संगीत का आनन्द पूरा नहीं पाया, अथवा अमुक स्पर्श-सुख जानने से शेष रह गया, तो यह अभाव-बोध निश्चय ही मुक्ति में बाधा बननेवाला है। ऐसी कसक को बचे रहने देकर आत्म-विकास सम्पन्न नहीं हो सकता, और जो होता दीखता है, एक दिन उसे ढह गिरना है।"[63]

इसी तरह जैनेन्द्र के यहाँ विवाह और भोग को ईश्वरत्व के या ब्रह्मचर्य के विरुद्ध समझने की मजबूरी नहीं देखी जाती। वे स्पष्ट कहते हैं–

"मुझे तो मालूम होता है कि उत्कट और दृढ़ भावना वाला व्यक्ति विवाह से अपने लिए बल ही प्राप्त कर सकता है।"[64]

गांधीजी की तरह ही उन्होंने राधा-कृष्ण के प्रेम को आदर्श रूप में स्वीकार किया है और माना है कि उनके प्रेम में समग्रता थी, इसलिए उनके परस्पर-सम्बन्ध में कामोत्तेजना नहीं थी। कामोत्तेजना होती तो दोनों के बीच घृणा और हिंसा का भाव भी होता। कृष्ण गांधीजी की दृष्टि में जिस तरह प्रेम के प्रतीक थे उसी तरह जैनेन्द्र की दृष्टि में भी। पर गांधी जी ने कृष्ण और राधा के प्रेम को आध्यात्मिक रूप देकर उसे दैहिक नहीं माना है जबकि जैनेन्द्र ने शरीर की उपस्थिति को भी प्रेम में वर्जित नहीं माना और इसी तरह उसे अपवित्र कहने की छूट न दी। उन्होंने लिखा है--

"हमने प्रेम को खानों में बाँट दिया है, और शरीर जहाँ उपस्थित है वहाँ अपवित्र और जहाँ अनुपस्थित है वहाँ पवित्रता की भावना को बिठा दिया है। मैं उस तरह नहीं देख पाता। मैं मानता हूँ कि जो अधूरा है, वह तृष्णार्त है। जो पूरा है, अर्थात् जिस समर्पण में अपना कुछ भी बचाकर नहीं रखा गया है, अपना अंग तक नहीं, वह यथार्थ है। पवित्रता के लिए भी वह आदर्श बनता है। यद्यपि पवित्र शब्द उसे ढँक नहीं पाता। राधा के प्रेम को तो अपवित्र कह ही नहीं सकते, पर पवित्र से वह इतना अधिक है कि पवित्र कहकर भी चुप नहीं बैठा जा सकता। यह समग्र प्रेम दूसरी ओर किस शक्ति ने उसमें पैदा किया? यों तो इसके उत्तर में स्वयं कृष्ण के नाम से कुछ अतिरिक्त कहना अनावश्यक होना चाहिए, कृष्ण जिनको पिछली पीढ़ियों के लिए भगवत् रूप देकर ही देखना सम्भव हुआ।"[65]

कहने की आवश्यकता नहीं है कि जैनेन्द्र की रचनाओं में काम और प्रेम की इसी छवि के दर्शन होते हैं और बहुधा यह भी दिखाई पड़ता है कि गांधी जी की तरह के प्रयोग में जैनेन्द्र सफल भी होते हैं।

परख की कट्टो शुद्ध आत्मिक प्रेम की अनुभूति लेकर ही जीती है और सत्यधन से उसके सम्बन्ध मे कहीं देह की भूमिका नहीं है। बिहारी से जुड़कर भी वह एक संकल्प-सूत्र में ही बँधती है जिसमें सन्तति का होना आवश्यक नहीं माना गया।

यह स्त्री-पुरुष के बीच ब्रह्मचर्य का बेहतर उदाहरण है। हालाँकि यह विवादों से परे नहीं है कि स्त्री-पुरुष के सम्बन्ध में भोग जब अनिवार्य धर्म की तरह आता है तो उससे निवृत्ति क्योंकर जरूरी है। जरूरी हो तो विवाह या स्त्री-पुरुष के बीच परस्पर आकर्षण ही क्यों पैदा हो। पी. नागराजा राव ने लिखा है–

"भोग एक संस्कार है जो प्रजनन बढ़ाने के साथ-साथ व्यक्ति की मेधा तथा उसके स्वास्थ्य में सहायक होता है।"[66]

इसलिए ब्रह्मचर्य के नाम पर ही आत्मदमन का यह व्यवहार बहुत प्रासंगिक नहीं जान पड़ता। गांधीजी के जो यौन प्रयोग रहे हैं, वे इन्हीं स्थितियों पर नियंत्रण पाने के लिए रहे हैं जिसमें उनके आगे यह प्रश्न गम्भीरता के साथ आता है कि भोग के बिना योग आता कैसे है? पर ब्रह्मचर्य भी बिना किसी प्रयोग या तनाव के कैसे सम्भव है!

*सुनीता* मे इस भोग की स्वीकृति है और प्रेम तथा काम का द्वन्द्व अपनी सम्पूर्णता में व्यक्त हुआ है। हरिप्रसन्न का सुनीता की ओर क्रमशः झुकाव काम से प्रेरित होकर जितना है, उतना प्रेम से प्रेरित नहीं है। इसका सीधा सम्बन्ध हरिप्रसन्न के चित्र पूरा कर छत से उतरते समय स्नान करके कमरे से बाहर आती अर्द्धअनावृत्त सुनीता से यकायक ठिठकने से जुड़ता है जहाँ उसे लगता है कि उसे जिसकी तलाश है, सुनीता वहीं है। सुनीता में भी यह द्वन्द्व विकट होता जाता है जिसे बाद में वह हरिप्रसन्न के सामने अनावृत्त होकर दूर करती है। यहीं जैनेन्द्र में गांधीजी का यौन प्रयोग दिखाई देता है। उसके अनावृत्त होने के दो स्तर बहुत साफ सामने आते हैं। एक स्तर यह है कि हरिप्रसन्न की लगातार मृत्यु की भयावहता पर चिन्तित रहने और जीवन की निस्सारता से सुनीता द्रवित हो उठती है तथा दूसरा स्तर यह है कि जब वह सुनीता को भाभी न कहने तथा प्रेम करने की बात कहता है तो सुनीता हत्प्रभ हो उठती है। दोनों ही स्तरों पर वह अपने को घिरा हुआ पाती है तथा समर्पण के अतिरिक्त और कोई चारा नहीं देखती। अपने को न मारने की बात कहकर सुनीता एक-एक जैसे-जैसे वस्त्र उतारती जाती है हरिप्रसन्न आँखें ढके लज्जित होता जाता है और अंत में भाग खड़ा होता है। यह सुनीता का एक भयानक प्रयोग है जिसमें देह को लगाकर विराग पाने की सिद्धि देखी जा सकती है। यही गांधीजी के विचार में एक स्त्री का 'स्त्रीत्व' और 'भावुकता' से मुक्ति पाने का प्रयत्न है। हरिप्रसन्न का प्रेम चूँकि वासनात्मक है, आत्मिक नहीं; इसलिए तब उसके पास भागने के सिवा कोई चारा नहीं बचता। प्रेम और काम का यह अन्तर्द्वन्द्व *सुनीता* में अपने उत्कर्ष पर है। 'मीरा' फिल्म में यही द्वंद्व राणा और मीरा के सम्बन्ध में भी उठता है जहाँ सुनीता राणा से सहानुभूति रखते हुए भी मीरा के लिए रोने-रोने को हो आती है।

जो लोग 'सुनीता' के इस वस्त्र-त्याग को अश्लीलता कहते हैं और जैनेन्द्र को

अश्लील साहित्यकार; वे गांधीजी के प्रयोगों को क्या कहते होंगे। ये वही जानें। पर इस विषय में इतना अवश्य कहा जा सकता है कि इन आलोचकों की समझ में काम और प्रेम की तथा ब्रह्मचर्य की भारतीय परम्परा का ज्ञान अत्यल्प है। अगर कायदे का होता तो इस घटना से उन्हें भारतीय संस्कृति में ब्रह्मचर्य और निपट वासना पर सम्पूर्ण प्रेम की जीत ही दिखाई देती, अश्लीलता नहीं।

भारतीय परम्परा में जनक को विदेह इसीलिए कहा जाता है कि वे देह में होते हुए देह से परे माने गये। किवदन्ती है कि उनका बायाँ हाथ पत्नी सुनयना के वक्ष पर और दायाँ हाथ हवन कुंड में रहता था। अनुसूया ने हिन्दू त्रिमूर्ति ब्रह्मा, विष्णु तथा शिव को अनावृत्त होकर जंघे पर बिठाया तथा उन्हें भोजन कराया था। यह अनुसूया 'सती' कही जाती है तथा वह 'पंच कन्या' में एक है। इस पूरे विमर्श का महत्त्वपूर्ण पक्ष है—सात्विक प्रेम और ब्रह्मचर्य। वासना और क्षुद्र यौनेच्छा से प्रेरित निपट अश्लील अंग प्रदर्शन निश्चय ही अनैतिक है जिसकी छूट भारतीय संस्कृति नहीं देती जहाँ सात्विक साधना और नियोग की बात आती है वहाँ ऐसे कर्म एक परमार्थिक आध्यात्मिक लक्ष्य के लिए आते हैं, इसलिए इन्हें अश्लील नहीं कहा जा सकता।

त्यागपत्र की मृणाल तो जैसे भोग में योग की ही सिद्धि प्राप्त करती है। पति परित्यक्ता होकर परपुरुषों के साथ रहते हुए ऐसा नहीं है कि उसमें कहीं से ग्लानि नहीं है। पर नियति और अवश मृणाल अपने को खुला छोड़ती जाती है। वह उनसे प्रेम नहीं करती और वह जानती भी है कि ये भी उससे मात्र वासना के कारण जुड़े हैं, फिर भी उन्हें अपनी तरफ से भरसक निभाती है। यह काम में डूबते हुए भी मन की पवित्रता और उसकी निःसंगता का जबर्दस्त उदाहरण है। मूक सामाजिक विद्रोह और शांतिपूर्ण असहयोग का प्रतिनिधित्व कर रही मृणाल तनिक भी विचलित नहीं होती। सारी विपरीत परिस्थितियों के बावजूद अपनी राह पर अडिग रहती है। गांधीजी की तरह ही उसका यह सत्याग्रह एक शक्ति की आकांक्षा का सत्याग्रह है जिसमें जितना मन की मजबूती का महत्त्व है, उतना नश्वर अंगागों का नहीं। उसके आचरण पर भी दोषारोपण हुए हैं, पर यह समझने की कोशिश नहीं हुई है कि परिस्थितियाँ कैसी विषम हैं और वह क्या कर सकती थी?

प्रेमचन्द होते तो इस समस्या का समाधान किसी आश्रम में हो सकता था, पर जैनेन्द्र समाधान के लिए नहीं लिखते थे, उनका उद्देश्य प्रश्नों और उसकी गहराई तक पैठकर वस्तुस्थिति की भयावहता दिखाना होता था—मृणाल ऐसी ही स्त्री है जो जटिल स्थिति में हमें ले जाती है और काम तथा प्रेम के द्वन्द्व को जीती है। यह वही मृणाल है जो किशोर वय में अपने भतीजे प्रमोद को अपने ऊपर लिटा लेती है और चिड़िया होना चाहती है; ऐसा कहती है। काम और प्रेम का द्वन्द्व उसमें तब से है जबसे वह शीला के डॉक्टर भाई से मिली है—उसका मन ठहरता नहीं है—वह

उखड़ी-उखड़ी बातें करती हैं। उसमें आकांक्षा और अतृप्ति का वेग भयानक है जो बाद में उस के आत्मदमन, आत्मपीड़न और आत्मत्याग से शमित होता है। सुधीर कक्कड़ ने ठीक ही लिखा है—"कामुकता विवेक और अविवेक की एक व्यवस्था है जो मनुष्य के भ्रमों, विविध स्रोतों के खुलने, तलाक के रास्ते सन्तुष्टि पाने तथा बुनियादी रास्तों के बाहर सक्रियताओं के जरिए सन्तुष्टि पाने की आवश्यकता के बीच एक द्वन्द्व पैदा करती है।"[67]

जैनेन्द्र की रचनाओं में इस काम और प्रेम की व्याप्ति बहुत विस्तृत है और किसी न किसी रूप में हर जगह विद्यमान है। जहाँ स्त्रियों के जीवन की नियति और बिडम्बना उद्घाटित है वहाँ उनके इस द्वन्द्व की भी मार्मिक व्याख्या है। पर अधिकांश स्थलों पर सम्बन्धों में देह की उपस्थिति नहीं है, यद्यपि जैनेन्द्र की दृष्टि में स्त्री-पुरुष सम्बन्धों के बीच देह की स्वीकृति है, पर उसकी शर्त यह है कि इस सम्बन्ध का आधार प्रेम होना चाहिए।

*व्यतीत* की अनिता में देह-प्रयोग की गांधीवादी धारणा बहुत सफाई से सामने आती है। वह विवाहिता है, फिर भी जयंत को चाहती है और उसका यह चाहना उसके पति को भी मालूम है। प्रेम और काम के इस द्वन्द्व को वह जितेन के सामने अपनी देह के समर्पण का प्रस्ताव रखकर शमित करती है। उसका यह तरीका स्वयं उसी के शमन का कारण नहीं बनता वरन् जयंत में पुरुषत्व और स्वाभिमान जगाने का भी कारण बनता है। प्रेम की यह आकुलता ही है कि वह अपना सर्वस्व विसर्जन चाहती है, एक ग्रन्थि है जो बरसों से उसके अन्दर बैठी है यद्यपि वह सुरक्षित रहती है पर उसकी यह ग्रंथि टूटती है और अपने प्रेम में दान का प्रस्ताव देकर वह शांति पाती है। जैनेन्द्र ने यहाँ भोग में विराग और विराग में शान्त की शक्ति पाने का यह अद्भुत प्रयोग काम और प्रेम के इसी जटिल द्वन्द्व को समाधान देने के निमित्त दिखाया है।

*विवर्त* की भुवन मोहिनी भी देह को सुरक्षित रखते हुए भी जितेन को जैसे चाहती जाती है और ब्याहता होने के बावजूद जिस तरह उससे मुक्त नहीं हो पाती, वह भी काम और प्रेम के जटिल द्वन्द्व का ही परिणाम है। गांधीजी की इस देह-साधना का ही यह प्रभाव है कि जैनेन्द्र ने इस बहाने मनुष्य जीवन की एक जटिल किन्तु स्वाभाविक प्रक्रिया के यथार्थ को रखा है और उसके निहितार्थ को प्रभावी बनाया है। मोहिनी क्यों इस ग्रन्थि से उबर नहीं पाती कि एक ऐसे व्यक्ति को छोड़ देने में ही भला है, जो उसका पूर्व प्रेमी है और वह अब ब्याहता है? प्रेम के निपट और आकुल मनोवेगों के सामने उसकी एक नहीं चलती और वह लगातार परास्त होती जाती है। जैनेन्द्र ने यहाँ भी काम के मूल उत्स को पकड़ने की चेष्टा की है और उसके निस्तार को दिखाया है।

*अनन्तर* की अपरा कथा नायक प्रसाद के सामने एक भयानक चुनौती की तरह खड़ी होती है। वह उसी के पुरुषत्व को मानो ललकार उठती है। वह ब्याहता नहीं है, किसी से प्रेम नहीं करती—देह देने में जैसे उसका कुछ विशेष न जाता हो, क्यो? अपरा काम से तो नहीं, पर प्रेम से मुक्त है इसलिए उसके प्रस्ताव में न कोई भावुकता देखी जा सकती है और न संकोच। यह चरित्र एक अन्य स्तर पर काम के उत्कट और सेवाभावी व्यवहार की तरफ संकेत करता है। अपने में पूरी तरह स्वतन्त्र और समाज-व्यवस्था से मुक्त एक स्त्री-चरित्र इस सीमा तक अपनी वासना मिटाने को आकुल हो सकती है, यह भी काम के विकट प्रश्न को लाने मे कम समर्थ नहीं है। एक दूसरे सन्दर्भ को लेकर सोचें तो लगता है कि जैनेन्द्र ने इस चरित्र के माध्यम से प्रेमहीन काम की दुर्धर्षता ही दिखाई है।

*अनाम स्वामी* की उदिता में प्रेम की पहचान नहीं है, इसलिए मुक्त यौनाचार में वह डूबती जाती है। काम की अधिकता में प्रेम की न्यूनता का वह भी कम प्रेरक चरित्र नहीं है। जैनेन्द्र इस तनाव और संक्रमण को बहुत बारीकी से सामने लाते हैं तथा वस्तुस्थिति की गहरी पड़ताल करते हैं।

अपने उपन्यासों की तरह ही जैनेन्द्र ने अधिकांश कहानियों में काम और प्रेम के इस द्वैत को बखूबी परखा है। *एक रात* कहानी में सुदर्शना पति को तो त्याग देती है, जयराज के प्रति समर्पण में उतनी तत्परता नहीं दिखा पाती, जितनी कि पति-त्याग में वह दिखा पाती है। उसके भीतर काम और प्रेम का जबर्दस्त कशमकश चलता है। प्रेम की डोर जयराज से जुड़ती है तो वासना की पति से। पर उसकी विडम्बना यह है कि वह किसी से भी मुक्त नहीं हो पाती। वह बन्धन नहीं चाहती क्योंकि बंधन में उसे घुटन होती है। वह रात भर प्लेटफॉर्म की एक बेंच पर अनावृत्त होकर जयराज की गोद में सोई रहती है परन्तु जयराज संयत बना रहता है। इससे वह अपने मन को पक्का करता है तथा वासना जन्य प्रेम का वरण नहीं करता। वह कहता है—"मैं आज जानता हूँ, यज्ञाहूत स्नेह सदा विजयी होता है। वह बन्धन तोड़ता है क्योंकि वह मुक्तिदाता है, कभी असंयत नहीं है। क्योंकि सदैव वह निर्बन्ध है, निर्बाध है।"[68]

निर्मला जैन ने ठीक ही लिखा है—

"सुदर्शना भी अन्ततः इसी निर्बाध निर्मुक्त प्रेम का अनुभव करती दिखाई देती हैः प्रेम के इस समष्टिव्यापी उदात्त रूप की शब्दावली रहस्य एवं अध्यात्मधर्मी है। अतः युग की नैतिकता के सर्वथा अनुरूप है।"[69]

अन्त में सुदर्शना भी जयराज के यज्ञाहूत स्नेह को स्वीकार करती है और उसकी निर्बाधता को भी। इसी तरह *जान्हवी, ध्रुवयात्रा, त्रिवेणी, रूकिया* तथा *दो सहेलियाँ* आदि कहानियाँ काम और प्रेम के द्वन्द्व को उठाती हैं और इनमें स्त्रियाँ अपने

अस्तित्व को लेकर जूझती हैं। काम और प्रेम का द्वन्द्व उनमें इतना है कि बहुत बार वे जीवन और उसके ध्येय से भटकती हैं तथा उनके लिए ठीक-ठाक निर्णय ले पाना कठिन हो जाता है।

इस प्रकार यह कहा जा सकता है कि जैनेन्द्र ने अपने विचार तथा सृजन में काम तथा प्रेम के अन्तर्द्वन्द्व को विश्लेषित किया है तथा जीवन के ध्येय की स्वच्छता को प्रतिष्ठित किया है। महात्मा गांधी से प्रेरणा लेते हुए भी जैनेन्द्र के यहाँ इस संदर्भ में कुछ अलग और तार्किक विचार हैं जिसका कई रचनाओं में उन्होंने प्रयोग कर दिखाया है। पर सबसे अहम बात यह है कि उनके यहाँ गांधी जी के देह प्रयोग की स्वीकृति के साथ-साथ उसके व्यावहारिक पक्ष का बेहतर उपयोग हुआ है और इसके माध्यम से मानवीय सम्बन्धों के बीच नैतिकता के प्रश्न को सुलझाने का यत्न भी है। मन ही कलुषता और द्वन्द्व को खत्म करने के निमित्त जैनेन्द्र की स्त्रियाँ साहसिक प्रयोग करती देखी जा सकती हैं तो काम ग्रन्थि को शमित करने के विचार से आक्रोश और आत्मदमन का सहारा लेती हुई भी। जैनेन्द्र अपने उपन्यासों में प्रेम पर आधारित भोग से परहेज नहीं करते पर ग्रन्थि बन चुकी अतृप्ति में तृप्ति खोजने के उद्यम को भी सराहते हैं। काम और प्रेम का यह द्वन्द्व उनके उपन्यासों में बारीकी से उतरा है।

## सन्दर्भ


1. 'स्त्री-पुरुष कुछ विचार'–राजकिशोर, वाणी प्रकाशन, नयी दिल्ली, पृ. 30-31
2. वही, पृ. 31
3. वही, पृ. 33
4. वही, पृ. 35
5. 'हिन्दी साहित्य का इतिहास'– सं. नगेन्द्र, नेशनल पब्लिशिंग हाउस, नयी दिल्ली, पृ. 452
6. 'हिन्दुस्तान की खोज'–पं. जवाहरलाल नेहरू, सस्ता साहित्य मंडल, नयी दिल्ली, पृ. 488
7. वहीं, पृ. 482
8. 'आधुनिक भारत का इतिहास'–विद्याधर महाजन, एस. चंद एण्ड कंपनी (प्रा.), लि. नई दिल्ली, पृ. 483
9. वही, पृ. 483
10. 'अकाल पुरुष गांधी'–जैनेन्द्र, पूर्वोदय प्रकाशन, नयी दिल्ली, पृ. 85
11. वही, पृ. 85
12. 'वागर्थ'– सं. प्रभाकर श्रोत्रिय, अंक-19, अक्तूबर 1996, पृ. 54
13. वही, पृ. 54
14. 'बापू ने कहा था'–संकलन-रामदयाल मैदुली, प्रकाशन विभाग, नई दिल्ली, पृ. 33
15. वही, पृ. 33

16. वही, पृ. 33
17. 'प्राचीन भारतः एक रूप रेखा'—डी.एन. झा, पीपुल्स पब्लिशिंग हाउस (प्रा.), लि., नयी दिल्ली, पृ. 41
18. 'सम्पूर्ण गांधी वांड्मय', खंड-30, पृ. 393
19. वही, पृ. 392
20. 'सत्य के प्रयोग अथवा आत्मकथा'—महात्मा गांधी, नवजीवन मुद्रणालय, अहमदाबाद, पृ. 365
21. वही, पृ. 9
22. 'कॉलोनियलिज्म, ट्रेडीशन एण्ड रिफॉर्म'—भिक्खु पारीख, सगा पब्लिकेशन, नई दिल्ली, पृ. 276
23. 'परख'—जैनेन्द्र, पृ. 29
24. 'उपन्यास और नारी समस्याएँ-डॉ. स्वर्णलता तलवार जयभारती प्रकाशन, इलाहाबाद, पृ. 173-174
25. 'जैनेन्द्र के उपन्यास : मर्म की तलाश'—चंद्रकांत वांदिवेडेकर, पूर्वोदय प्रकाशन, पृ. 29
26. 'जैनेन्द्र की आवाज़'—सं. अशोक वाजपेयी, पूर्वोदय प्रकाशन, पृ. 40
27. 'अनन्तर'—जैनेन्द्र, पृ. 28
28. वही, पृ. 28, 29
29. 'जैनेन्द्र के उपन्यास : मर्म की तलाश'—चंद्रकांत वांदिवडेकर, पृ. 123
30. 'मुक्तिबोध'—जैनेन्द्र, पृ. 43
31. वही, पृ. 69
32. 'दशार्क'—जैनेन्द्र, पृ. 54
33. 'सुनीता'—जैनेन्द्र, पृ. 177
34. वही, पृ. 177-178
35. 'अंतोनियो ग्राम्शी : ऐन इन्ट्रोडक्शन टू हीज थॉट', अलबर्टो पोजोलिनी, प्लूटो प्रैस लिमिटेड, पृ. 140
36. वही, पृ. 140
37. वही, पृ. 139
38. 'समीक्षा दशक'—सं निर्मला जैन, हिन्दी अकादमी, दिल्ली, पृ. 294
39. 'जैनेन्द्र की श्रेष्ठ कहानियाँ'—सं. निर्मला जैन, पृ. 159
40. वही, पृ. 161
41. 'जैनेन्द्र के उपन्यास : मर्म की तलाश', पृ. 44
42. वही, पृ. 76
43. 'मुक्तिबोध', पृ. 43
44. वही, पृ. 26
45. 'त्यागपत्र', पृ. 52

46. 'कथा समय'—विजयमोहन सिंह, राधाकृष्ण प्रकाशन, नई दिल्ली, पृ. 81
47. 'काम, प्रेम और परिवार'—जैनेन्द्र, पृ. 23
48. 'सत्य के प्रयोग अथवा आत्मकथा', पृ. 181
49. वही, पृ. 175
50. वही, पृ. 179
51. 'काम, प्रेम और परिवार', पृ. 13
52. 'इंडियन फिलॉसॉफी एण्ड रिलीजन' पी. नागराजा राव, लालवानी पब्लिशिंग हाउस, मुंबई, पृ. 60
53. 'इंटीमेट रिलेशन्स'—सुधीर कक्कड़, पेन्गुइन बुक्स (प्रा. लि.) नई दिल्ली, पृ. 122
54. 'कोलोनियलिज्म, ट्रेडीशन एण्ड रिफॉर्म-भिक्खु पारीख' पृ. 201
55. वही, पृ. 202
56. वही, पृ. 91
57. वही, पृ. 104
58. वही, पृ. 131
59. वही, पृ. 199
60. वही, पृ. 204
61. वही, पृ. 205
62. वही, पृ. 183
63. 'काम, प्रेम और परिवार', पृ. 17
64. वही, पृ. 19
65. वही, पृ. 28
66. 'इंडियन फिलॉसॉफी एण्ड रिलीजन', पृ. 62
67. 'इंटीमेट रिलेशन्स', पृ. 21
68. 'जैनेन्द्र की श्रेष्ठ कहानियाँ', पृ. 101
69. वही, पृ. 20

# मानवीय सम्बन्ध और नये मूल्यों की खोज

"प्रीति से अतिरिक्त नीति एक मिथ्याचार और दम्भाचार हो सकती है। प्रेम कृत्य में नहीं होता है, भाव में होता है। पहचान हमारी कृत्य से चलती है, इसीलिए वह पहचान आवश्यक रूप से ओछी और अधूरी रह जाती है। प्रेम-हीन कर्म नैतिक समझ लिया जाता है और प्रेम स्वयं ऐसे कर्म-रूढ़ों के हाथों अनैतिक समझा जाकर दंड और त्रास पाता है।" *जैनेन्द्र-परिप्रेक्ष्य,* पृ. 99

मनुष्य जीवन की सार्थकता को मानवीय मूल्यों के निर्वाह में देखा जाता है। मानवीय मूल्य और नैतिकता का परस्पर एकता का सम्बन्ध है, पर कहीं-कहीं ये परस्पर विरोध में भी खड़े होते देखे जाते हैं। मानवीय मूल्य बहुत बार नैतिकता के घेरे को तोड़ते हैं और वे नैतिकता के रूढ़ प्रतिमानों को खारिज भी करते हैं। ऐसी स्थिति में नैतिकता की सीमाएँ स्पष्ट हो जाती हैं और वहाँ नयी नैतिकता की सम्भावना बनती है। पर नैतिकता जीवन-व्यवहार में रहती अवश्य है; क्योंकि वह मानव-जीवन को एक व्यवस्था में बाँधती है और उस व्यवस्था में ही यह सम्भव होता है कि मानवीय मूल्यों का निर्वाह हो। समाज व्यवस्था की सबसे सुदृढ़ इकाई परिवार है जो मानवीय मूल्यों की प्राथमिक संस्था भी है। परिवार में सम्बन्ध इन मूल्यों को परिभाषित करते हैं और नैतिकता की सरहदों को बाँधते हैं। यह ध्यातव्य है कि मानवीय सम्बन्ध इन मूल्यों से नियंत्रित भी होते हैं तथा इन मानवीय सम्बन्धों के भीतर ही मूल्यों का विकास भी होता है। डॉ. राधाकृष्णन ने लिखा है—

"आत्मचेतना में नैतिक स्वतन्त्रता निहित होती है। मानव-प्राणी वे मौलिक, अप्रतिम, सृजनात्मक आत्माएँ हैं जो काल एवं अवकाश के जगत की आवश्यकताओं से बँधी नहीं हैं। यह कहना कि मनुष्य को स्वतन्त्रता है, इस बात की पुष्टि करने के समान है कि उसमें एक ऐसा तत्व वर्तमान है जो अनिवार्यतः पराधीन नहीं है। कर्ता कर्म से श्रेष्ठ है। नित्यता ही अपने को कालान्तर्गत स्वतन्त्र निर्णयों में व्यक्त करती है। स्वतन्त्रता के उपयोग द्वारा मनुष्य अपने को दैवी स्तर तक उठा सकता है या फिर पाशविक जीवन तक गिरा सकता है।"[1]

राधाकृष्णन के विचार में मनुष्य जीवन के लिये नैतिकता की कोई बाध्यता नहीं होती, बल्कि मनुष्य अपनी चेतना में ही नैतिक रूप से स्वतन्त्र होता है। यानी

नैतिकता के चुनाव में उसका निर्णय ही सर्वोपरि है। पर इस स्वतन्त्रता के उपयोग में अगर उसके द्वारा असावधानी होती है तो वह निश्चित रूप से पाशविक जीवन तक गिर जायेगा। यहीं आकर बात मूल्यों के वृत्त से जुड़ती है जिसमें परिवार और समाज की मर्यादाओं का मूल्य मनुष्य जीवन की सार्थकता का प्रभावी कारक बन जाता है। धर्मवीर भारती ने भी लिखा है–"यह नहीं कहा जा सकता कि जैविक विकास के नियम अन्ततोगत्वा अन्तरात्मा पर भी लागू होते हैं कि नहीं, पर न उड़ने के काम आने वाले पंखों की भाँति अन्तरात्मा भी अन्त में चाहे संकुचित अक्षम हो जाय पर वह केवल शोभा बनकर नहीं रह जाती। वह अन्दर की अन्दर विक्षुब्ध होती रहती है, कसकती रहती है, अन्दर जाकर चक्कर खानेवाली गोलियों की तरह यह समस्त मानवीय संस्कृति के अन्तराल को छिन्न-भिन्न कर डालती है। इस आन्तरिक और बाह्य संकटों के द्विविध पाटों में पिसा हुआ मनुष्य कभी टूटे साधनों से गौरव की तुष्टि करने की प्रवंचना में भटकने लगता है, कभी गलत समझौते करता है और उसकी समस्या गति से प्रेरित एक अन्दर से रिक्त प्राणी की गति बन जाती है, उसका जीवन अन्तरात्मा द्वारा सुनियोजित, नैतिक मूल्यों द्वारा मर्यादित, निजी गौरव द्वारा सशक्त और सार्थक न रहकर–उत्तेजित आवेशपूर्ण क्षणों की एक असम्बद्ध और असंगत विशृंखल क्रमभग्नता बनकर रह जाता है।"[2]

इसका आशय यही है कि जैविक विकास के नियम अर्थात् मानवीय मूल्यों की अवेहलना की स्थिति में मनुष्य की स्थिति अत्यन्त रुग्ण हो जाती है तथा वह कहीं से भी मर्यादित न रहकर लगभग निरर्थक हो जाता है। मानवीय सम्बन्ध की प्रक्रिया में ये मूल्य मर्यादित और श्लील जीवन की स्थितियाँ निर्मित करते हैं जिससे मनुष्य अपने जीवन को सार्थक मानता है तथा उसमें समग्र जीवन का बोध आता है। सीधे-सीधे मानवीय या जीवन मूल्य की व्याख्या करना कठिन है फिर भी परम्परा से आये जीवन-व्यवहार तथा सामाजिक व्यवस्थाओं का नियमन करनेवाली धारणा ही मानवीय मूल्य या जीवन मूल्य कहलाती है जिसमें राष्ट्र-राज्य के प्रति मनुष्य का धर्म, समाज के प्रति कर्तव्य तथा परिवार के स्तर पर नाना प्रकार के सम्बन्धों के प्रति अपेक्षित आचरण के साथ-साथ मानव-मात्र के प्रति दया, करुणा, तथा सद्भाव की अनिवार्यता बतायी जाती है।

इसके सामानान्तर नैतिकता कुछ अधिक अस्पष्ट धारणा है जो प्रायः समाज तथा अवसरों के अनुकूल बनती-बिगड़ती रहती है। नीति-सम्मत आचरण ही इसका अर्थ है जो कहीं गहरे मानवीय मूल्यों से जुड़ा हुआ है। नैतिकता के बारे में जैनेन्द्र असमंजस में दिखाई देते हैं। उनका कहना है–

"यद्यपि नैतिक शब्द मुझे प्रिय है और नैतिकता का मैं कायल हूँ, पर बाहर दुनिया में नीति की रेखा कहाँ और कैसे खिंची जाये कि नैतिक एक तरफ हो जाये और अनैतिक दूसरी तरफ रह जाये, यह मेरी समझ में नहीं आता। और शायद

नैतिक शब्द के प्रयोग का आशय यही है कि वैसी रेखा हो और गहरी हो।"[3]

नैतिक-अनैतिक के असमंजस के बावजूद यह स्पष्ट है कि नैतिकता की प्रचलित धारणा से जैनेन्द्र में सहमति कम है, पर ऐसा नहीं है वे नैतिकता को स्वीकार नहीं करते। वे ही कहते हैं—

"अनीति मुझे कष्ट देती है, सुनीति मुझे उत्तीर्ण करेगी। और इन दोनों के बारे में यदि कुछ देर के लिए मेरे मन में भ्रम पैदा भी होगा तो अनुभव से वह दुनिया मिट जायेगी और नीति-अनीति का भेद मुझमें जगकर स्पष्ट हो जायेगा।"[4]

अनीति से कष्ट पाकर और सुनीति से उत्तीर्ण होकर भी जैनेन्द्र नैतिकता के व्यावहारिक रूप पर बल देते हैं और पोथियों में बन्द नैतिकता को तरजीह नहीं देते। इसको स्पष्ट करते हुए वे कहते हैं—

"नैतिकता अपने आप में कोई स्वतन्त्र मूल्य नहीं है। वह नैतिकता बदलती रहती है और देशकाल पर निर्भर करती है। असल में नैतिक की दुहाई देनेवाले वे ही लोग हैं जो सुविधा प्राप्त हैं। वे अपने भोग और आराम को बचाये रखने के लिये सब नीतिवादिता से अपनी रक्षा में चारों ओर घेरा डालते हैं।"[5]

इसका सीधा अर्थ यही लिया जा सकता है कि जैनेन्द्र की दृष्टि में नैतिकता का स्वरूप आत्यन्तिक नहीं माना गया है। यह नैतिकता स्वतन्त्र मूल्य नहीं है क्योंकि वह देशकाल पर निर्भर करती है। समय और स्थितियों के अनुकूल वह बदलती है। ऐसी सूरत में निश्चित रूप से वह सामाजिक मूल्यों की रूढ़ और पारम्परिक धारणा से टकरायेगी और उसे भी अपने अनुकूल बदल डालने की कोशिश करेगी।

चूँकि मूल्य अपने स्वरूप में संकुचित और रूढ़ होते हैं, इसलिए भी नैतिकता के धरातल पर दोनों में परस्पर टकराव की सम्भावना बनती है। मानवीय सम्बन्धों के स्तर पर नैतिकता वर्तमान सन्दर्भ और परिस्थितियों से जुड़ती है, इस कारण भी वह मूल्यों को तोड़ती है और नये मूल्यों की पीठिका निर्मित करती है। मानवीय सम्बन्धों की व्याप्ति विस्तृत होती है जिसके परिणामस्वरूप जीवन की बुनियादी चिन्ताएँ उसके पक्ष में अधिक समाधान पाती हैं बनिस्पत मूल्यों के, इसलिए भी समाज में स्थित सम्बन्ध चाहे मूल्यों की परवाह न करते हों, अपने उद्देश्य में अगर वे ईमानदार हों तो उन्हें किसी भी स्थिति में असंगत ठहराना सम्भव नहीं होता। मानवीय सम्बन्ध और नैतिकता को जैनेन्द्र 'सत्य' का नाम देते हैं और कहते हैं—

"सदाचार हम जिसको कहते हैं, उसे या तो आचार के रूप में देखते हैं, या सत् की ओर उसे देख सकते हैं। इन दो दृष्टियों से झगड़ा चलता ही रहता है। एक रूढ़, सदाचार होता है, जिसे प्रकृत और हार्दिक सदाचार उल्लंघन करता हुआ देखा जा सकता है। सत् पूर्वक आचार ही सदाचार हो सकता है। किन्तु जिसकी सत् से लगन है, उसका आचार, रूढ़ाचार से मेल खाता हुआ जो नहीं दीखता उससे इसको नाना

यातनाएँ सहनी पड़ती हैं।

तो यह क्या चीज है जो स्वयं लिखे-बँधे नीति-नियमों को लाँघ जाने का साहस रखती है? वह क्या स्वयं में अनैतिक है? नहीं। मेरा मानना उल्टे यह है कि शुद्ध नैतिक यही है। सत्य से बड़ी नीति कोई नहीं है। सत्य जो प्रेम द्वारा पाला जाता है। प्रेमहीन या प्रेमविरुद्ध सत्य अहंकार होता है। अहंकार ही असामाजिक होता है। प्रेम के आग्रह से रखा गया या फैलाया गया सत्य कितना असामाजिक दीखे, मूलतः सामाजिकता की बुनियाद को वह मजबूत करता और लोगों के मनों को मिलाता है।

समाजोपयोगिता से सत्य बँधा नहीं होता। इसलिए सच्चा सतपुरुष समाजानुगामी उतना नहीं जितना कि समाज नेता होता है। सामाजिक सदाचार स्वयं उससे मर्यादा प्राप्त करता है। वह अपनी मर्यादाएँ डालकर उसे घेरने में असमर्थ रहता है। कृष्ण का आदर्श इसी सत्य का प्रतीक है।

इस दृष्टि से देखें तो नैतिक उतना संयत कर्म नहीं है, जितना कि मुक्त कर्म है। निग्रह में हम नैतिक को देखने के आदी हैं। जैसे मुक्त में अनैतिक ही रह सकता हो। ऐसे में पूर्णता मिल सकती है, इसमें सन्देह हैं।"[6]

इन उद्धरणों से यह बात स्पष्ट होती है कि जैनेन्द्र 'सत्य' को शुद्ध नैतिक मानते हैं क्योंकि वह प्रेम द्वारा पाला जाता है और इसीलिए वह नीति-नियमों को लांघ जाता है। यही सत्य जैनेन्द्र के यहाँ मानवीय सम्बन्धों में प्रगट होता है जहाँ मूल्यों की पारंपरिकता का निषेध है और प्रेम में पगे मुक्त कर्म पर जोर है। जैनेन्द्र की दृष्टि में यह सत्य जो प्रेम का पाला हुआ होता है, जीवन को विकास देने के ही निमित है उसे अवरुद्ध करने के लिये नहीं है। धर्मवीर भारती ने नीत्शे को उद्धृत कर इस बात की पुष्टि इस तरह से की है—"किसी भी मत का असत्य होना उसको हमारे आक्षेप के योग्य नहीं बना देता... प्रश्न यह नहीं है कि कोई मत सत्य है अथवा असत्य, प्रश्न यह है कि वह कहाँ तक जीवन को विकास देनेवाला है, जीवन का रक्षण करनेवाला है, जाति की वृद्धि करनेवाला है और मूलतः हम यह मानते आये हैं कि सबसे असत्य मत ही हमारे लिये सबसे अनिवार्य सिद्ध हुए हैं...उसके बिना हम रह नहीं सकते...असत्य मत का तिरस्कार वस्तुतः जीवन मात्र का निषेध बन जायेगा।"[7]

लोक में प्रचलित सत्य अथवा असत्य के इस द्वन्द्व में नीत्शे की बातों की व्याख्या करते हुए धर्मवीर भारती ने लिखा है—

"अन्तरात्मा की व्यर्थता और इसी संदर्भ में नैतिक मूल्यों की निरर्थकता के बारे में नीत्शे से कई शताब्दी पूर्व लगभग ऐसी ही बातें प्रख्यात या कुख्यात मैकियावेली ने कही थीं। उसने भी स्पष्ट यह कहा था कि शासक को अपने किए हुए वायदे नहीं निभाने चाहिएं—यदि स्थितियाँ बदल जाएँ।"[8]

इस तरह मानवीय मूल्यों और मानवीय सम्बन्धों के बीच ठीक-ठाक सीमा रेखा

खींच पाना असम्भव है कि कहाँ वे एक-दूसरे के सहयोगी हैं तथा कहाँ विरोधी। पर इसमें सन्देह की गुंजायश कम ही है कि आज के युग में मूल्यों का पालन उतना महत्त्वपूर्ण नहीं रह गया है जितना कि मानवीय सम्बन्धों के बीच प्रेम तथा सद्भाव का प्रसार। यह अकारण नहीं है कि जैनेन्द्र ने इसी परिप्रेक्ष्य को ध्यान में रखे हुए मानवीय सम्बन्धों मे नये मूल्यों की खोज का प्रयास किया और निरन्तर बदलते हुए समय में हमारे समाज को नये जीवन-सन्दर्भों से जोड़ा। सामाजिक मूल्यों का शिकंजा इतना कसा हुआ रहा है कि बहुत बार उसमें प्रेम और सद्भाव जैसी मानवीय प्रवृत्तियों का क्षय होता रहा है। पारम्परिक, सांस्थानिक मूल्यों के आगे इन्हें बलि देने पर विवश किया जाता रहा है। इससे समाज में उसके विकास के सोपान टूटते रहे हैं और उदारता तथ. स्नेहशीलता के स्थान पर कट्टरता का दबाव बनता रहा है। ऐसी स्थिति में मानवीय भावों और उसकी सद्प्रवृत्तियों के विकास की जरूरत बलवती होती गयी है जिसमें स्त्री और पुरुष दोनों को समाज की रूढ़ियों से बाहर निकलने में सहायता मिली है। दोनों एक दूसरे पर अधिक विश्वस्त हो उठे हैं। दोनों ने एक-दूसरे की स्वतन्त्रता का सम्मान किया है, पर जहाँ भी असत्य का, अनाचार या क्षुद्रता का जोर रहा है, वहाँ विनाश को सीधा आमन्त्रण मिला है और देखते-देखते सब कुछ स्वाहा हो गया है।

विजयदेव नारायण साही के लिये जैनेन्द्र का 'सत्य' 'अनुभूति की नितांत समसामयिकता' है जिसमें जीवन की समग्रता का ग्रहण है। यहाँ भी अपने वर्तमान की माँग का समर्थन है, न कि संस्थागत मूल्यों का यथास्थित-स्वीकार। वे लिखते हैं—

"अनुभूति की नितान्त समसामयिकता बिना किसी पूर्वग्रह के जीवन को उसकी समग्रता, तात्कालिकता एवं आग्रह के साथ ग्रहण करती है। इसका अर्थ है कि हमारे साथ के मानव जिन समस्याओं से जूझ रहे हैं, वे समान हैं। बजाय इसके कि हम चिन्तन और अनुभूति को अन्त में तिरोहित कर दें। और इस प्रकार मानव-मूल्यों को अनन्त और यथार्थ के दो स्तरों में विभाजित करके अनैतिकता और उदासीनता को जन्म दें, हम यह स्वीकार करते हैं कि अनुभूति को आज के संदर्भ में साकार करना पावन कर्तव्य है। हम चिन्तन तथा तात्कालिकता की कसौटी पर बराबर कसते रहने का आग्रह करते हैं, इसलिए खोज निरन्तर जारी रहती है।"[9]

एक लेखक के लिए साही के ये सुझाव जीवन-व्यवहार में आन्तरिक संवेदना की ही प्रतिष्ठा है जो व्यक्ति की हार्दिकता को स्वीकार करता है और पारम्परिकता को चिन्तन के स्तर पर जाँचते रहने की आवश्यकता पर बल देता है।

जॉर्ज लुकाच ने भी अपने ढंग से मानवतावाद या मानव-स्वभाव के आवेगमय अध्ययन को समस्त साहित्य तथा काल के लिये सारभूत माना है—

"मानवतावाद या मानव-स्वभाव का आवेगमय अध्ययन, समस्त साहित्य तथा

कला के लिये सारभूत होता है, अच्छी कला और अच्छा साहित्य मनुष्य और मानव-स्वभाव के वास्तविक सारतत्व की जाँच-पड़ताल करने के कारण ही नहीं, बल्कि इसके साथ ही मानवीय गरिमा की; सारे आक्रमणों, पतनों और विकृतियों से आवेगपूर्वक हिफाजत करने के कारण भी, मानवतावादी होते हैं।"[10]

यह मानवतावादी अध्ययन वस्तुतः मनुष्य की अनुभूतियों और उसकी सद्-इच्छाओं का ही अध्ययन है जिसमें मानवता विरोधी मूल्यों और परम्पराओं का वर्जन है। लुकाच के इस कथन में भी हम आसानी से मानवीय गरिमा की प्रतिष्ठा देख सकते हैं। इस गरिमा पर आक्रमणों और विकृतियों से जूझकर लेखक का दायित्व यही बनता है कि वह मूल्यों की रूढ़ियों से निकालकर मनुष्य को वहाँ ले आये जहाँ मनुष्य के स्वाभाविक जीवन का ही समर्थन देखा जा सकता है जिसकी अन्तर्ध्वनि में प्रेम का प्राधान्य है। यह प्रेम ही सर्वोच्च मानव मूल्य भी है जिसकी पुष्टि दुनिया के प्रायः प्रत्येक विचारक ने की है। यही प्रेम विस्तार पाकर 'गरिमा' बन जाता है जिसे आर्नल्ड टॉयनबी ने भी एक मूल्य मानकर उसके प्रसार पर बल दिया है—

"मैं इस अभिधारणा से सहमत हूँ कि गरिमा एक ऐसा मूल्य है जो अन्य मूल्यों के 'सदृश, निरुपाधि एवं निरपेक्ष है और उसका स्थान कोई अन्य वस्तु नहीं ले सकती। इससे मैं इस निष्कर्ष पर पहुँचा हूँ कि मानव-गरिमा-बोध से हमारे भीतर एवं अकिंचनता का भाव उत्पन्न होना चाहिए।"[11]

जैनेन्द्र के साहित्य में इसी मानवीय गरिमा की प्रतिष्ठा का द्वन्द्व है जहाँ एक तरफ जड़ और रुग्ण मूल्य हैं तो दूसरी तरफ मानवीय सम्बन्धों की आनुभूतिक सत्यता है जो प्रेम का आधार लेकर आगे बढ़ती है। दोनों के बीच जबर्दस्त तनाव है जिसके कारण यथार्थ और आदर्श का द्वन्द्व उभरता है और वस्तु स्थिति हमारे सामने आती है। मानवीय सम्बन्धों के माध्यम से जैनेन्द्र ने जिन नये मूल्यों को खोजने की कोशिश की है, वे मूल्य मनुष्य की सहज और स्वाभाविक जीवन प्रक्रिया को गति देते हैं न कि अवरुद्ध मूल्यों की परम्परा को। यही कारण है कि उनके चरित्रों में नियति और विडंबना का ऐसा तीव्र अहसास भी उभरता है जो हमारी समाज-व्यवस्था की जकड़बंदियों को, उसकी विरूपताओं को साक्षात् प्रस्तुत कर देता है। उनके चरित्र कहीं इस सरहद को लाँघते हैं तो कहीं लाँघने की कोशिश में टूट जाते हैं, पर एक ऊर्जावान आकुलता उनमें इसके पार जाने की हमेशा बनी रहती है। जैनेन्द्र यहीं प्रश्न छोड़ देते हैं। जैसाकि मिलान कुन्देरा ने कहा है—

"लोगों की नासमझी हर चीज़ का उत्तर होने से निकलती है। उपन्यास की समझदारी आती है हर चीज़ के लिए एक प्रश्न होने से।"[12]

कहना अनावश्यक नहीं है कि जैनेन्द्र की सफलता इसी में निहित है कि उन्होंने हर चीज़ के आगे एक प्रश्न उठाया है।

## मनुष्य जीवन और नैतिकता के द्वन्द्व

"सामाजिक मर्यादा सत्य की साधना की राह में आप ही बनती है। आशय कि समाज-मर्यादा स्वयं स्थिर नहीं है, विकासशील है। सदाचार में आचार पीछे मानिये, सत् पहले है। सत् के अनुसन्धान में आचार को आगे बढ़ते ही जाना है। इस तरह रूढ़ सदाचार और सजीव सदाचार में हर काल में कुछ अन्तर देखा जा सकता है।"

जैनेन्द्र—*काम, प्रेम और परिवार*, पृ. 76

जैनेन्द्र की रचनाओं में मनुष्य जीवन और नैतिकता के द्वन्द्व बहुत स्पष्टता से सामने आते हैं। मनुष्य जीवन में नैतिकता का सामना प्रत्यक्ष ही होता है, पर जीवन की प्रक्रिया में यह नैतिकता वहाँ बाधा नहीं बनती, जहाँ एक सत्य की खोज चलती है। नैतिकता मनुष्य का पीछा नहीं छोड़ती, वह उसे नियन्त्रित भी करती है तथा उसे स्वतन्त्रता भी देती है लेकिन ईमानदार और निःस्वार्थ सम्बन्ध नैतिकता की रूढ़ियों को तोड़ते हैं और उस टूट से नैतिकता की नई जमीन बनती है। समाज-व्यवस्था में मनुष्य जीवन के लिये जो विविध प्रकार की नैतिकता का नियन्त्रण है, वह भी तब ढीला पड़ता है; क्योंकि सृजनशील मानवीय सम्बन्ध उन जड़ीभूत नैतिकताओं की सीमाएँ तोड़कर ही अपनी राह बनाते हैं। समाज और सम्बन्ध के स्तर पर नैतिकता की इन चुनौतियों से जूझे बिना जीवन की सृजनशीलता का सम्मान नहीं किया जा सकता।

यह प्रश्न अत्यन्त जटिल पर विचारणीय है कि समाज-व्यवस्था द्वारा स्थिर किये गये मूल्य क्या हर स्थिति में स्वीकार्य हो सकते हैं? अगर हम मनुष्य जीवन में निरन्तर विकास तथा मानवीय सम्बन्धों की गरिमा बनाये रखने के पक्षधर हैं तो निश्चय ही कह सकते हैं कि समाज-व्यवस्था द्वारा स्थिर किये गये मूल्य हमेशा स्वीकार्य नहीं हो सकते क्योंकि हर सूरत में स्वीकार्य किये गये मूल्यों से समाज की गति को मानवीय होने से रोकना होगा जो किसी भी जीवित समाज के लिए हितकर नहीं है। और जब इन स्थिर किये गये मूल्यों से बाहर अर्थ तलाश करने की कोशिश होगी तो स्वाभाविक रूप से द्वन्द्व की स्थिति पैदा होगी। पर सच्चाई यही है कि जीवन की प्रगति और मुक्ति इन्हीं द्वन्द्वों और संघातों में से हो सकती है, आबद्ध दायरे में उसकी प्रगति हो सकती है, ऐसा कहना सम्भव नहीं है।

जैनेन्द्र की रचनाएँ समाज तथा सम्बन्ध के इन्हीं द्वन्द्वों को उठाती हैं और उसमें एक मानवीय सम्बन्ध और उसकी सत्यता का जायजा लेती हैं तथा निरन्तर प्रवहमान जीवन में मनुष्य की मुक्तिकामी चेतना को स्वायत्त बनाने की पक्षधरता दिखाती हैं।

जैनेन्द्र के पहले ही उतन्यास *परख* में मानवीय सम्बन्ध और नैतिक मूल्यों का जबर्दस्त द्वन्द्व है जिसमें जैनेन्द्र ने मानवीय सम्बन्ध की विजय दिखाई है। यहाँ मानवीय सम्बन्ध प्रेम से आपूरित है जो नैतिकता की सीमा-रेखा लाँघता है और

समाज-व्यवस्था में नये मूल्यों से सृजन का मार्ग प्रशस्त करता है। *परख* की कट्टो बाल वैधव्य से मुक्त होकर सत्यधन के प्रेम में डूबती है जो बाद में बिहारी से जुड़ती है और इस प्रकार एक सांस्थानिक मूल्य की सीमाएँ लाँघती है। इस मूल्य की सीमा यह है कि विधवा का कोई सौभाग्य ही नहीं हो सकता। वह आजीवन निर्जीव वस्तु की तरह निस्पन्द पड़ी रहने को विवश है। पर वह न केवल प्रेम करती है, वरन् विवाह के जड़ीभूत प्रेमहीन संस्थागत मूल्य को भी तिरस्कृत कर देती है। इस पूरी प्रक्रिया में उसे और उससे सम्बद्ध चरित्रों को भयावह अन्तर्द्वन्द्व से जूझना पड़ता है।

*परख* में मानवीय सम्बन्ध और नैतिक मूल्यों के द्वन्द्व को जैनेन्द्र ने बौद्धिक आदर्शवाद और मुक्त जीवन के स्वीकार के द्वन्द्व के माध्यम से दिखाया है। इस द्वन्द्व को स्पष्ट करते हुए जैनेन्द्र ने स्वयं लिखा है–

"कुल मिलाकर पुस्तक यह कहना चाहती है कि बौद्धिक आदर्शवाद कभी कृतकार्य नहीं हो सकता। उसका अन्त प्रतिक्रिया में होता है। मैं उस समय अपने से रूष्ट था और अनुभव कर रहा था कि सहज को छोड़कर अन्दर बने हुए आग्रह को थाम कर पार नहीं हुआ जा सकता। आग्रह टूटेगा और कृतार्थ वह होगा जो जीवन को स्वीकार करता जायेगा।"[13]

*परख* में बौद्धिक आदर्शवाद का प्रतीक सत्यधन है जो कट्टो से प्रेम तो करता है, पर सार्वजनिक रूप से उसे स्वीकार करने से डरता है। उसे भय है कि समाज से वह कैसे निपेटगा। अपनी माँ को वह कैसे विश्वास में ले पायेगा। उसकी सारी कशमकश उस कट्टो पर केन्द्रित है जो विधवा है और उसे सार्वजनिक रूप से अपनाने की स्वीकृति समाज की ओर से नहीं है। यहाँ कट्टो का वैधव्य ही वह मूल्य है जिसे तोड़कर बिहारी आगे बढ़ता है और कट्टो को अपनाता है। बिहारी में जीवन की ठोस सच्चाइयों का तीखा अहसास है, वह मूल्यों को आँख मूँदकर स्वीकार करनेवाला नहीं है–इसलिए मानवीय सम्बन्ध के स्तर पर कट्टो को अपना कर वह विधवा रूढ़ि को तोड़ता है। प्रेम मानवीय सम्बन्ध का आधार होते हुए भी एक मूल्य ही है जो यहाँ जीतता है।

*परख* में कट्टो सहजता से पहले तो अनजाने में आगे बढ़ती जाती है और बढ़कर देखती है कि जिस सत्यधन से उसने प्रेम किया, वह सामाजिक शिकंजे में जकड़ा उसे अपना नहीं पायेगा। इसके बाद बिहारी से जुड़ने के बाद भी उसमें द्वंद्व अंत तक विद्यमान रहता है जैसे कि सत्यधन में। जैनेन्द्र ने सत्यधन के द्वन्द्व को इस तरह चित्रित किया है–

"सत्य बड़े झमेले में है। बड़े संकट में है। रह-रहकर सोचता है–"मैं क्यों व्यर्थ अपने ऊपर जिम्मा लेकर विधाता के काम में अड़चन डालूँ? होने दो जो हो, मैं कुछ नहीं बोलता। लेकिन रह-रहकर मानस क्षेत्र में आँसुओं से पद-प्रक्षालन करती हुई उठ आती है वह कट्टो? जो कहती है, 'मैं कुछ नहीं कहती। मैं किस लायक हूँ? चाहे

सो करो।' यह गड़बड़ उससे खत्म होती मालूम नहीं होती वह क्या करे? सोचा, अपने को निश्चेष्ट-ढीला छोड़ दूँ। जो होगा, हो जायेगा।"[14]

बौद्धिक आदर्श का वाहक सत्यधन उन मूल्यों को जी रहा है जिनमें मानवीय सम्बन्ध के स्वीकार की उदारता शेष नहीं है। वह मूल्य टूटता है और कट्टो से बिहारी का सम्बन्ध बनता है। पर सत्यधन इस मूल्य को ढोते हुए भी चैन से नहीं रह पाता और उसे भी अन्त में कट्टो ही उबारती है। चन्द्रकांत वांदिवडेकर ने ठीक ही लिखा है—

"जैनेन्द्र जी के इन जीवन चरित्रों के माध्यम से हमें अगर श्रेय और प्रेय का अवबोध होता है और कलात्मक स्तर पर होता है तो *परख* एक सफल रचना है। श्रेय और प्रेय का यह द्वन्द्व भी एक सनातन द्वन्द्व है जो किसी न किसी रूप में आज भी हमारी संवेदना को झनझना देता है।"[15]

वांदिवडेकर की दृष्टि में श्रेय और प्रेय का यही द्वन्द्व मानवीय सम्बन्ध और मूल्यों या नैतिकता का द्वन्द्व है जो कट्टो और सत्यधन में उभरता है जिसे भेदकर सम्बन्ध की जीत होती है और मूल्यों की अस्वाभाविक रूढ़ियों की हार। *सुनीता* उपन्यास में भी जीवन और नैतिकता के द्वन्द्व को बखूबी देखा जा सकता है। वहाँ इसके द्वन्द्व का स्वरूप *परख* के द्वन्द्व के स्वरूप से थोड़ा भिन्न है। *सुनीता* की समस्या एकरस जीवन में सरसता लाने की है जिसमें स्त्री स्वतंत्रता और उसकी आकांक्षाओं की भी तयशुदा सीमाएँ हैं। सुनीता में पति से कोई विरक्ति नहीं है, पर मन में एक असन्तोष है जिसे वह रात-दिन अपने को घरेलू कामों में डालकर दूर करने की कोशिश करती है। श्रीकान्त पत्नी के इस अनमने भाव को भाँपता है और इसे दूर करने की तरकीबें सोचता है। यहाँ द्वन्द्व सुनीता में भी है और श्रीकांत में भी। दोनों एक-दूसरे को पाकर भी जैसे अधूरे ही रहे हैं। श्रीकांत पाता है कि पत्नी के होते हुए भी वह अमित्र है और यह उसके जीवन के लिए ठीक शायद नहीं है—

"हरिप्रसन्न के लिए श्रीकांत इस प्रकार क्यों व्यग्र हो? पर बात यह है कि श्रीकांत जिस तरह की जिन्दगी में पड़ गया है उसमें अब भी उसके पंख गढ़े नहीं हैं। वहाँ वह अपने को भूला-भूला-सा पाता है। अकेला, अमित्र, ऊपरी। सुनीता उससे आ मिली है अवश्य, दोनों ने एक घर बना लिया है, लेकिन वह घर ही उन दोनों के संयुक्त अस्तित्व को अपने में चुका डालता है। घर के काम-धन्धे की बात हो, तो उसको लेकर दोनों मिल जाते हैं। वह न हो तो, फिर अपने-अपने में बंद हो अलग हो रहते हैं।"[16]

सांस्थानिक मूल्यों के बरक्स पति श्रीकांत को अपने ही परिवार में एक ऐसे तीसरे व्यक्ति की तलाश है जो उसके दाम्पत्य की एकरसता को तोड़े। 'विवाह' के ढाँचे में इस तीसरे व्यक्ति के प्रवेश की मनाही है, पहल चाहे पति की ओर से हो या पत्नी की ओर से। पर हरिप्रसन्न से मानवीय सम्बन्ध के कारण ही वह उसकी

जरूरत महसूस करता है और 'विवाह' के मूल्य की रक्षा की शर्त से बँधा रहना नहीं चाहता। यह द्वन्द्व उसमें बराबर बना रहता है जो एक बड़े समर्पण से स्थिर होता है।

*सुनीता* में यही द्वन्द्व उसकी हर बातचीत तथा गृहस्थी में उसके लगे रहने से सामने आता है। वह जरूरत न होने पर भी अपने को घरेलू कामों में उलझाये रखती है। उसमें घर-बाहर का द्वैत भी कम मारक नहीं है—"सुनीता बेकाम स्टडी रूम को साफ करने में लगी है। सोचती जाती है कि देखो मैं अपने बारे में ही सोचा करती हूँ, यह नहीं कि रोज झाड़-बुहारकर सब कमरे ठीक रक्खा करूं। यह उनकी बात क्या झूठ है कि स्त्री को अपने घर में ही बहुत कुछ है। बाहर दुनिया में वह क्या पाने जाय? घर में क्या नहीं हैं?"[17]

उसका यह कशमकश यह स्पष्ट करने के लिए काफी है कि उसमें बाहर-भीतर का जबर्दस्त संघर्ष छिड़ा रहता है और कहीं गहरे वह अपनी स्थिति से सन्तुष्ट नहीं है। यह अकारण नहीं है कि हरिप्रसन्न के उसके घर में प्रवेश के बाद सारी स्थिति ही अचानक उलट जाती है और उससे खिंची-खिंची रहने के बावजूद सुनीता उसमें अपना तोष पाने लगती है।

इस सन्दर्भ में 'मीरा' फिल्म का जिक्र अनावश्यक न होगा जिसे देखने के बाद सुनीता मीरा की व्यथा से पिघल जाती है। वह सोचती है—

"पति में क्या उसे प्राप्त नहीं है? पर वह उस मीरा को समझना चाहती है, 'अरी प्रेममयी, तैने वह कौन सा प्रेम पाया जिसने तुझे कठिनता दी कि पति के हृदय की पीड़ा को तू बिना पिघले सह ले? अरी, तू किस भयंकर प्रेम को दुनिया को दिए जा रही है। जो अपने पति के जी को तोड़ता है और उसको टूटते देखकर भी वह प्रेम-प्रेम ही रहता है। ओ मीरा, तू अपने मन में बिथा मुझे पाने दे, मैं भी आज घोर बिथा पाकर अपने ऊपर झेल लेना चाहती हूँ। वह बिथा, जो आनन्द की तोल के ही बराबर है, नहीं तो शेष सबसे भारी है।"[18]

कहने की आवश्यकता नहीं है कि सुनीता मीरा के पति और प्रेमी के द्वन्द्व को अपने द्वन्द्व में देखकर जैसे वही छवि पाना चाहती है जिसमें पति के हृदय की पीड़ा को बिना पिघले सहकर अपने को उसके बरक्स एक सार्थक प्रेम में दे सके। हरिप्रसन्न के निरन्तर निकट आते जाने और उसके साथ जुड़ते जाने के बीच इस फिल्म ने जैसे उसके द्वन्द्व को बहुत बारीकी से सामने रख दिया हो। यह द्वन्द्व सुनीता के स्वाभाविक जीवन के विकास को सूचित करता है जिसमें निरन्तर दाम्पत्य से अलग एक आकर्षण बना रहता है। मानवीय सम्बन्धों में यह भी एक नये मूल्य की खोज का द्वन्द्व है जो *सुनीता* में प्रत्यक्ष प्रगट हुआ है।

*त्यागपत्र* की मृणाल की समस्या दूसरी है। वहाँ का द्वन्द्व उसके जीवन की स्वाभाविकता का विकास न होने का द्वन्द्व है। इस स्वाभाविकता की अनदेखी के

कारण ही मृणाल लगातार टूटती जाती है और समाज की सबसे सशक्ततम इकाई परिवार का अस्तित्व संकट में पड़ता है। अपने अस्वाभाविक जीवन की समस्याओं से जूझते हुए मृणाल में जो समाज-व्यवस्था के प्रति तीखा असन्तोष उभरता है, वह वस्तुतः उसका द्वन्द्व ही है जो सामाजिक मान्यताओं के विरुद्ध उसे ले जाने में मदद देता है। यहाँ नैतिकता का संकट परिवार और मूल्यों के बीच से ही पैदा होता है जिसके परिणामस्वरूप एक ही साथ परिवारों का टूटना होता है और स्वयं मृणाल का भी। मृणाल की उपेक्षा करके उसके जीवन की डोर जब एक ऐसे व्यक्ति के हाथों में दे दी जाती है जो न केवल उससे उम्र में दोगुना है बल्कि उसमें आकांक्षाओं और भावनाओं की रत्ती भर भी चिन्ता नहीं है।

*त्यागपत्र* और मृणाल की समस्या का आरम्भ यहीं से होता है। परिवार की मर्यादा यही है कि वह एक लड़की की बाँह किसी के हाथ देकर अपनी जिम्मेवारी निभा दे और एक विवाहिता की नैतिकता यह है कि वह चाहे जैसा पति या घर मिला हो, उसमें अपने को होम कर दे। मृणाल ने परिवार के निर्णय को भी स्वीकार किया और संस्थागत वैवाहिक मूल्य को भी, पर उसके साथ मानवीय होने की जरूरत न परिवार ने समझी और न ही उसके पति देव ने। फलतः एक सच को मानो मनों जुर्म मानकर घर-निकाला मिल गया और उसे दुनिया में दर-दर भटकने को विवश कर दिया गया।

नैतिकता का संकट यहाँ पैदा होता है जब सामाजिक व्यवस्थाओं के विरुद्ध जाकर मृणाल जीती जाती है और समाज की एक परवाह नहीं करती। वह प्रमोद से कहती है—

"नहीं आना चाहिए। मैं तो तुमको अपनी ओर से यही समझाने वाली थी। जो समाज में हैं, समाज की प्रतिष्ठा कायम रखने का जिम्मा भी उन पर है। उनका कर्त्तव्य है कि जो उनका उच्छिष्ट हैं, या अच्छिष्ट बनना पसन्द करते हैं, उन्हीं को जीवन के साथ नये प्रयोग करने की छूट हो सकती है। प्रमोद, यह बात तो ठीक है कि सत्य को सदा नये प्रयोगों की अपेक्षा है : लेकिन उन प्रयोगों में उन्हीं को पड़ना और डालना चाहिए जिनकी जान की अधिक समाज-दर नहीं रह गयी है।"[19]

यानी समाज की प्रतिष्ठा वे ही सँभालें जिनकी समाज-दर अधिक है। जीवन में प्रयोग तो वही कर सकते हैं जिनकी समाज को कोई जरूरत नहीं है। समाज के मूल्यों को नकारकर यह मृणाल का जीवन में एक प्रयोग ही है जो खुद को उच्छिष्ट मानती है और खुद को समाज की जरूरत से अलग। पर यह उसकी नये मूल्यों की खोज ही है जो रूढ़ मूल्यों को खारिज कर होती है। नवल किशोर ने ठीक ही लिखा है—

"त्यागपत्र में यह असन्तोष एक क्लासिक की ऊँचाई को छूती कृति से उपजा असन्तोष है। इस असन्तोष के साथ भी मेरी मान्यता है कि नारी यातना को विशिष्ट

भारतीय सन्दर्भों में रूपायित करनेवाला यह अपने समय का सबसे अधिक महत्त्वपूर्ण हिन्दी उपन्यास है।"[20]

मृणाल घोर और भयानक मूल्यों की त्रासदी की मारी ऐसी स्त्री बनकर उभरती है जो नये मूल्यों की खोज करती है और समाज की पुरातन मान्यताओं की उपेक्षा करती है। यह निर्णय वह ऐसे द्वन्द्व की प्रतिक्रिया में करती है जो उसके जीवन की स्वाभाविकता के दबते जाने की यातना का द्वन्द्व है।

मृणाल में इस द्वन्द्व के एक और स्तर को खोजते हुए नवल किशोर मानते हैं कि वह समाज-स्वीकृत मूल्य के विरोध में सतीत्व को खोने के त्रास का अस्वीकार है। वे लिखते हैं–

"समाज-स्वीकृत मूल्य के विरोध में व्यक्ति-नारी द्वारा प्रस्तावित यह निजी आदर्श (जिसमें मृणाल तन देकर पैसा लेने को तुच्छ मानती है और दान को स्त्री का धर्म और सती का आदर्श कहती है) देहगत पवित्रता जाने के साथ सतीत्व को खोने के त्रास का अस्वीकार ही तो है। इस अस्वीकार से एक स्वाभिमानी व्यक्तित्व-सम्पन्न औरत का जो चरित्र उभरता है, वह इस उपन्यास को एक विशिष्ट भारतीय अस्मिता देता है क्योंकि उससे देशकाल के विशेष सन्दर्भ में भारतीय नारी की संक्रमणशील चेतना अपने तनावों के साथ अभिव्यक्त हो सकी है।"[21]

मृणाल मे सतीत्व को खोने के त्रास का अस्वीकार भी उसके एक ऐसे अन्तर्द्वन्द्व का परिणाम है जो समाज की बलि चढ़ती उसकी आकांक्षाओं की मृत्यु में दिखाई देता है। मृणाल निरन्तर त्रास पाती जाकर भी जिस जीवन को जीती जाती है वह उसकी प्रतिक्रिया का स्वाभाविक विकास ही है जो हर सूरत में उसे लगातार आगे बढ़ाती जाती है। प्रश्न यह है कि क्या परिवार और मानवीय मूल्यों के लिए स्त्री या पुरुष के जीवन को इस कदर नियन्त्रित किया जा सकता है कि उसके स्वाभाविक विकास की प्रक्रिया ही बाधित हो जाय? इसे स्वीकार नहीं किया जा सकता क्योंकि मनुष्यता से बढ़कर किसी भी मूल्य की कोई सत्ता नहीं हो सकती, नहीं होती।

मृणाल के चरित्र को लेकर अनेक आरोप जैनेन्द्र पर लगे हैं जिसमें यह आरोप अधिक मुखरता से उछाला जाता रहा है कि पति से अलग होकर वह कोयले वाले के पास न जाकर कोई और काम नहीं कर सकती थी? इस आरोप का उचित उत्तर खोजते हुए बच्चन सिंह ने लिखा है–

"प्रायः कहा गया है कि मृणाल कोयले वाले के पास न जाकर कोई अन्य काम कर सकती थी। किन्तु इस आचारवादी विचारधारा में कोई दम नहीं है। पति ने उसे निकाल दिया है, मायके वह लौट नहीं सकती। दुःख में सहानुभूति देनेवाला कोयले वाला ही था। कोयले वाले पर करुणा करके वह वहाँ जाती है। तन की पवित्रता की अपेक्षा कृतज्ञता बड़ा मूल्य है। मानवीय मूल्य न होने के कारण वह आन्तरिक मूल्य नहीं बन पाता। सामाजिक मूल्य और आन्तरिक मूल्य से उसका अनिवार्य सम्बन्ध

नहीं होता है। वह प्रायः सामाजिक मूल्यों के विरोध में पड़ता है। वह विरोध ही संघर्ष की सृष्टि करता है।"[22]

मृणाल की करुणा और कृतज्ञता के मूल्य में जिस सामाजिक-व्यवस्था के प्रति विद्रोह है, वस्तुतः वह भी उसके उस द्वन्द्व का ही परिणाम है जिसमें वह मायके और पति के घर न लौटकर अपने को मुक्त छोड़ देती है तथा आत्मव्यथा में जीवित रहते हुए नैतिकता के नये मानदंड स्थापित करती है।

*सुखदा, कल्याणी, विवर्त और व्यतीत* में जैनेन्द्र ने मानवीय सम्बन्धों के नये क्षितिजों को छूने का यत्न किया है जिसमें कहीं सामाजिक-व्यवस्था के मूल्य स्वीकृत हैं तो कहीं उसका अस्वीकार प्रगट है।

*सुखदा* में भी मूल्यों का यह द्वन्द्व बहुत तीखा है, पर वहाँ परिवार की टूट का पश्चाताप प्रभावी है। सुखदा पति कांत की भलमनसाहत का अनुचित लाभ उठाकर एक बार 'घर' की सरहद से बाहर जाती है तो फिर वापसी उसकी टूट में ही होती है। यहाँ समाजिक मूल्य उसके मानवीय मूल्य पर भारी पड़ते हैं क्योंकि वह स्वेच्छया अपनी आकांक्षाओं में आगे बढ़ती जाती है और परिवार के प्रति अपने मानवीय दायित्व का पालन नहीं करती। 'परिवार' टूटता है तो वह भी टूटती है और पश्चाताप की आग में खुद को डालकर वह जी भर अपने दुर्भाग्य को कोसती है। इसके विपरीत *कल्याणी* की समस्या दाम्पत्य में उभर आये अविश्वास की समस्या है जिसमें पड़कर कल्याणी लगातार दो पाटों के बीच पिसने को विवश होती है। उसका द्वन्द्व भी यही है कि वह न तो पूरी तरह पत्नीत्व में खुद को विसर्जित कर पाती है और न उसके बाहर अपने व्यक्तित्व को आकार दे पाती है। उसके सामने एक तरफ सामाजिक-व्यवस्था की हदबन्दियाँ हैं तो दूसरी तरफ उसकी आकांक्षाएँ।

*विवर्त* और *व्यतीत* में संस्थागत मूल्यों के बरक्स मानवीय सम्बन्धों के माध्यम से ऐसे मूल्यों की खोज का प्रयास है जो परम्परागत भारतीय संस्कृति में स्वीकृत नहीं है। विवाहिता होती हुई इन उपन्यासों की नायिकाएँ अपने पूर्व प्रेमियों को जीती हैं तथा प्रेमियों के ही द्वन्द्वों का शिकार होकर द्वंद्वग्रस्त होती हैं। यहाँ दिलचस्प यह है कि 'विवाह' उनके इस सम्बन्ध में आड़े नहीं आता, पर उसका अपराधबोध इनमें अवश्य उभरता है। उनके इस संघर्ष में यद्यपि शान्ति और संतोष का वातारण नहीं बन पाता और उन्हें इस दोहरे मूल्यों के द्वन्द्व मे जीवन का वास्तविक बोध मिलता है। पर संशय उनका पीछा नहीं छोड़ता। जैनेन्द्र ने जिसे 'प्रेम से आपूरित सत्य' की खोज कहा है, वह खोज यहाँ है, पर इस खोज को सांस्थानिक नैतिकता की कसौटी पर उचित मानना सम्भव नहीं हो पाता।

*विवर्त* में प्रेम की रिक्ति या अतृप्ति का द्वन्द्व है। यह द्वन्द्व जितना जितेन में है, उससे कम भुवनमोहिनी में भी नहीं है। दोनों के बीच प्रेम था और मोहिनी के विवाहिता होने के बाद भी रहा; पर जितेन के मन में अपनी निर्धनता और मोहिनी

की सम्पन्नता के बीच बड़ा तीखा द्वन्द्व रहा है। जब मोहिनी के पिता ने उसका विवाह जितेन के अतिरिक्त कहीं और करने की बात की, तो जितेन की दीनता भी एक कारण बन कर आयी जिसका विरोध मोहिनी ने नहीं किया।

मोहिनी की बिडम्बना यह है कि वह आजीवन अपने अपराधबोध से मुक्त नहीं होती। उसके मन में यह अन्तर्द्वन्द्व बराबर चलता है कि उसके कारण ही जितेन अतृप्त रह गया और जितेन की स्थिति यह है कि वह मोहिनी से जुदा होने के बाद मानसिक रूप से लगभग अस्वस्थ हो जाता है—प्रेम के अभाव या उसकी असफलता ने उसमें भयानक प्रतिक्रिया का भाव पैदा कर दिया है। वह हिंसा पर उतारू है, सम्पन्न लोगों से घृणा करता है। इस उपन्यास में भी जीवन की स्वाभाविकता में गतिरोध का द्वन्द्व ही अधिक तीखा है क्योंकि जितेन और मोहिनी का सम्बन्ध अगर वैवाहिक स्वीकृति पाता तो शायद इस द्वन्द्व की स्थिति पैदा नहीं हो पाती। मोहिनी अपने सुखमय जीवन में जैसे सब कुछ भूल चुकी है और अगर उसे याद है तो जितेन ही; जिसके बारे में उसमें उम्मीद है कि वह अपना जीवन शुरू करते ही सहज और स्वस्थ हो जायेगा। पर जैसे ही जितेन मोहिनी के घर सन्दिग्ध अवस्था में और बीमार लौटता है, मोहिनी का द्वंद्व उभरता है। वह अतीत में लौट जाती है। ग्लानि और क्रोध के बावजूद वह जितेन के लिये विचलित हो उठती है और यह भूल जाती है कि वह एक प्रतिष्ठित वकील नरेशचन्द्र की पत्नी है। उसके अन्तर्द्वन्द्व की स्थिति यह है कि वह जितेन के आक्रामक और प्रतिशोध लेने की घटनाओं के एक-एक कर घटते जाने के बावजूद कहीं न तो उग्र होती है और न उसे दोषी ठहराती है, बल्कि वह तो यहाँ तक कहती है—"मुझे सचमुच मार क्यों नहीं देते हो जितेन? क्यों त्रास पाते हो।"[23]

*विवर्त* की जो समस्या जैनेन्द्र ने हमारे सामने रखी है, वह प्रेम की समस्या है, उसके परिपाक की समस्या। 'विवाह' नामक संस्था प्रेम के आगे बाधा नहीं बन सकती क्योंकि प्रेम अपने आप में एक मूल्य है तो एक संस्था भी है। यहाँ चरित्रों की कोशिश इसे भेदने की ही है। जैनेन्द्र ने ऐसा वातावरण भी बनाया है। पति नरेश चन्द्र को पत्नी के अतीत को जानकर जरा भी अनुचित नहीं लगता—"मेरी मोहिनी को सबका प्रेम मिले। सब ही का प्रेम मिले। क्या उसके मेरी होने की सार्थकता तभी नहीं है कि अभिन्नता इतनी हो कि मेरा आरोप उस पर न आये।"[24]

स्पष्ट ही है कि किसी पत्नी को ऐसे पति अपवाद-स्वरूप ही मिल सकते हैं, यथार्थ में ऐसा होता नहीं है। पर यहाँ नरेशचन्द्र जैनेन्द्र के लिये बहाना हैं। असल उद्देश्य तो उनका यह है कि वह जितेन और मोहिनी के अन्तर्द्वन्द्व को और मानवीयता के बरक्स 'विवाह' की खामियाँ दिखा सकें। लेकिन यह अजीब है कि 'प्रेम की पूर्णता' के अभाव में नाना प्रकार की अंतर्ग्रंथियों को खोलते हुए भी जैनेन्द्र की चिन्ता यौन-सम्बन्ध को कृत्रिम तरीके से बचा ले जाने की होती है। इसी

उपन्यास में तिन्नी और जितेन के बीच यौन-सम्बन्ध को जैनेन्द्र ने रोका है। मोहिनी के प्रति जितेन में भी देह की लालसा नहीं है और न मोहिनी के मन में जितेन के प्रति। चन्द्रकांत वांदिवडेकर ने लिखा है–

"असल में भुवनमोहिनी और जितेन के सम्बन्धों में या जैनेन्द्र के अनेक उपन्यासों में चित्रित प्रेयसी-प्रेमी सम्बन्धों में सैक्स से अधिक प्रेम की समस्या महत्त्वपूर्ण है। जैनेन्द्र के अनेक पुरुष इसीलिए कुछ 'असामान्य' लगते हैं कि उनकी शारीरिक आवश्यकताएँ मानसिक अन्तर्द्वन्द्व की तुलना में बहुत ही क्षीण हैं।"[25]

डॉ वांदिवडेकर की यह टिप्पणी जैनेन्द्र पर वाजिब लगती है क्योंकि यह प्रश्न जैनेन्द्र के साथ गम्भीरता से जुड़ता है कि प्रेम की समस्या में यौन-सम्बन्धों से परे केवल अंतर्द्वन्द्व का आधार क्या है?

*व्यतीत* में भी अनिता और जयंत में ऐसे ही अन्तर्द्वन्द्वों की अभिव्यक्ति है जिनमें प्रेम की अतृप्ति की समस्या ही मुख्य है। पर उपन्यास की विशिष्टता इसमें है कि वह जयंत के रहस्यवादी चरित्र को मनुष्य जीवन की एक विकट पहेली के रूप में रखने में सफल हो सका है। जयंत का अंतर्द्वन्द्व यह है कि वह नियति के हाथों लगातार पराजित होता रहकर अपनी स्वाभाविकता खोता जाता है। उसे लगता रहता है कि जो कुछ भी उसके सामने घटित हो रहा है वह उसकी हीनता और उसकी कापुरुषता के कारण ही हो रहा है। उसमें संस्थागत मूल्यों के प्रति तीखा असन्तोष है और वह बार-बार उसे झुठलाने की कोशिश करता है। उसे सम्बन्धों और उसके प्रति अपने दायित्वों को लेकर भी क्षोभ है। यही कारण है कि उसे जब पिता की बीमारी की सूचना मिली तो वह उन्हें देखने नहीं जा सका और जब उनकी मृत्यु हुई तो जैसे उसे संतोष ही हुआ। यह एक व्यक्ति के मानसिक सन्त्रास का चरम रूप है। पिता की मृत्यु पर वह कहता है–"ईश्वर ने मेरी रक्षा की, नौकरी छोड़ने का अवसर नहीं आया। कारण, दूसरे की कृपा के सिवा कवि के पास जीने का और उपाय नहीं है। और यह कृपा का जो उपाय है, वही है उसकी परीक्षा।"[26]

समाज-व्यवस्था के कठोर आचारों और मूल्यों की प्राणघातक परम्परा कैसे एक व्यक्ति को जीवित होते हुए जीवन से परे धकेल देती है, जयंत इसका ठोस उदाहरण है। वह खुद को मलामत मानते हुए भी समाज में व्यवस्था बनाये रहने देने की ताकीद करता है–

"समाज में व्यवस्थाएँ तो रहनी ही चाहिए। मर्यादाएँ मिट जायेंगी तो तुम्ही सोचो, कैसे चलेगा।"[27]

अनिता उसकी पूर्व प्रेमिका है जो मि.पुरी की ब्याहता है और वह जयंत के प्रेम के प्रति समर्पिता है। उसमें जयंत के सम्बन्धों को लेकर एक द्वन्द्व छिड़ा रहता है–वह चाहती है कि जयंत अपनी हालत सुधारे और अपने में लौटे, पर ऐसा अंत तक नहीं हो पाता और यह समस्या ज्यों-की-त्यों बनी रहती है। अनिता की समस्या

यह है कि वह अपने प्रिय को नहीं पा सकी है जिसको लेकर वह अपने विवाह तक को भी भूली रहती है पर जयंत को भूल नहीं पाती।

*व्यतीत* के मि.पुरी को भी *विवर्त* के नरेशचन्द्र की तरह ही अपनी पत्नी के ऐसे व्यवहार से कोई आपत्ति नहीं होती, वरन् वह अनिता को जयंत से मिलने देने की हिमायत ही करते देखे जा सकते हैं। *व्यतीत* में मानवीय सम्बन्ध के स्तर पर अनिता में पारम्परिक मूल्यों के प्रति विद्रोह उभरता है तो जयंत में पारम्परिकता के दबाव से सामाजिक उत्तरदायित्वों के प्रति वितृष्णा भरी है। दोनों में द्वन्द्व के ये दो छोर हैं। अनिता ब्याहता होते हुए भी अपने प्रेम के लिए 'विवाह' से मुक्त होने का प्रयास करती है तो जयंत समाज में रहते हुए भी सामाजिक दायित्वों से परे जाकर संन्यास ग्रहण करता है। जीवन की जटिलता में मूल्यों के परिसीमन का यह उपन्यास जैनेन्द्र की उस चिन्ता को कार्यरूप देता है जिसमें वे कहते हैं–

"आदमी सम्पूर्ण श्रद्धा के साथ अपने को छोड़ रहे, तो वह भगवान की शरण पाता है, ऐसा मैं समझता हूँ। अपनेपन से तब अनायास उसे छुटकारा मिल जाता है।"[28]

जयंत सम्पूर्ण श्रद्धा के साथ तो अपने को नहीं छोड़ता पर अपनेपन से वह छुटकारा पाना चाहता है और उसमें वह सफल भी होता है। उसकी यह सफलता समाज के दायित्वों से भागने में ही निहित है–पिता और घरेलू जिम्मेवारियों से भागने की, सुमिता, अनिता तथा अपनी ब्याहता चन्द्रकला से दूरी रखने की तथा लगातार खुद को दंडित करने की जयंत की मानसिकता बहुत बार क्षोभ पैदा करती है और यह प्रश्न खड़ी करती है कि क्या समाज तथा मानवीय सम्बन्धों के प्रति इतनी वितृष्णा भी मनुष्य जीवन की सफलता है? जयंत की इस क्रूर मनःस्थिति के पीछे यह भी लगता है कि उसमें यौनग्रन्थि भी गहरी पैठी है जो अन्त-अन्त तक खुल नहीं पाती। जैनेन्द्र का निरा आदर्शवाद उसकी अन्तर्मुखी प्रवृत्ति को और भयानक रूप में प्रस्तुत करता है। जैनेन्द्र का मानना है–

"सच्ची आत्मीयता के लिये परस्पर की वासना का निषेध बहुत कुछ अनिवार्य होता है। किसी दम्पत्ति ने ब्रह्मचर्य का व्रत लिया हो तो मेरा अनुमान है कि इस अवस्था में दोनों परस्पर की वासना के निषेध में योग देकर ही एक-दूसरे के सहायक होते हैं। ऐसे निश्चय से ही उनमें अभिन्नता और आत्मीयता बढ़ती होगी। गांधी जी ने जो इस अभ्यास को अपने जीवन का सबसे मीठा अनुभव कहा है, उसका तात्पर्य यही है।"[29]

पर यहाँ मुश्किल यह है कि वासना निषेध से न केवल जयंत कुंठित होकर अमानवीय हो गया है बल्कि सुमिता, चंद्रकला और स्वयं अनिता की मानसिकता रुग्ण और बीमार हो चली है। अगर ऐसा न होता तो अनिता को यह कहने की जरूरत न पड़ती–

"जयंत रात की बात भूल न जाना। मैं सुध में न थी। अब सुध में हूँ। मैं सामने हूँ, मुझको तुम ले सकते हो। समूची को जिस विधि चाहो ले सकते हो। स्त्री सदा यह नहीं कहती। बेहयाई की हद पर भी नहीं कहती। लेकिन मैं सुध रहकर कहती हूँ। तुम किसी के सुभीते के लिए नहीं रहना चाहते। शायद अपने लिये रहना चाहते हो। वह रहना कैसा होता है, मैं नहीं जानती।"[30]

इतने पर भी इस आदर्श का रहस्य कहाँ है, यह गुत्थी अनसुलझी रह जाती है। चन्द्रकांत वांदिवेडकर को लगता है कि–

"जयंत की मानसिकता विशिष्ट भद्र समाज के संस्कारों का परिणाम है जिनमें पर-स्त्री को मातृ-सदृश मानने का विधान है। जिसको विलक्षण प्यार किया है वह दूसरे की ब्याहता है इसलिए और जो अन्य स्त्रियाँ हैं 'वह प्रणयिनी की आत्मीयता नहीं पा सकती हैं।' इसलिए दोनों पर-स्त्री हैं, मातृ-सदृश हैं–अतएव अभोग्य हैं। यह विशिष्ट मानसिकता नपुंसकता नहीं।"[31]

अगर जयंत अनिता के सिवा किसी और को आत्मीयता नहीं दे सकता था, तो उन्हें आगे बढ़कर अपनाने की कौन सी विवशता थी, इसका उत्तर उपन्यास में नहीं मिलता। और यदि अपनाया तो अपने दायित्व से भागने में उसने क्या सिद्ध किया? अनिता को भी उससे आत्मीयता मिलती तो शायद उसकी ग्रन्थि खुलती, पर यह भी नहीं हो सका है। मानवीय सम्बन्ध को तो अनिता जीती है और उस पर किसी बंदिश की जरूरत नहीं मानती। अपने पति तथा जयंत के द्वन्द्व के बीच वह एक राह निकालने की कोशिश करती है–एक नये मूल्य की खोज की कोशिश करती है जिसमें सामाजिक मूल्य का निषेध न होते हुए भी मानवीय स्तर पर नैतिकता आड़े न आये और वह मुक्त भाव से उसे जी सके। पति की ओर से उस पर कोई बाध्यता भी नहीं है पर जयंत की मानसिकता उसकी व्यथा को बढ़ाती है और वह द्वन्द्व में जीती हुई अतृप्त बनी रह जाती है।

मानवीय सम्बन्धों के माध्यम से नये मूल्यों की खोज का यह अभियान जैनेन्द्र की कहानियों में भी दिखाई देता है। *एक रात* की सुदर्शना का जयराज से मानवीयता के स्तर पर ही सम्बन्ध है जिसको जीते हुए वह पति और जयराज के द्वन्द्व में पड़ती है। उसकी पीड़ा यह है कि वह परम्परागत भारतीय संस्कारों से मुक्त भी होना नहीं चाहती और प्रेम को भी जीना चाहती है। *जाह्नवी, ध्रुवयात्रा, दो सहेलियाँ* आदि कहानियाँ सामाजिक मूल्यों और मानवीय सम्बन्धों के द्वंद्व की ही कहानियाँ हैं जिसमें नैतिकता और अनैतिकता के बीच टकराहट है और इस टकराहट में ये स्त्रियाँ अपने को जीने और सम्पूर्ण होने की कोशिश में कथित मर्यादा का अतिक्रमण करती हैं।

इस पूरी प्रक्रिया मे जैनेन्द्र के लिये 'प्रेम' महत्त मानव मूल्य है और उसकी सिद्धि में वे किसी भी तरह की बाधा का निषेध करते हैं। बाधाएँ आती हैं तो द्वन्द्व उभरता है। वे कहते हैं–

"प्रेम सामाजिक मर्यादा के अन्तर्गत नहीं है। व्यक्ति अवश्य सामाजिक है और उस पर समाज की मर्यादाओं का लागू होना भी संगत है। इस तरह प्रेम में समाज की मर्यादा का अतिक्रमण भी दीख सकता है।"[32]

उनके चरित्र 'प्रेम' के लिये मानवीय अनुभूतियों को परस्पर जीने के लिये मर्यादाओं का अतिक्रमण करते हैं और द्वन्द्वग्रस्त होते हैं। उनकी इस द्वन्द्वग्रस्तता में सामाजिक मर्यादाओं और वैयक्तिक जीवन की मानवीय आकांक्षाओं का संघर्ष शामिल होता है जिसमें वे कहीं टूटते हैं तो कहीं समाज की मान्यताएँ तोड़कर एक नये संसार में प्रवेश करते हैं। प्रेम को मृत्यु के समानान्तर रखते हुए रिल्के लिखते हैं–

"जो कोई भी गम्भीरता से विचार करता है, जानता है कि मृत्यु का, और प्रेम का जो कि दुर्गम है, न तो कोई स्पष्टीकरण है और न विकल्प।"[33]

प्रेम के इसी दुर्गम पथ को जैनेन्द्र ने एक मूल्य की तरह चुना, जिसमें उन्होंने सामाजिक मूल्यों के समानान्तर मानवीय सम्बन्धों के माध्यम से नये मानवीय मूल्यों की खोज की–यह खोज मर्यादा से परे सहज मानवीय, आत्मीय प्रेम की खोज है। उनके चरित्र इस मार्ग पर चलते हुए अपने अभाव, एकरसता, प्रेम की अतृप्ति और अपने पर लागू बन्धनों से जूझते है और प्राप्य के साथ-साथ इस गहरे द्वन्द्व से भी गुजरते हैं।

## सार्थक जीवन की चाह : नैतिक प्रश्नों की बाधा

"बाहर-भीतर ये शब्द में दो हैं; पर यों दो नहीं है। प्रकृति में एक ही हैं। दो होकर भी एक, जैसे ओर और छोर। और जहाँ ऐसा नहीं है, जहाँ उनमें सचमुच में विरोध हो पड़ा है; वहीं क्लेश है। इस तरह क्लेश मानवीय सृष्टि है। यथार्थ में वह नहीं है। तभी तो जगत् नाम द्वन्द्व का है, द्वन्द्व माने है–दो के बीच का अनिर्वाह। यह दो के, अथवा अनेक के, बीच एकता का अभाव ही हमारी समस्या है।"

*जैनेन्द्र–कल्याणी,* पृ. 100

मानवीय सम्बन्धों के प्रसंग मे व्यक्ति की आशाओं और आकांक्षाओं के अनुरूप जीवन की सार्थकता की तलाश के स्तर पर भी जैनेन्द्र के यहाँ द्वन्द्व दिखाई देता है। मनुष्य जीवन की सार्थकता भी अगर वैयक्तिक होने और जीने में होती है तो समाज से उसका विरोध स्वाभाविक हो जाता है। व्यक्ति इस बिन्दु पर कभी समाज से समझौता करके चलता है तो कभी उसके विरोध में खड़ा होता है। समाज और व्यक्ति के इस द्वैत की तरह ही व्यक्ति की निजी सार्थकता और सामाजिक जीवन की सार्थकता में द्वन्द्व उभरता है। सामाजिक मूल्य व्यक्ति-विशेष को इतनी स्वतंत्रता नहीं देते कि वह अपनी वैयक्तिक सार्थकता को पाने की ओर बढ़े और समाज की

अवहेलना करे। अगर व्यक्ति ऐसा करता है तो उसे नैतिकता के संकट का सामना करना होगा और व्यक्ति तथा समाज के संघर्ष से गुजरना होगा। मानवीय सम्बन्धों के स्तर पर मनुष्य जीवन में द्वन्द्व का यह रूप भी जैनेन्द्र की रचनाओं और उनके विचारों में दिखाई देता है क्योंकि यह निश्चित नहीं है कि वैयक्तिक सार्थकता सामाजिक सार्थकता है और व्यक्ति को अपनी स्वतन्त्रता में समाज की छूट मिली हुई है। वास्तविक जीवन में भी आए दिन ऐसे उदाहरण मिल जाते हैं कि अपने हित और अपनी सार्थकता को लोग इसलिए तिलांजलि दे देते हैं क्योंकि उनका हित जिसमें होता है, उसका समर्थन सामाजिक व्यवस्था की ओर से नहीं होता।

जैनेन्द्र के यहाँ सार्थक जीवन की चाह और नैतिकता के बीच गहरा द्वन्द्व दिखाई देता है। चरित्र यहाँ अपनी आकांक्षा में बहुत दूर तक निकल जाते हैं, पर मुश्किल यह होती है कि उन्हें नैतिकता के उन प्रश्नों से जूझना पड़ता है जिनमें उनको उस हद तक स्वतन्त्रता की छूट नहीं होती। इस कशमकश में उनके चरित्र या तो अपने अंतर्द्वंद्व के स्तर पर इस बाहर-भीतर के संघर्ष से जूझते हैं या फिर आगे बढ़कर हानि-लाभ की परवाह किये बिना अपनी सार्थकता खोजते हैं। जैनेन्द्र के यहाँ स्वयं ऐसे प्रश्नों पर भारी असमंजस दिखाई देता है–

"सामान्य सामाजिक जीवन में जिस चीज का अभाव हम महससू करते हैं, जिसको मानों 'मिस' कर जाते हैं, उसकी पूर्ति पैसे के खर्चे के जरिये आविष्कृत कृत्रिमता से करते हैं। विवाह द्वारा स्त्री-पुरुष एक-दूसरे के लिये पति-पत्नी होकर सुलभ बनते हैं। यही सुलभता एकदम अपर्याप्त और फीकी बन आती है। परिणाम कि विवाह को व्यभिचार से भरना पड़ता है। व्यभिचार का रस इसमें है कि वह विहित और वैध नहीं है। अर्थात् उसमें जैसे पुरुषार्थ की आवश्यकता होती है, कुछ अपनी ओर से खरचना पड़ता है। तब मानो वह मिलता है, जो अतिरिक्त, अश्लील है। विहित नियम की मर्यादा में जो आ गया वह उसी कारण नाकाफी हो गया। भरपाई के लिये नियम को लाँघ जाना और आत्यन्तिक निर्बन्धता में एक बार उतर डूबना यह जरूरत जीवन के गहरे में रहती मालूम होती है। और यदि शिष्ट साम्य जीवन इसका अवसर न दे तो विकार सारे शरीर में फैलने लगता है।"[34]

जैनेन्द्र के विचार में पति-पत्नी की सुलभता अपर्याप्त और फीकी हो जाती है। जैसे मानो यह स्वाभाविक ही हो कि उसे अपर्याप्त बनना ही है। और पुरुषार्थ की आवश्यकता उसमें कुछ खरचने के लिये ही होती है। यह खरचना, नियम को लांघना ही है। यदि जीवन की शिष्टता नियमों के उल्लंघन की छूट न दे तो विकार पैदा होते हैं। यानी जीवन में ऐसी छूट होनी ही चाहिए जिससे विकारों का शमन हो सके। ऐसी स्थिति में अपने चरित्रों से शिष्ट आचरण की माँग करना और नियम-मर्यादा के भीतर रहने की सीख देना क्या न्यायोचित है? जैनेन्द्र के विचारों में यह द्वंद्व अक्सर दिखाई दे जाता है।

एक दूसरे स्थल पर जैनेन्द्र मन को प्रभावी मानकर बहुत बारीकी से शरीर को अलगा ले जाते हैं और कहते हैं कि जब शरीर मन के साथ और मन आत्मा के साथ चलता है तो एकान्त भोग का आग्रह पैदा नहीं होता। वे कहते हैं—"शरीर जब मन के साथ और आत्मा के साथ चलता है तो शरीर में अपने लिये एकान्त भोग का आग्रह पैदा नहीं होता। तब शरीर अपने को भूखा भी अनुभव नहीं कर रहा होता। यह स्थिति हमारी अनुभूति और कल्पना से एकदम बाहर है, ऐसा नहीं मानना चाहिए। स्थूल जगत में प्रेमी और प्रेमिका भी जब परस्पर विगलित होकर सहानुभूति में आँसू बहा उठते हैं तब मैं मानता हूँ कि उन दोनों के शरीर भी परम कृतार्थता और तृप्ति लाभ का अनुभव प्राप्त करते हैं।"[35]

एक तरफ पति-पत्नी की सुलभता में भी अपर्याप्तता देखना और दूसरी तरफ भोग में भी योग की प्रस्तावना करना, ये दो परस्पर विरोधी मंतव्य हैं जिनसे मर्यादाबद्धता और मर्यादा-विरोधी दोनों ही तरह के विचार सामने आते हैं। कहीं जैनेन्द्र चरित्रों के लिये मर्यादा की ऐसी दीवार बना देंगे, जहाँ से तनिक भी छूट लेने की कोशिश हुई तो आसमान टूट पड़ेगा। तो दूसरी तरफ चरित्रों को इतनी छूट दी जायेगी कि उन्हें यथार्थ में सम्भव मानना ही कठिन हो जायेगा। नन्ददुलारे वाजपेयी ने लिखा है—

"जैनेन्द्र जी को सामाजिक जीवन से भागनेवाला या पलायनवादी भी कहा गया है। नैतिक आदर्शों को जैनेन्द्र जी के साहित्य में कोई स्थिर मान्यता प्राप्त नहीं है। हम रूढ़िबद्ध सामाजिक नैतिकता के हामी नहीं हैं। परन्तु हम उस मनोविज्ञान को समझना चाहते हैं जो समस्त सामाजिक व्यवहारों पर एक प्रश्नचिन्ह लगाकर रह जाता है और बदले में कोई नया निर्देश या रचनात्मक सुझाव नहीं देता।"[36]

यही द्वन्द्व जैनेन्द्र के उन चरित्रों में है जो एक ही साथ सामाजिक मान्यताओं को धराशायी करते हैं और फिर उसकी टूट के साथ ही साथ टूटते भी हैं। लेकिन उनका टूटना तब होता है जब पश्चाताप करने से भी कुछ निकलता नहीं लगता। यह द्वन्द्व जीवन की सार्थकता की तलाश का द्वन्द्व है। नैतिक प्रश्नों की बाधाओं को पार कर जीवन की सिद्धि पाने की आकुलता का द्वन्द्व है जिसमें वैयक्तिकता बनाम सामाजिकता का संघर्ष छिड़ता है जिसमें जीत उसी की होती है जो अधिक तार्किक होता है। *सुखदा* में सुखदा अपने जीवन की सार्थकता इसमें निहित मानती है कि वह 'घर' से बाहर जाकर सामाजिक कार्यों में बढ़-चढ़कर हिस्सा ले। पति कांत की भलमनसाहत का नाजायज लाभ उठाती हुई वह लगातार आगे बढ़ती जाती है और इसी क्रम में वह लाल तथा हरिदा जैसे क्रान्तिकारियों से जुड़ती है और जब तक उसे परिवार की मर्यादा का बोध होता है, तब तक उसका सब कुछ स्वाहा हो जाता है। उसके जीवन की सार्थकता इसमें है कि वह अपने वैयक्तिक सुख और सन्तोष के लिये कार्य करे, पर यह उसकी मर्यादा के ही नहीं, वरन् सामाजिक नियमों

के विरूद्ध पड़ता है जिसके कारण वह टूटती है और फिर वह खुद को ही कोसती है–“अस्पताल में हूँ, अकेली हूँ। बस एक नौकर साथ है। बच्चे हैं, स्वामी हैं, पर वे सब दूर हैं। उनकी याद करते डर होता है। किस मुँह से याद करूँ? उन्हें अपने ही हाथों हटाकर मैंने दूर कर दिया है। अपने ही हाथों मैंने अपना अभाग्य बनाया है। कभी मेरी सोने की गृहस्थी थी, अब ठौर का भी ठिकाना नहीं।”[37]

सार्थक जीवन की चाह में नैतिक प्रश्नों की अनदेखी का यह हश्र है कि सामने मौत दस्तक देने को है और पूछनहार भी कोई नहीं है। यह सुखदा का द्वन्द्व है जिसकी परिणति दिखाकर जैनेन्द्र मानो मर्यादा की हदें निर्धारित करते प्रतीत होते हैं। सीमा है पति और पत्नी दोनों की, किसको कहाँ तक जाना और रहना श्रेयष्कर हो सकता है।

*सुखदा* पर टिप्पणी करते हुए मुनीन्द्र उसमें नारी के ‘सहयोग’ तथा ‘उपयोग’ का प्रश्न देखते हैं। वे लिखते हैं–

“ *सुखदा* में जैनेन्द्र नारी के ‘सहयोग’ तथा ‘उपयोग’ का प्रश्न खड़ा करते हैं। नारी, जो घर की है, जिसके चलते घर-गृहस्थी है, जो पत्नी, माता और बहिन है, जो ‘उपयोगी वस्तु’ है वह क्या गृहस्थी के दायरे के बाहर ‘सहयोग’ की वस्तु बन सकती है?”[38]

निश्चय ही उपन्यास में ‘सहयोग’ और ‘उपयोग’ का प्रश्न ही प्रबल है जिसमें जैनेन्द्र यह दिखाना चाहते हैं कि एक सीमा के बाद स्त्री का ‘घर’ से ‘बाहर’ जाना परिवार के विनाश का सूचक है क्योंकि परिवार की रक्षा और उसको सम्भालने का भार पुरुष के मुकाबले स्त्री पर अधिक है। सुखदा घर की टूट की जवाबदेही अपने ही सर डालती है और जीवन के आखिरी क्षणों में द्वन्द्वग्रस्त होती है। चन्द्रकांत वांदिवडेकर का भी यही कहना है–

“अगर चरित्रों की परिणतियों से लेखक के मन्तव्य को निकाल ही लेना है तो *सुखदा* में जैनेन्द्र ‘घर’ को बचाना चाहते हैं, तरुणाई का, गोलीबारी का, क्रांति के आवेग को परिपक्व नहीं समझते और युवकों को शिक्षा लेकर सामान्य जीवन की ओर लौटने को कहते हैं।”[39]

सुखदा में अपने परिवार की टूट का जबर्दस्त पश्चाताप है तो वह भी उसके अन्तर्द्वन्द्व का ही परिणाम है जिसमें वह अपनी खुली आँखों से देखती है कि उसके वैयक्तिक सुख से परिवार का अस्तित्व ही समाप्ति की ओर बढ़ता जा रहा है।

*कल्याणी* में यह द्वंद्व दूसरी तरह का है। वहाँ अविश्वास और अप्रेम के कारण दाम्पत्य में जहर घुलता है जिसकी प्रतिक्रिया में कल्याणी अपने को घुलाकर मार डालती है। पश्चिम की पढ़ी कल्याणी प्रीमियर से प्रेम करती थी, पर डॉ. असरानी ने छलपूर्वक उससे शादी की और इसे ही नियति मान कल्याणी ने भारतीय संस्कारों को अपने में लाने की प्रतिज्ञा की। लेकिन डॉ. असरानी उस पर इस तरह हावी रहता

गया मानों वह उसका उद्धारक हो। उसकी वह प्रवृत्ति कल्याणी से छुपी न रह सकी और वह लाख प्रयास करने के बावजूद विवाहिता का धर्म तो निभाती रही, पर पति के प्रति प्रेम की पूर्णता नहीं दिखा सकी। उस पर असरानी का कड़ा रुख ये रहा कि वह या तो पूरी तरह गृहस्थी सम्भाले या फिर गृहस्थी में छूट लेते हुए डॉक्टरी करे। कल्याणी नियति के हाथों विवश पातिव्रत्य और व्यक्तित्व की पूर्णता के द्वन्द्व में पिसती है और उस पर पति की शंकालु दृष्टि कसती जाती है। जिसकी प्रतिक्रिया में वह टूटती है और अन्त में उसकी मृत्यु हो जाती है।

सामाजिक मूल्य और उसके व्यक्तित्व की सार्थकता की आकांक्षा और व्यवहार के बीच द्वन्द्व का आलम यह है कि वह पति से बार-बार पिटी जाकर भी उसके विरुद्ध कुछ कहने से डरती है–' वह मुझसे प्रेम करते हैं, इसलिए मार भी सकते हैं', जैसी बातें कहकर कल्याणी अपने अन्तर्द्वन्द्व को ही व्यक्त करती हैं। डॉ. असरानी कहते है–

"स्त्रियाँ अपनी नाक से आगे नहीं देख सकतीं। उन्हें बुद्धि होती है पास तक की। आसपास के बाहर क्या है, इसकी उन्हें सुध नहीं होती। इसलिए विरोध न करो, तो उनसे चाहे जो करा लो।"[40]

तिल-तिल कर इस व्यथा की आग में जलती हुई कल्याणी के लिये बाहर निकलने का कोई मार्ग बचा नहीं है, वह अपनी इसी दुनिया में द्वन्द्वग्रस्त होकर जीती है। उसकी अपनी जिन्दगी जैसे गिरवी हो उठी हो। क्षुब्ध होकर वह असरानी से कहती है–

"तुम साफ-साफ कह क्यों नहीं देते हो कि तुम क्या चाहते हो? मुझे तिल-तिलकर बेचना चाहते हो, सो वह हो रहा है। आखिरी साँस तक मेरा बिक जायेगा, तब भी मैं इंकार नहीं करूँगी। लेकिन इसके बाद भी तुम मुझे अपनी तरह क्यों नहीं रहने देते हो?"[41]

कल्याणी के भीतर यह घाव भी बहुत गहरा है कि उसने असरानी को स्वीकार क्यों किया। पश्चाताप और भविष्य की उम्मीदों के बीच वह लगातार पिसती है और तय नहीं कर पाती कि वह करे क्या।

उसके जीवन की सार्थकता अपना सम्पूर्ण व्यक्तित्व पाने में है, पर मुश्किल यह है कि अनमेल विवाह से पैदा हुई त्रासदी ने उसे नैतिकता के ऐसे घेरे में ला खड़ा किया है, जहाँ वह कोई स्वतन्त्र निर्णय लेने में समर्थ नहीं हो पा रही है। डॉ. सत्येन्द्र ने कल्याणी के इस द्वन्द्व पर अपनी टिप्पणी में कहा है–

"कल्याणी एक विद्रोहिणी नारी के रूप में 'कैरिअरिज्म' के स्तर पर अपना निजत्व मिटाकर पति-तुष्टि की चेष्टा में अपना पातिव्रत निर्वाह करते हुए निराशा, वितृष्णा, अपमान और अतृप्ति भोगती है। मूलतः कल्याणी की समस्या भी मानसिक अतृप्ति की समस्या है जो आत्मदमन के स्तर पर व्यक्त हुई है।"[42]

कल्याणी यह कोशिश तो अवश्य करती है कि वह पति की दृष्टि में प्रिय बने, पर डॉ. असरानी के स्वभाव में ही अमानवीयता है जो उसे केवल स्वार्थ की ओर प्रेरित करता है। वह पैसे का भूखा है। कल्याणी के सम्बन्धों से भी उसे पैसे चाहिएं और उसकी डॉक्टरी से भी। और यह सब करते हुए भी वह परम्परागत भारतीय स्त्री की तरह घर के एक कोने में पड़ी रहे, अन्यथा शंका और सजा से वह बच नहीं सकती। पति द्वारा लगातार दंडित होते जाने, लगभग निरर्थक हो जाने और जीवन को भार समझकर ढोते जाने के बावजूद वह कहती है–

"सामाजिक नियमों का उल्लंघन उदासीन होकर नहीं देखा जा सकता। मर्यादाओं की रक्षा आवश्यक है। नहीं तो समाज बिखर जायेगा। मनुष्य और पशु में तब भेद नहीं रहेगा।"[43]

उसका द्वन्द्व यह है कि अपने जीवन की सार्थकता को परिवार से बाहर देखते हुए भी वह मर्यादा-रक्षा के इस सनातन प्रश्न पर टिकी हुई है। वह एक स्थल पर फिर कहती है–

"नियम हैं, इसी से समाज समाज है। क्या नियम की अवज्ञा की जा सकती है?"[44]

नियम की अवज्ञा भले न हो पर टूटना और तिल-तिल कर उसे मरना तो पड़ता ही है। पति उसे दुश्चरित्र कहता है तो वह मान भी लेती है और कहती है–

"मैं पूछती हूँ कि दुराचारिणी स्त्री को क्यों नहीं मर जाना चाहिए?"[45]

उसका दुराचार सिर्फ इतना है कि वह पति के कहे हुए ही करती है और उसी की ओर से दुराचारिणी कहलाती है। पातिव्रत्य और डॉक्टरी में से किसी एक को चुनने की बात उठाते हुए वह साफ कहती भी है–

"दोनों में से कोई एक चुनकर दे दो। पातिव्रत्य या डॉक्टरी। मैं पति परायण हो जाऊँ या डॉक्टरी की कमाई कर दूँ। दोनों साथ होना कठिन है। पैर दो नावों पर रहेंगे तो पलत डगमग रहेगी।"[46]

यह कल्याणी के जीवन की विडम्बना है जो जीवन की सार्थकता और नैतिकता के द्वन्द्व में उलझकर टूटती है।

ऐसे प्रश्नों को व्यापक सामाजिक परिप्रेक्ष्य में रखकर देखने से यह बात स्पष्ट रूप से सामने आती है कि जैनेन्द्र के यहाँ इस तरह के द्वन्द्व से बचने की चेष्टा ही नहीं है। मानो वे यह तय करके चले हैं कि अमुक पात्र की परिणति ऐसी ही होनी है। वस्तुतः ऐसे प्रश्नों के माध्यम से जैनेन्द्र यह दिखाना चाहते हैं कि जीवन की प्रक्रिया जितनी जटिल है, उतनी ही मारक भी। एक बार जीवन सामाजिक-व्यवस्था के दायरे में आ गया तो फिर उसका निदान सम्भव नहीं होता। जहाँ निदान पाने की संभावना बनायी जाती है वहाँ टूट होती है। टूट यहाँ भी होती है पर यह टूट जैनेन्द्र की दृष्टि में उतनी निरर्थक नहीं, जितनी कि सामाजिक-मर्यादा के भंग की

टूट होती है। यहाँ जैनेन्द्र में परस्पर-विरोध के तहत फिर अन्तर्विरोध उभरता है कि *त्यागपत्र* में मृणाल की टूट उनके लिये महिमा और गौरव का कारण बन आती है। हालाँकि *त्यागपत्र* में भी वे 'गाँठ' तोड़ने के हिमायती नहीं हैं और घोषित करते हैं कि इसका टूटना श्रेयष्कर नहीं है। मृणाल ने तोड़ा तो उसका हश्र सामने आया और जज साहब की बुआ होकर भी वह दर-दर निरे कंगाल की तरह भटकती रह गयी। भारतभूषण अग्रवाल की टिप्पणी है—"जैनेन्द्र के किसी भी पति को इतनी फुर्सत नहीं कि वह अपनी पत्नी को सहधर्मिणी की तरह रखने की माँग पूरी कर सके। उसके बाल-मन ने नारी को सिर्फ कट्टो के रूप में ही जाना है। विधवा अर्थात् निरीह—जिसकी कोई माँग नहीं है, जिसको सिर्फ एक अवलम्ब, एक शरण-स्थल चाहिए।"[47]

जैनेन्द्र के पति अपनी पत्नियों को मर्यादा का पाठ चाहे जितना पढ़ा लें, खुद को उस मर्यादा के तहत लाने में कोई रुचि नहीं रखते और पत्नियों की दशा बाहर-भीतर के द्वन्द्व में झूलने की ही रह जाती है। भारतभूषण अग्रवाल ने ही आगे लिखा है—

"श्रीकांत हो या डॉ. असरानी नारी के सच्चे ऊष्म स्पर्श से वे स्वयं अपने ही कारण ऐसे वंचित रह जाते हैं कि दया आने लगती है। आश्चर्य होने लगता है कि ऐसे आत्मबन्द दृष्टिहीन पुरुष के प्रति जैनेन्द्र की नारी विद्रोह क्यों नहीं करती? उसके चरणों में समर्पित रहकर अपने को धन्य क्यों मानती है? मृणाल की परिणति में तो उस विद्रोह की पुष्टि की बजाय नारी को एक चेतावनी ही निहित है कि खबरदार, जैसी कहूँ, वैसी रह, नहीं तो देख ले, जज साहब की बुआ होकर भी तुझे भिखारिन ही बनना पड़ेगा।"[48]

एक स्तर पर अग्रवाल का यह आरोप उचित जान पड़ता है; क्योंकि जैनेन्द्र के उपन्यासों में स्त्रियाँ जैसे ऐसी ही नियति में डाल दी गयी हैं कि वे इसी तरह जीवन और भवितव्यता के बीच झूलती रह सकें। उनके पतियों का मानो कोई कर्त्तव्य ही शेष नहीं रह जाता। पर यहाँ प्रश्न यह है कि क्या लेखक से किसी वस्तुनिष्ठ समाधान की ही उम्मीद होनी चाहिए। या कि वह अपने पात्रों के माध्यम से समस्या की गम्भीरता को उसकी निरन्तरता में दिखाये? जैनेन्द्र का यह मंतव्य भले रहा हो कि उनके स्त्री-चरित्र मर्यादा के दुर्वह भार को अपने कन्धों पर ढोयें लेकिन एक रचनाकार की हैसियत से भारतीय स्त्री की नियति और उसकी विडम्बना को दिखाकर वे समाज-व्यवस्था की इस बड़ी फाँक की ओर ही इशारा करते हैं जिसमें सही-गलत का निर्णय पाठक पर होता है कि वह तय क्या कर पाता है। मार्क्स और एंगेल्स के बीच एक पत्र के हवाले से रैल्फ फॉक्स ने इस समस्या का निदान करते हुए लिखा है—

"उद्देश्यपरकता का उदय बिना उस पर जोर दिये परिस्थिति तथा कर्म में से अपने आप होना चाहिए। और यह कि लेखक इस बात के लिये बाध्य नहीं है कि

जिन सामाजिक द्वन्द्वों का वह चित्रण करता है उनका कोई बना बनाया ऐतिहासिक हल भी वह पाठकों को दे।"[49]

इस उद्धरण से जैनेन्द्र पर लगाया गया यह आरोप स्वतः खारिज हो जाता है कि उन्होंने जान-बूझकर ऐसी स्थितियाँ निर्मित की हैं कि स्त्री विवश और लाचार बनी रहने के लिए ही है।

जैनेन्द्र के यहाँ सार्थक जीवन की चाह और नैतिकता के द्वन्द्व के कुछ और स्तरों का उद्घाटन दिखाई देता है। ये स्तर *मुक्तिबोध, अनन्तर* तथा *अनाम स्वामी* में बड़ी तीव्रता से सामने आते हैं।

*मुक्तिबोध* में सांसद सहाय का मानसिक द्वन्द्व दिखाई देता है जो सारी सुविधाओं के बावजूद शान्ति की तलाश में द्वंद्व ग्रस्त होता है। वह मन्त्रिपद अस्वीकार करता है। परिवार और सम्बन्धी उस पर फैसला बदलने के लिये दबाव डालते हैं पर उसे तब तक शांति नहीं मिलती जब तक वह अपनी प्रेयसी नीला का आश्रय नहीं पाता। उपन्यास यह दिखाने में सफल होता है कि संस्थागत मूल्यों के भीतर व्यक्ति को मानसिक संतोष प्राप्त नहीं हो पाता और उसे बाहरी संसार में भटकना पड़ता है। यहाँ भी सार्थक जीवन की चाह के आगे नैतिक प्रश्नों की बाधा ही है जिसे सहाय पार करता है और शान्ति पाता है। ऐसा नहीं है कि इस प्राप्ति में वह सहजता से आगे बढ़ता ही है, बल्कि कदम-कदम पर उसे नाना प्रकार के दबावों का सामना करना पड़ता है।

राजनीतिक जीवन में सहाय की मुश्किल यह है कि वह उसमें व्याप्त अनीति से असन्तुष्ट और क्षुब्ध है। उसमें एक अहंकार भी है जो हमेशा शक्ति ओर सत्ता पाते रहने को प्रेरित करता है। *मुक्तिबोध* में नैतिकता के प्रचलित रूप पर प्रश्न के साथ-साथ यह प्रश्न भी है कि क्या स्त्री पुरुष सम्बन्धों को 'विवाह' के आधार पर नियन्त्रित किया जा सकता है। क्या वह सम्बन्ध झूठ है जिसके पीछे मनुष्य अपनी सारी व्यक्तिता को दाव पर लगाकर भागता है। उपन्यास में नीला सहाय की प्रेयसी है और उसी के सान्निध्य ने सहाय की नीरस जिन्दगी में सरसता का संचार किया है। जैनेन्द्र ने पत्नी से परे नीला के प्रेयसी चरित्र की प्रतिष्ठा की है और इस तरह उन्होंने सामाजिक मूल्य के बरक्स मानवीय सम्बन्ध के इस पक्ष को समर्थन दिया है। सहाय कहता है–

"मैं साफ-साफ समझ नहीं पाता हूँ। पति-पत्नी का सम्बन्ध केन्द्र है। वह ध्रुव है कि जिसके आधार पर एकत्रता और समाज की मर्यादाशीलता खड़ी है। सही-गलत सब उसके सन्दर्भ से बनना चाहिए। लेकिन मैं नहीं जानता कि नीला को लेकर मुझमें क्या होता है। एक आत्मिक स्फूर्ति-सी मिलती है। राजश्री को लेकर वह नहीं हो पाता। वह विवाहित है। मैं विवाहित हूँ। उसी कारण उस सुख-सौहार्द्र को क्या

निषिद्ध बना देना होगा।"[50]

सत्ता और राजनीतिक पेंचों के साथ-साथ सहाय में यह द्वंद्व भयानक है। उपन्यास का असल संकट यही है। सहाय के जीवन की सार्थकता नीला से स्फूर्ति पाने में है। बाधाएँ उसके सामने नैतिक प्रश्नों की हैं। इसे वह पार करता है जिसमें पत्नी राजश्री का भी सहयोग सामने आता है। सहाय की दुविधा नीला ही दूर करती है–

"सबके अन्तरंग में बात वह है जो एक है, सब है, और इसीलिए परम और भाग्य है।"[51]

चन्द्रकांत वांदिवडेकर लिखते हैं–

"इसी को मुक्ति का बोध कहा जा सकता है। नीला के मन्तव्य दुविधाग्रस्त सहाय की अपेक्षा उपन्यास की नैतिकता की परख के लिए अधिक विश्वसनीय माने जा सकते हैं। क्योंकि पुरुष और प्रकृति की इस लीला में नीला उदासीन पुरुष को प्रेरित कर कार्य करवा रही है। यह मुक्ति का बोध सम्भवतः सर्वमान्य नहीं होगा परन्तु इसमें आस्था रखनेवालों की कमी नहीं है।"[52]

पर इस निष्कर्ष में जैनेन्द्र की इस स्थापना का फलितार्थ सामाजिक-मर्यादा के विरोध में जाता है जिसकी बार-बार उन्होंने चर्चा की है और उसकी रक्षा का प्रयत्न किया है। पत्नी और प्रेयसी में प्रेयसी को जीवन की सार्थकता में देखने का यह यत्न एक मानवीय संकट भी बनता है जो कहीं गहरे सामाजिक व्यवस्था की बुनियाद को कमजोर करता है। पर सार्थक जीवन की चाह में यहाँ तक निकलना अपने आप में एक चेतावनी भी है जिसे जैनेन्द्र ने, लगता है–सामाजिक विमर्श के लिए खुली छोड़ दी है।

*अनन्तर* की अपरा के माध्यम से भी जैनेन्द्र ने सार्थक जीवन की चाह के द्वन्द्व को उभारा है। अपरा के लिए जीवन का ध्येय ही है–जीना और भरपूर जीना। उसमें कहीं कोई नैतिकता आड़े नहीं आती। वह प्रसाद जैसे बूढ़े व्यक्ति के लिए भी समर्पण को तैयार हो सकती है तो आदित्य जैसे युवक के लिए भी। उसे किसी भी तरह की बाध्यता स्वीकार नहीं है। चन्द्रकांत वांदिवडेकर मानते हैं कि "प्रकृति और पुरुष के बीच अथवा स्त्री और पुरुष के बीच के आकर्षण को प्राकृतिक अतएव स्वस्थ और नैतिक माननेवाले प्रसाद अपरा की चुलबुली भाषा और मुक्त व्यवहार को लेकर बार-बार विचलित हो जाते हैं।"[53]

*अनन्तर* में अपरा के माध्यम से नारी स्वेच्छाचार के आतंक को दिखाकर जैनेन्द्र ने प्रसाद के द्वन्द्व की थाह ली है। यह द्वन्द्व सामाजिक मूल्यों के बरक्स जीवन की सार्थकता में नयी नैतिकता का ही द्वन्द्व है। प्रसाद सोचता है–

"अपरा जैसी स्त्री मेरे जीवन में पहले न आयी थी। मन में प्रसन्नता का भाव हुआ। कहा–'अब देख लिया तुमने अपरा, मैं ऊपर नहीं उठा हूँ। न ही मानता हूँ,

मर्यादा लाँघना ऊँचा उठ जाना है।"[54]

पर अपरा मर्यादा में रहना जैसे जानती ही नहीं है और बार-बार प्रसाद की नैतिकता को चुनौती दे बैठती है—"आदमी-आदमी के बीच जिसने शंका पैदा कर दी है, उसे नैतिकता कहते हैं। उसके ही आप बन्दी बने क्यों बैठे हैं।"[55]

यह द्वन्द्व प्रसाद में अधिक है क्योंकि वह मर्यादा के बाहर नहीं जाना चाहता और अपरा का स्वभाव यह है कि वह मर्यादा में रहना जानती ही नहीं; क्योंकि मर्यादा और नैतिकता उसकी समझ में सिर्फ आदमी-आदमी के बीच शंका पैदा करने के लिये ही है।

*अनाम स्वामी, त्यागपत्र* की पूरक कृति है जिसमें सर पी.दयाल अनाम स्वामी के आश्रम आते हैं और अपनी बुआ मृणाल की मृत्यु का प्रायश्चित करते हैं। पर सर पी. दयाल की बेटी मृणाल से एक दूसरे छोर पर जुड़ती है, वह है उदिता, जो नई पीढ़ी का प्रतिनिधित्व करती है। उसके लिए सामाजिक मूल्यों का कोई मतलब नहीं है। उसके जीवन की सार्थकता इसमें है कि जहाँ उसे सुख मिल सके जीवन इसी में है। वह खुले मन से कहती है—

"मेरा विचार आप छोड़ दें, माँ से भी कह दें कि वह निश्चिंत हो जाएँ। आपकी उदिता समर्थ है, सफल है और दुनिया में अपनी ज़गह बनाने की राह पर है। वह आश्रिता नहीं है परिशिष्ट नहीं है। बहन जी, माँ जी नहीं है, वरन् एक कर्म-तत्पर नागरिक है।"[56]

सार्थक जीवन की चाह में नैतिक प्रश्नों की बाधा को वह मानों पार कर गयी हो और यह भी भलीभाँति देख लिया हो कि नीति, अनीति और मर्यादा का बन्धन जीवन को निरर्थकता में बदलने का ही माध्यम है।

इस तरह ऐसे अनेक स्थलों पर जैनेन्द्र ने जीवन की सार्थकता में नैतिकता के द्वन्द्व को देखा है और उसे परखने की चेष्टा की है। कहीं वे इस द्वन्द्व से एक नये मूल्य का सृजन करते हैं तो कहीं पुरातन की ओर लौटना ही श्रेयष्कर मानते हैं जहाँ आने पर समाज-व्यवस्था के आधार को मजबूत किया जा सकता है। प्रश्न मानवीय सम्बन्ध में नये मूल्यों की खोज का है जहाँ वे सामाजिक मूल्यों की बाधाएँ दूर करते देखे जा सकते हैं। समाज का विकास तथा उसकी दृढ़ता का आधार मानवीय स्तरों पर ही सम्भव है, यह उनकी इस खोज का निष्कर्ष है।

## सम्बन्ध और उनकी प्रासंगिकता में नैतिकता

"व्यक्ति एक होकर जी नहीं सकता। जनमते ही माता-पिता और अन्य पारिवारिकों से वह जुड़ जाता है। क्या मछली अपने लिये पानी का अलग विचार कर सकती है। उसी तरह आदमी अलग से समाज का विचार नहीं कर सकता। वाताकाश में से यदि वह वायव्य ऑक्सीजन प्राप्त करता है तो आसपास के समाज से उसे प्रेम

का ऑक्सीजन प्राप्त होता है। आरम्भ से उपलब्ध इन प्रेम-सूत्रों के ताने-बाने से उसके चारों ओर समाज का निर्माण होता है। इसलिए मैं नहीं जान पाता कि व्यक्ति का समाज-निरपेक्ष और समाज का व्यक्ति-निरपेक्ष विचार-चिन्तन कैसे सम्भवनीय हो सकता है।"

*जैनेन्द्र—कल्याणी,* पृ. 12

मनुष्य जीवन में मानवीय सम्बन्धों की परम्परा उतनी ही पुरानी है जितनी कि समाज-व्यवस्था की परम्परा। इसलिए इसमें नैतिकता के बरक्स नये मूल्यों की सम्भावनाएँ भी बनती रही हैं और उनकी प्रक्रिया भी बाधित होती रही है। समाज-व्यवस्था के अस्तित्व को बचाये रखने के लिए नैतिक मूल्यों की भूमिका बहुत महत्त्वपूर्ण होती है। स्वतन्त्रता और वैयक्तिक सार्थकता में अगर हर स्तर पर उसे तोड़ा ही जाय तो समाज में अराजकता पैदा होगी जो किसी भी सभ्यता और संस्कृति के लिए सुखद नहीं मानी जाएगी। पर उस सीमा तक नैतिकता की हदें टूटती रही हैं जहाँ मानवीय सम्बन्ध और उससे जुड़े मूल्य दाव पर लगते हैं; क्योंकि इसमें जीवन की गति जुड़ी होती है जिसे थामने पर भी समाज का हित सधता नहीं है।

प्रेम तो हर स्थिति में समाज की मर्यादाएँ तोड़ता है और उससे आगे निकल जाता है। प्रेम को संस्थागत जकड़ बन्दियाँ रास नहीं आती; क्योंकि उसके लिए समाज में किसी तरह की स्वीकृति या अपनत्व की कोई मान्यता ही नहीं बनी है। वह जाति, धर्म, सम्बन्ध से परे ऐसा मानवीय भाव है जो अनुभूति और स्पन्दन के सहारे प्राणियों में संचरित होता है और देखते ही देखते उसके प्रभाव से समाज की सारी बाध्यताएँ ध्वस्त हो उठती हैं। सहजता से ये बाध्यताएँ दूर न हों तो व्यक्ति बड़ी से बड़ी शहादत देकर भी अपने प्रेम को जिलाये रखना चाहता है और जिलाता भी है। व्यक्ति और समाज का द्वैत यहीं पर आरम्भ होता है जिसमें व्यक्ति अपनी सुविधा के निमित्त समाज की सुविधा की अनदेखी करता है। व्यष्टि और समष्टि के इसी द्वैत से व्यक्तिवाद का जन्म होता है जिसमें व्यक्ति के परे किसी भी सत्ता के लिए कोई स्वीकृति नहीं होती।

नैतिकता के बदलते स्वरूप के कारण मानवीय सम्बन्धों के दायरे भी बदलते गये हैं। मानव सापेक्ष होते जाने के कारण नैतिकता का चूँकि वायवीय आधार खिसकता चला गया है, इसलिए उसके बोध और उसके निर्वाह में बुनियादी परिवर्तन आते गये हैं। इसे स्पष्ट करते हुए स. ही. अज्ञेय ने लिखा है—"विज्ञान ने नैतिकता को ईश्वरपरक न मानकर मानव-सापेक्ष मान लिया है, मानव की उसकी परिकल्पना चाहे, कितनी भी विस्तीर्ण हो। ईश्वर के दरबार में सब प्राणी समान हो सकते थे, मनुष्य के दरबार में स्वभावतः वैसा नहीं हो सकता क्योंकि वह मनुष्य का दरबार है। इस प्रकार संसार का मानदंड मनुष्य को मानते ही हमारी नैतिकता के आधार में बहुत से अवश्यम्भावी परिवर्तन होने लगते हैं। दूसरे शब्दों में हमारी संवेदना का रूप बदल जाता है।"[57]

यानी मानव-सापेक्ष मानने के बाद नैतिकता ऐसी स्थिर धारणा भी नहीं रह गयी है जो बदली नहीं जा सकती, वह बदली जा सकती है और बदली भी जा रही है। पर क्या सम्बन्धों के प्रसंग में इस नैतिकता की कहीं कोई गरिमा बचाई जा सकती है। यह प्रश्न अगर अज्ञेय के ही उपन्यासों—विशेषकर *शेखर एक जीवनी* को सामने रखकर करें तो बात अधिक स्पष्ट हो जाती है। इस कृति का नायक शेखर व्यक्तित्व की परवाह जितना करता है, उतना उसे समाज की परवाह मंजूर नहीं है, समाज चाहे जहाँ जाय—टूटे या रहे, इसकी चिन्ता से उसका कोई सरोकार नहीं है। 'शेखर' में सम्बन्धों को लेकर जिस किस्म की नैतिकता का आग्रह है उसकी प्रासंगिकता क्या है; यह विकट प्रश्न है। वहाँ व्यक्तिवाद का चरम है जहाँ मानवीय सम्बन्धों को भी अपने पक्ष में समेट लेने की तीव्र आकुलता है।

पर जैनेन्द्र के *त्यागपत्र* में सम्बन्धों और उनकी प्रासंगिकता का प्रश्न नैतिकता से परे नहीं जाता। यही अज्ञेय के व्यक्ति और जैनेन्द्र के समाज में मूलभूत अन्तर है। शेखर की इस स्थिति के पीछे समाज की कोई विकृत भूमिका नहीं है जिसके आलोक में उसके समाज-निरपेक्ष व्यवहार को उचित ठहराने की लाचारी हो। वह असंख्य नारियों से प्रेम करता है, करना चाहता है। उसकी संगिनी शशि की स्थिति यह है कि वह विवाहिता होते हुए भी शेखर के लिए जीती है और परिवार की मर्यादा की परवाह नहीं करती। उसकी पारिवारिक मर्यादा में परिवार की ओर से कोई त्रास बाधक हो, यह भी नहीं है। फिर क्यों वह परिवार की संरचना को तोड़ने पर आमादा है। मृणाल तो समाज और परिवार की उपेक्षा और लगातार जुर्म की प्रतिक्रिया में उसकी अवहेलना करती है और उसकी मर्यादा के विरुद्ध आचरण करते हुए भी समाज को तोड़ने फोड़ने से बचना चाहती है। शशि का प्रेम विवाह से पूर्व ही शेखर से था, पर वह शेखर की कौन सी नैतिकता कही जाएगी कि उसे उसने विवाह करने की छूट दी और उसके परदे में वह शशि को जीता रहा। सच्चाई का पता लगता है तब वह उसे छोड़ता है और खुद में ही असमर्थ शेखर उसे अपनाता है, लेकिन उसकी काम भावना यहीं विराम नहीं लेती। वह शशि से ही दूसरे सम्बन्ध की स्वीकृति भी ले लेता है।

सम्बन्धों की प्रासंगिकता के स्तर पर व्यक्ति और समाज का यह द्वन्द्व वस्तुतः अज्ञेय और जैनेन्द्र के बीच द्वन्द्व का ही एक रूप है। अज्ञेय व्यक्ति की चरम सार्थकता में समाज की सार्थकता देखते हैं तो जैनेन्द्र समाज की सार्थकता में व्यक्ति की सार्थकता। अज्ञेय की शशि व्यक्ति-स्वातन्त्रय और स्वच्छन्दता की आग्रही चरित्र है जिसके लिए कथित भाई (शेखर) से भी प्रेम वर्जित नहीं है। इसके विपरीत मृणाल नियति की मार झेलकर प्रतिक्रिया में खुद को जीवन में आनेवाले लोगों से जोड़ती है, प्रेम नहीं करती, प्रेम का दान करती है और बार-बार समाज की व्यवस्था को बनाए रखने पर बल देती है। 'शेखर' के बारे में तारकनाथ बाली के विचार ठीक मालूम

होते हैं—"लगता है कि वह एक अकेला व्यक्ति है, जैसे चाहता है, जीता रहता है, जो चाहे करता है, कहीं कोई बाधा या परेशानी नहीं है—समाज नाम की कोई चीज़ यथार्थतः है ही नहीं।"[58]

सम्बन्धों की प्रासंगिकता में समाज तथा व्यक्ति के द्वन्द्व को जैनेन्द्र की *सुनीता* तथा अज्ञेय की *नदी के द्वीप* नामक कृतियों में भी देखा जा सकता है। इन दोनों में दाम्पत्य की दो अतिवादी दिशाएँ दिखाई देती हैं। *सुनीता* के जीवन में एकरसता की समस्या है तो रेखा के जीवन में पति के वियोग और भुवन से प्रेम की समस्या है। सुनीता के लिए उसके परिवार में आये तीसरे व्यक्ति हरिप्रसन्न का सम्बन्ध वह कत्तई नहीं है जो रेखा के लिए भुवन का है। यहाँ भी व्यष्टि और समष्टि का जबर्दस्त द्वन्द्व है जिसमें सुनीता के लिए परिवार मुक्ति-स्थल है तो रेखा के लिए यातना का केन्द्र। सुनीता के लिए पत्नीत्व कोई नकारवादी बन्धन नहीं है जबकि रेखा के लिए वह गुलामी की जंजीर है। डॉ. स्वर्णकांता तलवार कहती हैं—

"रेखा की समस्या गति के साथ स्थिति के सामंजस्य की है जबकि सुनीता की समस्या स्थिति के साथ गति के, घर के साथ बाहर के सामंजस्य की है। रेखा घर में रहकर भी बाहर की है, सुनीता बाहर रहकर भी घर की है।"[59]

इस तरह सम्बन्धों की प्रासंगिकता में नैतिकता का यह द्वन्द्व वस्तुतः जीवन की सार्थकता को एक परिधि में नहीं देख पाने का है। जहाँ जैसे और जिस समय मन में आकांक्षाएँ बल मारे उसके अनुरूप जीवन को ले जाने से जो नैतिक संकट उपस्थित होता है वह न केवल वैयक्तिक जीवन, बल्कि समाज को भी प्रभावित करता है और बहुत बार इससे समाज-व्यवस्था के मानवीय आधार भी खिसकने लगते हैं। जैनेन्द्र के यहाँ ऐसे द्वन्द्वों की बहुतायत है। इसे *परख* से लेकर *सुनीता, त्यागपत्र, कल्याणी, सुखदा* जैसे उपन्यासों में देखा जा सकता है तो *एक रात, जान्हवी, ध्रुवयात्रा, पत्नी,* आदि कहानियों में भी। यहाँ सम्बन्धों के मानवीय और सामाजिक पक्षों पर गहरा विमर्श देखा जा सकता है। मानवीय सम्बन्धों को भी जीते जाने और सामाजिक मूल्यों के प्रति भी राग रखने के कारण जैनेन्द्र के उपन्यासों के चरित्रों में जो द्वन्द्व उभरता है, वह यह सिद्ध करता है कि व्यक्ति-जीवन की स्वतन्त्रता समाज से ही सार्थकता पाती है। समाज और परिवार की अवहेलना से व्यक्ति का भी सुखी रहना सम्भव नहीं होता और समाज का भी।

*जयवर्द्धन* में इला का प्रेम इसका उदाहरण है जो जयवर्द्धन के प्रति समर्पित है, पर अविवाहित रहते हुए वह अपनी देह को सम्बन्ध का आधार नहीं बनने देती और तब तक मानसिक यंत्रणा से गुजरती है जब तक जयवर्द्धन पूरी तरह गृहस्थाश्रम में प्रवेश नहीं करता। उपन्यास में परम्परा तथा प्रेम का जबर्दस्त द्वन्द्व दिखाई देता है। उसका द्वन्द्व यह है कि वह अपने पिता के विरुद्ध कुँआरी होते हुए भी जयवर्द्धन के साथ रहती है जिसके कारण पूरे राज्य में भयावह वितंडा फैलता है। वह प्रेम करती

है इसलिए अविवाहिता होते हुए शरीर को सुरक्षित रखने की मर्यादा का निर्वाह तो करती है, पर जयवर्द्धन को छोड़ती नहीं। सम्बन्ध की प्रासंगिकता यहाँ तक नये अर्थ में उद्भासित होती है। नैतिकता का संकट यहाँ भी है, पर समाज की मर्यादा का पालन करते हुए इला तथा जयवर्द्धन एक-दूसरे के होते हैं और तब उन्हें सामाजिक स्वीकृति भी मिलती है। नैतिकता के बोध में परिवर्तन के बावजूद मुक्त स्वेच्छाचार आधुनिक मानव के लिए भी यन्त्रणा का ही सूचक है, उसकी सार्थकता का नहीं। जैनेन्द्र के उपन्यास *दशार्क* मे इस द्वन्द्व का एक अलग रूप दिखाई देता है। रंजना पति की दशा और पारिवारिक जरूरतों के मद्दे नज़र वेश्यावृति अपनाती है। उसमें परिवार और पारिवारिक दायित्वों के बीच तीव्र द्वन्द्व है जिसकी परिणति उसकी 'घर वापसी' में होती है जहाँ वह पुनः सरस्वती बनकर लौटती है। वेश्यावृत्ति वह पैसे के लिए करती है। अर्थ की दखलंदाजी ने मानवीय सम्बन्धों में फाँक पैदा कर दिया है, वह रिश्ते-नाते, सम्बन्धों और अपने समाज से कट जाती है। अपनी मर्यादा का स्वयं निर्माण करती है और पुनः घर लौटती है। मानवीय सम्बन्ध उसके जीवन में हलचल मचाते हैं। उसे लगता है कि भौतिक सुविधाओं का ही जख़ीरा जीवन की सार्थकता के लिए अभीष्ट नहीं हो सकता।

जैनेन्द्र *दशार्क* की समस्या के बारे में कहते हैं–

"हमारे व्यवस्थापक जन-जीवन के आर्थिक पहलू को बहुत महत्व देते हैं। उनके मानस-नेता मार्क्स हैं, पर पुरुषार्थों में अर्थ के साथ काम भी है। धर्म-मोक्ष को तो आदि-अन्त कह लीजिए। जीवन यात्रा में के वे ही दो आयाम-संगत रह जाते हैं। ये द्वैत पाश्चात्य विचार में विशेष समानान्तर रहा है। मार्क्स और फ्रायड में सामंजस्य की चेष्टा हुई ही नहीं। परिणाम यह हुआ कि स्त्री-पुरुष के द्वैत को तत्व विचार और व्यवहार-व्यापार में किनारे ही छोड़ दिया गया है।"[60]

आर्थिक पहलू को ही जीवन का सम्पूर्ण ध्येय न स्वीकार करते हुए जैनेन्द्र ने यहाँ पुरुषार्थ के काम रूप की चर्चा करके जीवन में स्त्री-पुरुष के सम्बन्धों में द्वैत के निराकरण पर बल दिया है और उसे आर्थिक के साथ-साथ मानवीय बनाने की बात की है। सम्बन्धों में अर्थ की अपनी महत्वपूर्ण भूमिका है, पर वही जब जीवन को निर्धारित करने लगे तो संकट पैदा होगा, मानवीयता की समाप्ति का संकट। यह प्रश्न नैतिकता के संकट से कहीं अधिक गहरा तथा भयावना संकट होगा।

पर उपन्यास में प्रतिपाद्य के साथ जूझते हुए भी जैनेन्द्र की मुश्किल एक अलग द्वैत सृजित करती है। वेश्यावृत्ति करते हुए रंजना देह से परे व्यापार ही करती है और अक्षत होकर ही घर लौटती है। एक पत्नी होते हुए उसे देहदान के संकट से बचाते हुए जैनेन्द्रे लेखकीय अविश्वसनीयता के शिकार होते हैं। रमेशचन्द्र शाह ने इस पर प्रश्न किया है–

" *दशार्क* में जैनेन्द्र जी ने मानो खुद अपनी सरस्वती को बाहर की अतलांत

असुरक्षा में झोंक दिया है। और वहाँ से उसे अक्षत घर लौटा लाये हैं। मन में प्रश्न उठता है, सृजन की गुणवत्ता क्या आस्था के साथ-साथ संशय की गुणवत्ता से भी अनिवार्य रूप से नहीं जुड़ी है।"[61]

यहाँ जैनेन्द्र ने रंजना को नैतिक स्तर पर ठीक साबित करने के लिए अपने को सन्देहास्पद बनाया है। यह उनकी आस्था और संशय का द्वैत है जो सम्बन्धों की प्रासंगिकता में नैतिकता को कहीं से क्षरित होते नहीं देखना चाहता। *दशार्क* की रंजना वेश्या है, वह घोषित रूप से तन का व्यापार करती है, पर कहती है–

"मर्यादा न भूलिये महाशय...मर्यादा यह कि यौन-सम्बन्ध क्या एक से ही सम्भव है। सार्वजनिक शब्द का योग यहाँ असम्भव है। जो विस्तार पाता जायेगा वह सम्बन्ध प्रेम का होगा। यौन हो ही नहीं सकेगा।"[62]

यह 'दशार्क' की रंजना का द्वैत है जो कर्म से 'वेश्यावृत्ति' करती है, पर सम्बन्ध की पवित्रता भी बचाए रखना चाहती है– पत्नीत्व की पवित्रता। वह अपने इस कर्म को स्वयं को दंड देना कहती है। एक पत्रकार से उसके संवाद को यहाँ देखा जा सकता है–

"आपने पति को क्यों छोड़ा है? अकेली क्यों रह रही हैं?"

"मैं अपने को दंड दे रही हूँ।"

लोगों ने एक-दूसरे की ओर देखा। "दंड किस बात का! और दंड का यह रूप कि अबाध सम्बन्ध।"

"दंड इस बात का कि हमने माना पति-पत्नी से प्रेम रुक सकता है। इससे गृहस्थी में कलह पड़ा। निर्वाह असम्भव हो गया। अब अकेले पड़कर वे सीख रहे हैं, मैं सीख रही हूँ, कि यह सम्भव नहीं। प्रेम प्रसार के लिए है।"

"यानी सम्बन्ध अबाध, विवाह बाधा।"

"जी, बाधा बनकर विवाह निरर्थक हो जाता है। सार्थक बनने के लिए उसे विस्तार का केन्द्र बनना होगा।"[63]

यह *दशार्क* की रंजना का द्वैत है जो अपनी वास्तविक स्थिति से परे सम्बन्ध की पवित्रता के मानदंडों से बाहर का कार्य करती है। इस पूरे-प्रसंग में 'विवाह का बाधा बनना निरर्थक हो जाना है' और 'उसे सार्थक बनने के लिए विस्तार का केन्द्र बनना होगा' जैसे वाक्य वस्तुतः जैनेन्द्र के अपने द्वन्द्व को सामने लाते हैं जिनके यहाँ स्त्री के लिए 'घर' की मर्यादा और उसकी सुरक्षा की चिन्ता है तो विवाह जैसे संस्थागत मूल्य को विस्तृत करने और उसे सार्थक बनाने की चिन्ता भी है। पर कैसे? इसका समाधान मुश्किल है। क्या विवाहिता की सार्थकता इसी में है कि वह अबाध प्रेम करती चले और तन की दूरी बनाये रखे, स्वयं को आत्मदमित करके संतोष पाये। वस्तुतः ये प्रश्न जैनेन्द्र के यहाँ बहुत जटिल हैं जिनका उत्तर खोजना दुष्कर है। मृणाल, सुखदा या सुनीता की विवशता समझ में आ सकती है क्योंकि वहाँ उनकी

उलझन के पीछे एक ठोस सन्दर्भ है, पर रंजना की उलझन एकालाप ही लगती है। सम्बन्धों की प्रासंगिकता में नैतिकता के संकट का द्वन्द्व जैनेन्द्र के चरित्रों की नियति ही है। इस द्वन्द्व से निकलना चाहते हुए भी वे जैसे निकल नहीं पाते; कुछ उसी तरह जैनेन्द्र की नैतिक चिन्ताएँ परम्परा और आधुनिकता की दुविधा में उलझती हैं। जैनेन्द्र की मुश्किल यह है कि वे अपनी सोच के तहत सम्बन्धों और उनके कार्य-व्यवहारों को देखना चाहते हैं, उनकी अलग-अलग भूमिकाएँ निर्धारित करते हैं, पर जब उनके चरित्रों की दुविधा परवान चढ़ती है तो वे उसे आध्यात्मिकता की सीमा में धकेल देते है। यहाँ से तब एक नई किस्म की उलझन खड़ी हो जाती है। जैनेन्द्र की इस दुविधा पर मिलान कुंदेरा की बहुचर्चित पंक्तियों को देख सकते हैं, जिसमें वह कहता है–

"उपन्यास यथार्थ को नहीं, अस्तित्व को परखता है। और अस्तित्व वह नहीं जो घटित हो चुका। एक उपन्यासकार इस या उस मानवीय सम्भावना का आविष्कार कर अस्तित्व का खाका खींचता हैं। लेकिन फिर भी अस्तित्व का अर्थ है–संसार में बने रहना।"[64]

तो क्या जैनेन्द्र के उपन्यासों को अस्तित्व का पारखी माना जाना चाहिए। लेकिन कुंदेरा की नजर में जो अस्तित्व है, वह वर्तमान का अर्थ देता है जबकि जैनेन्द्र का अस्तित्व, विशेषकर उनके चरित्रों का अस्तित्व अपने अतीत के ऐसे भयानक कोटरों से जुड़ता है जहाँ से वे एक दुविधा और असमंजस लेकर ही जीवन में आगे बढ़ते हैं। पर यह अवश्य है कि ये चरित्र मानवीय सम्भावनाओं की खोज करते प्रतीत हो सकते हैं और अपने अस्तित्व से भागते नहीं हैं। वे अपने वर्तमान को हर स्थिति में जीते हैं–जीवन चाहे उनकी दुविधा का हो, पर जीवन छोड़ देने की कायरता उनमें दिखाई नहीं दे सकती। मृणाल, कल्याणी, सुखदा, कट्टो, रंजना जैसे चरित्र विपरीत परिस्थितियों में भी जीवन के गहरे भाव को महसूस करते हैं और उसे छोड़कर जीना या जीवन से मुक्ति पाना उन्हें इष्ट नहीं है। यहीं आकर उनकी 'आत्मव्यथा' शुरू होती है जिसमें वे ज्ञान पाते हैं। जैनेन्द्र की इस प्रवृत्ति को पुरुषोत्तम अग्रवाल ने 'प्रिडक्टिबल आत्मव्यथा' कहा है। वे लिखते हैं–

"पूर्व सिद्ध उत्तर को शाश्वत दीखने वाले प्रश्नों की परिणति के रूप में प्रस्तुत करने की प्रवृत्ति का ही फल यह होता है कि मनुष्य की जटिलता के स्थान पर जैनेन्द्र के पात्रों में एक तरह की 'प्रिडक्टिबल आत्मव्यथा' और उसकी परिणति दीखती है। खासकर, उनके नारी पात्रों में। इसी दोहराव को ढाँपने के लिए जैनेन्द्र के दार्शनिक को उनके उपन्यासकार को बार-बार मदद करनी पड़ती है जो साहित्य के अपने सन्दर्भ में बहुत स्वागत योग्य घटना नहीं मानी जा सकती।"[65]

पुरुषोत्तम अग्रवाल के इस आरोप में सच्चाई है कि पूर्व सिद्ध उत्तर को जैनेन्द्र शाश्वत प्रश्नों की परिणति के रूप में प्रस्तुत करते हैं। इसको जैनेन्द्र ने भी स्वीकार

किया है, अज्ञेय के इस प्रश्न पर कि–

"मुझको लगता है कि आपके उपन्यासों में प्रायः ऐसा रहा है कि पहले आपके सामने एक नैतिक समस्या आती है या कि उनका एक खास तरह का समाधान का रूप आता है और फिर उस दृष्टान्त को सार्थक करने के लिए आप एक चरित्र गढ़ते हैं। क्या ऐसा मानना ठीक है?"[66]

इसके उत्तर मे जैनेन्द्र कहते हैं–

"ठीक है, यही है। यानी समस्या से भी आगे एक निष्कर्ष कहना चाहिए। निष्कर्ष का बिन्दु और उस निष्कर्ष तक पहुँचने के लिए समस्या में से गुजरना पड़ता है। तो वही उपन्यास बन जाता है।"[67]

इसका आशय यही है कि सम्बन्धों की प्रासंगिकता में जो नैतिकता का संकट है, वह जैनेन्द्र का निजी संकट है। यही संकट बार-बार उनकी रचनाओं में उभरता है और उनके चरित्र अपनी दुविधा को जीते हैं। इसीलिए प्रायः यह कहा जाता है कि जैनेन्द्र पहले विचारक हैं, बाद में रचनाकार। हालाँकि रचना और विचार के बीच किसी आत्यन्तिक सीमा-रेखा का निर्धारण नहीं किया जा सकता। नलिन विलोचन शर्मा की धारणा है–

"जैनेन्द्र विचारक हैं, बड़े सुलझे हुए विचारक हैं, इसलिए गल्प भी लिख गये हैं। उनके विचार ही गल्प का रूप धारण कर लेते हैं। कभी-कभी तो इस खूबी के साथ कि मालूम ही नहीं होता कि वे प्रधानतः विचारक ही हैं। लेकिन कभी-कभी विचार रह जाते हैं, अपना विपर्यय चाहते हुए भी गल्प कम।"[68]

अपने विचारों में इन्हीं द्वैत के कारण चरित्रों में स्पष्ट स्थितियाँ बना पाने में जैनेन्द्र द्वन्द्वग्रस्त होते हैं और परिणामस्वरूप उनके चरित्र भी इसी दुविधा को जीते चले जाते हैं। पर गौरतलब यही है कि इस द्वन्द्व में भी जीवन की वास्तविकता और आदर्श का जो परिपाक जैनेन्द्र के यहँ मिल जाता है वह समाज और उसके यथार्थ की जटिलता का खुलासा करता है। अज्ञेय की दृष्टि में भी जैनेन्द्र के उपन्यास विचारों की ही निर्मिति हैं। वे कहते हैं–

"भारतीय समाज–भारत का धार्मिक समाज या सम्प्रदाय भी–व्यक्ति से कर्म के क्षेत्र में निर्धारित प्रकार के आचरण की अपेक्षा करता है। पर विश्वासों के मामले मे उसे पूरी छूट देता है। यह अत्यन्त महत्व की बात है। यही बात है जिससे संघर्ष कम से कम हो जाता है और अपराध-भाव को उदित होने का अवसर ही नहीं मिलता। विश्वास और आचरण में सामंजस्य हो इसके लिए कोई दबाव नहीं रहता, क्योंकि विश्वास क्या हो, इसके बारे में कोई नियम नहीं होता।"[69]

इसकी विवेचना करके अज्ञेय ने बताया है कि इसी अवधारणा को रवीन्द्रनाथ, जैनेन्द्र आदि भारतीय लेखकों ने अपनी रचनाओं में रखा और उसे पुष्ट किया। *सुनीता* को इसका उदाहरण बताते हुए वे कहते हैं–

"उदाहरण के लिए जैनेन्द्र का उपन्यास *सुनीता* ही अविरोध द्वारा संघर्ष के शमन और निरसन पर एक प्रबन्ध है। अहिंसा की परंपरा में अविरोध का सिद्धान्त नया नहीं है। किन्तु *सुनीता* में उसे एक समकालीन परिस्थिति पर चस्पाँ किया गया है। यह परिस्थिति भी नई नहीं है। ठीक ऐसे ही त्रिकोण को लेकर रवीन्द्रनाथ टैगोर एक उपन्यास लिख चुके थे। किन्तु टैगोर के *घरे बाहिरे* में 'घर' पर 'बाहिर' का आक्रमण शमित अथवा निरस्त नहीं होता। आक्रान्ता की मृत्यु से वह समाप्त हो जाता है। इस प्रकार सिद्धान्त की दृष्टि से संघर्ष का कोई हल उस उपन्यास में नहीं है। ऐसा ही हल प्रस्तुत करना जैनेन्द्र कुमार का लक्ष्य है। 'बाहिर' के मन में अपराध-भाव किसी तरह उदित न होने दिया जाय, विरोध उसे अजनबी बनाकर उसे ध्वंस की ओर प्रेरित कर देगा। सुनीता को उसके पति के आदेश का यही तत्वांश है। जो विकल्प उपन्यास में प्रस्तुत किया गया है वह कारगर होता है, आत्म साक्षात्कार द्वारा आक्रमण का निरसन कर दिया जाता है। सिद्धांत की प्रतिष्ठापना पूरी हो जाती है। यह प्रश्न बना रह जा सकता है कि कहानी कहाँ तक विश्वास्य बनती है। क्यों ऐसे पति होते हैं—हो सकते हैं?"[70]

अज्ञेय के इस लम्बे उद्धरण से जैनेन्द्र की रचनाओं में दो बातें अधिक स्पष्टता से सामने आती हैं—एक ये कि उनमें विचार ही महत्त्वपूर्ण होते हैं तथा दूसरा यह कि सम्बन्ध में जो एक बाहरी तत्व दिखाई देता है वह यथार्थ में नहीं होता। उसके लिये एक भूमिका बनायी जाती है और पात्रों को अपने विचारों के स्वभाव के अनुकूल ढाला जाता है। पर यह भी उतना ही सच है कि रचना विचारहीन होती नहीं, अगर वह विचारहीन होती है तो ऐसी रचना तो वह हर्गिज नहीं बनती जिसको विश्लेषित करने की जरूरत पड़े। फिर विचार के तहत रचनाओं में पात्रों का सृजन तथा परिस्थितियों का निर्माण कोई अनहोनी बात नहीं हैं। स्वयं अज्ञेय के उपन्यास व्यक्तिवाद और उससे भी चरम व्यक्तिता का आग्रही, क्षणवाद पर लिखे गये। चरित्रों की सर्जना विचारों से प्रेरित ही है और परिस्थितियों का निर्माण भी। इसलिए प्रश्न वैचारिकता की प्रधानता का नहीं है, प्रश्न छोड़े गये सवालों के विमर्श और उनके निहितार्थों से आये आशयों के सामाजिक, असामाजिक होने का है।

इसलिए जब मृणाल पति-परित्यक्ता होकर अन्यत्र सम्बन्ध स्थापित करती है तो उसे सम्बन्ध के स्तर पर नहीं देखा जा सकता। वह परिस्थितियों से उपजा एक आश्रय है। सम्बन्ध तो वह पति से ही रखती रही। पति से पहले शीला के भाई से भी उसका सम्बन्ध जैसा कुछ था। स्थितियाँ प्रतिकूल होती हैं तो उसकी बुनियाद में ये सम्बन्ध ही होते हैं जिनमें अपने कर्तव्य की चिन्ता नहीं होती। दूसरे की नैतिकता की माँग पूरी शिद्दत से उठाई जाती है और उसके जीवन की परवाह तक नहीं की जाती। पर मृणाल में अतीत को लेकर गहरा द्वन्द्व है। वह अपने सम्बन्धों से जुदा की गयी है, इसकी जवाबदेही समाज पर है—पर फिर भी उसके द्वन्द्व से वह

आजीवन मुक्त नहीं होती। उसके द्वन्द्व का एक रूप यह भी है—प्रसंग है, प्रमोद से मृणाल की बातचीत का, जिसमें प्रमोद उसे अपने घर से चलने की बात कहता है। वह कहती है—

"जरूर ले चलेगा, तो सुन, मैं नहीं जाऊँगी। मैं नहीं जा सकती। तुम मुझको नहीं जानते हो, मैं पति के घर को छोड़कर आ रही हूँ। पति हैं, पर दूसरे के आसरे रह रही हूँ।

फिर जिनको साथ लेकर पति को छोड़ आयी हूँ उनको मैं छोड़ दूँ?"[71]

उसमें पति के सम्बन्धों को लेकर जबर्दस्त अन्तर्द्वन्द्व है, पर अपने इस नये साथ (सम्बन्ध कहना ठीक नहीं है) को भी वह नैतिक आधार पर सही मानती है क्योंकि सम्बन्ध में विश्वसनीयता और संकट के समय साथ देने की प्रतिबद्धता होती है और इस स्तर पर वह कोयले वाला मृणाल के लिये वाजिब सम्बन्धी है क्योंकि उसके लिए उसने अपना घर-बार सब कुछ त्याग दिया है।

*सुनीता* में सुनीता के द्वन्द्व को देखा जा चुका है कि कैसे पति की विश्वसनीयता और उसके मित्र की चाहत को वह द्वन्द्वग्रस्त होकर सामना करती है और अंततः अपने घर में लौटती है। *सुखदा* में सुखदा जीवन के अन्तिम पल में अपने ही हाथों किये गये अपने घर के विनाश को अपना दुर्भाग्य और अपना दोष मानकर अपराधग्रस्त होती है और उसे लगता है कि 'घर' से बेपनाह स्वतन्त्रता लेकर अपने पति के सम्बन्धों को उसने तिलभर भी महत्त्व नहीं दिया और अपनी आकांक्षा में मदमाती वह आगे ही बढ़ती गयी, जिसके कारण जीवन के अंतिम पल में उसका साथी कोई नहीं रहा। यहाँ पति से अलग लाल और हरिदा जैसे लोगों से बने हुए सम्बन्धों की पीड़ा उसे नहीं सालती, सालती है तो बस अपने परिवार के दायित्वों की उपेक्षा की पीड़ा।

*कल्याणी* की कल्याणी दाम्पत्य के छलावे की मारी हुई है। जिसमें उसकी व्यक्तिता के लिए कोई जगह ही नहीं है तो *विवर्त* की अनिता और *व्यतीत* की मोहिनी का द्वन्द्व यह है कि वे पति और प्रेमियों के बीच झूलती हैं—एक की पीड़ा कष्ट देती है तो दूसरे की विश्वसनीयता। दोनों का अपराधबोध यह है कि वे अपने पति की आज्ञा का उल्लंघन नहीं कर पातीं और विवाहिता होने के बाद अपने पुराने सम्बन्धों की टीस से छटपटाती हैं जिसका समाधान उनकी 'घर वापसी' में ही होता है।

इस पूरे प्रसंग का आश्चर्यजनक पक्ष यह है कि जैनेन्द्र की इन स्त्रियों में यौन-सम्बन्धों की नैतिकता का प्रश्न आड़े नहीं आता क्योंकि वे अपने प्रेम में मन को प्रमुखता देती हैं—शरीर को नहीं। केवल 'मृणाल' ही यौन सम्बन्ध रखती है जिसका प्रमाण उसकी बच्ची का होना है, पर वह अपवाद है। उसके अतिरिक्त कहीं

यौन सम्बन्ध की भनक तक नहीं आती। उनकी अतृप्ति या द्वन्द्व का आधार प्रेम है, सम्बन्धों की उपेक्षा है, पारिवारिक दायित्वों की अवहेलना है या पति का उग्र विश्वास है—वह मोहन राकेश के *आधे अधूरे* की नायिका सावित्री की तरह नहीं है जिसकी अतृप्ति का आधार यौन कुंठा या पैसा है। उसे तो पति महेन्द्र और बाद के सारे पुरुष आधे अधूरे ही लगते रहे हैं जिसमें उसे कहीं भी सन्तोष नहीं मिल पाता और अन्त उसकी टूट में होती है। वह स्पष्ट कहती है—

"वह एक पूरा आदमी चाहती है अपने लिये—एक पूरा आदमी।"[72]

यौन-कुंठा के कारण ही वह मनोज से जुड़ती है जो बाद में उसकी ही बेटी बिन्नी से शादी कर लेता है।

जैनेन्द्र के यहाँ सम्बन्धों की प्रासंगिकता में नैतिकता की प्रभावी भूमिका है। सम्बन्ध यहाँ नैतिकता के बाहर जाते भी हैं तो उसके प्रति चरित्रों में अन्तर्द्वंद्व दिखाई देता है। यह अन्तर्द्वन्द्व प्रासंगिक सम्बन्धों के प्रति उपेक्षा या अवहेलना के कारण पैदा होता है। मूल्यों के मानवीय आधार की यहाँ सर्वत्र प्रतिष्ठा है—और यह प्रतिष्ठा कहीं-कहीं इतनी आक्रामक भी है कि उससे विश्वसनीयता का संकट खड़ा हो जाता है। पर यहाँ समाज और परिवार की व्यवस्था में सम्बन्धों की मर्यादित नैतिकता की स्थापना का ही लक्ष्य है।

## सन्दर्भ


1. 'सत्य की ओर'—डॉ. राधाकृष्णन ('रिकवरी ऑफ अर्थ' का अनुवाद-रामनाथ सुमन) राजपाल एण्ड सन्ज़, दिल्ली, पृ. 89
2. 'मानव मूल्य और साहित्य'—धर्मवीर भारती, भारतीय ज्ञानपीठ प्रकाशन, नई दिल्ली, पृ. 11
3. 'परिप्रेक्ष'—जैनेन्द्र, पृ. 89
4. वही, पृ. 90
5. वही, पृ. 90
6. वही, पृ. 91-92
7. 'मानव मूल्य और साहित्य', पृ. 7
8. वही, पृ. 7
9. 'छठवाँ दशक'—विजयदेव नारायण साही, हिन्दुस्तानी, एकेडेमी, इलाहाबाद, पृ. 140-141
10. 'कार्ल मार्क्स : कला और साहित्य चिंतन'—सं. डॉ. नामवर सिंह, राजकमल प्रकाशन, नई दिल्ली, 1991, पृ. 37
11. 'सृजनात्मक जीवन की ओर'—ऑर्नल्ड टॉयनबी एवं दाइसाकु इकेदा के बीच बातचीत, ऑक्सफोर्ड यूनिवर्सिटी प्रेस, दिल्ली, पृ. 377

12. 'टैस्टामैण्ट बिट्रेड' में मिलान कुंदेरा, अशोक वाजपेयी द्वारा उद्धृत, साक्षात्कार, अंक 190, पृ. 78
13. 'परख', पृ. 8
14. वही, पृ. 62-63
15. 'जैनेन्द्र के उपन्यास : मर्म की तलाश'—चन्द्रकांत वांदिवडेकर, पृ. 15
16. 'सुनीता', पृ. 23
17. वही, पृ. 34
18. वही, पृ. 71
19. 'त्यागपत्र', पृ. 54
20. 'जैनेन्द्र की आवाज़'—सं. अशोक वाजपेयी, पृ. 74
21. 'दस्तावेज'—सं. विश्वनाथ प्रसाद तिवारी, गोरखपुर, अंक-51, अप्रैल-जून 1991, पृ. 33
22. 'कल्पना'—सं. बद्री विशाल पित्ती, हैदराबाद, अंक-72, जनू-1953, पृ. 238
23. 'विवर्त', पृ. 121
24. वही, पृ. 127
25. 'जैनेन्द्र के उपन्यास : मर्म की तलाश', पृ. 62
26. 'व्यतीत', पृ. 11
27. वही, पृ. 10
28. 'काम, प्रेम और परिवार', पृ. 81
29. वही, पृ. 87
30. 'व्यतीत', पृ. 85
31. 'जैनेन्द्र के उपन्यास : मर्म की तलाश', पृ. 69
32. 'काम, प्रेम और परिवार', पृ. 10
33. 'पत्र युवा कवि के नाम'—रायनर मारिया रिल्के, अनुवाद-राजी सेठ, पब्लिशिंग हाउस, नई दिल्ली, पृ. 45
34. 'मतांतर'—सं. आनंद प्रकाश, मॉडल टाउन, दिल्ली, अंक-5, सितंबर 1971, पृ. 8
35. 'काम, प्रेम और परिवार', पृ. 80
36. 'आधुनिक साहित्य' नंददुलारे वाजपेयी, भारती भंडार, लीडर प्रेस, इलाहाबाद, पृ. 160-161
37. 'सुखदा', पृ. 3
38. 'कल्पना' मार्च 1972, पृ. 514
39. 'जैनेन्द्र के उपन्यास : मर्म की तलाश', पृ. 58
40. 'कल्याणी', पृ. 48
41. वही, पृ. 51
42. 'सुखदा एक विवेचन', पृ. 18

43. 'कल्याणी', पृ. 74
44. वही, पृ. 75
45. वही, पृ. 75
46. वही, पृ. 40
47. 'ज्ञानोदय'–सं. लक्ष्मीचंद्र जैन, दिसंबर-1965, पृ. 211
48. वही, पृ. 211
49. 'उपन्यास और लोक जीवन-रैल्फ फॉक्स, पीपुल्स पब्लिशिंग हाउस प्रा.लि. नई दिल्ली, पृ. 98
50. 'मुक्तिबोध', पृ. 52
51. वही, पृ. 65
52. 'जैनेन्द्र के उपन्यास : मर्म की तलाश', पृ. 102
53. वही, पृ. 124
54. 'अनंतर', पृ. 54
55. वही, पृ. 29
56. 'अनाम स्वामी', पृ. 171
57. 'हिन्दी साहित्य : एक आधुनिक परिदृश्य'–अज्ञेय, राधाकृष्ण प्रकाशन, दिल्ली, पृ. 98
58. 'आधुनिक हिन्दी उपन्यास'–सं. भीष्म साहनी, जाकिर हुसैन कॉलेज, पृ. 37
59. 'हिन्दी उपन्यास और नारी समस्याएँ'–डॉ. स्वर्णकांता तलवार, जयभारती प्रकाशन, इलाहाबाद, पृ. 134
60. 'दशार्क', पृ. 6
61. 'जैनेन्द की आवाज़', पृ. 94
62. 'दशार्क', पृ. 170
63. वही, पृ. 169-170
64. 'दि आर्ट ऑफ दि नॉवेल', रूपा पब्लिकेशन, पेपर बैक, पृ. 42
65. 'जैनेन्द्र की आवाज़', पृ. 60-61
66. 'सारिका' जनवरी 1989, पृ. 64
67. वही, पृ. 64
68. 'साहित्य : तत्व और आलोचना–नलिन विलोचन शर्मा, अनुपम प्रकाशन, पटना, पृ. 212
69. 'हिन्दी साहित्य : एक आधुनिक परिदृश्य', पृ. 128
70. वही, पृ. 124
71. 'त्यागपत्र', पृ. 42
72. 'मोहन राकेश के संपूर्ण नाटक'–सं. नेमिचन्द्र जैन, राजपाल एण्ड सन्स, कश्मीरी गेट, दिल्ली, पृ. 317

# जीवन का आशय और आकुलता का तनाव

"अपने में शून्य बनना विराट की ओर बढ़ना है। हमारे ही केन्द्र में जो एक विरह की विथा है, कितना ही, अपने को भरमाओं-बहकाओ पर फिर भी जो एकान्त क्षणों में काटें सी चुभ आती है, जो हमारे अस्तित्व में हेतु और हमारे जीवन की उष्मा है—अधिकाधिक उस व्यथा में मिटते जाना ही हमारी चरम सार्थकता है।"

*जैनेन्द्र—अनाम स्वामी,* पृ. 44

महाभारतकार महर्षि वेदव्यास ने मनुष्य की श्रेष्ठता सिद्ध करते हुए 'शांतिपर्व' में लिखा है—

*"गुह्यं ब्रह्म तदिदं ब्रवीमि।*
*न हिं मानुषात् श्रेष्ठतरं हि किंचित ॥"*

अर्थात् यह गूढ़ सत्य है उसे मैं कहता हूँ कि मनुष्य से श्रेष्ठतर कुछ भी नहीं है।

व्यास के इस कथन से मनुष्य की श्रेष्ठता प्रमाणित होती है, पर उसकी सभी जीवों में श्रेष्ठता का आधार बड़ा व्यापक है। इन व्यापक आधारों की उपेक्षा कर मनुष्य घोर पातकी बन जाता है, उसकी श्रेष्ठता का दम्भ टूट जाता है। प्रश्न यह उठता है कि मनुष्य की श्रेष्ठता किसमें निहित है? इस प्रश्न के उत्तर में महर्षि वेदव्यास ही 'शांति पर्व' में लिखते हैं—

*अमृतं चैव मृत्युश्च द्वयं देहं प्रतिष्ठितम्।*
*मृत्युरापद्यते मोहात् सत्येनापद्यतेऽमृतम् ॥*

चूँकि मनुष्य अमृत पुत्र है—'मानवाः अमृतस्य पुत्राः' इसलिए अमृत प्राप्ति का उद्देश्य ही मनुष्य जीवन का लक्ष्य होना चाहिए। मृत्यु भी इस देह में है और अमृत भी। मोह करने से मृत्यु प्राप्त होती है और सत्य से अमृत की उपलब्धि। अतः सत्य जब मानव-चेतना में रमण करने लगता है, उसमें समा जाता है और मनुष्य का चिन्तन और चरित्र जब सत्य की अभिव्यक्ति का माध्यम बन जाता है, तब मानव को अमृत तत्त्व की प्राप्ति होती है। जो मनुष्य इस अमृतत्त्व की प्राप्ति कर लेता है, वही नरोत्तम है और जो चूक जाता है, वही नर अधम है। महाभारतकार की दृष्टि

में मनुष्रू की श्रेष्ठता का यही निकष है।

मनुष्य-जीवन की सार्थकता इसी में है कि वह अपने चिन्तन तथा चरित्र में सत्य की अभिव्यक्ति करे और उसकी रक्षा करे। मनुष्य वही है जिसमें पुरुषार्थ है और पुरुषार्थ कर्म करने से प्राप्त होता है। कर्म जैसा करेंगे, फल वैसा ही मिलेगा—'यथाकर्म तथा लाभ इति शास्त्र निदर्शनम्' के साथ-साथ यही भी सुनिश्चित है कि अपनी स्वतन्त्रता के साथ कर्म करते जाने के समानान्तर दूसरों की स्वतन्त्रता का ध्यान रखा जाए। अपने पुरुषार्थ की स्वतन्त्रता की रक्षा के लिए तत्पर रहते हुए दूसरो की स्वतन्त्रता की रक्षा मानव का महत् मूल्य है।

डॉ. डी.डी. हर्ष ने मनुष्य की स्वतन्त्रता को महत्वपूर्ण मूल्य कहते हुए लिखा है—

"मनुष्य की स्वतन्त्रता मानव निर्मित संविधान या किसी क्रान्ति की देन नहीं है। यह तो नैसर्गिक प्रसाद है जिसके उपभोग का दायित्व एवं अधिकार मनुष्य को जन्म से ही प्राप्त है। अतः इस अधिकार की यत्नपूर्वक रक्षा करना मानव का धर्म है, परम दायित्व है। चूँकि यह अधिकार मनुष्य मात्र को जन्म से ही प्राप्त है, अतः स्वतंत्रता मानव जीवन का ऐसा मूल्य है जिसकी पवित्रता प्रत्येक मानव को मान्य होनी चाहिए।"[1]

मनुष्य की स्वतन्त्रता की महत्ता निरूपित करते हुए डॉ. हर्ष ने यह स्थापना की है कि मनुष्य की श्रेष्ठता और गरिमा इसमें निहित है कि वह स्वतंत्रता के इस मानदंड को माने। वे लिखते हैं—

"पारस्परिकता की भूमिका में सजग और क्रियाशील मनुष्य ही स्वतंत्रता के मौलिक और नैसर्गिक मूल्य का महत्त्व जानता है। मनुष्य की 'श्रेष्ठतरता' और गौरव-गरिमा इसी में है कि वह स्वतन्त्रता के इस वैश्विक स्वरूप का बोधयुक्त आदर करे। महर्षि व्यास के पुरुषार्थ-समन्वित प्राणिवाद के अभिन्नांग रूप में ही मानव-स्वतन्त्रता के शाश्वत मूल्य की महिमा का मानवीय रूप विकसित होता है। मानव-स्वातन्त्र्य की इस अभिव्यक्ति और अभिरक्षा में ही मनुष्य की अस्मिता का समादार है।"[2]

डॉ. हर्ष की इन पंक्तियों से यह स्पष्ट होता है कि मनुष्य जीवन की सारी विद्रुपताएँ स्वतन्त्रता के हरण और दूसरे के अधिकारों के मर्दन से ही पैदा होती हैं। इसलिए समाज-व्यवस्था के नियमों में एक दूसरे के सहयोग तथा सद्भाव की जरूरत पर बल दिया जाता है और उसे जीवन के एक ध्येय के रूप में प्रतिष्ठित माना जाता है।

भारतीय जीवन में मनुष्य की सार्थकता का स्वरूप आधुनिक चेतना के प्रादुर्भाव के साथ बदला है और वह अब ईश्वर में स्वयं को समोने या मोक्ष की प्राप्ति से अलग हुआ है। धार्मिक और पौराणिक मान्यताओं के जोर में कमी आने के बावजूद अब

भी उनकी स्थापनाओं में जो अहम् बातें हैं, वे हमारी जीवन पद्धति को न केवल प्रभावित करती हैं बल्कि कई अर्थों में नियन्त्रित भी करती हैं। मनुष्य जीवन का आशय या सार निहित ही है—उसके सत्कार्यों में; जिससे जगत् के साथ-साथ उसका कल्याण भी जुड़ा होता है। डॉ. राधाकृष्णन के अनुसार मनुष्य का लक्ष्य पूर्णता पाने का होना चाहिए। 'मोक्ष' के परम्परागत भारतीय विचारों की व्याख्या करते हुए वे लिखते हैं—

"मनुष्य जीवन का उद्देश्य अपूर्णता और अविवेक की सीमाएँ पार करके पूर्णता और विवेक प्राप्त करना होना चाहिए। यही मोक्ष या मुक्ति है जो अन्तः करण से मनुष्य को प्रकाशित करती है। यह परम्परा पुरुषार्थ है, यह जीवन की परम समाप्ति है और यही धर्म है। यह मोक्ष या मुक्ति अब इस पृथ्वी पर मानवीय सम्बन्धों के मार्ग से ही उपलब्ध हो सकती है।"[3]

वस्तुतः मुक्ति की जो पारम्परिक भारतीय अवधारणा है, वह अविवेक के ही शमन पर बल देती है जिसके बिना मनुष्य को न तो पूर्णता प्राप्त हो सकती है और न विवेक। यह मुक्ति अन्तः करण की पवित्रता में निहित होती है जिसमें कल्मष हो, उस व्यक्ति की पूर्णता सम्भव ही नहीं होती। ईश्वर से तादात्म्य और उससे एकीकृत होने की मध्ययुगीन मान्यताएँ अब मनुष्य-जीवन में सम्बन्धों के स्तर पर आ गयी हैं जिनमें अनिर्वाह या जिनके प्रति अनुत्तरदायित्व मनुष्य को पूर्णता नहीं दे सकता। बौद्धमत की व्याख्या करते हुए दाइसाकु इकेदा का कहना है—"बौद्धमत का अन्तिम लक्ष्य व्यक्तिगत प्रबोधन के माध्यम से सामाजिक सुधार करना है। उसकी मान्यता है कि इस चरम उद्देश्य को प्राप्त करने के लिए बौद्ध धर्म में निहित करुणा की भावना को कार्यरूप में परिणत करके व्यक्ति न केवल अपनी इच्छाओं को नियन्त्रित कर सकता है अपितु उसे रचनात्मक आध्यात्मिक शक्तियों में परिवर्तित भी कर सकता है।"[4]

इस तरह इकेदा बौद्धमत के आधार पर मनुष्य की मुक्ति करुणा पर आधारित व्यक्तिगत प्रबोध और सामाजिक सुधार में मानते हैं।

ऑर्नल्ड टॉयनबी इसमें कुछ संशोधन करते हुए मानते हैं कि—"किसी भी व्यक्ति के जीवन का सर्वाधिक महत्त्वपूर्ण उद्देश्य स्वयं अपने लिए और साथ ही समाज के लिए भी—अपने कर्म को उन्नत करना है। अपने अहं का अधिकाधिक नियन्त्रण करना ही इसका एकमात्र उपाय है। और अपने अहं को वश में करने के लिए संघर्ष करना प्रत्येक व्यक्ति का व्यक्तिगत दायित्व है।"[5]

टॉयनबी कर्म को ही मनुष्य जीवन में कल्याण एवं सुख अथवा कष्ट का कारण मानते हुए कहते हैं—

"किसी विशिष्ट क्षण पर किसी समाज की नैतिकता का स्तर उस समाज के प्रत्येक सदस्य के कर्म-खाते की स्थिति पर निर्भर होता है और इस बात पर भी कि

प्रत्येक सदस्य का अपने साथी सदस्यों पर कितना सकारात्मक अथवा नकारात्मक नैतिक प्रभाव है। अतः किसी समाज के वैज्ञानिक तथा प्रौद्योगिक के असदृश, उसकी नैतिकता का स्तर सदैव अस्थिर तथा अनिश्चित होता है। मनुष्य के जीवन में कल्याण एवं सुख अथवा कष्ट एवं शोक कर्म द्वारा ही उत्पन्न होते हैं न कि वैज्ञानिक और प्रौद्योगिक प्रगति के द्वारा।"[6]

'कर्म' पर आधारित मनुष्य-जीवन की सार्थकता से विरोध न पश्चिमी विचारकों का है न भारतीय विचारकों का। आधुनिकता के उदय के साथ पैदा हुए चरम व्यक्तिता के सिद्धांत ने मनुष्य की गरिमा के नये स्तर दिए जिससे मनुष्य को बोध हुआ कि वह स्वतः सार्थक तथा मूल्यवान है। धर्मवीर भारती कहते हैं—

"समस्त मध्यकाल में इस निखिल सृष्टि और इतिहास-क्रम का नियन्ता किसी मानवोपरि अलौकिक सत्ता को माना जाता था। समस्त मूल्यों का स्रोत वही था और मनुष्य की एक मात्र सार्थकता यही थी कि वह अधिक उस सत्ता से तादात्म्य स्थापित करने की चेष्टा करे। ज्यों-ज्यों हम आधुनिक युग में प्रवेश करते गये त्यों-त्यों इस मानवोपरि सत्ता का अवमूल्यन होता गया। मनुष्य की गरिमा का नये स्तर पर उदय हुआ और माना जाने लगा कि मनुष्य अपने में स्वतः सार्थक और मूल्यवान है—वह आन्तरिक शक्तियों से सम्पन्न, चेतन-स्तर पर अपनी नियति के निर्माण के लिए स्वतः निर्णय लेनेवाला प्राणी है। सृष्टि के केन्द्र में मनुष्य है।"[7] जीवन की सार्थकता का यह रूप आधुनिकता का अहम पक्ष है जिसमें मनुष्य ही सृष्टि का केन्द्र बनकर उभरता है। इस युग में ईश्वर से तादात्म्य स्थापित करने की आकुलता 'मुक्ति' नहीं जीवन की आकांक्षाओं, दायित्वों तथा अनुकूल जीवन-स्थितियों के निर्माण से प्राप्त सन्तोष में 'मुक्ति' है। पर व्यक्ति केन्द्रिकता का यह चरम रूप भी तब मानवीय गरिमा के प्रतिकूल हो उठता है जब वह सामाजिकता की उपेक्षा करता है।

अज्ञेय की दृष्टि मे आज के यन्त्र युग में मनुष्य एक नीतिविहीन समाज में रहनेवाला नैतिक जीव है। वे कहते हैं—

"यह इस प्रगति का (वैज्ञानिक प्रगति का) परिणाम है कि आज मानव की स्थिति को इस प्रकार निरूपित किया जाता है कि वह एक 'नीति विहीन अथवा अति नैतिक (क्योंकि यान्त्रिक) समाज में रहनेवाला नैतिक जीव' है। वास्तव में आज के सामाजिक रोग इसी के परिणाम हैं। यदि आधुनिक मानव व्यक्ति भी आधुनिक यंत्र की भाँति नैतिकता विहीन या अति नैतिक होता तो भी उसके चेतन में गुत्थियाँ न पड़तीं, और यदि समाज नैतिक होता तो भी यह परिस्थिति न आती।"[8]

ऐसे ही संक्रमण के वातावरण में आज का मनुष्य नियति और विडम्बना के द्वंद्व में झूल रहा है जिसे संवेदनशील साहित्यकारों—विचारकों ने महसूस किया है और उसके जीवन के तनावों से जूझने की कोशिश की है। इस कोशिश में इन मानववादियों की नज़र आज के मनुष्य की उस संवेदना पर गयी जो क्रमशः क्षरित

होती जा रही थी और जिसमें सिर्फ अपने अस्तित्व का ही संघर्ष शेष था।

जैनेन्द्र ऐसे ही कलाकार हैं जिन्होंने मनुष्य के जीवन की सार्थकता को व्यापक सामाजिक उत्तरदायित्वों में देखते हुए उसमें 'व्यथा' की प्रतिष्ठा करते हैं क्योंकि वह मानवीय संवेदना का मूल है और सम्बन्धों की मानवीयता का केन्द्र। वे कहते हैं–

"सारे इतिहास में देखों और बताओं...क्या मिलता है? संसार नहीं जीता गया है।...विजेता हारा है, सम्राट गिरा है, जीता गया है अगर संसार तो प्यार से। इस प्यार के आदमी को चाहे तो उसने अपने हाथों जहर दे दिया, सूली चढ़ा दिया, गोली से मार दिया, या कुछ भी चाहे किया लेकिन प्यार टूटा नहीं और संसार जाने बिना न रह सका कि वह जीता जा चुका था।"[9]

सुकरात ईसा और गांधी के उदाहरणों से जैनेन्द्र ने प्रेम में निहित उसी करुणा को यथेष्ठ जीवन-बोध माना है जिसमें रत्ती भर भी स्वार्थ की आकांक्षा नहीं है। इसीलिए व्यथा उनके लिए स्पृहणीय है, जीवन का सार्थक बोध है–

"बुद्ध ने जो पाया परम सत्य ही था : सुख निर्वाण है, जीवन दुःख बोध है"[10]

यहाँ जैनेन्द्र, दाइसाकु इकेदा से सहमत होते हैं जहाँ वे बौद्धमत की व्याख्या कर करुणा की भावना को कार्यरूप में परिणत करके अपनी इच्छाओं पर नियन्त्रण करने और सामाजिक सुधार करने की बात कहते हैं।

जैनेन्द्र के यहाँ आज के जीवन की सार्थकता में व्यक्ति के इन्हीं तनावों और द्वन्द्वों का मूल्यों के स्तर पर देखने का उद्यम है जिसमें कहीं घोर अहं का प्राधान्य है तो समाज की अवेहलना का भाव। इस स्तर पर वे समाज की बुनियादी विसंगतियों को भी देखते हैं तथा उस पर चोट भी करते हैं। जीवन की मुक्ति में व्यक्ति का यही द्वन्द्व उनके यहाँ विभिन्न रूपों में सामने आता है जहाँ कहीं परिवार का विस्फोट है तो कहीं समाज की रूढ़ियों का अनाचार, कहीं अपनी व्यक्तिगत आकांक्षा में मूल्यों को ध्वस्त करते मनुष्य हैं तो कहीं अधिकार संघर्ष में टूटते जाते चरित्र। तनाव आदर्श में भी है। जैसा कि वे कहते हैं–

"आदर्श का भी एक तनाव होता है और तनाव की प्रक्रिया।"[11]

जीवन के आशय में आकुलता का यही संघर्ष जैनेन्द्र साहित्य में नैतिक मूल्यों के द्वन्द्व के रूप में प्रगट होता है।

## जीवन का ध्येय और नैतिकता बोध

"एक अनिर्दिष्ट निर्देश से मानव जीता, चलता और मरता है। वह अज्ञान से अथवा ज्ञानपूर्वक अपने जीवन के चक्कर को काटता है और अपने जीवन-दान से वृहत् चक्र के संचालन में सहयोग देता है।"

*जैनेन्द्र के विचार*–सं. प्रभाकर माचवे, पृ. 141

जैनेन्द्र के विचारों और रचनाओं में जीवन चूँकि समाज-सापेक्ष है इसलिए नैतिकता का व्यापक महत्व प्रतिपादित है। समाज के बाहर जैनेन्द्र के लिए व्यक्ति का ही महत्व नहीं रह जाता, इसलिए जब वे नैतिकता का समर्थन करते हैं या उसका विरोध तो वह समाज के भीतर ही होता है। समाज के विकास और उसकी निरन्तर उन्नति में ही जैनेन्द्र व्यक्ति के जीवन की सार्थकता देखते हैं, इस कारण भी नैतिकता का मानदंड वे सामाजिक व्यवस्था के प्रतिमानों से ही तय करते हैं। ये प्रतिमान कभी समाज की जड़ता पर प्रहार करते हैं तो कभी व्यक्ति के जीवन की समाज-निरपेक्ष आकांक्षाओं पर। जैनेन्द्र के लिए समाज की गति सृष्टि की गति है जो कहीं से भी अवरोध की अपेक्षा नहीं रखती। समाज उनके यहाँ ठोस अवधारणा पर निबद्ध है और उसकी एक निश्चित सत्ता है जो किसी भी स्थिति में व्यक्ति को अमर्यादित होने की छूट नहीं देती। जैनेन्द्र समाज को परिभाषित करते हुए कहते हैं—"वैसे समाज उस जनसमूह को कह सकते हैं जिसमें कोई संस्कृति की अथवा किसी और प्रकार की एकता व्याप्त है। इस तरह मानवता में कई समाज हैं। एक व्यक्ति की स्वतन्त्रता की मर्यादा वहीं आ जाती है जहाँ से दूसरे पड़ोसी समाज के अधिकारों पर दबाव पड़ना आरम्भ होता है।"[12]

यहाँ जैनेन्द्र ने व्यक्ति को समाज से मर्यादित माना है और यह स्पष्ट किया है दूसरे के अधिकारों का हनन उसकी नैतिकता के विरुद्ध है यानी अनैतिक है। इस तरह जीवन का बोध समाज की इस मर्यादा से परे नहीं हो सकता; क्योंकि जीवन व्यक्ति को समाज से ही सम्बद्ध करता है उसे अलगाता नहीं है।

पर जब समाज-व्यवस्था विवश कर दे और व्यक्ति का जीवन ही इससे दाव पर लग जाए तो इस स्थिति में जैनेन्द्र समाज की अवज्ञा को गलत नहीं मानते, पर विरोध के अविनय रूप को वे स्वीकार नहीं करते। वे उस स्थिति में भी सविनय अवज्ञा की ही हिमायत करते हैं—"अवज्ञा धर्म नहीं है और यदि किसी विषम परिस्थिति में अवज्ञा करनी भी पड़े, अर्थात् वैसी अवज्ञा धर्म भी हो जाये, तो भी यह शर्त है कि वह सविनय ही होगी।"[13]

जैनेन्द्र की दृष्टि में समाज को खुली चुनौती देना और उसके विरुद्ध विद्रोह पर उतर आना श्रेयस्कर नहीं है क्योंकि इससे व्यक्ति का ही जीवन विघटित होगा। वे मानकर चलते हैं कि समाज के अभाव में व्यक्ति उच्छृंखल हो जायेगा। उन्हीं. के शब्दों में—"व्यक्ति है जो समाज के अभाव में उच्छृंखल हो जायेगा। उन्हीं के शब्दों में—"व्यक्ति हैं जो समाज के अभाव में उच्छृँखल हो ही जाएंगे। उनको चारों ओर से चूँकि समाज का दबाव दबाये है, इसी से वे वाजिब तौर पर चलते दीखते हैं।"[14]

समाज के इस नियन्त्रण में ही व्यक्ति का विकास सम्भव है और उसकी सार्थकता भी। इसलिए व्यक्ति का जो धर्म है और धर्म भी जिसकी प्राप्ति का मार्ग है, उस ध्याता के प्रति मनसा एकाग्रता ही मनुष्य जीवन का ध्येय है। यह ध्येय ही

सुख हैं, आन्नद है, सिद्धि और साधना है। जैनेन्द्र लिखते हैं—

"ध्येय के प्रति उन्मुखता धर्म है। धर्म की कोई वस्तुगत सत्ता नहीं है। खंड का समग्र के प्रति निवेदन धर्म है। ध्येय भी अन्ततः ध्याता से अलग नहीं रहता। ध्याता और ध्येय के बीच अनन्य ध्यान का जो सम्बन्ध है, मानवी अनुभूति में उसी को सुख, आनंद, सिद्धि या साधना जो चाहे कह सकते हैं।"[15]

*त्यागपत्र* में मृणाल समाज की मर्यादा को खुद आगे बढ़कर नहीं तोड़ती। वह तो सारी तकलीफें उठाकर भी यही चाहती है कि नियति ने उसे जो दिया है, वह उसे निभाये। पर समाज की 'विवाह' नामक संस्था ही मृणाल को मुक्त कर देती है। जैनेन्द्र इस प्रसंग में स्वयं कहते हैं—"समस्या यहाँ पहले पति की ओर से उठाई कही जा सकती है। विवाह की मर्यादा को मृणाल तोड़ती नहीं बल्कि वह मर्यादा मानों स्वयं उसे छोड़ देती है। उसके आगे के उसके आचरण को विवाह की मर्यादा से नापने का सुभीता हमारे पास नहीं रह जाता। मृणाल को पति घर से निकाल देते हैं। फिर वह उनकी तरफ से मर भी जाय, तो उन्हें चिन्ता नहीं है। यानी विवाह की हर प्रकार की मर्यादा उसके ऊपर से अलग खींच ली जाती है। मानों वह पत्नी रह ही नहीं जाती, केवल व्यक्ति रूप में एक नारी रह जाती है।"[16]

मृणाल जानबूझकर समाज-व्यवस्था और विवाह की मर्यादा को नहीं तोड़ती, वरन् उसे इस हाल में लाने का जिम्मेदार उसका पति ही है। तब जब वह पत्नीत्व त्याग कर एक नारी भर रह जाती है, तो जैसे वह सब कुछ करने को स्वतंत्र हो जाती है जो सहज रूप से उसके जीवन में घटित होता जाता है। विवाह की मर्यादा में रहते हुए तो वह उसकी सुरक्षा ही करती है। यह जैनेन्द्र की नैतिक चिन्ता का एक महत्त्वपूर्ण पक्ष है कि समाज को चुनौती देकर उसके अस्तित्व के साथ संघर्ष की छूट हो कि न हो! स्पष्टतया जैनेन्द्र के यहाँ यह छूट नहीं है और न ही जीवन का ध्येय ही उनके लिए इस छूट की हिमायत करता है। उसके जीवन का ध्येय तो यही है कि स्वयं को टूटती रखकर भी वह समाज की मंगलाकांक्षा करे। वह कहती भी है—

"मैं समाज को तोड़ना फोड़ना नहीं चाहती हूँ। समाज टूटा कि हम किसके भीतर बनेंगे? या कि किसके भीतर बिगड़ेंगे? इसलिए मैं इतना ही कर सकती हूँ कि समाज से अलग होकर उसकी मंगलाकांक्षा में खुद ही टूटती रहूँ।"[17]

अगर मृणाल के इस कथन को समाज की अवज्ञा माना जाय तो यही मानना होगा कि यह उसकी सविनय अवज्ञा है जिसका निरूपण जैनेन्द्र ने पीछे किया है। समाज के भीतर रहकर तो विरोध और विद्रोह की यहाँ कोई गुंजायश ही नहीं है—विरोध समाज से बाहर रहकर ही हो सकता है, पर उसका तरीका यह सविनय अवज्ञा ही है। यही कारण है कि जैनेन्द्र के साहित्य में जीवन का बोध भी समाज-सापेक्ष ही होता है, समाज से बाहर जैसे जीवन को समझना और जी पाना सम्भव ही नहीं है। यहाँ जीवन की सार्थकता व्यथा की प्रतीति में है जिसमें तिल-तिल

तिरोहित होती जा रही मानवीय संवेदना की प्राण-प्रतिष्ठा है और सबको द्रवित करनेवाली मार्मिक तरलता। इसे अभिव्यक्ति की भूमि पर प्रतिष्ठित करने के लिये जैनेन्द्र ने मृणाल जैसे व्यक्तित्व को चुना जिसकी चारित्रिक ईमानदारी और सम्बन्धों के प्रति कृतज्ञता ने एक नये भावलोक की सृष्टि कर डाली है।

मृणाल के माध्यम से जैनेन्द्र ने जीवन की जिस सार्थकता और उसके द्वन्द्व को दिखाया है, उस पर लिखते हुए चन्द्रकांत वांदिवडेकर का कहना है—

" *त्यागपत्र* में जैनेन्द्र ने जीवन की सार्थकता को लेकर कुछ अहम प्रश्न प्रस्तुत किये। ये प्रश्न आभ्यन्तरिक थे अतएव तीव्र और कचोटने वाले थे। जीवन की गहराई को लेकर कुछ ऐसे मर्मभेदक सवाल उठाए कि समीक्षकों को समीक्षा चिन्तन के धरातल पर ले जानी पड़ी। दुर्भाग्य से चिन्तन की परीक्षा में जैनेन्द्र की उपन्यास कला का सन्दर्भ बहुत बार छूट गया। *त्यागपत्र* ने भारतीय मानसिकता और चिन्तना को झकझोर कर उद्वेलित किया। उसके लिए मृणाल जैसा अतुलनीय व्यक्तित्व उभारा, मृणाल के पार्श्व मे प्रमोद का चरित्र खड़ा कर भद्र और अभ्रद समाज में द्वन्द्व पर प्रकाश डाला। दोनों के सम्बन्धों के माध्यम से नारी जीवन की गहरी व्यथा को साक्षात्कृत कराया। *त्यागपत्र* की रसात्मकता और शाश्वतता, विवाह, समाज का स्थायित्व, पतिव्रता धर्म आदि बातों की चर्चा में नहीं है बल्कि मृणाल के अप्रतिम व्यक्तित्व के माध्यम से कराई गयी व्यथा की प्रतीति में है और व्यथा की प्रतीति का सन्दर्भ भारतीय समाज की परम्परा का यथार्थ है। इसलिए इसमें एक व्यापकता भी आयी है। *त्यागपत्र* का यथार्थ मन को कुरदनेवाला है और मृणाल की व्यथा के माध्यम से 'औदात्य' के स्तर पर प्रतिष्ठित होना औपन्यासिक त्रासदी का प्रभावपूर्ण रूप है।"[18]

मनुष्य जीवन की सार्थकता को व्यथा और समाज की शुभाकांक्षा में देखकर जैनेन्द्र ने भारतीय संस्कृति की उदात्तता को ही प्रतिष्ठित किया है, किसी नये जीवन मर्म की स्थापना नहीं की है, पर यहाँ यह प्रश्न उठना स्वाभाविक है कि व्यक्ति की दुःखद परिणति और उसे टूट के कगार पर लाने की नैतिक जवाबदेही क्या समाज की नहीं है? क्या समाज के प्रति व्यक्ति की नैतिकता से इतर व्यक्ति के प्रति समाज की कोई नैतिकता नहीं है? है और होनी चाहिए। पर जैनेन्द्र इसका जवाब देना नहीं चाहते। ऐसे प्रश्नों पर वे दार्शनिक की मुद्रा अख्तियार करते हैं और उसे 'नियति' या 'भवितव्यता' के हवाले कर देते हैं। मृणाल की दुःखद परिणति पर जैनेन्द्र के जज साहब का कथन है—"...नहीं भाई, पाप-पुण्य की समीक्षा मुझसे न होगी। जज हूँ, कानून की तराजू की मर्यादा जानता हूँ। इसलिए कहता हूँ कि जिनके ऊपर राई-रत्ती नाप-जोखकर पापी को पापी कहकर व्यवस्था देने का दायित्व है, वे अपनी जानें। मेरे बस का वह काम नहीं है। मेरी बुआ पापिष्ठा नहीं थीं, यह भी कहनेवाला मैं कौन हूँ? पर आज मेरा जी अकेले में उन्हीं के लिए चार आँसू बहाता है।"[19]

सदाशयी जज अपनी ही बुआ के प्रति द्रवित होते हुए यही कहते हैं कि 'बुआ पापिष्ठा थीं' (उनके कथन का सीधा अर्थ यही है) क्योंकि उन्हें समाज पापिष्ठा ही मानता है। पर उनकी विवशता यह है कि वे अकेले चार बूँद आँसू गिराकर संतोष कर लेते हैं कि चलो, उनका इतना धर्म तो है ही। बुआ थीं, साथ-साथ रहना हुआ, आत्मीयता रही—इतना फर्ज तो है ही कि वे अकेले में ही सही, बुआ की याद में आँखें भिगों लें। समाज में उन्हें यह करने की छूट नहीं है, फिर तब वे समाज से यह पूछने की ही हिम्मत कहाँ रखते हैं कि वे पूछें कि उनकी बुआ की मौत का जवाबदेह समाज है और उनके पापिष्ठा होने का भी। इसी अन्तर्द्वन्द्व का परिणाम होता है उनका त्यागपत्र। यह 'त्यागपत्र' वस्तुतः जज का अपनी बुआ के प्रति प्रायश्चित्त ही है, उनके जीते जी कुछ न कर पाने की विवशता का प्रायश्चित्त।

डॉ. पुरुषोत्तम अग्रवाल ठीक ही कहते हैं कि प्रमोद और मृणाल दोनों ही की व्यथा का कारण उस दुनिया से बाहर जाने का जोखिम उठाना है। उन्हीं के शब्दों में—" 'त्यागपत्र' की संरचनागत संवेदना प्रचलित तर्क का अतिक्रमण करती है। मृणाल स्वयं टूटकर भी समाज की मंगलाकांक्षा किसी कायरता के कारण करती हो, ऐसा नहीं है। कक्षा में पिटने से लेकर गन्दी बस्ती में मरने तक वह दूसरों का दोष स्वयं पर लेकर उन्हें क्षमा कर देनेवाली करुणा का मूल्य चुकाती है। प्रत्यक्ष संघर्ष के अभाव का यह मतलब नहीं कि उसके जीवन में लांछन या कष्ट का अभाव है। दरअसल, मृणाल और प्रमोद दोनों ही की व्यथा का कारण उस दुनिया से बाहर आने का जोखिम उठाना है, जहाँ रास्ता बना बनाया है और खुद को खोजने की जरूरत नहीं है। जिज्ञासा जहाँ शान्त है और प्रश्न अवज्ञा का द्योतक है।"[20]

इस स्तर पर देखते हैं तो लगता है कि जैनेन्द्र की 'भवितव्यता' या 'नियति' यहाँ समाज के प्रति मौन विद्रोह की भूमि बनती है जिसमें मृणाल तथा प्रमोद दोनों ही समाज से बाहर आने का जोखिम उठाते हैं और उसे अस्वीकार करते हैं। इस अस्वीकार में वे खुद भी अस्वीकृत होते हैं और समाज उन पर आँसू बहाने के लिए उपस्थित नहीं होता, पर इस बहाने ही वे समाज के सामने उसके अस्तित्व का एक विकट प्रश्न छोड़ देते हैं। इसलिए यह समाज-विमुखता न तो जैनेन्द्र का समाज के प्रश्नों से पलायन है और न उनके चरित्रों का। रेने वेलेक ने मार्टिमर ऐडलर और केनेथ बर्क के हवाले से रचनाकारों पर लगनेवाले 'पलायन' के आरोप का जो खंडन किया है, वह यहाँ जैनेन्द्र के प्रसंग में भी उचित जान पड़ता है—

"कम से कम मार्टिमर ऐडलर यह मानते हैं कि निरे बौद्धिकता शून्य उपन्यासों के पाठकों में भी ज्ञान की लालसा अपने बीज रूप में पाई जाती है और जहाँ तक 'पलायन' का प्रश्न है, केनेथ बर्क ने हमें इस बात की चेतावनी दी है कि यह आरोप निरा सतही है। उनका कहना है कि पलायन का स्वप्न पाठक को अपने वर्तमान वातावरण के प्रति अपनी अरुचि का रूप स्पष्ट करने में सहायता दे सकता है।

कलाकार बड़ी मासूमियत से मिसीसिपी के किनारे एकांतवास की हिमायत मात्र करके भी, बहुत ध्वंसकारी हो सकता है।"[21]

कहने की आवश्यकता नहीं है कि समाज-व्यवस्था की यथास्थितिवादी ढाँचे को बनाये रखने और चरित्रों की टूट के बरअक्स जैनेन्द्र ने *त्यागपत्र* में समाज की तत्कालीन संरचना को ध्वस्त करने की ही प्रस्तावना की है।

*सुनीता* की सुनीता के जीवन की सार्थकता भी समाज-व्यवस्था के परे नहीं है। वह उसके ढाँचे में ही स्वयं को समर्पित करती है और 'बाहर' से शक्ति पाकर उसकी मजबूती का यत्न करती है। पर वह भी एक ऐसी नारी बनकर आती है जो स्व-पर संघर्ष में जीत कर 'बाहर' की स्वतन्त्रता को अपने मन तथा पारिवारिक आधारों की दृढ़ता में अपने को लगाती है और किसी अवरोध को इसमें आड़े नहीं आने देती। उसके लिये 'घर' से 'बाहर' जाना किसी नैतिक संकट का कारण नहीं है क्योंकि पति श्रीकांत से उसे पूरी स्वतन्त्रता मिली हुई है।

पर समाज की मर्यादा की चिन्ता तब भी उसमें द्वन्द्व बनकर उभरती है, जब श्रीकांत की अनुपस्थिति में हरिप्रसन्न के साथ उसे जाना होता है। वह हरिप्रसन्न के प्रस्ताव पर द्वन्द्वग्रस्त होकर सोचती है–

"मैं नहीं जा सकूँगी। मैं इस घर से टूटकर जाऊँगी तो जिऊँगी नहीं। मैं इस योग्य नहीं हूँ। इसी घर के दीवारों के भीतर मेरा स्थान है। घर बन्धन है, तो हो, लेकिन मुझे तो मोक्ष भी यहाँ ही पाना है।"[22]

सुनीता के लिये जीवन की चरम सार्थकता पत्नीत्व के निर्वाह में है और उससे बाहर जाना उसे या तो पसन्द नहीं है या नैतिक संकट का कारण है। पति की ओर से पूरी स्वतन्त्रता मिलने के बावजूद उसमें अपनी स्थिति को लेकर संशय बना रहता है और वह तय नहीं कर पाती कि उसे क्या करना है। श्रीकांत के लाहौर जाने की बात पर वह पहले तो उससे रुक जाने का अनुनय करती है पर जब वह नहीं मानता तो कातर होकर कहती है–

"तब मेरा विश्वास तो मुझे देते जाओ। वह मुझमें से खिसका जा रहा है। क्या विवाह लौकिक नीति ही है? क्या वह धर्म भी नहीं है? क्या वह आदमी के मनोभाव पर ही निर्भर है? इन सबसे क्या वह पवित्र वस्तु नहीं है? अरे, मुझे मेरा विश्वास दे दो। तुम क्यों जाते हो,? मत जाओ। जाओ तो मेरे भीतर विश्वास भर जाओ।"[23]

यानी सुनीता के लिये विवाह लौकिक नीति होते हुए भी धर्म है और इस धर्म को वह व्यक्ति के मनोभाव पर निर्भर नहीं मानती। मनोभाव पर वह निर्भर होने लगे तो अधर्म ही होता जायेगा क्योंकि तब आस्था का प्रश्न नहीं रह सकेगा। इसलिए 'विवाह' लौकिक मर्यादाओं में सब से पवित्र है। उसके दायित्व से विमुखता उसे नहीं भाती, श्रीकान्त से वह इसीलिए विश्वास चाहती है कि अपनी इस वैवाहिक पवित्रता को मनोभावों के हवाले नहीं होने देगी क्योंकि अगर वह ऐसा करेगी तो अधर्म होगा

और तब उसे परिवार में मोक्ष के मार्ग बंद हो जायेंगे।

सुनीता श्रीकांत से प्रेम भी करती है, इसलिए भी उसे विश्वास चाहिए। जैनेन्द्र की दृष्टि में यह विश्वास स्वतन्त्रता में सहृदयता उपजाने का काम करता है। इससे समाज की मर्यादा भंग नहीं, दृढ़ ही होती है। वे कहते हैं–

"प्रेम विश्वास के अतिरिक्त दूसरे किसी बन्धन के पक्ष में नहीं है। विश्वास स्वतन्त्रता में सहृदयता उपजाने का काम करता है। स्वतन्त्रता उतनी ही सहृदय हो जाय, तो उससे बड़ी शक्ति दूसरी नहीं है। आत्मानुशासन उसका अस्त्र है। इसलिए यह शक्ति समाज-मर्यादा को भंग नहीं, दृढ़ ही करती है। या कहो, वह मर्यादा की सृष्टि करती है।"[24]

इस प्रकार सामाजिक व्यवस्था के ढाँचे में स्वतन्त्रता पाने की स्थिति में भी विश्वास की शक्ति यह है कि उससे समाज-मर्यादा दृढ़ होती है और यह दृढ़ता व्यक्ति के आत्मानुशासन से आती है। सुनीता की स्वन्तत्रता में इसी विश्वास की पुष्टि है क्योंकि वह विश्वास पाकर 'विवाह' की पवित्रता की ही रक्षा करती है और समाज के बाहर नहीं जाती।

जैनेन्द्र के यहाँ समाज की मर्यादाओं का यही द्वैत है जिसका शमन अन्ततः उनमें लौटने और उनकी रक्षा करने में ही होता है। जो चरित्र इसकी अवहेलना करते है, वे टूटते हैं और इससे समाज को कोई फर्क नहीं पड़ता।

*सुखदा* की रचना के पीछे भी जैनेन्द्र की इस मान्यता का सीधा प्रतिफलन दिखाई देता है। सुखदा भूल जाती है कि समाज के निर्धारित मानदंडों की अवहेलना उचित है कि अनुचित। वह अपने जीवन की सार्थकता समाज की निर्धारित नैतिकता से परे खोजती है और उस परिणति को प्राप्त होती है जिसमें न उसका समाज साथ देता है और न परिवार। स्वयं उसका पति कांत तथा उसका एक मात्र पुत्र उसकी इस दशा पर संवेदित नहीं हो पाते। इसका खास कारण यही हैं कि सुखदा पारिवारिक मर्यादा का उल्लंघन करती है और किसी की एक नहीं सुनती। उसका पति कांत एकदम शरीफ और भला व्यक्ति है जो सुखदा को मनचाहा सुख देता है, तनिक भी असुविधा नहीं होने देता और हर तरह की आजादी देता है। पर वह इस आजादी को गलत दिशा दे बैठती है। 'सुखदा' की माँ उसे समझाती हुई कहती हैं–

"वह बेचारा रहनेवाला कौन होता है। तू जैसे रखती है। वैसा रहता है। सुखदा, तुझे कहती हूँ। देवता-सा पति तुझे मिला है। देख, मान में न रहा कर। लड़की, तू खुद समझदार है तुझे और क्या समझाऊँ? लेकिन पति तेरा गऊ है, एकदम गऊ। मन में रखना नहीं जानता, सब मुँह पर कह डालता है। ऐसे आदमी को तू साधकर नहीं रख सकती तो और तुझसे क्या होगा।"[25]

सुखदा को उसकी माँ प्रकारान्तर से वही कह रही हैं जो जैनेन्द्र कहते आ रहे हैं। अपनी सीमा से वह अचानक ही बाहर नहीं आ गयी है। इसके पीछे एक पूरी

प्रक्रिया है जिससे तंग आकर कांत लगभग मानसिक अस्वस्थता का भी शिकार हुआ है। इस तरह उसका पूरा कार्य-व्यवहार एकदम अनैतिक होता गया है और एक दिन अचानक सब कुछ स्वाहा हो गया है। सब कुछ के लूट जाने के बाद सुखदा को लगता है कि उसने जो कुछ भी किया, वह कहीं से भी नैतिक नहीं था और अब तो इस लायक भी नहीं है कि वह किसी पर अपना अधिकार जताये। कांत के निरन्तर झुकते जाने और अपनी धाक जमाते जाने के चक्कर में सुखदा अपने द्वारा ली गयी स्वतन्त्रता पर व्यथित होती हुई कहती है–

"हम स्त्रियों की यह क्या गति है? चाहती हैं कि पुरुष को झुकायें, और झुक जाता है तो इसी दोष के लिये उससे नाराज होती हैं। मैंने कभी उनसे अपेक्षा नहीं की कि वह मुझ पर रुष्ट या धृष्ट न हों, लेकिन जब रोष या ताड़ना के अवसर पर वह विनम्र होकर रह गये हैं तो यह मेरे लिए असह्य ही हो गया है। विनम्रता दुर्बलता है। किन्तु विनम्रता एक बहुत बड़ा बल है, यह तो अब सब भुगतकर में जानी हूँ कि जबकि मेरे हाथ कुछ नहीं रह गया है, सब बीत गया है, और जीवन की बाजी एकदम लुट गयी है। और फिर नये सिरे से तो उसे जुटाने का कोई अब उपाय नहीं है। सिर्फ आशा यही है कि पुनर्जन्म है। लेकिन पुनर्जन्म..."[26]

सुखदा की इस अन्तर्व्यथा में भारतीय स्त्रियों की मनोदशा को भी देखा जा सकता है जो परंपरा से दबी-कुचली रहने के कारण अपने पर पुरुष का एकाधिकार भी चाहती हैं और यदि पुरुष उस पर नियन्त्रण नहीं रखता तो उस पर भी क्रुद्ध होती हैं। लेकिन दोनों ही स्थितियां में हारना उसी की नियति होती है। पारिवारिक नैतिकता की सीमा तोड़कर सुखदा की जो हालत हुई है वह वस्तुतः समाज-व्यवस्था की अवहेलना का परिणाम है। चंद्रकांत वांदिवडेकर का मानना है–

"भारतीय संस्कृति के मूलभूत खंभे को हिलानेवाले व्यक्तिवाद और स्वेच्छाचार की सीमा तक चली गयी स्वतन्त्रता की सम्मोहक परिकल्पना की ओर से आया बहुत बड़ा व्याघात जैनेन्द्र देख रहे थे। इस चुनौती को उन्होंने संवेदना और चिन्तन के धरातल पर अनुभव किया और कलात्मक स्तर पर प्रगट किया है। *सुनीता* में उसका पहला आघात है। *त्यागपत्र* में वह अधिक तीव्र हुआ है, *कल्याणी* में भी उसका गहरा प्रभाव अलग सन्दर्भ में लक्ष्य है। *सुखदा* में तो वह बिल्कुल केन्द्र में है।"[27]

जैनेन्द्र ने *सुखदा* के माध्यम से इसी व्यक्तिवाद और स्वेच्छाचार तक चली गयी स्वतन्त्रता का विरोध किया है और महसूस किया है कि अगर इस प्रवृत्ति पर काबू नहीं पाया गया तो समाज की व्यवस्था को बचाये रखना कठिन हो जायेगा।

*सुखदा* में जैनेन्द्र ने बहुत गम्भीरता के साथ 'घर' के विघटन को भी लिया है और उसके विघटित होने के परिणामों की भयंकरता को दिखाया है। पति-पत्नी का एक-दूसरे पर विश्वास अनिवार्य है। वे बिना एक-दूसरे पर निष्ठा रखे 'घर' नहीं चला सकते। दोनों एक साथ तन कर खड़े नहीं हो सकते। किसी एक को झुकना ही

होगा। मनुष्य जीवन की कठिन भूमि गृहस्थी है जिसमें उसकी पल-पल परीक्षा होती है, वह एक बार यदि चुक गया तो शायद ही सम्भलने का अवसर आये। दाम्पत्य के सफल निर्वाह में ही नैतिकता की साधना है क्योंकि जीवन वहीं है जहाँ सद्भाव है और जहाँ समाज की अपेक्षाएँ पूरी होती हैं। इसलिए नैतिकता से रहित जीवन की मुक्ति भी सन्दिग्ध है और जीवन-निर्वाह भी। अपनी सीमा का अतिक्रमण पुरुष के लिये भी ठीक नहीं है और नारी के लिये भी। बिना विश्वास के दोनों का प्रतिकूल दिशाओं में जाना अनैतिक तो है ही, गैरजिम्मेदारी से उठाया गया आत्मघाती कदम भी है।

समाज की नैतिकता को सुरक्षित रखने और उसके मानदंडों को जीवन की गतिशीलता में स्थिर करने के ही विचार से जैनेन्द्र ने *कल्याणी, मुक्तिबोध* आदि उपन्यासों और अनेक कहानियों में ऐसे चरित्रों की सृष्टि की है जो बार-बार समाज-व्यवस्था के प्रश्नों से टकराते हुए भी उसी में लौटते हैं या टूटकर यह सन्देश देते हैं कि टूटना श्रेयष्कर नहीं है और जो यह टूट है, वह सामाजिक मर्यादाओं से टूटकर अलग पड़ने का नतीजा है। पर ऐसा एकदम नहीं है कि यहाँ व्यक्ति-जीवन और समाज के इस द्वन्द्वात्मक रिश्ते की पहचान नहीं है। यह पहचान जैनेन्द्र के यहाँ बखूबी है और वे इसी रिश्ते के बरअक्स समाज की कुरीतियों तथा व्यक्ति-जीवन के संत्रासों को दिखाते हैं। यह प्रश्न बार-बार उठाया जाता है और यह प्रसांगिक भी है (इस प्रश्न पर विचार किया जाय) कि जैनेन्द्र जब सामाजिक व्यवस्था को अस्वीकार करने की बात करते ही नहीं तो यथास्थिति से बाहर आने की सम्भावना कैसे बन सकती है?

जैनेन्द्र साहित्य पर यह प्रश्न गम्भीर बहस की माँग करता है। लेकिन ऐसे प्रश्नों को उठाते समय यह प्रायः भूला दिया जाता है कि जैनेन्द्र के आरम्भिक चरण के लेखन के समय ऐतिहासिक स्थितियाँ क्या थीं। यह वह समय था जब देश भयावह राजनीतिक-सांस्कृतिक संकट से गुजर रहा था। देश की दिशा क्या होगी; यह स्पष्ट नहीं था। सामाजिक व्यवस्थाएँ भी छिन्न-भिन्न हो रही थीं। पश्चिम के मुक्त अन्धानुकरण ने नगरीय जीवन को अपने ग्रास में ले लिया था। ऐसी स्थिति में जैनेन्द्र ने भारतीय विरासत की सामाजिक व्यवस्था और उसकी महत्त्वपूर्ण इकाई 'परिवार' की रक्षा का प्रयत्न किया और उसके दायरे में स्त्रियों को स्वतन्त्रता देने की हिमायत की। जहाँ समाज ने स्त्रियों को उनके बुनियादी अधिकारों से वंचित करने की कोशिश की, वहाँ इन स्त्रियों ने समाज की मर्यादा को धता बताया और उसकी एक परवाह नहीं की। यह अलग बात है कि ऐसा करके वे खुद ही टूटती हैं और अपनी इस दशा की जवाबदेही अपने ही सर लेती हैं, पर इससे समाज की जड़ता की पुष्टि नहीं हो जाती और न ही इन चरित्रों की संघर्ष-यात्रा बेकार चली जाती है। इसलिए इन चरित्रों के और समाज के बीच जो द्वैत भाव है, जो कशमकश

है और जो एक-दूसरे को न निभा पाने की तड़प है, वह जैनेन्द्र के यहाँ पूरी तरह से व्यक्त है। प्रायः इसीलिए कहा जाता है कि स्त्रियों के अधिकार उनकी अस्मिता तथा उनके संघर्ष की जो लड़ाई आज लेखन के माध्यम से लड़ी जा रही है, उसकी जमीन जैनेन्द्र ने बनायी थी, और इस स्तर पर आज के लेखक-लेखिकाएँ उनके ऋणी हैं।

जैनेन्द्र का सामाजिक सरोकार चूँकि समाज की व्यवस्था के लिये बना था, इसलिए उसे प्रतिक्रियावादी या प्रतिगामी मानना न तो औचित्य की दृष्टि से ठीक है और न ही विवेक की दृष्टि से। भारतीय समाज अपनी विरूपताओं और कुटिलताओं के साथ जैनेन्द्र के साहित्य में मौजूद है, भले ही वे उसकी सुरक्षा के लिये कटिबद्ध दिखाई देते हों। उसकी व्यवस्था को बनाये रखने की चिन्ता के बावजूद एक बड़े लेखक-विचारक की तरह जैनेन्द्र के ध्यान में भी उसकी सारी कमजोरियाँ थीं और उन्होंने उस पर पर्याप्त चिन्तन विश्लेषण भी किया है। विष्णु खरे ने ठीक ही लिखा है–

"जैनेन्द्र प्रतिक्रियावादी या प्रतिगामी नहीं हैं बल्कि उनमें भारतीय समाज अपनी सारी द्वन्द्वात्मकता के साथ उपस्थित है। आज यदि हम हिन्दी गद्य में चिन्तन और विश्लेषण की एक ताकत देखते हैं तो उसके पीछे जैनेन्द्र भी हैं। सम-सामयिक महत्त्वपूर्ण लेखक-लेखिकाओं पर जैनेन्द्र का ऋण है। सच तो यह है कि आज हिन्दी के पास दूसरा जैनेन्द्र या जैनेन्द्र का विकल्प कोई नहीं है।"[28]

यह दिलचस्प लग सकता है, पर सच्चाई है कि जैनेन्द्र ने समाज और परिवार की व्यवस्था की रक्षा के साथ-साथ प्रेम की मुक्तता पर भी बल दिया है और इसमें सामाजिक रूढ़ियों का निषेध किया है। उनकी यह मान्यता भी है कि सामाजिक मर्यादाओं को मानते हुए भी प्रेम के प्रति उदार हुआ जा सकता है। जो सामाजिक जिम्मेवारियों के प्रति असावधान रहते हैं, वे ही प्रेम के लिए असहिष्णु भी बनते देखे जा सकते हैं। उन्होंने लिखा है–

"प्रेम सदा उदार है और वह कभी एक में नहीं रुक सकता। पर व्यवस्था एक और एक को लेकर विवाह द्वारा घर की इकाई का निर्माण करती है और ऐसे ही समाज को सम्भव बनाती है। अधिकांश दायित्वशील जन विवाह की रक्षा में प्रेम की यथार्थता को बहिष्कृत और लाँछित करने की सलाह देते हैं। जो दायित्व को सामाजिक भार के रूप में अनिवार्य मानते हैं या उस ओर से असावधान रहते हैं वे ही पक्ष प्रेम की मुक्तता को सहन नहीं कर सकते।"[29]

जैनेन्द्र की इस मान्यता को अगर एक सटीक उदाहरण के रूप में देखना चाहें तो *सुनीता* में देखे सकते हैं। यहाँ श्रीकांत के लिए सामाजिक दायित्व भार नहीं है, कर्तव्य है। इसीलिए पत्नी सुनीता के प्रति उसकी ओर से पूरी स्वतंत्रता है, बल्कि उसकी एकरसता को तोड़ने के लिए मुक्तता का जो वातावरण बना दिखाई देता है,

वह श्रीकांत का दिया हुआ है। इसलिए यह स्वतन्त्रता समाज की व्यवस्था से ही आयी है। यही कारण है कि उसमें नैतिकता का संकट सुनीता के लिए है नहीं, अगर है तो इस द्वन्द्व के कारण है कि उसकी सीमा में इतनी स्वतन्त्रता जायज नहीं है। यह एक भारतीय स्त्री की नियति है और यही उसकी विडंबना है। स्वतन्त्रता चाह तो सकती है, पर मिल जाये तो यह उसके लिए संकट का कारण बन जाता है। नहीं मिलती तो वह विद्रोह कर आगे बढ़ती है, जहाँ बहुत दूर तक निकलने के बाद उसे लगता है कि उसका सब कुछ पीछे छूट गया। अब वह क्या करे? सुनीता, सुखदा और मृणाल इन स्थितियों के प्रतिनिधि उदाहरण हैं। पर यह ध्यातव्य है कि जैनेन्द्र के यहाँ सामाजिक जवाबदेहियों से विरत चरित्रों की न तो सृष्टि दिखाई देती है और न ही उनके लिये नैतिकता का कोई संकट दिखाई देता है। समाज-व्यवस्था से अलग नैतिकता का कोई मूल्य ही यहाँ प्रतिपादित नहीं है। जो विवाहिता है या जो परित्यक्ता है—नैतिकता का प्रश्न उसी के जीवन में आता है। प्रेम की मुक्तता भी उन्हीं स्थितियों में वे पाती हैं जब वे अपने पतियों का विश्वास जीतती हैं। पतियों के विश्वास जीतने का यहाँ सीधा आशय समाज और परिवार की उन मान्यताओं को जीतने से है जिनमें उन्हें जीवन गुजारना है।

इस प्रकार जीवन का ध्येय यहाँ सामाजिक मर्यादाओं को निभाते जाना है जिसमें प्रेम तथा स्वतंत्रता के लिये अनुकूल वातावरण बनता है और नैतिकता के प्रश्नों का समाधान सामाजिक व्यवस्था के सहकार पर ही निर्भर होता है। जैनेन्द्र-साहित्य में सबको तिलांजलि देकर स्वतन्त्रता की स्वीकृति नहीं दिखाई देती।

## जीवन की मुक्ति में नैतिकता

"नैतिकता उतना संयत कर्म नहीं है, जितना मुक्त कर्म है। निग्रह में हम नैतिक को देखने के आदी हैं। जैसे मुक्त में अनैतिक ही रह सकता हो। ऐसे पूर्णता मिल सकती है, इसमें संदेह है।"

*जैनेन्द्र—परिप्रेक्ष,* पृ. 92

जीवन की मुक्ति को लेकर जैनेन्द्र के यहाँ संशय नहीं है। उनके विचारों में और कृतियों में भी बार-बार यह रेखांकित किया गया है कि जीवन की मुक्ति नैतिक आचरणों में है। पर यह नैतिक आचरण प्रेमहीन कर्तव्य-निर्वाह नहीं है वरन् प्रेमयुक्त आचरण है। चूँकि प्रेम समाज के किसी बन्धन की स्वीकार नहीं करता, इसलिए यह आवश्यक नहीं है कि प्रेम पर आधारित कर्म हर स्तर पर समाज के लिये स्वीकृत ही हो। समाज में उसको लेकर प्रवाद चलेंगे ही जिसका समाधान निकालना सम्भव भी नहीं हो सकता। जैनेन्द्र ने अपने साहित्य में नैतिकता का यही पक्ष लिया है जिसमें प्रेम का आधार है और शुष्क सामाजिक कर्तव्यों पर ही जीवन न्यौछावर कर देने की कोशिश का खंडन है। पर यह वास्तविकता है कि जैनेन्द्र के यहाँ जीवन

के प्रेम की नैतिकता का प्रतिपादन है और यह भी प्रतिपादित है कि सच्चा जीवन नैतिकता में ही है। व्यक्ति को पूर्णता इसी मुक्त कर्म के मार्ग से मिलती है। इसमें सत्यता और ईमानदारी होती है, आस्था और निष्ठा का बल होता है इसीलिये जीवन की सिद्धि इससे परे किसी और नीति से नहीं पायी जा सकती। इस मुक्त कर्म में समष्टि के प्रति व्यक्ति का अन्तर्भाव है और उसमें खो देने या उसमें अपने को समो लेने की आकांक्षा है। निर्मल वर्मा ने विवेकानंद के एक कथन के माध्यम से इसकी पुष्टि की है कि व्यक्ति का जीवन सम्पूर्ण के जीवन में बसा है। वे लिखते हैं–

"व्यक्ति का जीवन सम्पूर्ण के जीवन में बसा है, उसका सुख सम्पूर्ण के सुख में निहित है। सम्पूर्ण के बिना व्यक्ति की परिकल्पना असम्भव है। यह ऐसा शाश्वत सत्य है जिसकी आधार-शिला पर समूचा विश्व टिका है। इस अनन्त सम्पूर्ण की ओर धीरे-धीरे अग्रसर होना, उसके प्रति अगाध सहानुभूति और समानता महसूस करना, उसके सुख में सुखी और उसकी यातना में दुखी अनुभव करना, यही व्यक्ति का एकमात्र कर्त्तव्य है। यह केवल उसका कर्त्तव्य ही नहीं है, बल्कि उसके उल्लंघन में उसकी मृत्यु है।"[30]

विवेकानंद की यह पंक्तियाँ प्रकारांतर से जैनेन्द्र की उन मान्यताओं की स्वीकृति ही हैं जिनमें वे व्यक्ति को समाज-निरपेक्ष नहीं मानते और उसकी सार्थकता उसके प्रति कर्त्तव्य निर्वाह में देखते हैं।

अब इस प्रश्न को देखना चाहिए कि जीवन की मुक्ति क्या है? जीवन की मुक्ति से संबंधित धारणाओं में ही परस्पर विरोध दिखाई देता है। अलग-अलग दार्शनिक संप्रदायों ने इसकी व्याख्या भिन्न-भिन्न तरह से की है। पर सबके लिए वह दार्शनिक चिन्तन की चरम परिणति है। भारतीय वैदिक दर्शन में जीवात्मा और परमात्मा के एक्य भाव को मोक्ष माना गया है और कहा गया है कि ज्ञान और सुख (जो परम ध्येय है) की प्राप्ति जीवात्मा और परामात्मा की एकता से ही सम्भव है।[31] उपनिषदों के दर्शन में भी मुक्ति की इसी अवधारणा से सहमति दिखाई देती है जिसके अनुसार मोक्ष की अवस्था में जीव अपने यथार्थ स्वरूप को पहचान लेता है तथा ब्रह्म के साथ तादात्म्यता हो जाती है। जीव का ब्रह्म से एकत्र हो जाना ही मोक्ष है।[32]

कुल मिलाकर मोक्ष की इस अवधारणा का आशय यही है कि ईश्वर से जीव का तादात्म्य ही मोक्ष है। कुछेक संशोधनों के जरिए विभिन्न दार्शनिक संप्रदायों ने इसी मोक्ष को 'जीवन मुक्ति' के रूप में भी देखा। 'जीवन मुक्ति' के रूप में 'मोक्ष' को देखने का परिणाम यह हुआ कि 'मोक्ष' को पारलौकिक और कल्पना की चीज़ माने जानेवाले विचारों में कमी आयी। जीवन मुक्ति के आदर्श को सैद्धांतिक रूप में स्वीकार न करनेवाले न्याय वैशेषिक तथा विशिष्टाद्वैत जैसे दर्शनों में भी इसी लोक में ही मनुष्य के ज्ञान की ऐसी अवस्था की प्राप्ति की सम्भावना को स्वीकार किया

गया है, जो संसार के प्रति मनुष्य के दृष्टिकोण को पूर्णयता बदलकर उसके जीवन को नया ही अर्थ प्रदान करती है और इसलिए ही उसे 'जीवन मुक्ति' कहना उचित माना जा सकता है।[33]

मध्ययुगीन भारतीय सामाजिक जीवन में जीव और ब्रह्म की इस एक्यता को अपने जीवन की चरम सार्थकता मानकर सगुण-निर्गुण भक्तों तथा सूफी सन्तों ने ईश्वर की आराधना की तथा मोक्ष की परम्परागत मान्यता के लिये अपने को समर्पित किया। पर जैसे-जैसे समय ने करवट ली है, ऐसी धारणाएँ या तो कल्पना की चीज़ रह गयी हैं या फिर उनका अर्थ बदल गया है। मुक्ति या मोक्ष की तरह ही नैतिकता भी ईश्वर-सापेक्ष हुआ करती थी। तब नीति-नियमों की अवहेलना पाप होता था तथा उनका पालन पुण्य। पर जैसे ही विज्ञान से हमारा सामना हुआ यह नैतिकता भी मनुष्य-सापेक्ष हो चली। सृष्टि के केन्द्र में ईश्वर की जगह मनुष्य ने ले ली। यही कारण है कि नैतिकता का दायरा समाज के वृत्त में सिमटता चला आया और उसका कार्य मनुष्य जीवन के औचित्य-अनौचित्य पर तुले जाने तक सीमित रह गया।

अज्ञेय की दृष्टि में सृष्टि के केन्द्र में 'मानव की प्रतिष्ठा' का पहला और व्यापक अर्थ था—मानव समाज के आधारभूत नैतिक मूल्यों का पुनः परीक्षण। उन्हीं के शब्दों में—

" 'मानव की प्रतिष्ठा' का पहला और व्यापक अर्थ था मानव समाज के आधारभूत नैतिक मूल्यों का पुनः परीक्षण, और एक नये लौकिक आधार पर उनकी स्थापना; अथवा देव-सम्भूत नैतिकता के बदले मानव-सम्भूत नैतिकता की प्रतिष्ठा। व्यापक दृष्टि से भी इस परिवर्तन के दो सोपान रहे : पहले लोकोत्तर नियमों अथवा ऋत का स्थान प्राकृतिक नियमों अथवा विज्ञान ने ले लिया, फिर प्रकृति के स्थान में मानव की प्रतिष्ठा हुई।"[34]

आधुनिकता के साथ बदले हुए इस वातावरण में मुक्ति का सीधा सम्बन्ध मनुष्य-जीवन की उस प्रक्रिया से जुड़ता है जिसमें व्यक्ति यह मानता है कि उसका जीवन ही सार्वभौम सत्य है और जो नीति-नियम उसके सामाजिक वैयक्तिक जीवन को स्वीकार्य हो सकते हैं वही उसकी नैतिकता। हालाँकि सामाजिक व्यवस्था के नियम भी समय और परिस्थितियों पर ही निर्भर करते हैं। लेकिन उनमें सार्वजनिकता का आग्रह अधिक होता है इसलिए व्यक्ति जो अपने हित में उचित मानता है, वही समाज नहीं मान सकता। इसलिए आधुनिक युग में भी मनुष्य जीवन की मुक्ति का अर्थ सामाजिक दायित्वों की पूर्ति करते हुए रूढ़ियों, विकारों तथा मानसिक संतापों से मुक्त होकर जीवन का सन्तोष पाना है और नैतिकता का अर्थ सामाजिक तथा वैयक्तिक जीवन का उचित मानदंड।

समाज-व्यवस्था में चूँकि परिवार और उसमें सम्बन्धों की पवित्रता के मूल्य यथावत् रहते आये हैं, इसलिए नैतिकता का परिप्रेक्ष्य मानव-सापेक्ष होते हुए भी

जीवन को गहरे नियन्त्रित भी करता है और प्रभावित भी।

जैनेन्द्र के साहित्य में जीवन की यही मुक्ति काम्य है जिसमें किसी बाध्यता की जगह नहीं है। यह मुक्ति वस्तुतः दार्शनिक धरातल पर औपनिषदिक मुक्ति का आधुनिक रूप ही है लेकिन इसमें ईश्वर और जीवात्मा की जगह मनुष्य और मनुष्य ने ले ली है। सम्बन्धों और मानवीय प्रेम में समर्पण तथा उनका निर्वाह इस 'मुक्ति' का क्षेत्र है। प्रेम तथा मानवीय दायित्वों के लिये सीमा रेखा नहीं खिंची है। वहाँ बस अनुभूति और स्पन्दन के सहारे एक पूरी जीवन प्रक्रिया का खुला स्वीकार है। इस खुले स्वीकार में व्यक्तिगत नैतिकता प्रभावी हो उठाती है। अगर इस कारण सामाजिक नैतिकता या सामाजिक मूल्य को किसी तरह की क्षति पहुँचती है तो इसकी परवाह जैनेन्द्र करते नहीं दिखाई देते। उनकी दृष्टि में यह सामाजिक नहीं, वरन् आत्मिक है, और जब आत्मिक है तो वह सामाजिक मर्यादा का ध्यान रखे, यह आवश्यक नहीं है। वे लिखते हैं–

"इस सम्बन्ध में नियम रेखा कहाँ कैसे खींची जाय, मेरी समझ में नहीं आता। शायद इस जगह कोई भी नियम बना-बनाया देखा नहीं जा सकता। यह प्रश्न सामाजिकता की ओर से निर्णीत होनेवाला नहीं है। प्रश्न यह सामाजिक नहीं आत्मिक है, और इसका हल भी व्यक्ति अपने लिये करता है।"[35]

कहने की आवश्यकता नहीं कि जैनेन्द्र के लगभग सारे उपन्यास उनकी इस मान्यता का वहन करते हैं और सामाजिक प्रश्नों से अधिक आत्मिक प्रश्नों की परवाह करते हैं। उनकी इस आत्मिकता में अहम तत्व है उनकी ईमानदारी; सत्यनिष्ठा जिसे वे जीते जी भुला देने को तैयार नहीं। *त्यागपत्र* की मृणाल को ही देखें तो यह स्पष्ट दिखाई देगा कि परित्यक्ता होने के बाद व्यथा और जीवन के द्वन्द्वात्मक प्रश्नों में स्वयं को घुला-घुला कर मार डालने में अपनी सार्थकता मानने वाली मृणाल कोयले वाले के आत्मिक प्रेम की कायल जो जाती है और उसके साथ रहने में संकोच नहीं करती। वह बड़े घर की सुंदर, सुशील और पढ़ी-लिखी लड़की है, दुनिया-जहान को बखूबी जानती है–पर एक गँवार कोयलेवाले के साथ रहने में ग्लानि महसूस नहीं करती। वह उसके प्रेम और दीवानेपन की कद्र करती है। वह जानती है कि कोयलेवाला उस पर आसक्त है, उसने अपना घर-बार छोड़ रखा है–अगर उसने अस्वीकार किया तो वह एक ही कदम उठा सकता है–आत्मघात का। अगर वह आत्मघात करता है तो यह उसके जीवन का कलंक हो जायेगा। फिर तो उसे एक सहारा भी तो चाहिए था–यह उसकी व्यक्तिगत नैतिकता का तकाजा था–सामाजिक नैतिकता के तहत ऐसे कदम उठाने की स्वतन्त्रता की बात भी नहीं सोची जा सकती।

*सुनीता* की सुनीता के लिये वैयक्तिक नैतिकता का संकट यह है कि हरिप्रसन्न के लिए पर्याप्त स्वतन्त्रता मिलने के बावजूद वह लगातार इस कशमकश से जूझती

है कि उसका पति ईमानदार है और उसकी ईमानदारी का यह मतलब नहीं निकाला जा सकता कि जहाँ तक आकांक्षा बल मारे वहाँ तक की दौड़ लगा ली जाय। यही कारण है कि जब वह लाहौर जाने की बात करता है, तो वह भीतर से बहुत रिक्त मालूम पड़ती है और बार-बार उससे रुक जाने का आग्रह करती है। जब वह नहीं रुकता तो अपने विश्वास की याचना करती है। उसका मन द्वैत से विचलित है। वह दो पाटों के बीच बुरी तरह फँस गयी है। एक तरफ पति का आदेश है तो दूसरी तरफ उसके स्वत्व का संघर्ष। आत्मा के दो फाँक उसमें साफ देखे जा सकते हैं—एक पति श्रीकान्त के अबाध प्रेम की अभ्यर्थना की फाँक है तो दूसरी फाँक हरिप्रसन्न के प्रति मानवीय स्तर पर संवेदित होते हुए उसकी रक्षा से जुड़ी है। नैतिकता बनाम नैतिकता, प्रेम बनाम प्रेम तथा आत्मिक बनाम आत्मिक का यह विचित्र किन्तु जटिल द्वन्द्व अपने स्वभाव में वैयक्तिकता से ही नियंत्रित है जिसमें सामाजिक मर्यादा की चिन्ता के लिये कोई स्थान नहीं है।

*कल्याणी* की कल्याणी भी सामाजिक व्यवस्था को बनाये रखने पर बल देते हुए भी अपने स्वत्व के ही संघर्ष में पराजित होती है। वह पति डॉ. असरानी की हर बात मानने को बाध्य नहीं है और यही कारण है कि उसके द्वारा बाध्य किये जाने पर वह स्पष्ट रूप से डॉक्टरी कराने या पतिव्रता बनाये रखने में से किसी एक को चुनने की बात कहती है। वह सारे दबावों के बावजूद सार्वजनिक कार्यों में रुचि के साथ भाग लेती है और इसकी परवाह नहीं करती कि समाज के नियम इसकी इजाजत नहीं देते। वह अपने पुराने सम्बन्धों का खुलासा करती है जिसे जानते हुए ही डॉ. असरानी प्रीमियर से उसके सम्बन्धों का व्यापारिक लाभ उठाता है।

उसे डॉ. असरानी सार्वजनिक रूप से मारता पिटता भी है, पर उसके इस दुर्व्यहार पर किसी तरह का रोष न दिखाते हुए भी वह अपने व्यक्तित्व की लड़ाई छोड़ती नहीं है और वैयक्तिक रूप से जो बेहतर लगता है, उसी को जीना भी चाहती है। यह उसकी वैयक्तिक नैतिकता का ही तकाज़ा है जिसमें सामाजिक-मान्यताओं के प्रति उदार रहते हुए भी कल्याणी उसमें अपने को होम करने से खुद को बचाये रखती है और अपने स्तर पर ही जीती है—जीवन की परिणति चाहे उसकी टूट या फिर उसकी मृत्यु की ओर ही क्यों न बढ़ रही हो।

*व्यतीत* में अनिता मि.पुरी की ब्याहता होते हुए भी जयंत को निभाती है। उसका जयंत से जो सम्बन्ध है, वह सामाजिक नैतिकता के विरुद्ध है, पर चूँकि वह आत्मिक रूप में उससे जुड़ी हुई है, इसलिए उसकी व्यक्तिगत नैतिकता की माँग यही है कि वह जीवन से हताश और मस्तिष्क से अस्वस्थ हो चले जयंत को सहारा दे, उसको टूटने से बचाये। इस निर्वाह में अनिता लगातार द्वन्द्वग्रस्त होती है, उसका विवेक धोखा देता रहता है, पर वह आगे बढ़े कदम नहीं हटाती और जयंत को बढ़कर थामती है। उस सम्बन्ध और उसके निर्वाह मे कदाचित वह 'अपने जीवन की मुक्ति'

ही महसूस करती है। इस ईमानदार सम्बन्ध का प्रभाव यहाँ तक पड़ता है कि स्वयं उसके पति मि. पुरी को अनिता के इस सम्बन्ध में तनिक भी अनैतिकता नहीं दिखाई देती। यहाँ जैनेन्द्र के उस वाक्य को यदि फिर से याद कर लें तो यह समझने में कठिनाई नहीं हो सकती कि विवाहिता का यह कदम कैसे नैतिक माना जा सकता है। जैनेन्द्र कहते हैं—"जो दायित्व को सामाजिक भार के रूप में अनिवार्य मानते हैं या उस ओर से असावधान रहते है, वे ही पक्ष प्रेम की मुक्तता को सहन नहीं कर सकते।"[36]

कहने की आवश्यकता नहीं है कि यहाँ मि. पुरी के लिए भी सामाजिक दायित्व भार नहीं है, इसलिए वहाँ विश्वास है और प्रेम के लिए उन्मुक्त और उपयुक्त वातावरण है।

यही स्थिति *विवर्त* में भी है जहाँ भुवनमोहिनी के जितेन के प्रति प्रेम को उसके पति वकील नरेशचन्द्र अनुचित नहीं मानते और भरसक परस्पर सद्‍भाव ही रखते हैं।

इस तरह जैनेन्द्र के यहाँ जीवन की सार्थकता और उसकी मुक्ति का बहुत कुछ श्रेय उस प्रेम को जाता है जो समाज की जकड़बन्दियों की अवहेलना करता है तथा ऐसे वातावरण का निर्माण करता है जिसमें मानसिक कलुष धुल जाते हैं और जीवन की पूर्णता का बोध हो आता है। सामाजिक नैतिकता हर हाल में व्यक्ति की पूर्णता और उसकी मुक्ति का माध्यम नहीं, वरन् बाधा ही बनती रहती है। इस स्तर पर व्यक्ति की अपनी व्यक्तिगत नैतिकता ही उबारती है तथा उसे समाज में उदार तथा सहृदय बनाती है। मुक्त जीवन की स्थितियाँ समाज की ओर से नहीं मिलतीं क्योंकि वहाँ एक बाधा होती है—सामाजिक मर्यादाओं की, इसलिए जीवन में मुक्ति की तलाश का अभियान व्यक्ति की अपनी वैयक्तिक नैतिकता से होता है जिसमें वह यह तय करता है कि उसे कब, क्यों और कैसे जीना है। सामाजिक संस्थाएँ उसे एकल जीवन जीने की हिमायत नहीं करतीं फिर भी उसमें यदि उदार प्रेम तथा संवेदना का सार्वजनिक ईमानदार भाव है तो उससे नये मूल्यों का ही निरसन होता है। जैनेन्द्र के चरित्र जीवन की मुक्ति इसी नैतिकता में पाते हैं।

अब यह प्रश्न उठता है कि जीवन-मुक्ति वैयक्तिक होती है कि सामाजिक? इस प्रश्न पर विचार करने से यह निष्कर्ष निकलता है कि जीवन मुक्ति—वैयक्तिक ही होती है। चूँकि सामाजिक नैतिकता व्यक्ति के विकास और उसके व्यक्तित्व को सामाजिकता से अलग नहीं देख पाती, इसलिए मनुष्य की जीवन-मुक्ति वैयक्तिक ही हो सकती है। हालाँकि गिन्सबर्ग ने बड़ी कुशलता से पिछली तीन शताब्दियों की वास्तविक प्रगति और उनकी व्याख्या करनेवाले प्रगति-सिद्धान्तों का पर्यवेक्षण कर यह निर्धारित किया है कि विवेक पर आधारित न्याय के प्रति मानववादी आग्रह ही प्रगति की मूल प्रेरणा है और एक विवेकवादी सामाजिक नैतिकता ही उसकी

मूल्य-मर्यादा हो सकती है।[37]

गिन्सबर्ग वैयक्तिक नैतिकता को उचित न मानते हुए स्पष्ट कहते हैं कि इस विवेकवादी नैतिकता में सभी के लिये कोई यान्त्रिक अधिनियम या सभी के लिये एक-सी पोशाक नहीं होती है।[38] दिलचस्प स्थिति यह है कि जब वह मानवतावादी नैतिकता की बात करते हैं तो उनका स्पष्ट आशय यही होता है कि इससे मानवता के विभिन्न आयामों के पूर्णतम उदय की सुविधा होती है।

इस नैतिकता को ही धर्मवीर भारती ने गिन्सबर्ग की दृष्टि में विवेकवादी नैतिकता माना है और कहा है कि अधिकांश ईसाई चिन्तक इसको ईसाई नैतिकता की संज्ञा देते हैं, गांधी-विनोबा इसे सर्वोदय-वृत्ति कहते हैं अरविन्द इसको मनुष्य की भविष्यतमुखी चेतना कहते हैं।[39]

पर यहाँ प्रश्न यह उठता है कि इस विवेकवादी सामाजिक नैतिकता को कैसे व्यक्ति की स्वतन्त्रता और उसकी सार्थकता से जोड़ा जाय? स्पष्ट ही यह नैतिकता ही वह नैतिकता है जो सामाजिक मर्यादा कायम रखने पर बल देती है और उसकी वैयक्तिक स्वतन्त्रता का निषेध करती है। यह नैतिकता व्यक्ति को समाज से अलग होकर कुछ भी सोचने और जीवन की सार्थकता खोजने के किसी भी उपक्रम को वैध नहीं मानती। बर्डेव की दृष्टि में तो यह पलायन वृत्ति ही है।[40]

इसी स्थल पर कार्ल यास्पर्स की मान्यता का महत्त्व समझ में आता है, जब वह यह कहते हैं कि विवेक ही मनुष्य के जीवन की सार्थकता का मूल मन्त्र है। कहने की आवश्यकता नहीं है कि यह विवेक ही वैयक्तिक नैतिकता को संचालित और नियन्त्रित करता है जिसमें मनुष्य यह तय करके आगे बढ़ता है कि उसके जीवन का सार क्या है और कैसे वह उसे प्राप्त कर सकता है। वह स्पष्ट कहते हैं—"विवेक वास्तव में अन्तर्निहित एकता का संकल्प है। लेकिन इन व्यवस्थाओं और सिद्धान्तों द्वारा बार-बार किसकी हत्या हो रही है? कौन है जो इन गलत पंगडंडियों पर बार-बार हमसे छुटा जा रहा है? वह है मनुष्य के अस्तित्व के विकास की सम्भावना, जिसका साधन है—मात्र विवेक।"[41]

धर्मवीर भारती ने लिखा है—"गांधी द्वारा प्रस्तुत जीवन दर्शन में मानव-विवेक की स्वतन्त्रता की एक क्रांतिकारी व्याख्या की गयी है। उनका यह कहना था, आचरण में न केवल संकल्प, वरन् साध्य और साधन की एकता भी आवश्यक है क्योंकि यदि हमारा साध्य समता और प्रेम है तो उसकी स्थापना के लिये हम विषमता और घृणा प्रयुक्त करते हैं तो वास्तव में हम अपने विवेक को पराधीन ही बना लेते हैं। क्योंकि हमारा आचरण हमारे द्वारा स्वीकृत मूल्य पर आधारित नहीं रहा, वह तो प्रतिपक्षी का जवाब देने के लिये, उसी के साधन द्वारा अनुशासित विवेक हो गया।"[42]

अगर उपर्युक्त अधिकांश विचारकों की मान्यताओं को विश्लेषित किया जाय

तो यही ध्वनित होगा कि प्रायः सबने व्यक्ति-जीवन की सार्थकता को उसकी वैयक्तिक नैतिकता में ही देखा है जो उसके द्वारा स्वीकृत मूल्य पर आधारित हो सकती है। उसके द्वारा स्वीकृत मूल्य बहुत बार समाज की मर्यादा का अतिक्रमण भी करते हैं और बहुत बार सामाजिक मर्यादा को नयी मूल्यवत्ता से प्रतिष्ठित भी करते हैं।

इस स्तर पर प्रत्येक परिस्थितियों में गिंसबर्ग की विवेकवादी नैतिकता का समर्थन नहीं किया जा सकता; क्योंकि वह सामाजिक-मर्यादा से बाहर-जाने की सापेक्षता के अनुकूल रखने की हिदायत देती है।

ज्याँ पाल सार्त्र जीवन की मुक्ति को स्वतन्त्रता में देखने के कायल है। उनके लिए तो मूल्यपरक दायित्व का ही कोई अर्थ नहीं है। उन्होंने तो स्थायी मानव मूल्यों को आमूल अस्वीकृत कर व्यक्ति की अबाध किन्तु अस्वाभाविक और अमर्यादित स्वतन्त्रता का प्रतिपादन किया है।[43]

सार्त्र की स्वतन्त्रता की अवधारणा वैसे तो अनैतिकता का चरम रूप लग सकती है। क्योंकि उसमें व्यक्ति की स्वतन्त्रता के लिए किसी भी मूल्य का कोई मतलब नहीं है, पर इस अवधारणा की विवेचना करने पर यह बात समझ में आ सकती है कि उनके विचार को चाहे जितना अतिवादी समझा जाय—उसकी महत्ता से इंकार नहीं किया जा सकता। जीवन की मुक्ति वस्तुतः उन्होंने मनुष्य की स्वतन्त्रता में ही मानी है जिसमें उसके आगे किसी अवरोध की गुंजाइश नहीं है। उनका अतिवादी रूप भले ही व्यवस्था का उग्र विरोध करता हो, पर उनकी मान्यताएँ व्यक्ति को उसकी गरिमा का भान कराती हैं और यह बताती हैं कि वह अपने भाग्य का निर्माण स्वयं करता है न कि समाज या ईश्वर। उनके यहाँ जो परम स्वतन्त्रता की धारणा है वह वस्तुतः व्यक्ति के निजी अस्तित्व की सार्थकता की धारणा है जो विवादास्पद होते हुए भी आधुनिक जगत में मनुष्य की सत्ता की प्रतिष्ठा करती है।

विनोबा भावे समाज और वैयक्तिक स्तन्त्रता के बीच समन्वय पर बल देते हैं और स्वतन्त्रता तथा सामाजिक मूल्यगत दायित्व के समन्वय को स्वधर्म कहते हैं। उनके अनुसार—"स्वधर्म कितना ही विगुण क्यों न हो...उसी में रहने से विकास हो सकता है। यही विकास का सूत्र है। स्वधर्म ऐसी वस्तु नहीं जिसे बड़ा समझकर ग्रहण करें व छोटा समझकर छोड़ दें। वस्तुतः वह न बड़ा होता है न छोटा। वह हमारे ब्यौंत भर का होता है।"[44]

जैनेन्द्र की अपनी दृष्टि में बाहर-भीतर के द्वैत, व्यक्ति-समाज के द्वैत तथा योग-भोग के द्वैत में जीवनोत्कर्ष की परिभाषा निहित है और विकास की प्रक्रिया भी। वे लिखते हैं—

"जीवन जो देश काल की अनुभूति पाता है, उसका अर्थ ही क्या रह जाय, अगर हम समग्र से अंश को, परमात्म से जीवात्म को, किंचित विलग न मान सकें।

अनुभूति सब द्वैत पर सम्भव है। अब वह द्वैत क्या है? विलगता क्या? तो मैं कहूँ वह भोग है और योग भोग है, इससे योग तक चाहते हैं। इसी में है जीवनोत्कर्ष की परिभाषा और विकास की प्रक्रिया।"[45]

जैनेन्द्र के साहित्य में जीवन की मुक्ति का यही स्तर काम्य है, जहाँ चरम सामाजिकता के प्रति दृढ़ आस्था भी है तो चरम व्यक्तिता के प्रति निष्ठा भी है। विनोबा के 'स्वधर्म' का साम्य देखना हो तो उसके लिए यहाँ अवकाश है क्योंकि इसमें वैयक्तिक स्वतन्त्रता और सामाजिक मूल्यों में समन्वय दिखाई देता है, पर इसे यांत्रिक आधार पर हर जगह लागू करके नहीं देखा जा सकता। यहाँ जीवन की मुक्ति में नैतिकता प्रतिपादित है, पर हर हाल में सामाजिक नैतिकता यथेष्ट नहीं है क्योंकि बहुत बार जैनेन्द्र के चरित्र सामाजिक नैतिकता की परखचे उड़ाते हुए वही करते हैं जो उनकी वैयक्तिक नैतिकता चाहती है। इस स्तर पर लग सकता है कि वे सामाजिकता की चिन्ता से विचलित होते देखे जा सकते हैं जिनमें बाहर-भीतर का गहरा द्वैत चलता रहता है। लेकिन जैसाकि जैनेन्द्र मानते हैं—इसी द्वैत में जीवन का रस छन कर आता है और ये चरित्र अपने जीवन की मुक्ति का आनन्द लेते हैं।

जीवन की मुक्ति के इस व्यापार में द्वन्द्व से मुक्ति मिलना शायद हर स्थिति में सम्भव नहीं है। मृणाल की मुक्ति इसमें निहित है कि उसने समाज की सारी दीवारें तोड़ दी हैं—पर क्या वह समाज के प्रति अपने दायित्वों से विमुखता चाह पाती है? सुनीता पति द्वारा दी गयी स्वतन्त्रता के बावजूद क्या यह भूल पाती है कि वह एक ऐसे पति की पत्नी है जो अपने सम्बन्धों के प्रति सत्यनिष्ठ तथा ईमानदार है और उसके अतिरिक्त किसी भी अन्य के प्रति उसकी अनन्यता नैतिक है? सुखदा क्या अपनी आकांक्षा के अनुकूल आचरण करते हुए अपने कर्म को औचित्य की सीमा में रख पाती है? नहीं, रख पाती। उनमें जीवन का द्वैत बना रहता है—क्योंकि द्वैत से विलग जीवन की कोई गति नहीं है। पर मोहिनी तथा अनिता के द्वैत में पतियों के विश्वास का बल है तथा इनमें भी अपनी गृहस्थी के छल का कोई अपराधबोध नहीं है। इसीलिए दो-दो स्तरों पर जीते हुए ये नायिकाएँ व्यथा में जीवन की समरसता पाती हैं और अपने स्वधर्म का निर्वाह करती हैं। *एक रात की सुदर्शना* में अगर यह द्वैतभाव न होता तो वह जयराज को छोड़कर पुनः उस घर में शायद ही दाखिल होती जिसे छोड़कर उसने जयराज के साथ रात बितायी है और प्रेम के अनूठे क्षण का साक्षात्कार किया है।

जीवन की मुक्ति यानी विकारों और संशयों से मुक्ति का यह अनुष्ठान जैनेन्द्र के यहाँ सर्वत्र देख सकते हैं। बहुत सम्भव है कि इस यात्रा मे जैनेन्द्र शक और संदेह के घेरे में भी आयें, पर मनुष्यता और प्रेम की सिद्धि का यह आयोजन व्यक्ति की पूर्णता का आयोजन है जिसमें कल्मष और मलिनता के लिए कोई जगह नहीं है।

यह पूरा व्यापार प्रेम का व्यापार है जहाँ समाज बाधा बनता है वहाँ छोड़ दिया जाता है, जहाँ बढ़कर स्वागत करता है, वहाँ उसकी रक्षा में किसी को कुर्बानी देने में भी कोई संकोच नहीं है। लेकिन अपनी सम्पूर्णता में उनके चरित्र समाज-निर्दिष्ट आचारों में नहीं बैठते, वरन् उनकी छवि एक स्वतन्त्र क्षेत्र में ही उद्भाषित होती है। फणीश्वरनाथ रेणु ने लिखा है–

"मनुष्य के वास्तविक चरित्र को, उसके समाज-निर्दिष्ट आचार-व्यवहार से नहीं समझा जा सकता है। समाज के बहुसंख्यक लोगों के सुर-में-सुर मिलाकर वह जो राग अलापता है, इससे उसके स्वतन्त्र व्यक्तित्व का आभास नहीं मिलेगा। व्यक्ति के जीवन में जो बेसुरे राग ध्वनित होते हैं, उसी में असली-मनुष्य की झाँकी मिलेगी। असल जैनेन्द्र को खोजने के लिए उसके बेसुरे राग को पकड़ना होगा।"[46]

रेणु की दृष्टि में जैनेन्द्र स्वयं वहाँ उपस्थित हैं जहाँ व्यक्ति समाज के कोलाहल से दूर अपनी अलग छवि के साथ मौजूद है। वहाँ समाज के निर्दिष्ट आचार-व्यवहार की छाया नहीं है। समाज से अलग इसी व्यक्ति को जीवन का रस पता है और वह जीवन मुक्ति की प्रक्रिया में अकेले प्रेम का अलख जगाता है। जैनेन्द्र की चिन्ता 'अहं' को छोड़ने की है। व्यक्ति अपने 'अहं' को छोड़ दे तो फिर उसकी मुक्ति में कोई बाधा ही नहीं है। वैयक्तिक स्वतन्त्रता का वरण इस मुक्ति का साधन भी है और साध्य भी। इसीलिये अहंता पर विजय पाने या उसको एक सीमा में रखने के बाद मर्यादा स्वतन्त्रता में अवरोध नहीं बन पाती। जैनेन्द्र ने लिखा भी है–"अहंता को छोड़ना सहज है सो नहीं। इसलिए भोग से सर्वथा निवृत्ति भी यहाँ नहीं है, केवल उसको मर्यादा में रखने की बात है। मर्यादा असली आजादी में अवरोध नहीं बनती बल्कि विकासशील स्वतन्त्रता उस प्रकार की मर्यादा को स्वेच्छा भाव से अपना कर आगे बढ़ती है।"[47]

इस तरह स्पष्ट है कि नैतिकता में जीवन की मुक्ति को देखते हुए भी जैनेन्द्र यह नहीं चाहते कि निरा स्वेच्छाचार अपनाकर व्यक्ति सामाजिक, नैतिक मान्यताओं को तहस-नहस ही कर डाले। बल्कि वे यह चाहते हैं कि उदार प्रेम और सहृदयता की बुनियाद पर स्वतन्त्रता ली जाय जो सामाजिक मर्यादा को अवरोध नहीं मानता और उसके लिए मर्यादा भी रुकावट नहीं बन पाती।

यहाँ इस प्रश्न की गुंजाइश है कि एक ही साथ समाज की मर्यादा और व्यक्ति की स्वतन्त्रता का समर्थन क्या सामाजिक व्यवस्था या स्वयं व्यक्ति के आचरण के अनुकूल है?

जैनेन्द्र के यहाँ समाज और व्यक्ति का यह द्वन्द्व बहुत जटिल है जिसका समाधान स्पष्ट नहीं है। पर जब प्रेम और समर्पण के दायरे में इसको रखकर देखा जाता है तो आश्चर्यजनक रूप से यह बात उभरकर सामने आती है कि इससे समाज और व्यक्ति दोनों के विकास के सूत्र निकलते हैं। उस समाज-व्यवस्था की

विकसनशीलता सम्भव नहीं, जिसमें प्रेम की स्वीकृति नहीं है और उसमें व्यक्ति के जीवन की भी सार्थकता सन्दिग्ध है जिसमें प्रेम के प्रति उदारता नहीं बची है। संशय और दुविधा के इसी बिन्दु पर जैनेन्द्र की ये स्थापनाएँ व्यावहारिक रूप लेती हैं और लगभग घोषित करती हैं कि प्रेम के प्रति जीवन का समर्पण सामाजिक व्यवस्था की दृढ़ता का आधार है और निरर्थक आकांक्षाओं में चरम स्वतन्त्रता का प्रेमहीन वरण वस्तुतः समाज-व्यवस्था के साथ-साथ वैयक्तिक गरिमा का विनाश। मृणाल का सामाजिक मान्यताओं के विरुद्ध जाना भी इसीलिए हमें संवेद्य बना देता है कि वहाँ प्रेम है और समाज के लिये जीने का व्यथापूर्ण संघर्ष है। इसके विपरीत सुखदा जैसी चरित्र की स्वतन्त्रता तनिक भी नहीं सुहा पाती क्योंकि सामाजिक मर्यादा के साथ-साथ वैयक्तिक नैतिकता के तुले पर भी वह हल्की तुलती है और उसका सारा जीवन निरर्थक हो जाता है। जीवन की मुक्ति में नैतिकता का यही स्तर जैनेन्द्र के यहाँ काम्य है जो उनकी रचनाओं में बखूबी मिलता है।

## नैतिकता के द्वन्द्व और अतीत

"प्रेम से मर्यादाओं की सृष्टि होती है। अप्रेम ही उन्हें भ्रष्ट करता है। दरअसल अपने आभ्यन्तर में हम प्रेम ही हैं। इससे आत्मानुसारी वर्त्तन मर्यादाशील होता है और सामाजिक रेखाओं का निर्माण करता है। दीख भर सकता है कि उससे मर्यादा का भंग हो रहा है, पर वह भ्रम है। जीर्ण रूढ़ि ही उससे टूट सकती है कि नई सजीव मर्यादा रेखा का उसकी जगह उद्भव हो।"

*जैनेन्द्र—काम, प्रेम और परिवार,* पृ. 24-25

समाज व्यवस्था में नैतिक नियमों, मर्यादाओं तथा रूढ़ियों का सम्बन्ध चूँकि अतीत से होता है, इसलिए अपने ठोस वर्तमान में उपस्थित और संघर्षशील व्यक्ति की चेतना और उसके अनुभव का निर्माण अतीत से ही होता है जिसका एक गहरा सूत्र परम्परा से जुड़ता है। नैतिकता अतीत की मान्यताओं का ही संवहन करती है जिसके बरअक्स व्यक्ति अपने भरे वर्तमान में संघर्ष करते हुए उससे टकराता है और इस टकराहट के फलस्वरूप ही वह या तो नये मूल्यों का सृजन करता है या टूटता है।

जैनेन्द्र के साहित्य में विभिन्न चरित्रों के संघर्ष में अतीत और वर्तमान का यह द्वंद्व बखूबी देखा जा सकता है, जहाँ परम्परा और आधुनिकता का, बन्धन और जीवन का तथा जड़ता और गतिशीलता का तनाव अपने चरम रूप में दिखाई देता है।

अतीत के द्वन्द्व से सर्वथा मुक्त हो पाना जीवन के लिए ही सम्भव नहीं है, फिर मनुष्य की सारी क्रियाएँ तो उसी से जुड़ी होती हैं—उससे कैसे मुक्ति हो? मनुष्य के स्वभाव में ही यह होता है कि वह विगत को भूल नहीं पाता। वह दूसरी यात्रा

तय करते हुए भी उदास होता है क्योंकि अतीत उसको मथता है। अज्ञेय ने लिखा है–"एक उदासी होती है जो यात्रा आरम्भ करते कोई जगह छोड़ने की होती है। एक दूसरी उदासी होती है जो यात्रा के अन्त में कहीं पहुँचने पर एकाएक घेर लेती है : मानों जब तक यात्रा चालू थी तब तक इसके चंगुल से बचा हुआ था, अब अंत में या रुकते ही कहाँ जाऊँगा।"[48]

व्यक्ति के जीवन में यही अवसाद द्वन्द्व बनकर उभरता है जो कहीं न कहीं रूढ़ हो चुकी मान्यताओं से टकराकर आता है। यह मोह या एक दुःखजनित पीड़ा व्यक्ति को लगातार द्वन्द्वग्रस्त करती है जिसमें वह बार-बार अपने किये का विवेचन करता है तथा जीवन के नाजुक मोड़ों पर भी अपने को ठीक-ठाक निर्णय लेने में असमर्थ पाता रहता है।

हेडेगर के अस्तित्व चित्रण और बाल्जाक के सृजन पर विचार करते हुए मिलान कुंदेरा कहते हैं–

"हेडेगर अस्तित्व का चित्रण एक बहुप्रचलित फार्मूले के आधार पर करता है–जगत में जीव मानव जगत से उस तरह सम्बन्धित नहीं है जैसे कर्त्ता प्रयोजन से, आँख चित्र से और अभिनेता मंच से। मानव और जगत एक-दूसरे से उसी तरह बँधे हैं जैसे घोंघा शंख से। जगत मानव का हिस्सा है, यही उसका आयाम है और जैसे-जैसे जगत बदलता है अस्तित्व भी साथ-साथ परिवर्तित होता है। बाल्जाक से शुरू होकर हमारे अस्तित्व के संसार की एक ऐतिहासिक प्रकृति है और पात्रों के जीवन तिथियों से चिन्हित समय के ब्रह्मांड में खुलते हैं।"[49]

कुंदेरा का यह विश्लेषण सीधे-सीधे अतीत की बात न करके भी यह ध्वनित करता है कि समय और परिस्थितियों के बदलाव के साथ-साथ मनुष्य का वर्तमान भी बदलता जाता है। पर वर्तमान बिना अतीत से टकराए नहीं बदलता। मनुष्य के जीवन में नैतिक मूल्यों, परम्पराओं तथा रूढ़ियों का सीधा असर किसी भी परिस्थिति में देखा जा सकता है, भले वह परिस्थिति से बाहर आकर नये मूल्यों के सृजन का उपक्रम हो या पुराने लोक में लौटकर टूटने का।

जैनेन्द्र के उपन्यासों में अतीत के ये द्वन्द्व तीक्ष्णता से उभरते हैं जिनमें नैतिकता की पारम्परिक धारणा से कहीं मुठभेड़ है तो कहीं उसके आगे समर्पण। अतीत के गहराते साये चरित्रों को उसके अस्तित्व की लड़ाई छेड़ने की चुनौती देते हैं और चरित्र इस लड़ाई में शामिल होकर कभी जीतते हैं तो कभी टूटकर बिखर जाते हैं।

युवा कवि काप्पुस को लिखे एक पत्र में राइनेर मारिया रिल्के ने लिखा है–

"मुझे लगता है हमारे सब अवसाद तनाव की ही अभिव्यक्तियाँ हैं। हम उसे पक्षाघात या निस्पन्दता कहते हैं, क्योंकि उस समय हम चकित अनुभूतियों की फड़फड़ाहट तक को भी सुन नहीं पाते, क्योंकि हम उस अज्ञानी उपस्थिति के साथ–जो हमारे भीतर प्रवेश कर रही है–एकाएक अकेले रह गये होते हैं; क्योंकि

हमारी अब तक की सिद्ध भरोसेमन्द चीज़ें उस समय हमारी पहुँच से परे छिटक गयी होती हैं; क्योंकि संक्रमण में होने के कारण हम स्थिर खड़े नहीं हो सकते इसलिए अवसाद हमारे भीतर हमारे हृदय में, हमारे अन्तरतम में एक उपस्थिति छोड़कर गुजर जाता है।"[50]

ये अवसाद जो रिल्के की नजर में तनाव की ही अभिव्यक्तियाँ हैं, जैनेन्द्र के चरित्रों में देखे जा सकते हैं। पर जब हम अवसाद की उपज और तनाव की निर्मिति का विश्लेषण करें तो पाएँगे कि इसका सम्बन्ध नैतिकता की उस परम्परा से ही है जिसमें रहते हुए वे वर्तमान के यथार्थ से जूझते हैं। तनाव, जिसे रिल्के पक्षाघात या निस्पन्दता कहते हैं, वह वस्तुतः अतीत और वर्तमान के ही द्वन्द्व का परिणाम होता है।

*त्यागपत्र* की मृणाल को देखें तो स्पष्ट होगा कि उसका सारा द्वंद्व वर्तमान से अतीत की टकराहट का ही द्वन्द्व है। उसके जीवन में बदहाल समय का एक-एक क्षण अतीत का ही परिणाम है। किशोर-जीवन के प्रेम और उसके उल्लास का दमन, भाभी द्वारा दैहिक प्रताड़ना और कटुक्तियाँ, अनमेल ब्याह, पति का पशुवत् व्यवहार जैसी अनेक घटनाओं का उदाहरण यहाँ रखा जा सकता है जिसने मृणाल की दुर्दशा में क्रूर भूमिका निभाई है। यह अतीत उसके सामाजिक सरोकार और नैतिक मूल्यों से सम्बद्ध है इसलिए मृणाल ज्यों-ज्यों आगे कदम बढ़ाती है त्यों-त्यों विगत जीवन की घटनाएँ उसके आगे आती जाती हैं, वह दुविधा में उग्र होती जाती है फिर भी इसी निष्कर्ष पर पहुँचती है कि समाज की व्यवस्था से छेड़छाड़ उचित नहीं है और अगर वह टूटती है, तो व्यक्ति का बनना और बिगड़ना दोनों ही रुक जायेगा।

*त्यागपत्र* के प्रमोद में भी अतीत का यह द्वन्द्व बहुत गहरा है और नैतिकता से मुठभेड़ की तिलमिलाहट भी जो मृणाल की चिट्ठी पढ़ने के बाद कहता है–

"पर मैं समाप्त करना चाहता हूँ। व्यर्थ क्यों बढ़ाऊँ और जहाँ जिस अवस्था में मैंने बुआ को पाया उसका वर्णन करते कष्ट होता है। वर्णन नहीं करूँगा। पर क्यों? क्यों बुआ की माँग मुझसे पूरी न हुई। इस 'क्यों' का उत्तर अब मैं देता हूँ। उत्तर है–कि मैं क्षुद्र था। क्यों बवकालत में आँख गड़ाकर खुद भूलने में लगा रहा। क्यों मन में मानता रहा कि ठीक हूँ? क्यों कर्तव्य को दबाता रहा और क्यों अकर्त्तव्य करता रहा? उ़त्तर है कि मैं बुद्धिमान था, सरल नहीं। तौल-तौलकर चला और तराजू अपने हाथ में रखी। इसीलिए आज जो असली तराजू है उसमें हल्का तुल रहा हूँ।"[51]

यह उस प्रमोद के द्वन्द्व का उदाहरण है जिसकी सोच और विचार-प्रक्रिया में अतीत की इतनी गहरी पीड़ा है जिसको बयान करने में उसके शब्द असमर्थ हैं और वह धीरे-धीरे इसी तरह 'त्यागपत्र' की तरफ बढ़ता जाता है।

दॉस्तोएवस्की के उपन्यास *अपराध और दंड* में भी रस्कोलनिकोव को उसकी माँ की चिट्ठी मिलती है जो इसी तरह चिट्ठी पढ़ने के बाद कहता है–"आखिर बात क्या

है? इसका जवाब क्या है? बात काफी साफ है : खुद अपनी खातिर, अपने आराम की खातिर, अपनी जान बचाने की खातिर वह अपने आपको कभी नहीं बेचती, लेकिन किसी और की खातिर वह ऐसा कर रही है! किसी ऐसे आदमी की खातिर, जिससे वह प्यार करती है, जिसे वह सराहती है, वह अपने आप को बेच देगी! तमाम बातों का कुल निचोड़ यही है : अपने भाई की खातिर, अपनी माँ की खातिर वह अपने आप को बेच देगी, वह हर चीज बेंच देगी। ऐसी हालत में जरूरत पड़ने पर हम अपनी नैतिक भावना दबा देते हैं, स्वतन्त्रता, शान्ति यहाँ तक कि अंतःकरण भी, सब कुछ, हर चीज़ बाजार में ले आयी जाती है। हमारी जिन्दगी भले ही तबाह हो जाये, हमारे प्रियजन सुखी रहें।"[52]

अपर्ना बुआ की चिट्ठी पर जैनेन्द्र के प्रमोद और माँ की चिट्ठी पर दॉस्तोएवस्की के रस्कोलनिकोव की प्रतिक्रियाएँ वस्तुतः स्थितियों के अलग होने पर भी दो स्तरों पर पर्याप्त समान हैं जिनमें पहला स्तर नैतिकता का है तथा दूसरा उसका अतीत के साथ द्वन्द्व का है। प्रमोद की दुविधा और अपराध-बोध का आलम यह है कि वह अपनी क्षुद्रता का रोना रोता हुआ इस बात से क्षुब्ध है कि उसने मृणाल के प्रति अपने कर्त्तव्य को पूरा नहीं किया। वह नैतिकता के तकाज़े पर खरा नहीं उतरा। बीत गये समय पर अब पछतावा ही उसके हाथ है। यह नैतिकता और अतीत का ही द्वन्द्व है जिसके परिणामस्वरूप वह त्यागपत्र देता है और अपने किए का प्रायश्चित करता है।

रस्कोलनिकोव में नैतिकता और अतीत के द्वैत का सम्बन्ध उसकी माँ की जिन्दगी से है जो प्रियजनों को सुखी रखने के लिए अपने को बेंचती है। कर्त्तव्य के लिए नैतिकता की परवाह नहीं करती। वह सोच नहीं पाता कि उसे क्या करना है! उसके अन्तर्द्वन्द्व का यह जटिल पक्ष है।

जैनेन्द्र के चरित्रों का यह द्वन्द्व चूँकि जीवन के उन क्षणों से रिसता हुआ आता है जिसमें आकांक्षा और दायित्व की टकराहट होती है इसलिए इनमें अपनी टूट के प्रति भी प्रायश्चित ही करना पड़ता है। *सुखदा कांत* की अवहेलना करती हुई जब 'घर' से बाहर आती है तो वह यह लगभग भूल ही जाती है कि 'घर' के प्रति उसकी कोई जवाबदेही भी है और नैतिकता भी।

अपनी बेलगाम आकांक्षाओं में आगे बढ़ती हुई जब लाल और हरिदा जैसे क्रान्तिकारियों से मिलकर अपने परिवार को भूलती है तब धीरे-धीरे उसका पति कांत भी उससे कटने लगता है जिसकी परिणति उसकी टूट में होती है। अस्पताल के एक कोने में पड़ी हुई यह सुखदा अतीत और वर्तमान के द्वन्द्वों में फँसी हुई होकर ही अपने कर्मों का प्रायश्चित करती है। बार-बार कहती है कि अपनी सोने जैसी गृहस्थी को उसने ही उजाड़ा है और उसे दुर्भाग्य में धकेला है।

अपने को नैतिक रूप से अपराधी मानने का ही यह परिणाम है कि सुखदा अब

किसी को भी अपने दुर्भाग्य का हिस्सेदार नहीं बनाना चाहती। उसे लगता है कि उसने देवतुल्य पति के साथ घात किया, पुत्र के साथ घात किया, सामाजिक मर्यादाओं को चुनौती दी। उसमें नैतिकता को तोड़ने का जो यह अपराध बोध है, वह और तीक्ष्ण होता जाता है और वह इसी गति से रुग्ण तथा व्यथित। 'सुखदा' मे नैतिकता के द्वन्द्व में अतीत की उन उम्मीदों की झाँकियाँ धीरे-धीरे उसके अक्स में उभरती हैं जिसमें जीवन के प्रति उमंग का वातावरण था और मन में बहुत ऊपर उठते जाने की ललक। यही कारण है कि सब कुछ पीछे छूट जाने के बाद सुखदा के लिये 'नियति' एक सहारा बनकर खड़ी होती है जिससे बहलाकर वह कहती है—

"अक्सर सोचती हूँ कि यह क्या होता है। अब तो मैं कहानी के पार आ लगी हूँ। मृत्यु सामने है, जो शायद मेरे लिये मुक्ति नहीं है। अब तो किसी तरह का कुछ मुझमें नहीं रह गया है। अब भी मैं क्यों यह नहीं समझ पाती कि व्यक्ति जो चाहता है ठीक वही उसके करने में क्यों नहीं आ पाता है? क्यों उससे दूर हटता है, जिसके पास होना चाहता है? क्यों उसे पास बुलाता है जिससे दूर ही रहना भला है? आदमी की यह विवशता किसलिए? किस नियम के वह अधीन है? क्या उसमें भलाई है? स्वभाव के भीतर यह अन्तर्विरोध डालकर हमें क्यों यहाँ पैदा कर दिया गया है कि त्रास पाते रहें और कुछ भी न कर सकें। अपने को देखकर आज मुझे बिल्कुल समझ में आ गया है कि जो जो है, वह वह नहीं है। सब वह है जो उन्हें होना बदा है। यह न मान लिया जाय कि यह कहकर मैं अपने को क्षमा करती हूँ।"[53]

सुखदा के इस उद्धरण में एक ही साथ कई बातें सामने आती हैं। पहली तो यह कि उसने चूँकि नैतिक रूप से तयशुदा दायरे तोड़ी है, घर-बार भूल बैठी है, मुक्त भाव से पति को बिना विश्वास में लिये उसने पुरुषों के साथ अपना समय बिताया है—इसलिए उसमें यह बोध है कि वह मर कर भी मुक्ति नहीं पा सकेगी क्योंकि जिस जीवन में प्रेम और सद्भाव ही न रहा हो उसमें मृत्यु के बाद मुक्ति की कल्पना ही व्यर्थ है। दूसरी बात यह उभर कर आती है कि अतीत में घटी घटनाएँ उसके मानस पर इस भयावहता के साथ अंकित हैं कि वह द्वन्द्व में जीते हुए यह सोच पाने में असमर्थ है कि आखिर ऐसा क्यों हो गया? तीसरे स्तर पर वह अपनी असहाय स्थिति पर क्षुब्ध होते हुए नियति की प्रधानता स्वीकार कर लेती है और मान बैठती है कि उसी के इशारे पर सब कुछ घटित होता है। होता है वही जो बदा होता है। इस तरह सुखदा में नैतिकता के द्वन्द्व और अतीत का जबर्दस्त संघर्ष है जो जैनेन्द्र के साहित्य और चिन्तन में प्रतिपादित अतीत और वर्तमान के द्वन्द्व का ही एक रूप है।

इसी तरह *कल्याणी* में भी इस द्वन्द्व को देखा जा सकता है जिसमें वर्तमान को जीते हुए कल्याणी के लिए यह मुश्किल है कि वह अपने स्वत्व को कैसे सुरक्षित रखे। छल से ब्याहकर लाया डॉ. असरानी कल्याणी का जी-भर शोषण करता है। वह

डॉक्टरी कराकर पैसे भी चाहता है और पतिव्रता होने की सीख भी देता है। पर कठिनाई यह है कि कल्याणी न तो नैतिकता की सरहदें लाँघ पाती है और न अतीत से बुरी तरह चिपके अपने संस्कारों से मुक्त हो पाती है। इस तरह जीवन के अन्तिम क्षण तक मूक दर्शक बनकर, अपमान और पीड़ा दबाकर वह नैतिकता और अतीत के द्वन्द्व से गुजरती है और अन्त में यह संसार ही छोड़ देती है।

*जयवर्द्धन* में यह द्वन्द्व इला के व्यक्तित्व में दिखाई देता है जो कुँवारी रहते हुए राष्ट्राधिप जयवर्द्धन के साथ रहती है और देश भर की भर्त्सना के साथ-साथ अपने पिता की घृणा का पात्र बनती है। उसके द्वन्द्व का कारण वह अतीत ही है जिसमें उसने जयवर्द्धन को अपना मान लिया, पर जयवर्द्धन के लिए सत्ता पहले तथा वह बाद में है। इला के जीवन को अतीत की एक याद बचाये हुई है जिसे वह याद करते हुए कहती है–

"बहुत दिनों की बात है, शायद बीस बरस पहले की। सागर का तट था। संध्या डूब चली थी। तट सूना था। लहरों पर लहरें लेकर सागर आता और पछाड़ खाकर पीछे लौट जाता। मैं बराबर में साथ...न थी, दो डग पीछे खड़ी जय को देख रही थी।

फैले हाथ मेरी ओर आते ही गये और प्यार से बिगड़ा मेरा यह नाम 'इली' पछाड़ों पर पछाड़ खाता गूँज-गूँज कर मेरे कानों के परदों पर पड़ता मेरे समूचे पन में रमता समा गया।"[54]

इला अपने जीवन में उन पलों को सहेज कर रखती है और उसी के सहारे जीती है क्योंकि उसी के अनुसार "क्या मैं उसके बाद उन्हें छोड़ सकती थी? पर पा भी कभी नहीं सकी।"[55]

इला में नैतिकता का द्वन्द्व भी है, पर उसने जयवर्द्धन से प्रेम किया है और कोई भी मर्यादा उसके इस अधिकार को छीन नहीं सकती। वह तब तक द्वंद्वग्रस्त रहती है जब तक जयवर्द्धन के साथ उसका ब्याह नहीं हो जाता। ब्याह के बाद गृहस्थाश्रम में प्रवेश करते ही इला और जय का जीवन सहज और सन्तुलित हो जाता है।

*मुक्तिबोध* में सहाय और नीला के सम्बन्धों में भी नैतिकता का द्वन्द्व उभरता है, पर चूँकि वहाँ इस सम्बन्ध के प्रतिकूल वातावरण बन ही नहीं पाता, इसलिए उपन्यास की चिन्ता दूसरे प्रसंगों से उभरकर आती है।

*अनन्तर* में चिन्तक प्रसाद के उस द्वंद्व का निरूपण है जो पुत्र-पुत्रवधू को कश्मीर भेजने के बाद उसके मन में उभरता है। वह द्वन्द्व यह है कि वह उम्र की इस चौथी मंजिल पर कैसे जिये? वह युवा दिनों में लौट नहीं सकता और न ही अपनी उम्र की नैतिकता को भेद सकता है, तब वह क्या करे? यह अतीत का द्वंद्व जिसकी स्मृति भर से प्रसाद सिहर उठता है, उसकी भौहें तन जाती हैं, बुद्धि चकरा जाती है। पर नैतिकता का द्वन्द्व वहाँ उभरता है जहाँ गुरु आनंद माधव उसे आबू ले जाते हैं और वहाँ वह अपरा के सम्पर्क में आता है। वहाँ पहली बार अपरा के रूप में प्रसाद

को नारी स्वेच्छाचार के आतंक का अनुभव होता है और वह पाता है कि समाज की व्यवस्था उम्र के पड़ावों की निगरानी करती है, उसका उल्लंघन न समाज के हित में है और न व्यक्ति के। अतीत और वर्तमान के इस द्वैत ने ही नैतिकता के प्रश्नों से प्रसाद की मुठभेड़ कराई है जिसका उत्तर प्रसाद जैसे सुलझे व्यक्ति के पास नहीं है। इस उपन्यास में प्रसाद की पत्नी रामेश्वरी का चरित्र धुँधला और एक ऐसी धर्मिणी का बना है। जो अपना पूरा व्यक्तित्व ही पति में विसर्जित कर देती है। वह पति के इस द्वंद्व को समझती है, पर कुछ उसके कहते नहीं बनता। प्रसाद में अतीत का तनाव इतना है कि वह बार-बार अपनी युवावस्था को याद करता है और खीझता है। वह कहता है–

"युवा मैं रहा हूँ। हर प्रौढ़ उस वय में से गुजरा है। परमेश्वर की कृपा कि तरुणाई में परस्पर का एक अमोघ आकर्षण होता है। दमनीय माना जाता है, इसलिए वह दुर्दमनीय हो जाता है। वह सब समझ में आता है। पर उस पर मिथ्या-मृषा की ओट क्यों।"[56]

नैतिकता के द्वन्द्व का यह आलम है कि अपरा को उसकी नैतिकता का भान कराते हुए भी प्रसाद के लिए यह असम्भव होता जाता है कि वह उसके प्रति अपने खिंचाव को रोक सके। इस द्वन्द्व पर चन्द्रकान्त वांदिवडेकर का कहना उपयुक्त ही है कि–"अपरा जैसी अद्‌भुत स्त्री से सामना होते ही दार्शनिक प्रसाद को यह बार-बार प्रतीत होता है कि जिन सिद्धान्तों को वे पुस्तकीय दुनिया में या ख्याली संसार में मानते चले आये हैं, जीवन के प्रत्यक्ष व्यापार में वे टिकते नहीं हैं। प्रकृति और पुरुष के बीच अथवा स्त्री-पुरुष के बीच के आकर्षण को प्राकृतिक अतएव स्वस्थ माननेवाले प्रसाद अपरा की चुलबुली भाषा और मुक्त व्यवहार को लेकर बार-बार विचलित हो जाते हैं।"[57]

नैतिकता के द्वन्द्व और अतीत से उसके द्वैत के उदाहरण *विवर्त* और *व्यतीत* जैसे उपन्यासों में भी देखे जा सकते हैं।

*विवर्त* की भुवनमोहिनी नैतिकता के द्वन्द्व से इस कदर आक्रान्त होती है कि विवाहिता होने के बाद भी जितेन के साथ अपने सम्बन्ध को निभाती है और पति तथा प्रेमी के बीच झूलती है। अतीत में जितेन के साथ उसका प्रेम था–जितेन से उसका ब्याह नहीं हो पाया इसका अपराध-बोध उसमें है और नैतिक रूप से भी वह इसमें अपने को अपराधी मानती है, इसलिए उसे निभाने का यत्न करती है, पर बदले में उसे जितेन की घृणा ही मिलती है।

*व्यतीत* की अनिता की भी यही स्थिति है जो मि. पुरी की ब्याहता होकर भी अपने पुराने प्रेमी जयंत को निभाती है और पति को भी अपने विश्वास में लेने की कोशिश करती है।

इन दोनों चरित्रों का जीवन अतीत से आक्रान्त है और उसी आतंक का परिणाम

उनकी नैतिकता का द्वन्द्व भी है। मनुष्य जीवन को अतीत की स्मृतियाँ और उसकी संवेदनाएँ उसके वर्तमान को किस कदर प्रभावित करती है, ये उपन्यास इसके बेहतर उदाहरण हैं।

*अनाम स्वामी* को जैनेन्द्र *त्यागपत्र* के दूसरे भाग का उपन्यास कहते हैं जिसमें त्यागपत्र देने के बाद पी.दयाल अनामस्वामी के आश्रम में आते हैं जहाँ उनके मानसिक उधेड़बुन का निराकरण होता है। यहाँ भी वर्तमान और अतीत का ही द्वंद्व मुख्य है। पी. दयाल पूरी तरह मृणाल के प्रति अपनी दायित्व-विमुखता से मुक्त नहीं हो पाये हैं। यह पी. दयाल का प्रायश्चित ही है जो अनाम स्वामी के आश्रम में होता है जहाँ अजीबो-गरीब घटनाएँ घटती जाती हैं और एक निस्सारता उभरती जाती है। उपन्यास में शंकर उपाध्याय भी मरता है और वसुंधरा भी। उदिता के प्रति निरपेक्षता दिखाने के बावजूद पी. दयाल उसकी स्वतन्त्रता को आनेवाली पीढ़ी का विद्रोह मानकर छोड़ देते हैं और कहते हैं—

"आखिर जीवन में क्या है? आदमी जीता जाता है, जानता जाता है। अंत में पाने के लिए कि इति का बिन्दु आ रहा है और वह दिग्भ्रमित है। बहुतेरा उसने इस बीच जोड़ तोड़ किया है। कारण-कार्य को बिठाकर समझा जाता है। किया-धरा है। लिखा-पढ़ा है। लेकिन जैसे सब अर्थ व्यर्थ हो गया है। वास्तव में सब शून्य हो पड़ा है। एक बड़ा प्रश्न उसको लील जाने को खड़ा है कि क्या है जो है? तब घटना की घटनात्मकता अलग छिटकी आती है। छिलके पर से छिटकी आती है। छिलके पर से छिलका उतारकर भीतर उतरते जाते हुए मिलता है कि सब पहरन है और उतरन है, शेष में कुछ नहीं है। इस व्यर्थता और शून्यता में पहुँचकर बुद्धि पछाड़ खा रहती है, स्पर्धा टूट जाती है और मालूम होता है कि आदमी की इस हार में ही उसकी कृतार्थता है। दुःख सार बन आये, जीना प्रार्थना हो जाये तो बस है।"[58]

यही व्यथा ही मानों जीवन का सार है, उसकी सार्थकता है शेष सब कुछ व्यर्थ है, निरर्थक है। पी. दयाल के द्वन्द्व से उपजा यह कथन सिद्ध करता है कि जीवन और जगत की वास्तविकता का गहरा ज्ञान होते हुए भी मनुष्य में एक अवश रिक्तता ऐसी है जो व्यथा से ही भरती है क्योंकि वही जीवन का सार है। यहाँ दयाल में अनुभव और अतीत का ही द्वन्द्व दिखाई देता है क्योंकि प्रकारान्तर से उन्हें जीवन की गरिमा का स्रोत व्यथा में ही दीखता रहा है। मृणाल की दर्दनाक मृत्यु उस व्यथा का जीवन्त सबूत है। जीवन के सारे उपक्रम असफल हो चुके हैं, इसमें बस एक ही आधार है—व्यथा में जीवन की सार्थकता की तलाश। यही तलाश अनामस्वामी की चिन्ताओं में भी है जिसे एक मार्ग समझकर वे आगे बढ़ते हैं।

अब प्रश्न यह उठता है कि क्या जीवन में (और आधुनिक समाज के व्यक्ति के जीवन में) समाज और परिवार के दायित्वों को निभाते हुए 'व्यथा की सारता' को प्रतिष्ठित किया जा सकता है? कुछ इसी तरह के प्रश्न को वाल्टर लिपमैन ने वुडरो

विल्सन के उपन्यास 'इनर कॉन्ट्राडिक्शन' पर उठाते हुए लिखा है–

"वे जानते हैं कि यह नये संसार का नया समाज है और वह नई जीवन पद्धति चाहता है लेकिन वे उन्हें पुराने संसार का स्वप्न दिखाते हैं। वे दोनों के बीच झूलते हैं। उनके भीतर सोच और अनुभूति के बीच गहरी फाँक है।"[59]

जैनेन्द्र के उपन्यासों पर इस प्रश्न को चस्पाँ किया जा सकता है और यही पूछा भी जा सकता है जिसका उत्तर दार्शनिकता में ही मिलेगा। पर जैनेन्द्र के साथ सुविधा यह है कि उनके यहाँ का संसार नये समाज का ही संसार है जिसमें नये-पुराने दोनों तरह के सपने चलते हैं। उनके यहाँ व्यथा से आत्मज्ञान मिलता है जो मनुष्य की जीवन-मुक्ति का सबसे बड़ा साधन है।

विष्णु प्रभाकर की दृष्टि में जैनेन्द्र की खोज 'जीवन की खोज' है जो नर-नारी के सम्बन्धों के माध्यम से हुई है। उन्हीं के शब्दों में–

"जीवन भर अपने आलस्य और अपने सपनों के बावजूद वे निरन्तर खोज करते रहे, नर-नारी के सम्बन्धों की खोज यानी जीवन की खोज। *परख* की कट्टो से लेकर *दशार्क* की रंजना तक। यह खोज उन्हें भटकाती रही। *दशार्क* उनका अन्तिम उपन्यास है, उनकी खोज की सीमा। वे सफल हुए या असफल, यह बात अर्थहीन है। अर्थवान है बस खोज की निरन्तरता। यही सत्य है, यही सृष्टि का रहस्य।"[60]

जैनेन्द्र के साहित्य में जीवन के जिस अर्थ की खोज का प्रयत्न है और जिसके लिए उसमें आकुलता का आवेग है–वह वस्तुतः द्वैत और तनाव से पैदा हुए उस मूल्य के सन्धान का आवेग है जो जीवन में प्रेम और सौहार्द्र के वातावरण के निर्माण में अपना योग देता है। जैनेन्द्र के चरित्रों में भारतीय भाव और जो देसी संस्कृति के प्रति राग है वह मानवीयता की उस उदार संस्कृति से आया है जो हमारी सांस्कृतिक विरासत की गौरवशाली परम्परा का हिस्सा रही है। आधुनिकता और परम्परा के बीच इन मूल्यों की तलाश करते जैनेन्द्र के पात्र कहीं संकुचित विचारों की सीमाएँ लाँघते हैं, तो कहीं नये मूल्यों की राह बनाते हैं। यहाँ पूर्व मान्यताओं का खंडन है तथा उसकी जगह स्वयंसिद्धि की प्रतिष्ठा है जिसका बौद्धिक खंडन कठिन है। यह स्वयंसिद्धि ही जैनेन्द्र के यहाँ वैयक्तिक नैतिकता को प्रस्तावित करती है जो समाज-व्यवस्था के बरअक्स व्यक्ति की पूर्णता, आकांक्षा और उसकी सार्थकता के प्रश्नों का समाधान करती है और मनुष्य को जीवन-मुक्ति की सीख देती है।

## सन्दर्भ

1. 'महाभारत का अर्थ'–डी.डी. हर्ष, वाग्देवी प्रकाशन, सुगन निवास, चंदन सागर

बीकानेर, पृ. 28
2. वही, पृ. 28-29
3. 'रिलीजन एण्यड सोसायटी'–डॉ. राधाकृष्णन, जॉर्ज एण्ड अनविन लिमिटेड, लंदन, पृ. 104
4. 'सृजनात्मक जीवन की ओर'–दाइसाकु टूकेदार. और आर्नल्ड टॉयनबी के बीच बातचीत, ऑक्सफोर्ड यूनिवर्सिटी प्रैस, दिल्ली, पृ. 343
5. वही, पृ. 359
6. वही, पृ. 359
7. 'मानव मूल्य और साहित्य'–धर्मवीर भारती, भारतीय ज्ञानपीठ प्रकाशन, दिल्ली (भूमिका से)
8. 'हिन्दी साहित्य : एक आधुनिक परिदृश्य'–अज्ञेय, राधाकृष्ण प्रकाशन, दिल्ली, पृ. 21
9. 'जयवर्द्धन', पृ. 242
10. वही, पृ. 240
11. वही, पृ. 244
12. 'प्रश्न और प्रश्न', पृ. 61
13. वही, पृ. 55
14. वही, पृ. 54
15. वही, पृ. 193
16. 'काम, प्रेम और परिवार', पृ. 84
17. 'त्यागपत्र', पृ. 54
18. 'जैनेन्द्र के उपन्यास : मर्म की तलाश'–चन्द्रकांत वांदिवडेकर, पृ. 48
19. 'त्यागपत्र', पृ. 7
20. 'जैनेन्द्र की आवाज'–सं. अशोक वाजपेयी, पूर्वोदय प्रकाशन, नयी दिल्ली, पृ. 59-60
21. 'साहित्य-सिद्धांत'–रेने वेलेक, ऑस्टिन वाटेन, ('थिअरी ऑफ लिट्रेचर' का अनुवाद) लोकभारती प्रकाशन, पृ. 38-39
22. 'सुनीता', पृ. 177
23. वही, पृ. 152
24. 'काम, प्रेम और परिवार', पृ. 47
25. 'सुखदा', पृ. 61
26. वही, पृ. 68
27. 'जैनेन्द्र के उपन्यास : मर्म की तलाश', पृ. 50-51
28. 'नवभारत टाइम्स', 25 दिसंबर 1988
29. 'मतांतर', पृ. 9
30. 'शताब्दी के ढलते वर्षों में'–निर्मल वर्मा, राजकमल प्रकाशन, नयी दिल्ली, पृ. 63

31. 'भारतीय दर्शन'–हरेन्द्र, लोकभारती प्रकाशन, इलाहाबाद, पृ. 34
32. वही, पृ. 64
33. 'भारतीय दर्शन की रूपरेखा'–एम. हिरियन्ना, राजकमल प्रकाशन, पृ. 15-16
34. 'हिन्दी साहित्य : एक आधुनिक परिदृश्य', पृ. 64
35. 'काम, प्रेम और परिवार', पृ. 56
36. 'मतांतर', पृ. 9
37. 'मानव मूल्य और साहित्य', पृ. 70
38. वही, पृ. 71
39. वही, पृ. 71
40. वही, पृ. 71
41. वही, पृ. 71
42. वही, पृ. 77
43. वही, पृ. 82
44. वही, पृ. 82
45. 'काम, प्रेम और परिवार', पृ. 14
46. 'साक्षी हैं पीढ़ियाँ'–सं. विष्णु प्रभाकर, खंड-3, पृ. 157
47. 'काम, प्रेम और परिवार', पृ. 84
48. 'शेषा'–अज्ञेय, प्रभात प्रकाशन, नयी दिल्ली, पृ. 75
49. 'द आर्ट ऑफ द नॉवल'–मिलान कुंदेरा, पृ. 34
50. 'पत्र युवा कवि के नाम', राइनेर मारिया रिल्के, पृ. 50-51
51. 'जैनेन्द्र की आवाज', पृ. 68-69
52. वही, पृ. 68
53. 'सुखदा', पृ. 61-62
54. 'जयवर्द्धन', पृ. 94-95
55. वही, पृ. 97
56. 'अनन्तर'–जैनन्द्र, पृ. 24
57. 'जैनेन्द्र के उपन्यास : मर्म की तलाश', पृ. 124
58. 'अनाम स्वामी', पृ. 117
59. 'द अमेरिकन नॉवले एण्ड द नाइन्टिन ट्वेन्टीज़'–वाल्टर लिपमैन, एडवर्ड अर्नोल्ड लिमिटेड, मैडोक्स स्ट्रीट, लंदन, पृ. 50
60. 'साक्षी है पीढ़ियाँ', पृ. 5